＼＼ きょうみを広げる・深める！ ／／

都道府県《とどうふけん》

4年

庁 は都道府県庁所在《とどうふけんちょうしょざい》……面積《めんせき》、

特 は特産《とくさん》……

★各県の大きさの……
和５年度の総務省、……います。

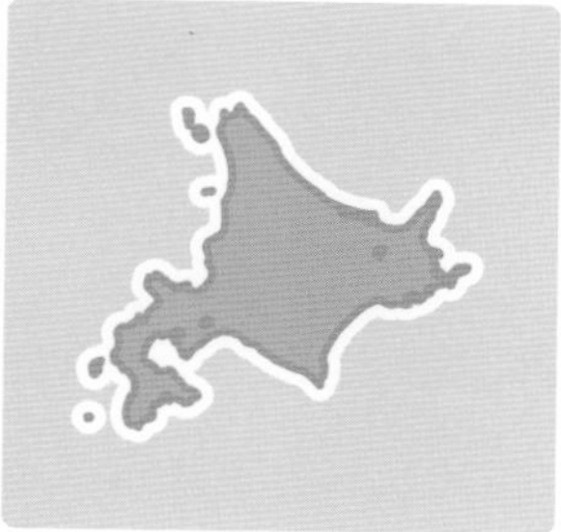

北海道《ほっかいどう》

北海道《ほっかいどう》地方

庁 札幌《さっぽろ》市

人 514万人

面 83,422 km^2

特 じゃがいも、生乳《せいにゅう》、
ほたて貝、流氷《りゅうひょう》、
さっぽろ雪まつり

青森県《あおもり》

東北《とうほく》地方

庁 青森《あおもり》市

人 123万人

面 9,645 km^2

特 りんご、にんにく、
青森《あおもり》ねぶた祭《まつり》、
三内丸山《さんないまるやま》遺跡《いせき》

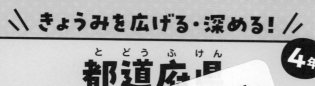

岩手県《いわて》

東北《とうほく》地方

庁 盛岡《もりおか》市

人 119万人

面 15,275 km^2

特 わかめ、ホップ、
木炭、りんどう、南部鉄器《なんぶてっき》、
わんこそば

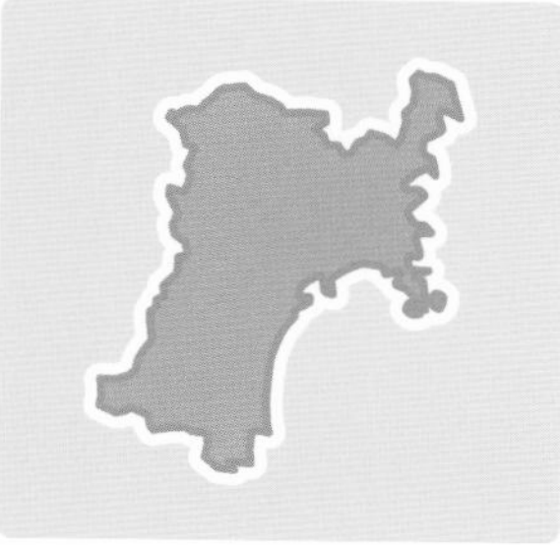

宮城県《みやぎ》

東北《とうほく》地方

庁 仙台《せんだい》市

人 226万人

面 7,282 km^2

特 大豆、銀ざけ、
牛タン、ずんだもち、
仙台七夕《せんだいたなばた》まつり

秋田県《あきた》

東北《とうほく》地方

庁 秋田《あきた》市

人 94万人

面 11,638 km^2

特 杉材《すぎざい》、きりたんぽ、
秋田竿燈《あきたかんとう》まつり、
なまはげ、秋田《あきた》犬

山形県《やまがた》

東北《とうほく》地方

庁 山形《やまがた》市

人 104万人

面 9,323 km^2

特 さくらんぼ、西洋なし、
米沢《よねざわ》牛、天童将棋駒《てんどうしょうぎこま》、
山形花笠《やまがたはながさ》まつり

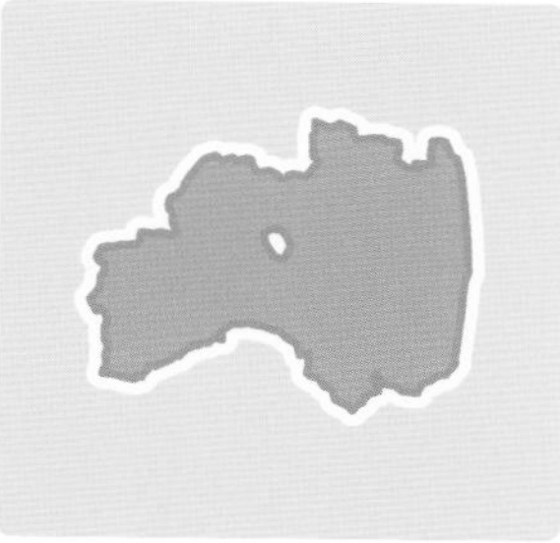

福島県《ふくしま》

東北《とうほく》地方

庁 福島《ふくしま》市

人 182万人

面 13,784 km^2

特 もも、会津塗《あいづぬり》、
わっぱめし、
猪苗代湖《いなわしろこ》

茨城県《いばらき》

関東《かんとう》地方

庁 水戸《みと》市

人 288万人

面 6,098 km^2

特 はくさい、れんこん、
メロン、たまご、納豆《なっとう》、
偕楽園《かいらくえん》

栃木県《とちぎ》

関東《かんとう》地方

庁 宇都宮《うつのみや》市

人 193万人

面 6,408 km^2

特 いちご、かんぴょう、
生乳《せいにゅう》、益子焼《ましこやき》、
ぎょうざ

群馬県《ぐんま》

関東《かんとう》地方

庁 前橋《まえばし》市

人 193万人

面 6,362 km^2

特 こんにゃくいも、
キャベツ、まゆ、
富岡製糸場《とみおかせいしじょう》

埼玉県《さいたま》

関東《かんとう》地方

庁 さいたま市

人 738万人

面 3,798 km^2

特 ねぎ、ほうれんそう、
さといも、ひな人形、
草加《そうか》せんべい

千《ち》葉《ば》県

関東《かんとう》地方

庁 千葉《ちば》市
人 631万人
面 5,157km^2
特 かぶ、ねぎ、
らっかせい、日本なし、
東京《とうきょう》ディズニーランド

東京《とうきょう》都

関東《かんとう》地方

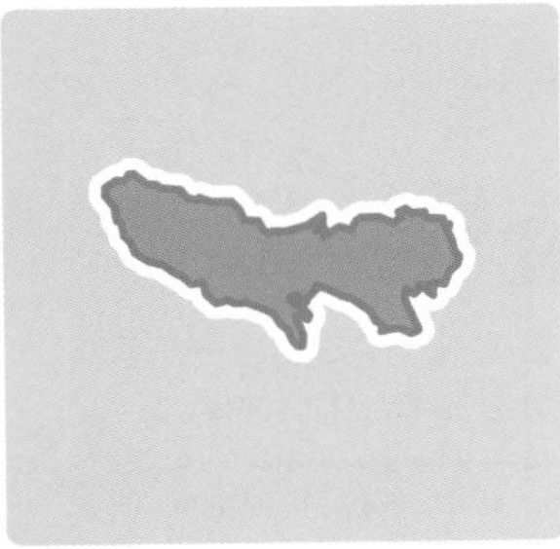

庁 東京《とうきょう》
人 1384万人
面 2,200km^2
特 くさや、村山大島《むらやまおおしま》つむぎ、
江戸前《えどまえ》ずし、国会議事堂《こっかいぎじどう》

神《か》奈《な》川《がわ》県

関東《かんとう》地方

庁 横浜《よこはま》市
人 921万人
面 2,416km^2
特 まぐろ、パンジー、
しゅうまい、
箱根寄木細工《はこねよせぎざいく》

新《にい》潟《がた》県

中部《ちゅうぶ》地方

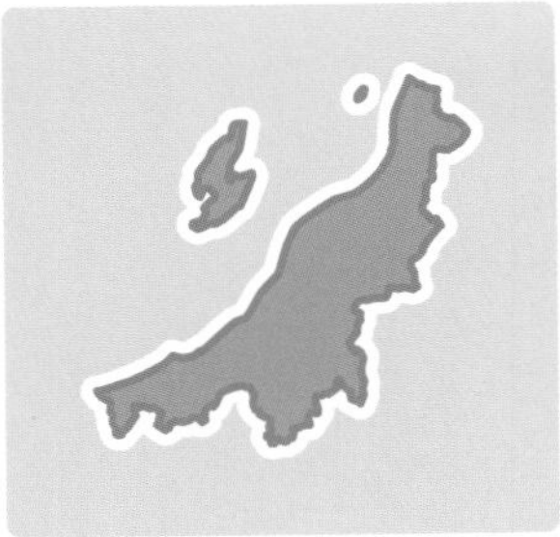

庁 新潟《にいがた》市
人 216万人
面 12,584km^2
特 米、西洋なし、
小千谷《おぢや》ちぢみ、
佐渡金銀山《さどきんぎんざん》

富《と》山《やま》県

中部《ちゅうぶ》地方

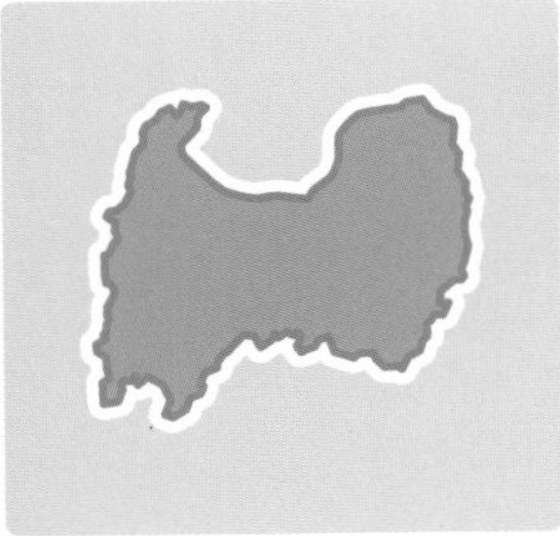

庁 富山《とやま》市
人 103万人
面 4,248km^2
特 はとむぎ、チューリップ、
しろえび、ほたるいか、
五箇山《ごかやま》の合掌造《がっしょうづく》り集落《しゅうらく》

石《いし》川《かわ》県

中部《ちゅうぶ》地方

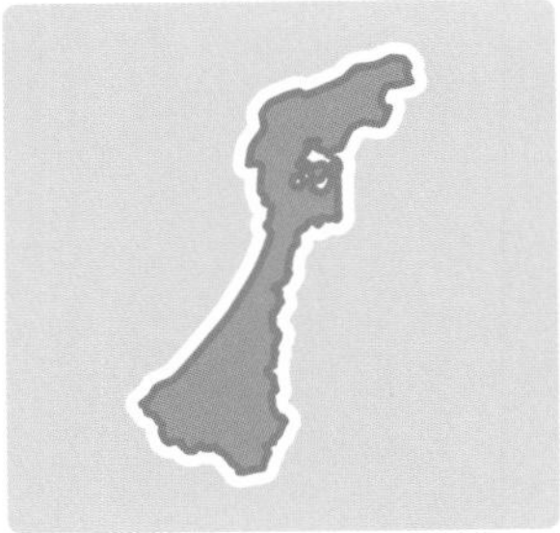

庁 金沢《かなざわ》市
人 112万人
面 4,186km^2
特 金箔《きんぱく》、輪島塗《わじまぬり》、
加賀友禅《かがゆうぜん》、九谷焼《くたにやき》、
兼六園《けんろくえん》

福《ふく》井《い》県

中部《ちゅうぶ》地方

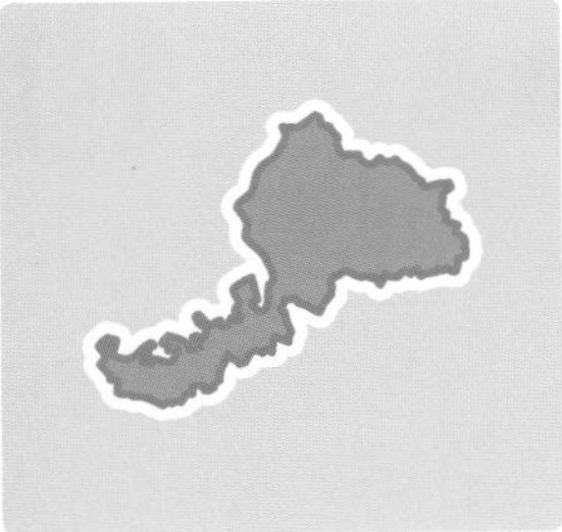

庁 福井《ふくい》市
人 76万人
面 4,191km^2
特 六条《ろくじょう》大麦、越前《えちぜん》がに、
めがねフレーム、
きょうりゅう博物館《はくぶつかん》

山《やま》梨《なし》県

中部《ちゅうぶ》地方

庁 甲府《こうふ》市
人 81万人
面 4,465km^2
特 ぶどう、もも、ワイン、
ほうとう、
富士五湖《ふじごこ》

長《なが》野《の》県

中部《ちゅうぶ》地方

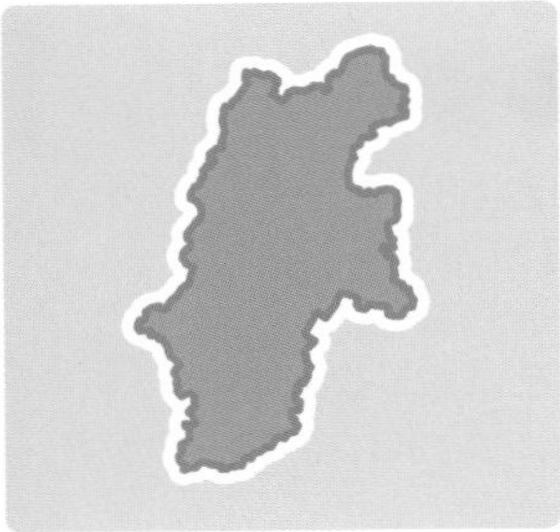

庁 長野《ながの》市
人 204万人
面 13,562km^2
特 レタス、りんご、
ぶどう、ぶなしめじ、
信州《しんしゅう》そば

岐《ぎ》阜《ふ》県

中部《ちゅうぶ》地方

庁 岐阜《ぎふ》市
人 198万人
面 10,621km^2
特 あゆ、美濃《みの》和紙、
白川郷《しらかわごう》の合掌造《がっしょうづく》り集落《しゅうらく》、
下呂温泉《げろおんせん》

静《しず》岡《おか》県

中部《ちゅうぶ》地方

庁 静岡《しずおか》市
人 363万人
面 7,777km^2
特 茶、温室メロン、
かつお、まぐろ、
さくらえび

愛《あい》知《ち》県

中部《ちゅうぶ》地方

庁 名古屋《なごや》市
人 751万人
面 5,173km^2
特 キャベツ、うなぎ、
きく（切り花）、
洋らん、名古屋城《なごやじょう》

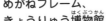

付録　取りはずしてお使いください。

社会
白地図ドリル

4年

このドリルを使って
日本の地図を
マスターしよう。

年　　組

1 日本地図①

やってみよう！

- 自分が住んでいる場所はどこか書いてみましょう。
- これまでに行ったことがある場所を書いてみましょう。

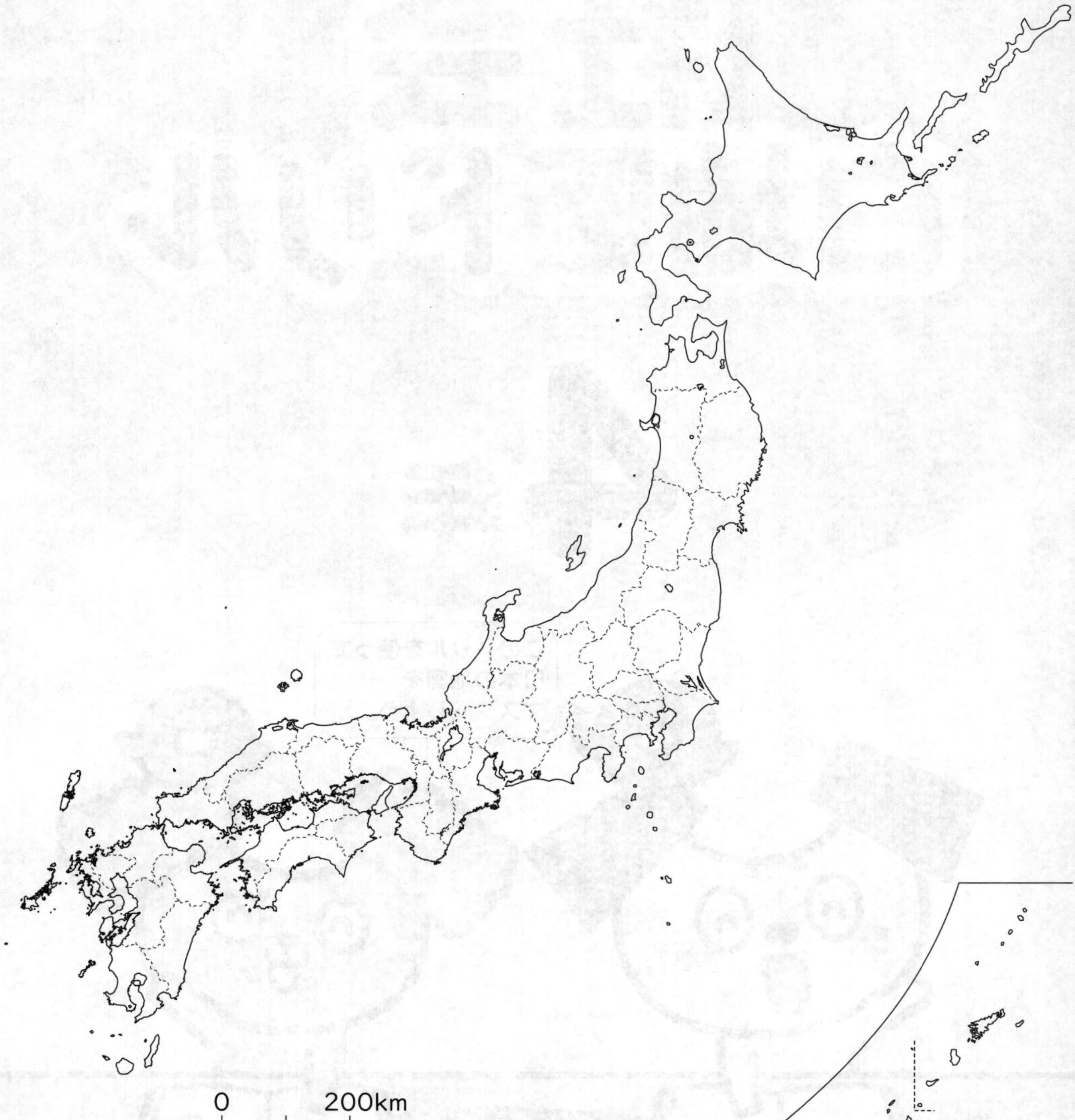

② 日本地図②

やってみよう！

- 色分けのルールを決めて、地図に色をつけましょう。
- それぞれの都道府県の特産品《とくさんひん》や特ちょうを調べて書きこみましょう。

色分けのルール

「　　　　　　　　　　　　　　　　」

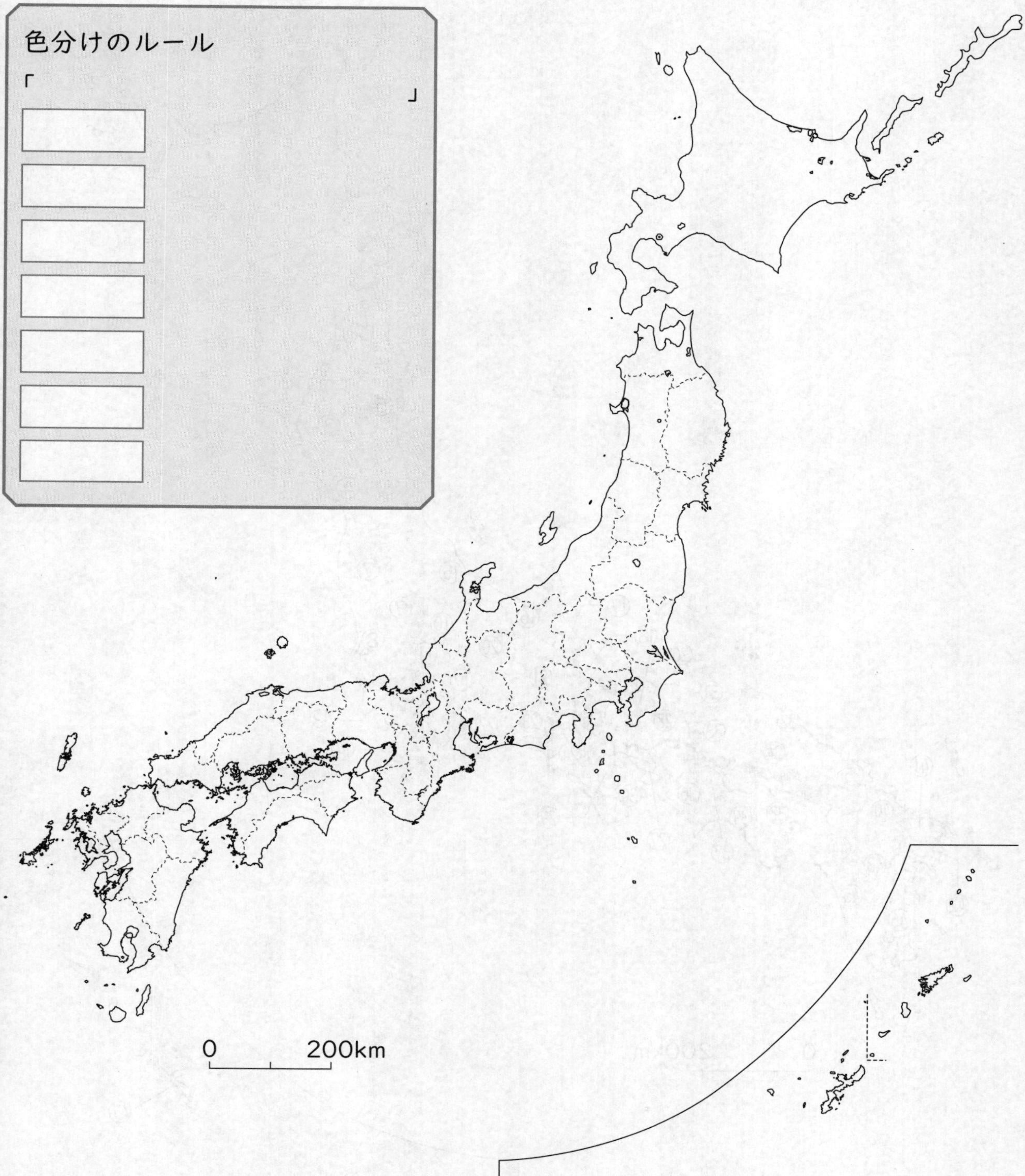

③ 47都《と》道《どう》府《ふ》県《けん》

やってみよう！

- 47ある都道府県の名前を表に書きましょう。
- それぞれの都道府県の場所をかくにんしましょう。

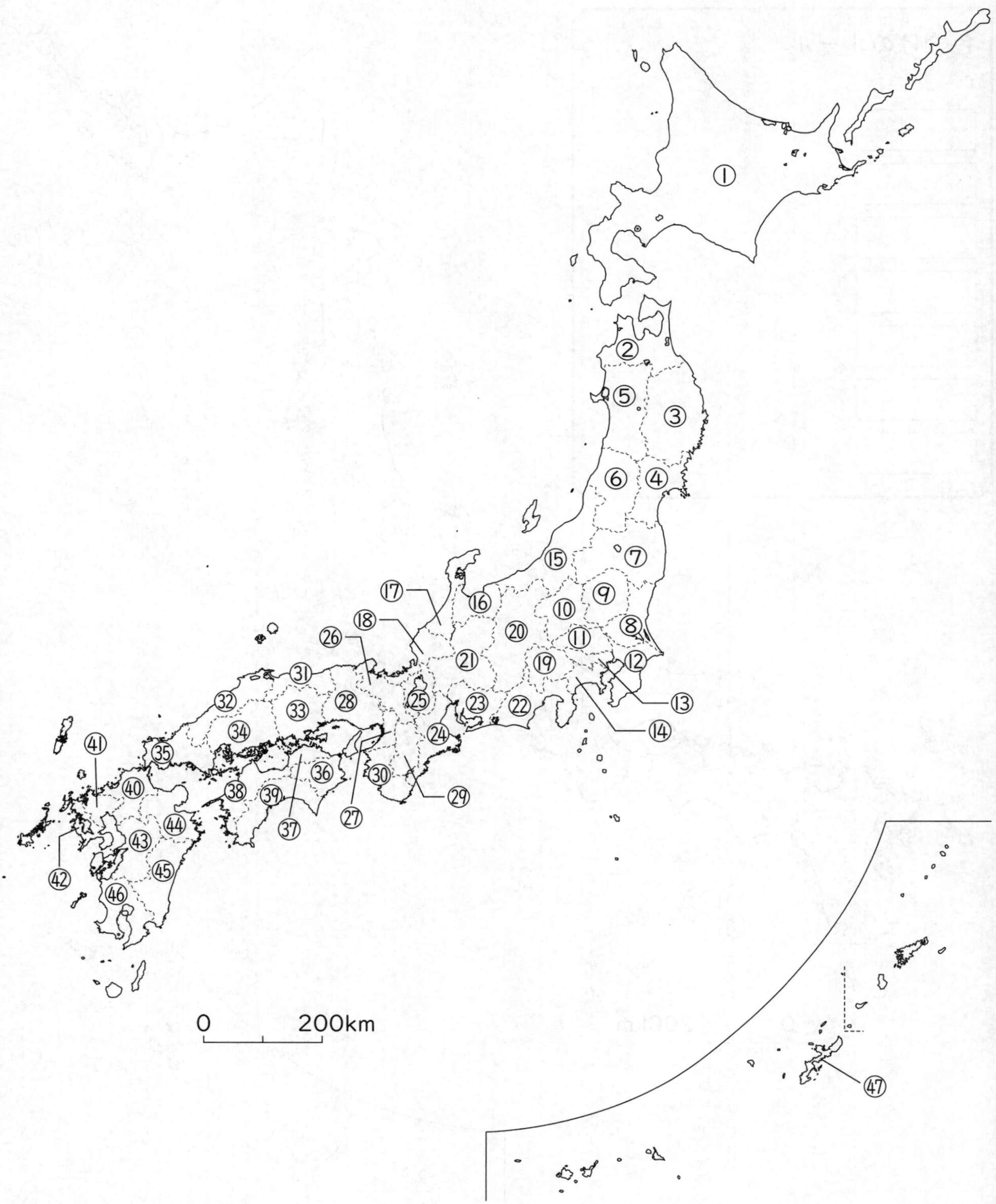

番号	都道府県の名前
①	
②	
③	
④	
⑤	
⑥	
⑦	
⑧	
⑨	
⑩	
⑪	
⑫	
⑬	
⑭	
⑮	
⑯	
⑰	
⑱	
⑲	
⑳	
㉑	
㉒	
㉓	
㉔	

番号	都道府県の名前
㉕	
㉖	
㉗	
㉘	
㉙	
㉚	
㉛	
㉜	
㉝	
㉞	
㉟	
㊱	
㊲	
㊳	
㊴	
㊵	
㊶	
㊷	
㊸	
㊹	
㊺	
㊻	
㊼	

4 都《と》道《どう》府《ふ》県庁《けんちょう》所在《しょざい》地《ち》

やってみよう！

- それぞれの県庁所在地の名前を表に書きましょう。
- 都道府県名と県庁所在地名がちがう都道府県をかくにんしましょう。

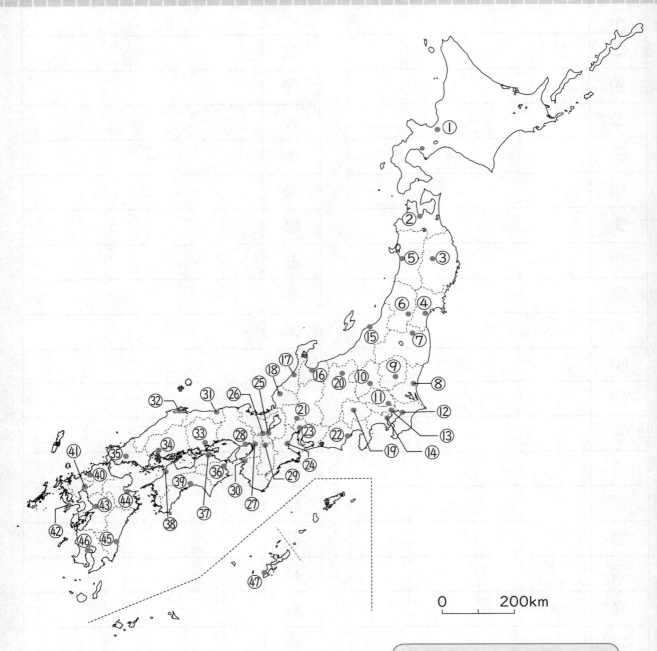

都道府県名と県庁所在地名がちがう都道府県は、18つあるよ！
（東京都はのぞきます）

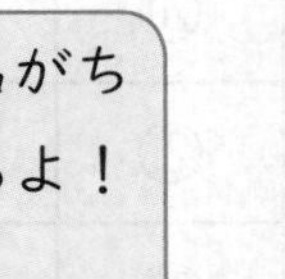

番号	都道府県庁所在地の名前
①	市
②	市
③	市
④	市
⑤	市
⑥	市
⑦	市
⑧	市
⑨	市
⑩	市
⑪	市
⑫	市
⑬	
⑭	市
⑮	市
⑯	市
⑰	市
⑱	市
⑲	市
⑳	市
㉑	市
㉒	市
㉓	市
㉔	市

番号	都道府県庁所在地の名前
㉕	市
㉖	市
㉗	市
㉘	市
㉙	市
㉚	市
㉛	市
㉜	市
㉝	市
㉞	市
㉟	市
㊱	市
㊲	市
㊳	市
㊴	市
㊵	市
㊶	市
㊷	市
㊸	市
㊹	市
㊺	市
㊻	市
㊼	市

⑤ 日本の地方区分

やってみよう！

- ７つの地方区分名を表に書きましょう。
- それぞれの地方の都道府県も調べて表に書きましょう。

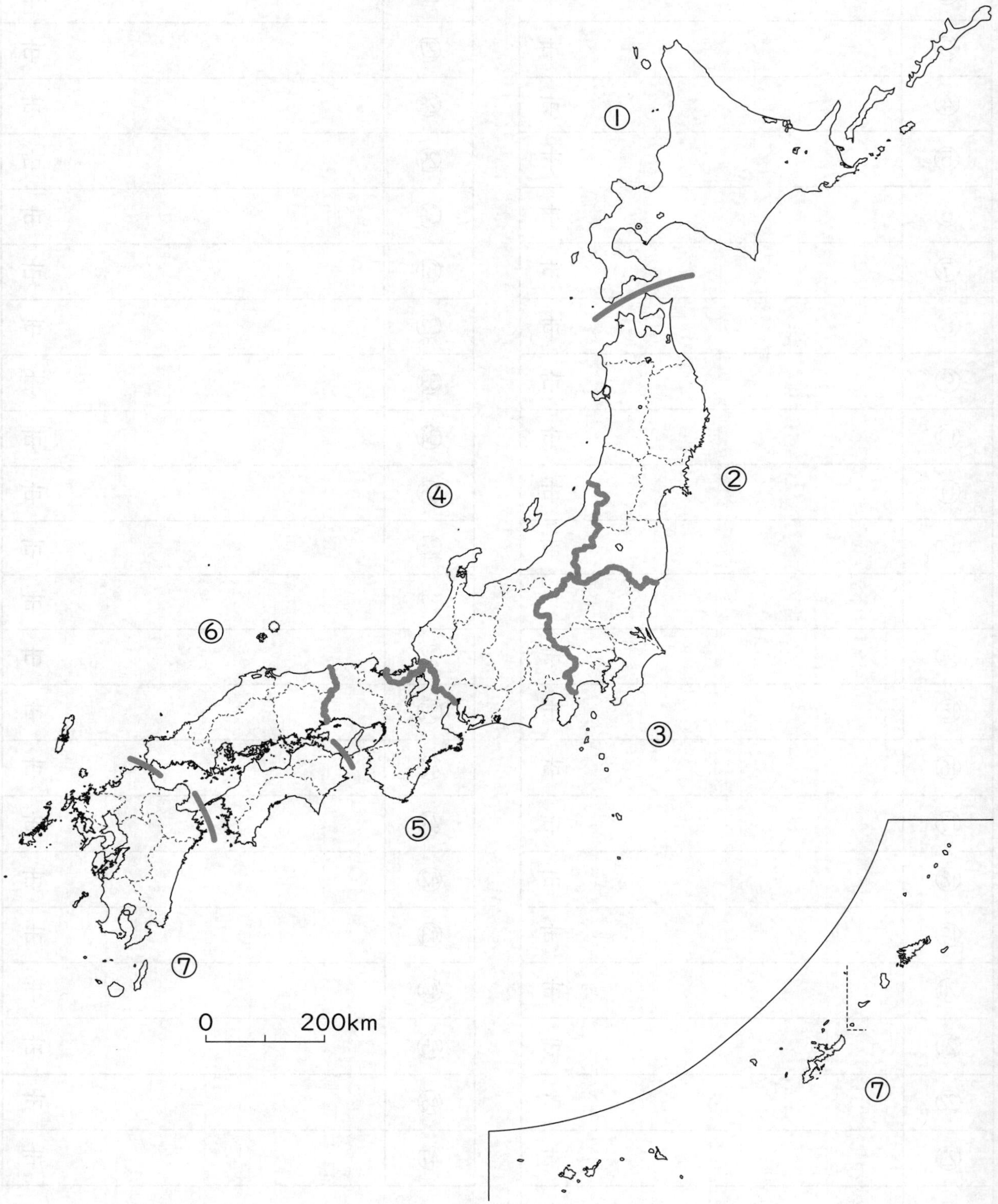

番号	地方区分名	都道府県名
①	地方	
②	地方	
③	地方	
④	地方	
⑤	地方	
⑥	地方	
⑦	地方	

①は１道、②は６県、③は１都６県、
④は９県、⑤は２府５県、⑥は９県、
⑦は８県で成《な》り立っているよ。

⑥ 北海道《ほっかいどう》・東北《とうほく》地方

やってみよう！

- 地図にある道や県の名前を表に書きましょう。
- 色分けのルールを決めて、地図に色をつけましょう。

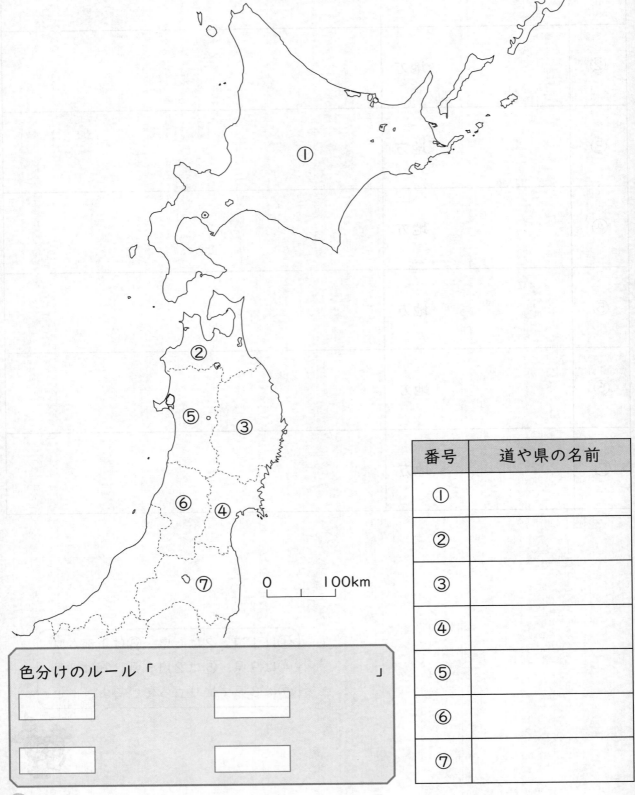

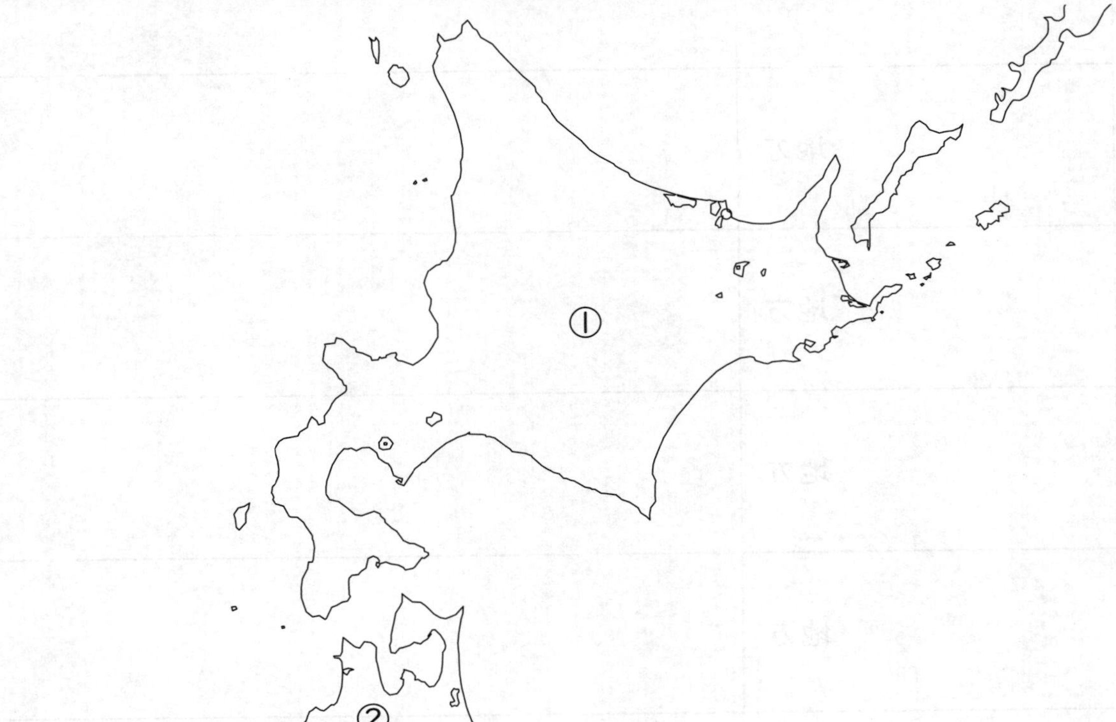

番号	道や県の名前
①	
②	
③	
④	
⑤	
⑥	
⑦	

色分けのルール「　　　　　　　　　　」

⑦ 関東地方《かんとう》

やってみよう！

- 地図にある都や県の名前を表に書きましょう。
- 色分けのルールを決めて、地図に色をつけましょう。

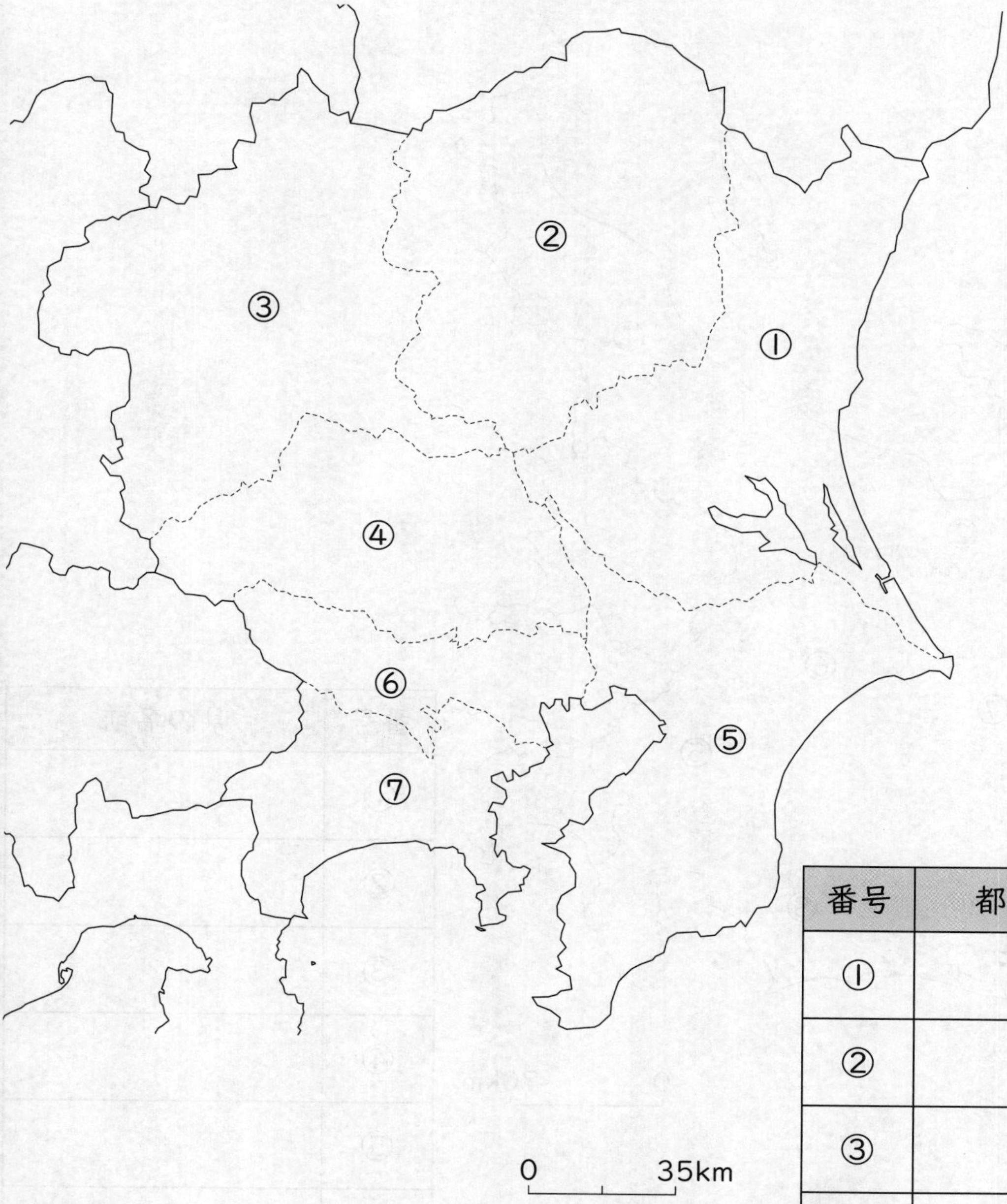

番号	都や県の名前
①	
②	
③	
④	
⑤	
⑥	
⑦	

色分けのルール「　　　　　　　　　　　」

⑧ 中《ちゅう》部《ぶ》地方

やってみよう！

- 地図にある県の名前を表に書きましょう。
- 色分けのルールを決めて、地図に色をつけましょう。

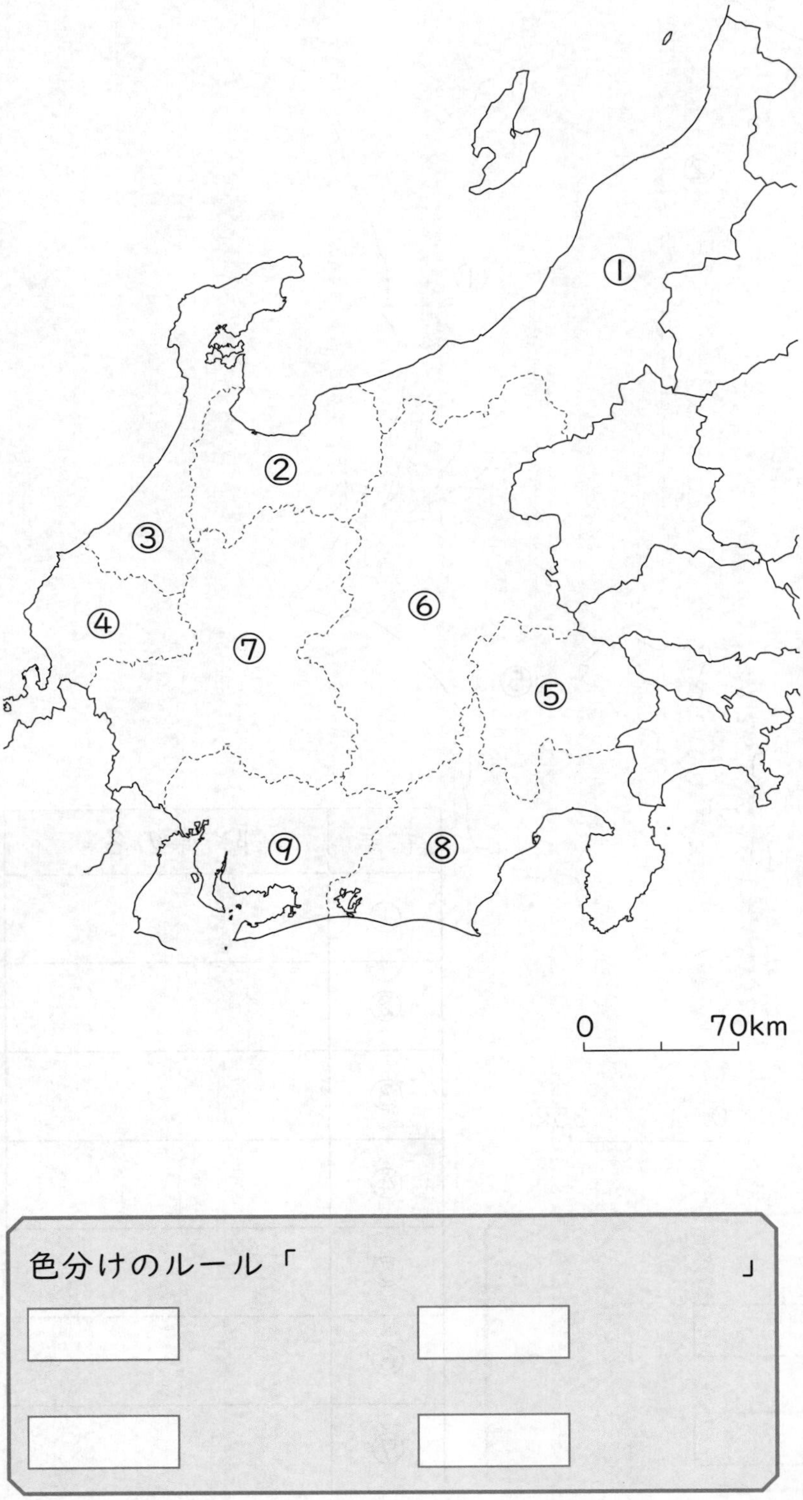

番号	県の名前
①	
②	
③	
④	
⑤	
⑥	
⑦	
⑧	
⑨	

色分けのルール「　　　　　　　　　　　」

⑨ 近畿《きんき》地方

やってみよう！

- 地図にある府や県の名前を表に書きましょう。
- 色分けのルールを決めて、地図に色をつけましょう。

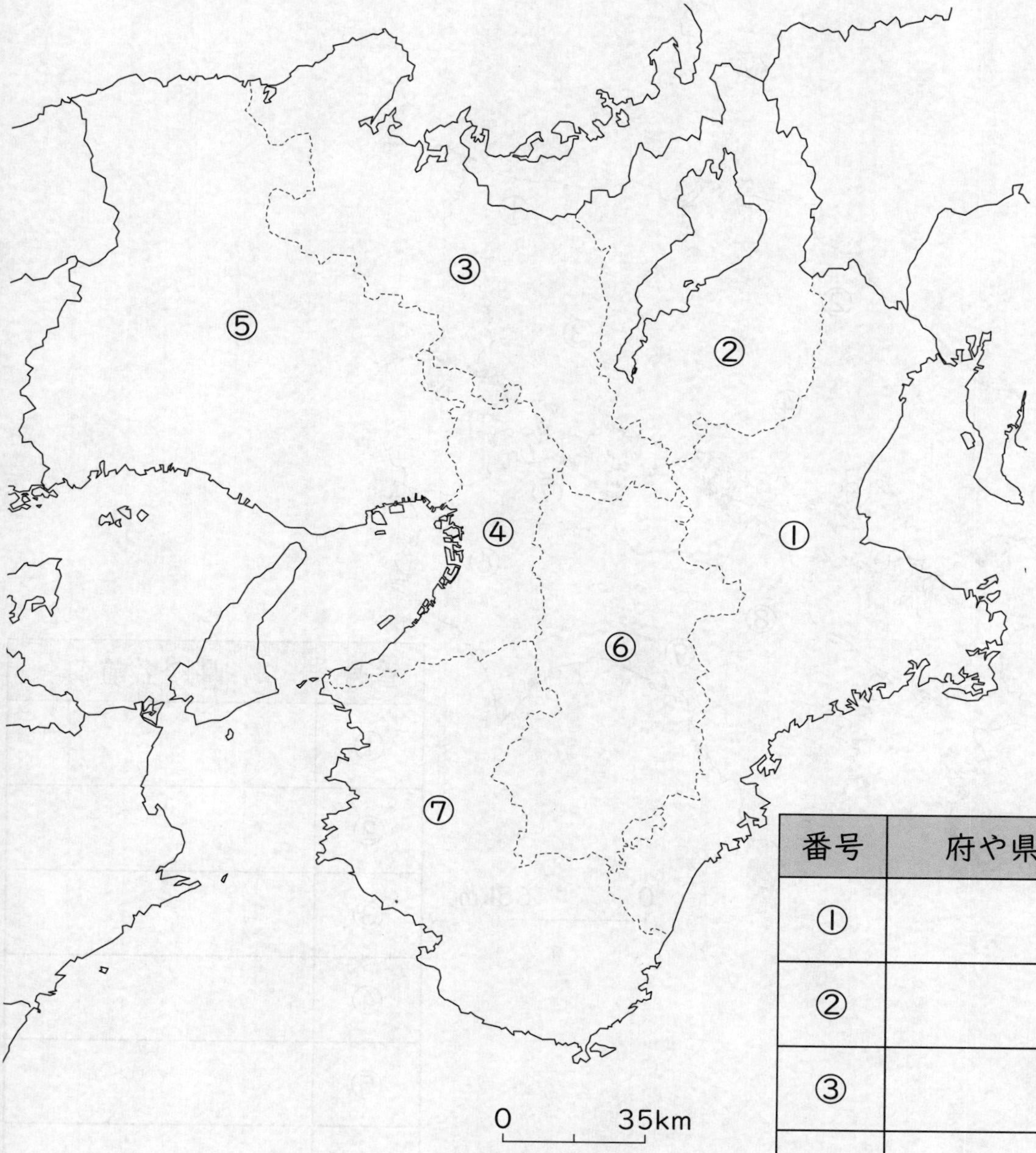

番号	府や県の名前
①	
②	
③	
④	
⑤	
⑥	
⑦	

色分けのルール「　　　　　　　　　　　　」

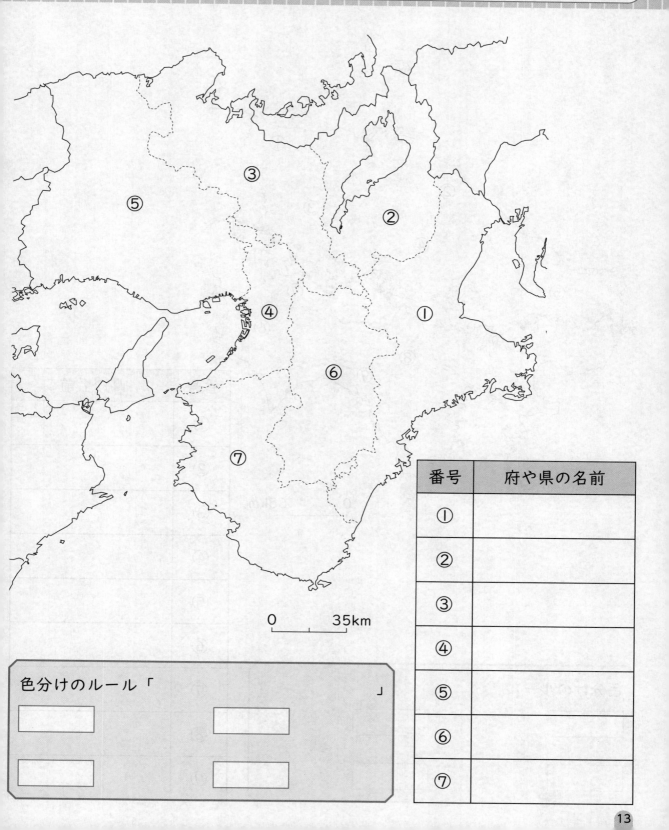

⑩ 中国《ちゅうごく》・四国《しこく》地方

やってみよう！

- 地図にある県の名前を表に書きましょう。
- 色分けのルールを決めて、地図に色をつけましょう。

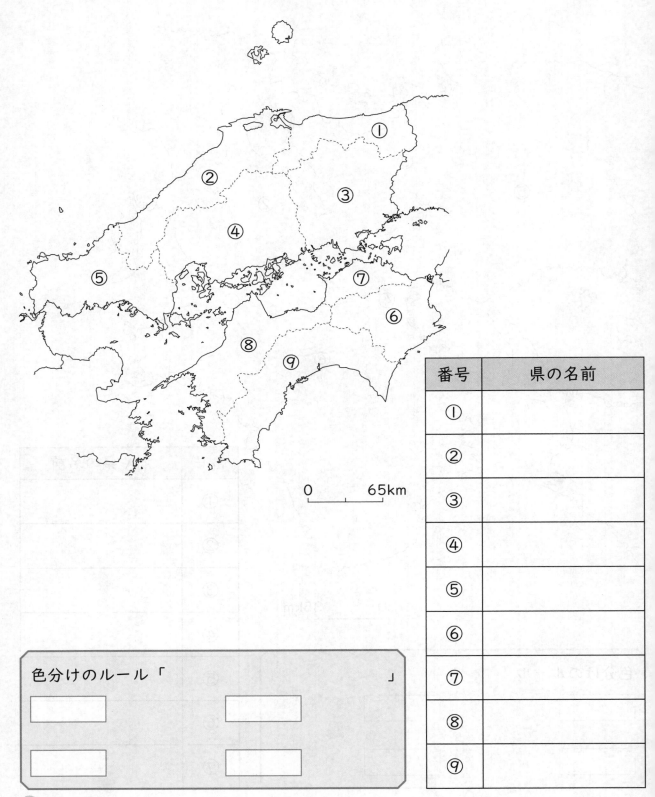

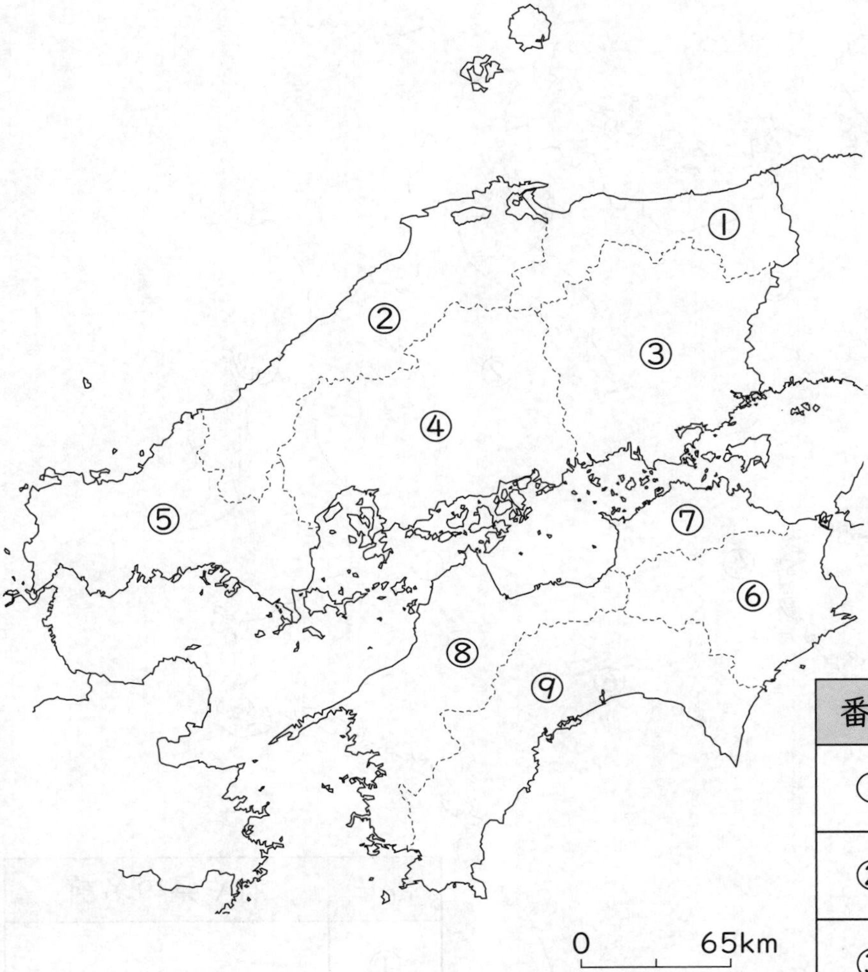

番号	県の名前
①	
②	
③	
④	
⑤	
⑥	
⑦	
⑧	
⑨	

色分けのルール「　　　　　　　　　　」

⑪ 九州《きゅうしゅう》地方

やってみよう！

- 地図にある県の名前を表に書きましょう。
- 色分けのルールを決めて、地図に色をつけましょう。

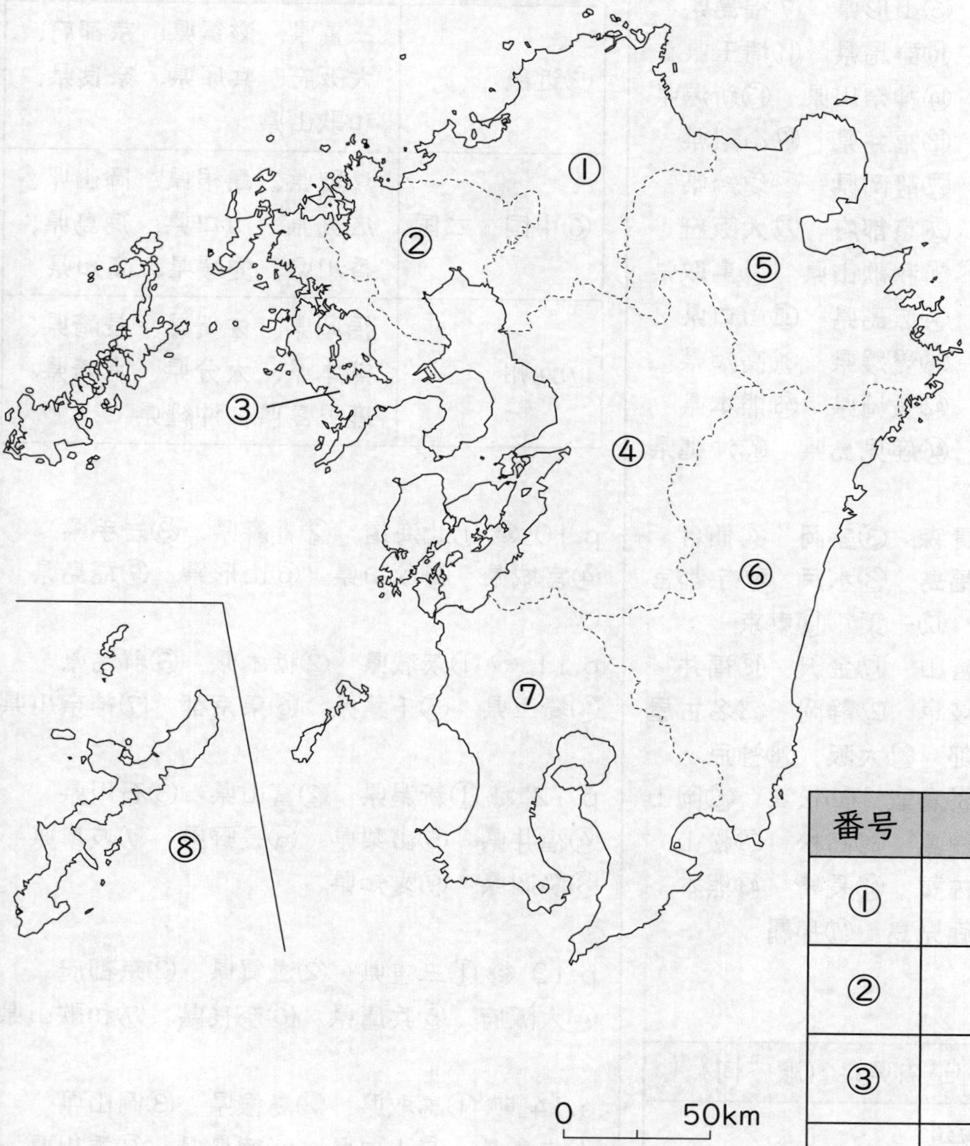

番号	県の名前
①	
②	
③	
④	
⑤	
⑥	
⑦	
⑧	

色分けのルール「　　　　　　　　　　　　」

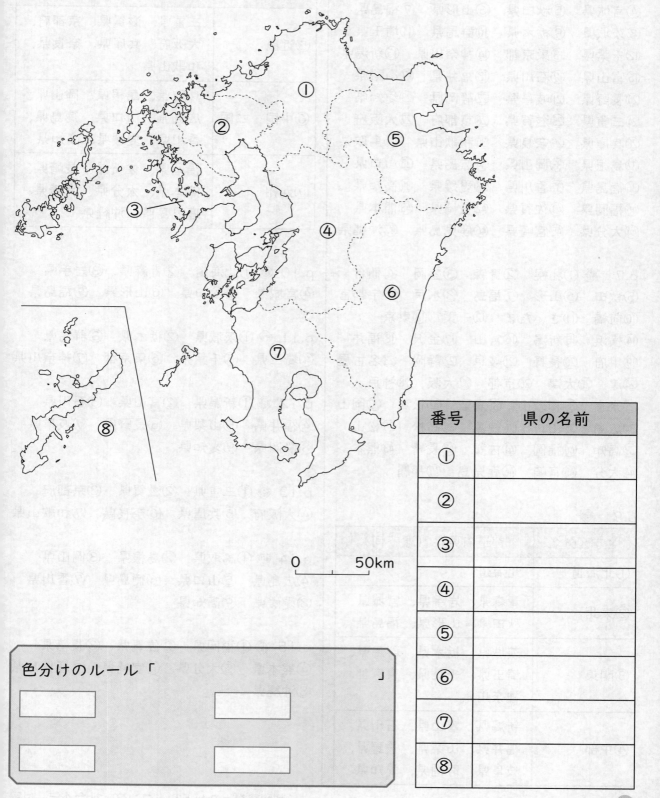

答え

p.5 ❸ ①北海道 ②青森県 ③岩手県
④宮城県 ⑤秋田県 ⑥山形県 ⑦福島県
⑧茨城県 ⑨栃木県 ⑩群馬県 ⑪埼玉県
⑫千葉県 ⑬東京都 ⑭神奈川県 ⑮新潟県
⑯富山県 ⑰石川県 ⑱福井県 ⑲山梨県
⑳長野県 ㉑岐阜県 ㉒静岡県 ㉓愛知県
㉔三重県 ㉕滋賀県 ㉖京都府 ㉗大阪府
㉘兵庫県 ㉙奈良県 ㉚和歌山県 ㉛鳥取県
㉜島根県 ㉝岡山県 ㉞広島県 ㉟山口県
㊱徳島県 ㊲香川県 ㊳愛媛県 ㊴高知県
㊵福岡県 ㊶佐賀県 ㊷長崎県 ㊸熊本県
㊹大分県 ㊺宮崎県 ㊻鹿児島県 ㊼沖縄県

p.7 ❹ ①札幌 ②青森 ③盛岡 ④仙台
⑤秋田 ⑥山形 ⑦福島 ⑧水戸 ⑨宇都宮
⑩前橋 ⑪さいたま ⑫千葉 ⑬東京
⑭横浜 ⑮新潟 ⑯富山 ⑰金沢 ⑱福井
⑲甲府 ⑳長野 ㉑岐阜 ㉒静岡 ㉓名古屋
㉔津 ㉕大津 ㉖京都 ㉗大阪 ㉘神戸
㉙奈良 ㉚和歌山 ㉛鳥取 ㉜松江 ㉝岡山
㉞広島 ㉟山口 ㊱徳島 ㊲高松 ㊳松山
㊴高知 ㊵福岡 ㊶佐賀 ㊷長崎 ㊸熊本
㊹大分 ㊺宮崎 ㊻鹿児島 ㊼那覇

p.9 ❺

地方区分名	都道府県名（順不同）
①北海道	北海道
②東北	青森県、岩手県、宮城県、秋田県、山形県、福島県
③関東	茨城県、栃木県、群馬県、埼玉県、千葉県、東京都、神奈川県
④中部	新潟県、富山県、石川県、福井県、山梨県、長野県、岐阜県、静岡県、愛知県
⑤近畿	三重県、滋賀県、京都府、大阪府、兵庫県、奈良県、和歌山県
⑥中国・四国	鳥取県、島根県、岡山県、広島県、山口県、徳島県、香川県、愛媛県、高知県
⑦九州	福岡県、佐賀県、長崎県、熊本県、大分県、宮崎県、鹿児島県、沖縄県

p.10 ❻ ①北海道 ②青森県 ③岩手県
④宮城県 ⑤秋田県 ⑥山形県 ⑦福島県

p.11 ❼ ①茨城県 ②栃木県 ③群馬県
④埼玉県 ⑤千葉県 ⑥東京都 ⑦神奈川県

p.12 ❽ ①新潟県 ②富山県 ③石川県
④福井県 ⑤山梨県 ⑥長野県 ⑦岐阜県
⑧静岡県 ⑨愛知県

p.13 ❾ ①三重県 ②滋賀県 ③京都府
④大阪府 ⑤兵庫県 ⑥奈良県 ⑦和歌山県

p.14 ❿ ①鳥取県 ②島根県 ③岡山県
④広島県 ⑤山口県 ⑥徳島県 ⑦香川県
⑧愛媛県 ⑨高知県

p.15 ⓫ ①福岡県 ②佐賀県 ③長崎県
④熊本県 ⑤大分県 ⑥宮崎県 ⑦鹿児島県
⑧沖縄県

教科書ぴったりトレーニング

社会 4年 がんばり表

いつも見えるところに、この「がんばり表」をはっておこう。
この「ぴたトレ」を学習したら、シールをはろう！
どこまでがんばったかわかるよ。

せんたく がついているところでは、教科書の選択教材を扱っています。学校での学習状況に応じて、ご利用ください。

2. 健康なくらしを守る仕事

28～29ページ	26～27ページ	24～25ページ	22～23ページ	20～21ページ	18～19ページ	16～17ページ	14～15ページ
ぴったり1 2	ぴったり1 2	ぴったり3	ぴったり1 2	ぴったり1 2	ぴったり1 2	ぴったり3	ぴったり1 2
できたらシールをはろう	できたらシールをはろう	できたらシールをはろう	できたらシールをはろう	できたらシールをはろう	できたらシールをはろう	できたらシールをはろう	できたらシールをはろう

30ページ	31ページ
ぴったり3	ぴったり3
できたらシールをはろう	できたらシールをはろう

3. 自然災害から人々を守る活

32～33ページ	34～35ページ	3
ぴったり1 2	ぴったり1 2	ぴ
できたらシールをはろう	できたらシールをはろう	

4. 地いきの伝統や文化と、先人のはたら

66～67ページ	64～65ページ	62～63ページ	6
ぴったり3	ぴったり1 2	ぴったり1 2	ぴ
できたらシールをはろう	できたらシールをはろう	できたらシールをはろう	

5. わたしたちの住んでいる県

68～69ページ	70～71ページ	72～73ページ	74～75ページ	76～77ページ	78～79ページ	80～81ページ	82～83ページ
ぴったり1 2	ぴったり1 2	ぴったり3	ぴったり1 2	ぴったり1 2	ぴったり1 2	ぴったり3	ぴったり1 2
できたらシールをはろう	できたらシールをはろう	できたらシールをはろう	できたらシールをはろう	できたらシールをはろう	できたらシールをはろう	できたらシールをはろう	できたらシールをはろう

り合わせて使うことが
、勉強していこうね。
するよ。

しよう。
れるよ。
ブの登録商標です。

かな？
う。

んでみよう。

もどってか

の学習が終わっ
がんばり表」
をはろう。

るよ。
まちがえた
を読んだり、
う。

おうちのかたへ

本書『教科書ぴったりトレーニング』は、教科書の要点や重要事項をつかむ「ぴったり１ じゅんび」、おさらいをしながら問題に慣れる「ぴったり２ 練習」、テスト形式で学習事項が定着したか確認する「ぴったり３ たしかめのテスト」の３段階構成になっています。教科書の学習順序やねらいに完全対応していますので、日々の学習（トレーニング）にぴったりです。

「観点別学習状況の評価」について

学校の通知表は、「知識・技能」「思考・判断・表現」「主体的に学習に取り組む態度」の３つの観点による評価がもとになっています。

問題集やドリルでは、一般に知識を問う問題が中心になりますが、本書『教科書ぴったりトレーニング』では、次のように、観点別学習状況の評価に基づく問題を取り入れて、成績アップに結びつくことをねらいました。

ぴったり３ たしかめのテスト

- 「知識・技能」のうち、特に技能（資料の読み取りや表・グラフの作図など）を取り上げた問題には「技能」と表示しています。
- 社会的事象について考え、選択・判断し、文章で説明することなどを取り上げた問題には「思考・判断・表現」と表示しています。

チャレンジテスト

- 主に「知識・技能」を問う問題か、「思考・判断・表現」を問う問題かで、それぞれに分類して出題しています。

別冊『丸つけラクラクかいとう』について

おうちのかたへ では、次のようなものを示しています。

- **学習のねらいやポイント**
- **他の学年や他の単元の学習内容とのつながり**
- **まちがいやすいことやつまずきやすいところ**

お子様への説明や、学習内容の把握などにご活用ください。

内容の例

> **おうちのかたへ**
> 地図記号は教科書に掲載されているもの以外にも、多くの種類があります。国土地理院のキッズページでは地図記号の一覧や由来などを見ることができますので、お子様と一緒に確認してみるとよいでしょう。

教科書ぴったりトレーニングの使い方

『ぴたトレ』は教科書にぴった
できるよ。教科書も見ながら
ぴた犬たちが勉強をサポート

ふだんの学習

ぴったり1 じゅんび

教科書のだいじなところをまとめていくよ。
めあて でどんなことを勉強するかわかるよ。
問題に答えながら、わかっているかかくにん
QR コードから「3 分でまとめ動画」が見られ

※QR コードは株式会社デンソーウェー

ぴったり2 練習

「ぴったり 1」で勉強したこと、おぼえている
かくにんしながら、問題に答える練習をしよ

ぴったり3 たしかめのテスト

「ぴったり 1」「ぴったり 2」が終わったら取り組
学校のテストの前にやってもいいね。
わからない問題は、ふりかえり を見て前に
くにんしよう。

実力チェック

- 夏のチャレンジテスト
- 冬のチャレンジテスト
- 春のチャレンジテスト
- 4年 社会のまとめ 学力しんだんテスト

夏休み、冬休み、春休み前に
使いましょう。
学期の終わりや学年の終わりの
テストの前にやってもいいね。

ふだん
たら、
にシー

別《べっ》冊《さつ》

丸つけ ラクラクかいとう

問題と同じ紙面に赤字で「答え」が書いて
取り組んだ問題の答え合わせをしてみよう
問題やわからなかった問題は、右の「てびき
教科書を読み返したりして、もう一度見直

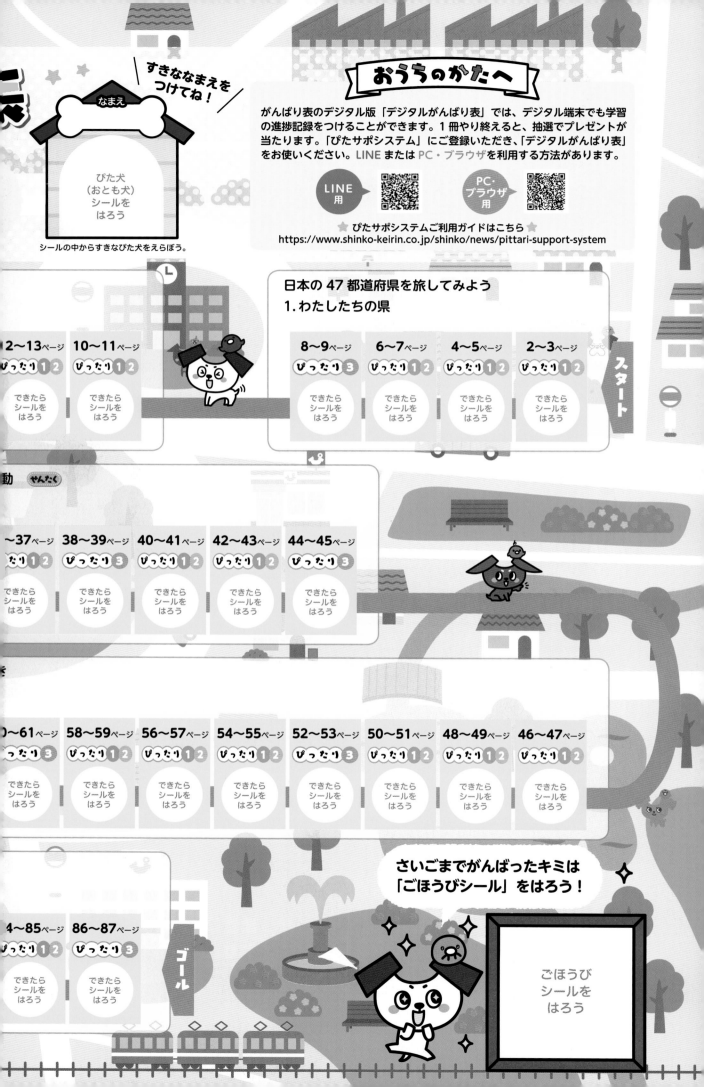

すきななまえをつけてね！

なまえ

ぴた犬（おとも犬）シールをはろう

シールの中からすきなぴた犬をえらぼう。

おうちのかたへ

がんばり表のデジタル版「デジタルがんばり表」では、デジタル端末でも学習の進捗記録をつけることができます。1冊やり終えると、抽選でプレゼントが当たります。「ぴたサポシステム」にご登録いただき、「デジタルがんばり表」をお使いください。LINE または PC・ブラウザを利用する方法があります。

LINE 用

PC・ブラウザ用

★ ぴたサポシステムご利用ガイドはこちら ★
https://www.shinko-keirin.co.jp/shinko/news/pittari-support-system

日本の 47 都道府県を旅してみよう
1. わたしたちの県

スタート

2〜3ページ	4〜5ページ	6〜7ページ	8〜9ページ
ぴったり 1 2	ぴったり 1 2	ぴったり 1 2	ぴったり 3
できたらシールをはろう	できたらシールをはろう	できたらシールをはろう	できたらシールをはろう

10〜11ページ	2〜13ページ
ぴったり 1 2	ぴったり 1 2
できたらシールをはろう	できたらシールをはろう

動 せんたく

〜37ページ	38〜39ページ	40〜41ページ	42〜43ページ	44〜45ページ
ぴったり 1 2	ぴったり 3	ぴったり 1 2	ぴったり 1 2	ぴったり 3
できたらシールをはろう	できたらシールをはろう	できたらシールをはろう	できたらシールをはろう	できたらシールをはろう

46〜47ページ	48〜49ページ	50〜51ページ	52〜53ページ	54〜55ページ	56〜57ページ	58〜59ページ	〜61ページ
ぴったり 1 2	ぴったり 1 2	ぴったり 1 2	ぴったり 3	ぴったり 1 2	ぴったり 1 2	ぴったり 1 2	ぴったり 3
できたらシールをはろう	できたらシールをはろう	できたらシールをはろう	できたらシールをはろう	できたらシールをはろう	できたらシールをはろう	できたらシールをはろう	できたらシールをはろう

4〜85ページ	86〜87ページ
ぴったり 1 2	ぴったり 3
できたらシールをはろう	できたらシールをはろう

ゴール

さいごまでがんばったキミは「ごほうびシール」をはろう！

ごほうびシールをはろう

名が
しよう！
礼文島《れぶんとう》
利尻島《りしりとう》
北海道《ほっかいどう》地方
択捉島《えとろふとう》
国後島《くなしりとう》
色丹島《しこたんとう》
歯舞群島《はぼまいぐんとう》
北海道《ほっかいどう》
札幌《さっぽろ》
奥尻島《おくしりとう》
伊豆諸島《いずしょとう》、
小笠原諸島《おがさわらしょとう》
新宿区
大島《おおしま》
新島《にいじま》
神津島《こうづしま》
三宅島《みやけじま》
御蔵島《みくらじま》
伊《い》豆《ず》諸《しょ》島《とう》
八丈島《はちじょうじま》
青ヶ島《あおがしま》
東京都《とうきょうと》
鳥島《とりしま》
青森県《あおもりけん》
青森
東北《とうほく》地方
秋田県《あきたけん》
岩手県《いわてけん》
秋田
盛岡《もりおか》
山形県《やまがたけん》
宮城県《みやぎけん》
山形
仙台《せんだい》
佐渡島《さどしま》
新潟
福島
福島県《ふくしまけん》
新潟県《にいがたけん》
栃木県《とちぎけん》
群馬県《ぐんまけん》
茨城県《いばらきけん》
前橋《まえばし》
宇都宮《うつのみや》
水戸《みと》
さいたま
埼玉県《さいたまけん》
東京（新宿区《しんじゅくく》）
千葉
東京都《とうきょうと》
甲府《こうふ》
山梨県《やまなしけん》
横浜《よこはま》
千葉県《ちばけん》
静岡
神奈川県《かながわけん》
関東《かんとう》地方
大島《おおしま》
三宅島《みやけじま》
伊《い》豆《ず》諸島
東京都《とうきょうと》
八丈島《はちじょうじま》
鹿児島
大隅諸島《おおすみしょとう》
種子島《たねがしま》
屋久島《やくしま》
九州《きゅうしゅう》地方
鹿児島県《かごしまけん》
奄美群島《あまみぐんとう》
大島《おおしま》
（奄美大島《あまみおおしま》）
沖縄諸島《おきなわしょとう》
南《なん》西《せい》諸《しょ》島《とう》
那覇《なは》
沖縄島《おきなわじま》
大《だい》東《とう》諸《しょ》島《とう》
尖閣諸島《せんかくしょとう》
先《さき》島《しま》諸《しょ》島《とう》
沖縄県《おきなわけん》
八重山列島《やえやまれっとう》
宮古島《みやこじま》
石垣島《いしがきじま》
西表島《いりおもてじま》
南西諸島《なんせいしょとう》
小《お》笠《がさ》原《わら》諸《しょ》島《とう》
西之島《にしのしま》
父島《ちちじま》
母島《ははじま》
火《か》山《ざん》列島
北硫黄島《きたいおうとう》
硫黄島《いおうとう》
南硫黄島《みなみいおうとう》

教科書ぴったりトレーニング　社会4年

バッチリポスター

日本のすがた

都道府県名 と
都道府県庁の所在
異《こと》なる都道府県を確《かく》

■日本列島《にほんれっとう》と周辺の国々

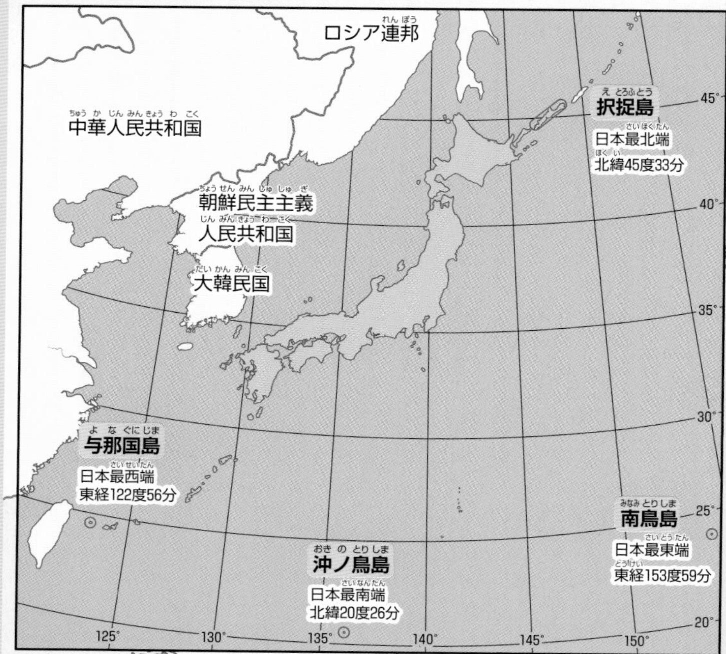

■日本列島の都道府県

都道府県名	都道府県庁の所在地	都道府県名	都道府県庁の所在地
北海道	札幌	三重県	津
青森県	青森	滋賀県	大津
岩手県	盛岡	京都府	京都
宮城県	仙台	大阪府	大阪
秋田県	秋田	兵庫県	神戸
山形県	山形	奈良県	奈良
福島県	福島	和歌山県	和歌山
茨城県	水戸	鳥取県	鳥取
栃木県	宇都宮	島根県	松江
群馬県	前橋	岡山県	岡山
埼玉県	さいたま	広島県	広島
千葉県	千葉	山口県	山口
東京都	東京(新宿区)	徳島県	徳島
神奈川県	横浜	香川県	高松
新潟県	新潟	愛媛県	松山
富山県	富山	高知県	高知
石川県	金沢	福岡県	福岡
福井県	福井	佐賀県	佐賀
山梨県	甲府	長崎県	長崎
長野県	長野	熊本県	熊本
岐阜県	岐阜	大分県	大分
静岡県	静岡	宮崎県	宮崎
愛知県	名古屋	鹿児島県	鹿児島
		沖縄県	那覇

(2023年11月現在)

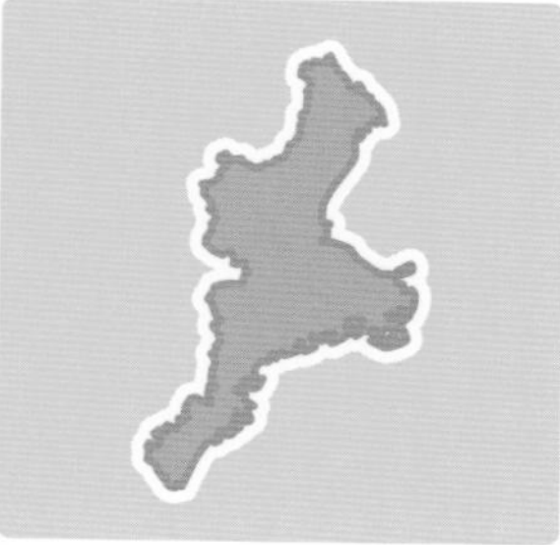

三《み》重《え》県

近畿《きんき》地方

庁 津《つ》市

人 177万人

面 5,774km^2

特 茶、いせえび、
真珠《しんじゅ》、松阪《まつさか》牛、
伊勢神宮《いせじんぐう》

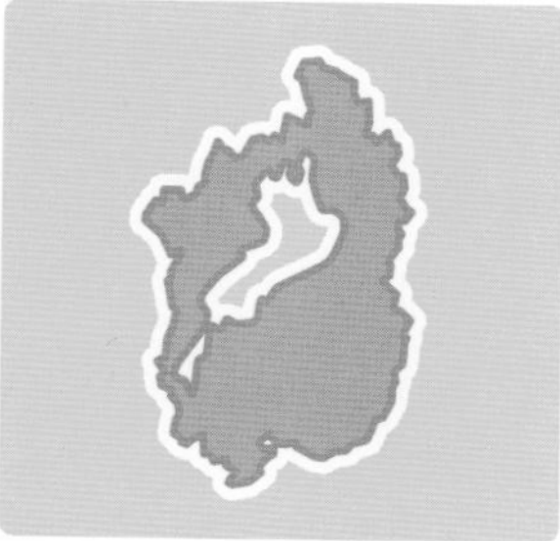

滋《し》賀《が》県

近畿《きんき》地方

庁 大津《おおつ》市

人 141万人

面 4,017km^2

特 近江《おうみ》牛、信楽焼《しがらきやき》、
比叡山延暦寺《ひえいざんえんりゃくじ》、
琵琶湖《びわこ》

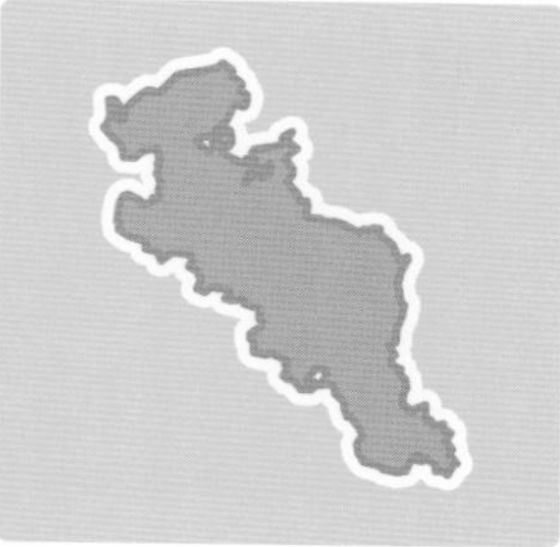

京《きょう》都《と》府《ふ》

近畿《きんき》地方

庁 京都《きょうと》市

人 250万人

面 4,612km^2

特 みずな、宇治《うじ》茶、
西陣織《にしじんおり》、丹後《たんご》ちりめん、
天橋立《あまのはしだて》、祇園祭《ぎおんまつり》

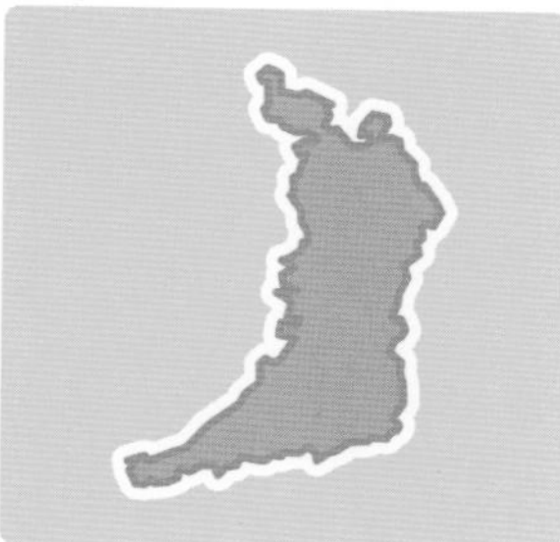

大阪《おおさか》府《ふ》

近畿《きんき》地方

庁 大阪《おおさか》市

人 878万人

面 1,905km^2

特 しゅんぎく、堺打刃物《さかいうちはもの》、
たこ焼《や》き、天神祭《てんじんまつり》、
大仙古墳《だいせんこふん》

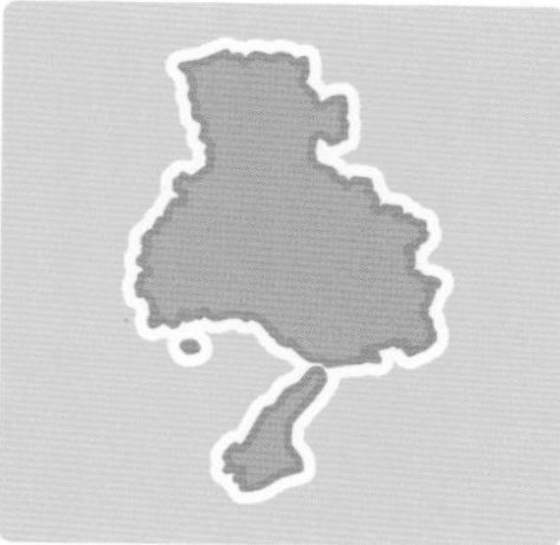

兵《ひょう》庫《ご》県

近畿《きんき》地方

庁 神戸《こうべ》市

人 546万人

面 8,401km^2

特 たまねぎ、ずわいがに、
清酒《せいしゅ》、姫路城《ひめじじょう》、
明石海峡大橋《あかしかいきょうおおはし》

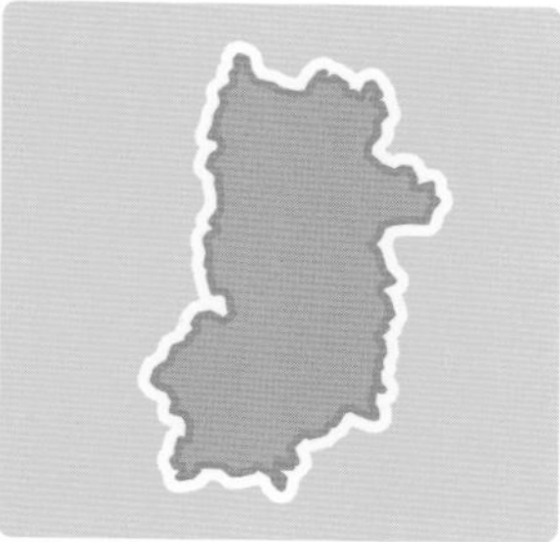

奈《な》良《ら》県

近畿《きんき》地方

庁 奈良《なら》市

人 133万人

面 3,691km^2

特 柿《かき》、
金魚、吉野杉《よしのすぎ》、
東大寺《とうだいじ》、法隆寺《ほうりゅうじ》

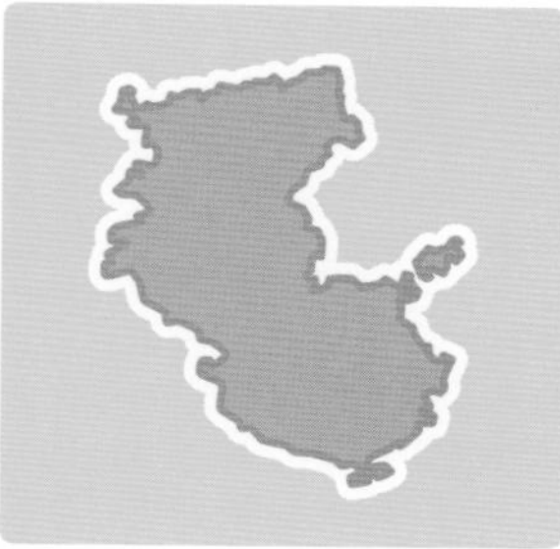

和《わ》歌《か》山《やま》県

近畿《きんき》地方

庁 和歌山《わかやま》市

人 92万人

面 4,725km^2

特 みかん、うめ、
柿《かき》、高野山金剛峯寺《こうやさんこんごうぶじ》、
熊野那智大社《くまのなちたいしゃ》

鳥取《とっとり》県

中国《ちゅうごく》地方

庁 鳥取《とっとり》市

人 55万人

面 3,507km^2

特 らっきょう、ずわいがに、
因州《いんしゅう》和紙、
鳥取砂丘《とっとりさきゅう》

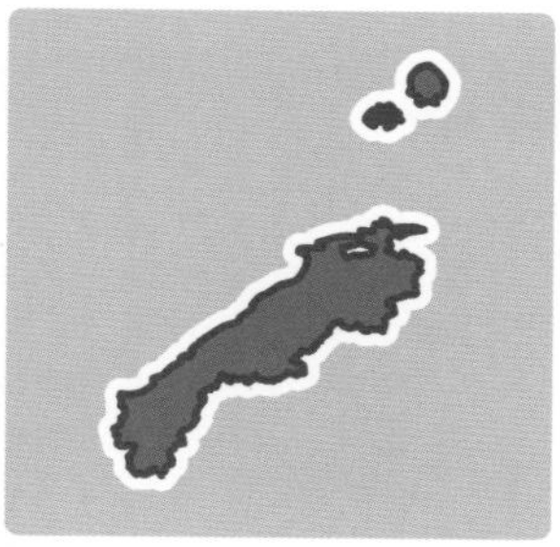

島《しま》根《ね》県

中国《ちゅうごく》地方

庁 松江《まつえ》市

人 66万人

面 6,708km^2

特 しじみ、雲州《うんしゅう》そろばん、
出雲大社《いずもたいしゃ》、
石見銀山遺跡《いわみぎんざんいせき》

岡山《おかやま》県

中国《ちゅうごく》地方

庁 岡山《おかやま》市

人 187万人

面 7,115km^2

特 ぶどう、もも、
かき、備前焼《びぜんやき》、
後楽園《こうらくえん》

広島《ひろしま》県

中国《ちゅうごく》地方

庁 広島《ひろしま》市

人 277万人

面 8,479km^2

特 レモン、かき、
熊野筆《くまのふで》、原爆《げんばく》ドーム、
厳島神社《いつくしまじんじゃ》

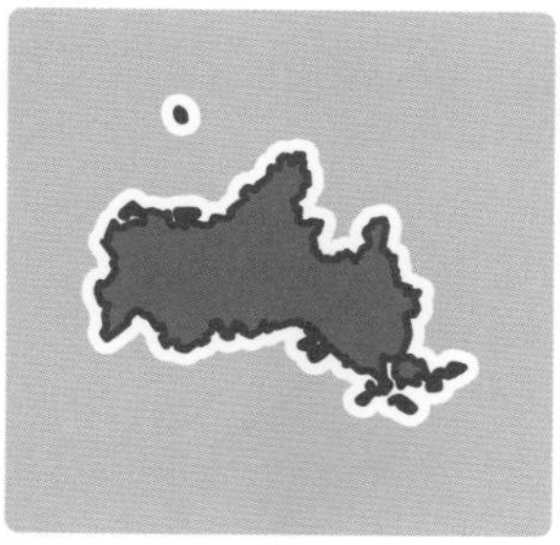

山口《やまぐち》県

中国《ちゅうごく》地方

庁 山口《やまぐち》市

人 133万人

面 6,113km^2

特 ふぐ、あんこう、
萩焼《はぎやき》、秋芳洞《あきよしどう》、
松下村塾《しょうかそんじゅく》

徳島県《とくしま》

四国《しこく》地方

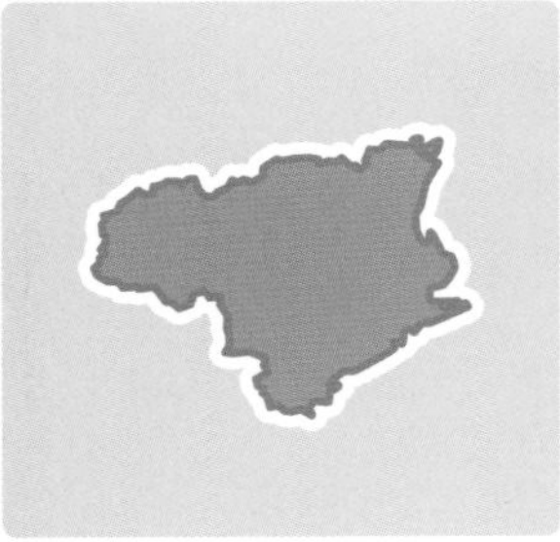

庁 徳島市《とくしま》
人 72万人
面 4,147km^2
特 すだち、生しいたけ、ゆず、阿波《あわ》おどり

香《か》川《がわ》県

四国《しこく》地方

庁 高松《たかまつ》市
人 96万人
面 1,877km^2
特 オリーブ、にんにく、讃岐《さぬき》うどん、金刀比羅宮《ことひらぐう》

愛《え》媛《ひめ》県

四国《しこく》地方

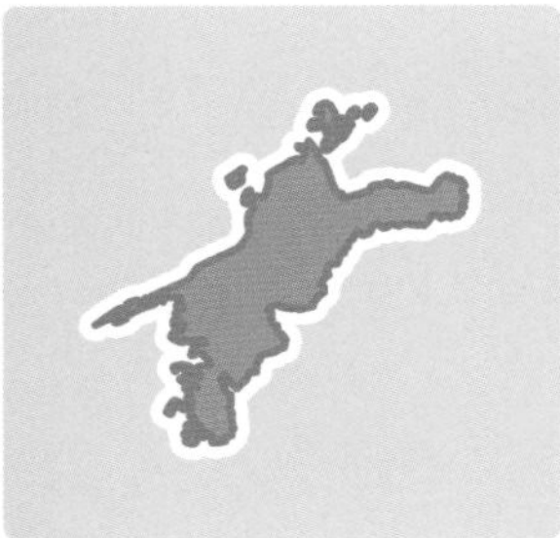

庁 松山《まつやま》市
人 133万人
面 5,676km^2
特 みかん、いよかん、まだい、タオル、道後温泉《どうごおんせん》

高《こう》知《ち》県

四国《しこく》地方

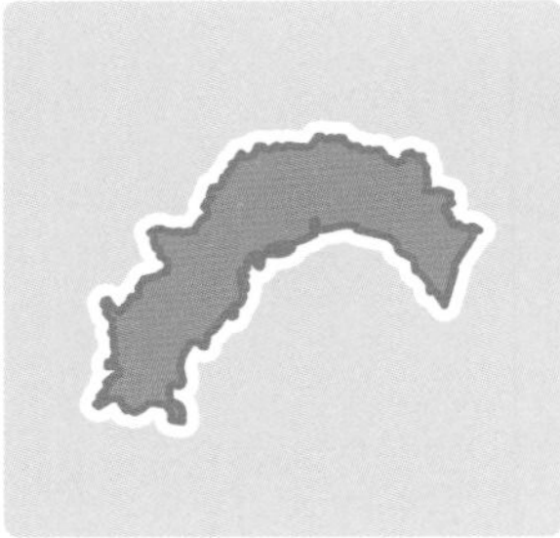

庁 高知《こうち》市
人 68万人
面 7,102km^2
特 なす、にら、しょうが、ゆず、かつお、よさこい祭り

福岡《ふくおか》県

九州《きゅうしゅう》地方

庁 福岡《ふくおか》市
人 510万人
面 4,988km^2
特 いちご、小麦、たけのこ、博多《はかた》人形、太宰府天満宮《だざいふてんまんぐう》

佐《さ》賀《が》県

九州《きゅうしゅう》地方

庁 佐賀《さが》市
人 81万人
面 2,441km^2
特 二条《にじょう》大麦、たまねぎ、のり、有田焼《ありたやき》、唐津焼《からつやき》、吉野ヶ里遺跡《よしのがりいせき》

長崎《ながさき》県

九州《きゅうしゅう》地方

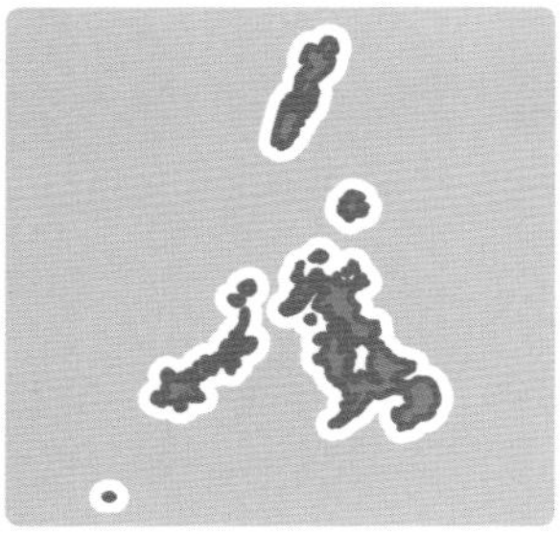

庁 長崎《ながさき》市
人 131万人
面 4,131km^2
特 じゃがいも、びわ、あじ、さば、カステラ、グラバー園

熊本《くまもと》県

九州《きゅうしゅう》地方

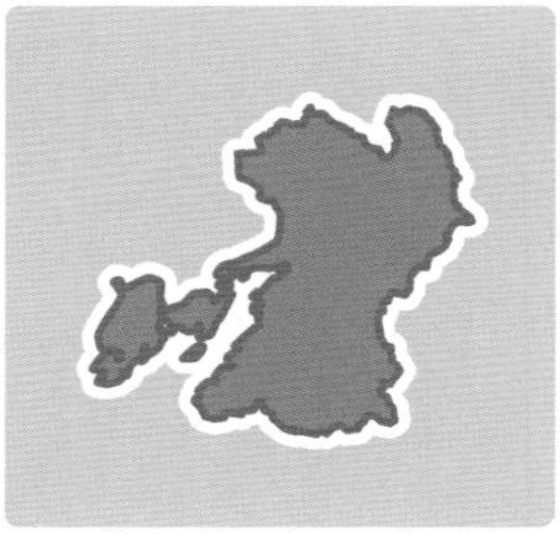

庁 熊本《くまもと》市
人 174万人
面 7,409km^2
特 トマト、すいか、い草《ぐさ》、天草陶磁器《あまくさとうじき》、阿蘇山《あそさん》

大分《おおいた》県

九州《きゅうしゅう》地方

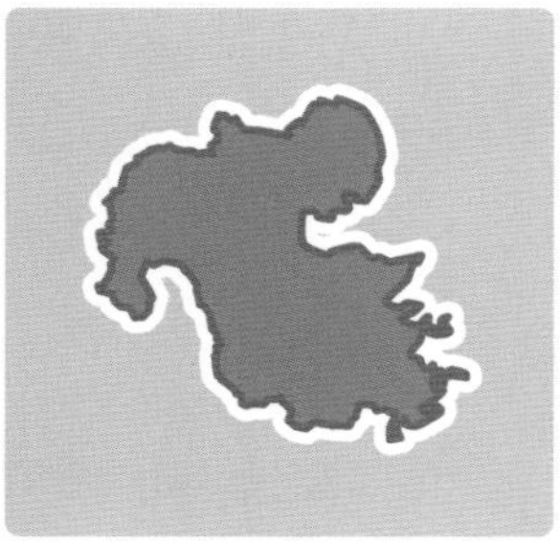

庁 大分《おおいた》市
人 112万人
面 6,341km^2
特 かぼす、ほししいたけ、関《せき》さば、別府温泉《べっぷおんせん》、湯布院温泉《ゆふいんおんせん》

宮崎《みやざき》県

九州《きゅうしゅう》地方

庁 宮崎《みやざき》市
人 107万人
面 7,734km^2
特 きゅうり、マンゴー、肉用にわとり、宮崎《みやざき》牛、高千穂峡《たかちほきょう》

鹿《か》児島《ごしま》県

九州《きゅうしゅう》地方

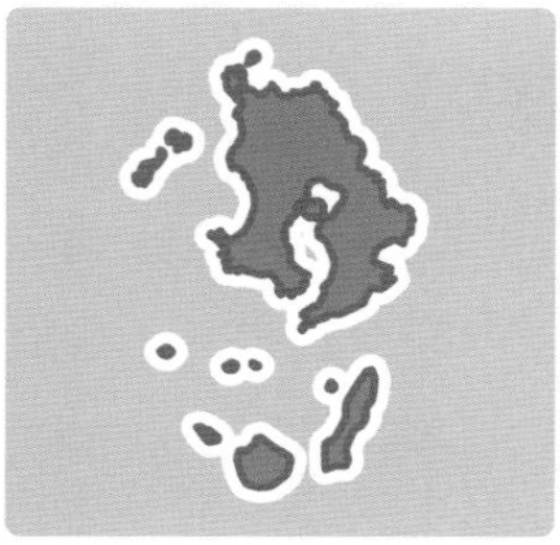

庁 鹿児島《かごしま》市
人 159万人
面 9,186km^2
特 さつまいも、茶、肉用にわとり、ぶた、屋久島《やくしま》

沖縄《おきなわ》県

九州《きゅうしゅう》地方

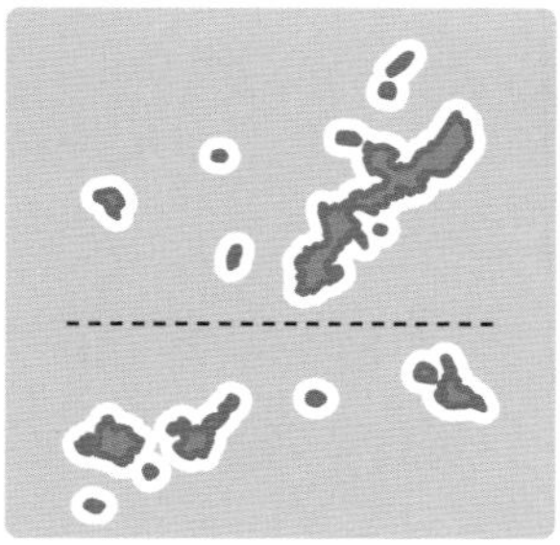

庁 那覇《なは》市
人 149万人
面 2,282km^2
特 パイナップル、さとうきび、ゴーヤー、琉球紅型《りゅうきゅうびんがた》

もくじ

社会 4年
日本文教版
小学社会

教科書ぴったりトレーニング
▶ 3分でまとめ動画

巻末	夏のチャレンジテスト／冬のチャレンジテスト／春のチャレンジテスト／学力しんだんテスト	とりはずしてお使いください
別冊	丸つけラクラクかいとう	

せんたく がついているところでは、教科書の選択教材を扱っています。学校での学習状況に応じて、ご利用ください。

【写真提供】
朝日新聞社/アフロ/アマナイメージズ/（一社）日本CLT協会/協同組合岡山県備前陶友会/コーベット・フォトエージェンシー/時事通信フォト/杉並区/仙台観光国際協会/長崎市/長崎歴史文化博物館/中野区/那須塩原市/那須塩原市教育委員会/那須野が原博物館/芳賀ライブラリー/真庭バイオマス発電株式会社/和歌山県/和歌山県田辺観光協会/PIXTA

日本の47都《と》道《どう》府《ふ》県《けん》を旅してみよう

めあて
日本の都道府県の名前と位《い》置について理解《りかい》しよう。

教科書 8～13ページ　答え 2ページ

次の（　）に入る言葉を、下から選《えら》びましょう。

1 日本の47都道府県を旅してみよう　教科書 8～13ページ

日本の都道府県

- 日本には、１都１道２府（①　　）県、合わせて（②　　）都道府県がある。形や面積《めんせき》、特色《とくしょく》などはさまざまである。

日本の地方

- 北から順《じゅん》に（③　　）地方、東北《とうほく》地方、関東《かんとう》地方、（④　　）地方、（⑤　　）地方、（⑥　　）地方、九州地方の７つに分かれている。

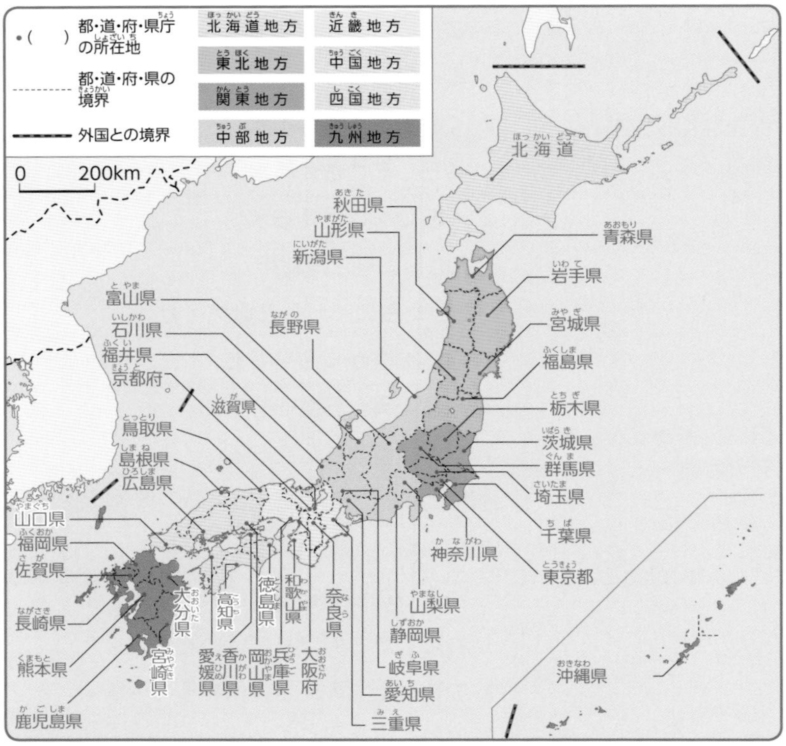

各地方と都道府県

都道府県の特色・形・位置

ワンポイント　都道府県が持つさまざまな特色

- それぞれの都道府県には**文化財《ぶんかざい》・祭り**、**工芸品《こうげいひん》・工業製品《せいひん》**、**食べ物**などさまざまな特色がある。

自分が住んでいる都道府県にはどんな特色があるかな？

（⑦　　）県

- 東北地方の都道府県
- 伝統的《でんとうてき》な祭りである「ねぶた祭」が有名
- りんごの生産《せいさん》がさかん

（⑧　　）県

- 関東地方の都道府県
- 歴史的《れきしてき》な建物《たてもの》である「日光東照宮《にっこうとうしょうぐう》」がある
- いちごの生産がさかん

（⑨　　）県

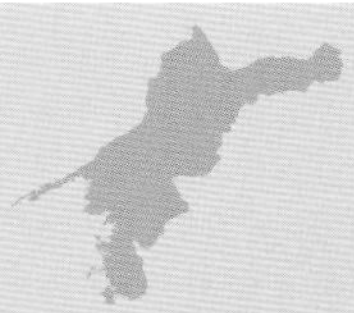

- 中国・四国地方の都道府県
- 「今治《いまばり》タオル」という工芸品が有名

選んだ言葉に✓

□中部《ちゅうぶ》　□愛媛《えひめ》　□青森《あおもり》　□北海道《ほっかいどう》　□中国《ちゅうごく》・四国《しこく》
□近畿《きんき》　□43　□47　□栃木《とちぎ》

学習日　　月　　日

ぴたトリビア
中部《ちゅうぶ》地方が「北陸《ほくりく》」「中央高地《ちゅうおうこうち》」「東海《とうかい》」の３つの地いきに分けてよばれるなど、７つの地方区分のほかにも、さまざまな地いきのよび方があります。

教科書　8～13ページ　　答え　2ページ

1 右の地図を見て、次の問いに答えましょう。

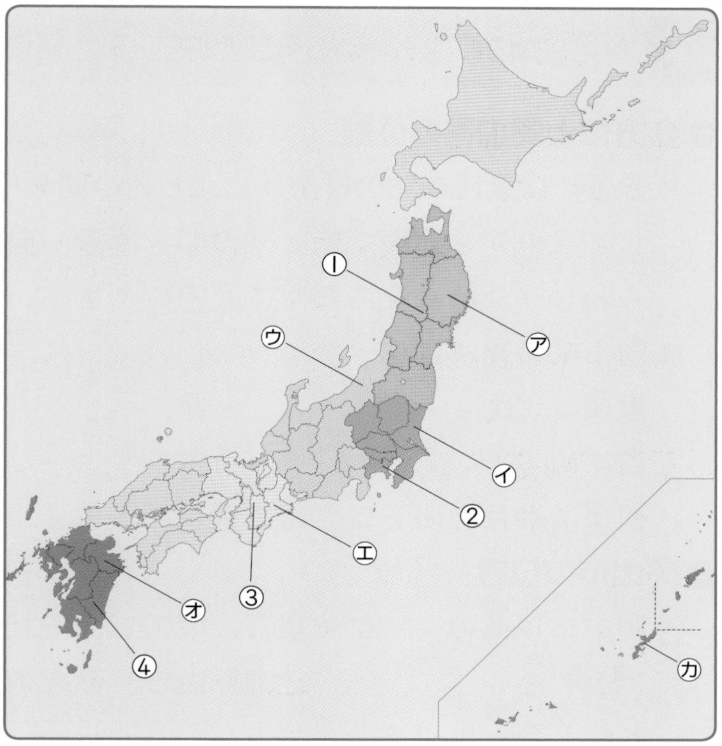

(1)　日本には、(①)都《と》(②)道《どう》(③)府《ふ》(④)県《けん》があります。(　　)にあてはまる数字を書きましょう。

①(　　　)　②(　　　)
③(　　　)　④(　　　)

(2)　右の地図の①～④にあてはまる地方の名前を(　　)に書きましょう。①(　　　)
②(　　　)
③(　　　)
④(　　　)

(3)　右の地図のア～カにあてはまる都道府県の名前を、下の［　　］から選びましょう。

ア(　　　)　イ(　　　)　ウ(　　　)
エ(　　　)　オ(　　　)　カ(　　　)

茨城県　沖縄県　大分県　岩手県　三重県　新潟県

(4)　次の文中の①～⑤にあてはまる都道府県の名前を書きましょう。

中国・四国地方を「中国地方」と「四国地方」に分けてよぶことがある。中国地方は北側《がわ》に(①)と島根《しまね》県、南側に(②)と広島《ひろしま》県、西側に(③)とぜんぶで５つの県がある。四国地方は北側に愛媛県と香川《かがわ》県、南側に徳島《とくしま》県、(④)と、ぜんぶで４つの県がある。そのうち、(⑤)は日本全国でもっとも面積《めんせき》が小さい都道府県である。

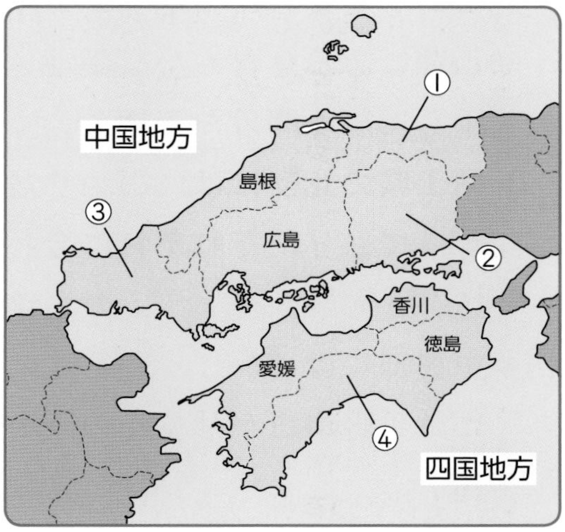

①(　　　)　②(　　　)　③(　　　)
④(　　　)　⑤(　　　)

ヒント　1 (4)　①と②はそれぞれ島根県と広島県の右どなりの県、③は左どなりの県です。⑤は地図をよく見て、四国地方の中でもっとも小さい県がどの県かを答えましょう。

1 わたしたちの県のようす①

学習日　月　日

めあて
岡山県《おかやま》がどのようなようすなのかたしかめよう。

教科書 14～21ページ　答え 3ページ

次の（　　）に入る言葉を、下から選《えら》びましょう。

1 わたしたちが住んでいる県はどこ？／岡山県《おかやま》について調べる　教科書 14～17ページ

8方位《ほうい》と岡山県の位置《いち》

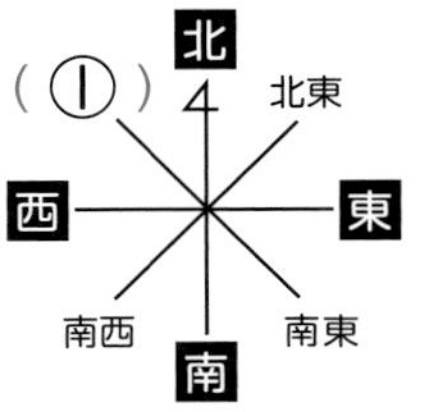

- 方位には東西南北のほかに、北と西の間を（①　　　　　）、北と東の間を**北東**、南と東の間を**南東**、南と西の間を**南西**とあらわし、これらをあわせて**8方位**とよぶ。
- 岡山県の北には（②　　　　　）県、東には（③　　　　　）県、西には（④　　　　　）県、南には瀬戸内海《せとないかい》をはさんで香川《かがわ》県が位置する。

岡山市の位置

- 岡山市は県の南部に位置し、備前《びぜん》市、総社《そうじゃ》市、（⑤　　　　　）、瀬戸内《せとうち》市、赤磐《あかいわ》市などととなり合っている。

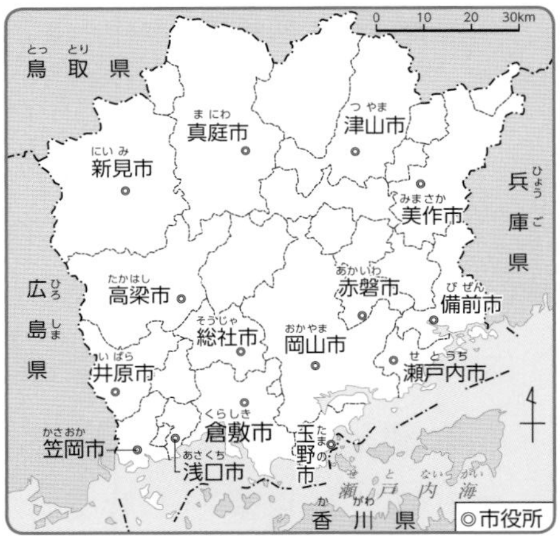

岡山県にある市

2 岡山県の土地のようす／岡山県の土地の使われ方　教科書 18～21ページ

ワンポイント　さまざまな地形

- 高い土地が集まっている地いき … **山地《さんち》**
- 山にかこまれた平地 … **盆地《ぼんち》**
- 山地にあるなだらかな平地 … **高原《こうげん》**
- 平らに広く開けた土地 … **平野《へいや》**

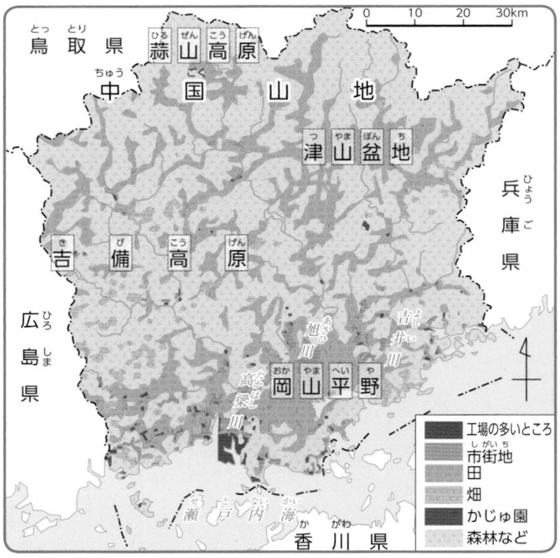

岡山県の土地利用図

- 岡山県の北部には、山地や盆地、高原が広がっており、それぞれに合わせた（⑥　　　　　）のようすがみられる。
- 中央部には（⑦　　　　　）が、南部には平野が広がり多くの人が住む（⑧　　　　　）が見られる。海ぞいには、山地や盆地には見られない（⑨　　　　　）がある。

選んだ言葉に☑

□兵庫《ひょうご》	□北西《ほくせい》	□倉敷市《くらしき》	□土地利用	□工場の多いところ
□森林	□鳥取《とっとり》	□広島《ひろしま》	□市街地《しがいち》	

ぴたトリビア

中国山地の北側はかげにかくれる場所にあることから山陰《さんいん》（地方）、中国山地の南側は太陽の光によく当たることから山陽《さんよう》（地方）とよばれます。

教科書　14～21ページ　答え　3ページ

1　右の地図を見て、次の問いに答えましょう。

(1)　岡山県は、いくつの県と陸続《りくつづ》きになっていますか。

（　　　　）つ

(2)　岡山県から見て、瀬戸内海をはさんで向かい側にある都道府県を答えましょう。

（　　　　）

(3)　備前市や瀬戸内市は、岡山県内のどの方位にあると言えますか。8方位で答えましょう。

（　　　　）

(4)　次の①、②の市は、岡山市から見て、どの方位にありますか。8方位で答えましょう。

①　倉敷市（　　　　）　②　赤磐市（　　　　）

岡山県にある市

2　右の地図を見て、次の問いに答えましょう。

(1)　地図を参考《さんこう》にして、次の①～③の地形の説明《せつめい》として正しいものを、㋐～㋒からそれぞれ選びましょう。

①　盆地（　　　）
②　山地（　　　）
③　平野（　　　）

㋐　高い土地が集まっている地いき
㋑　平らに広く開けた土地
㋒　山にかこまれた平地

(2)　地図中のA地点とB地点では、土地が高いのはどちらですか。

（　　　　）地点

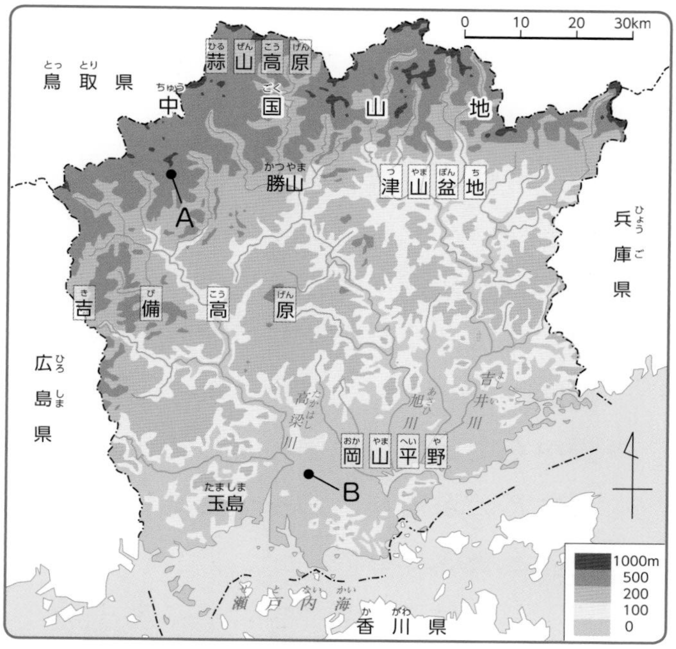

岡山県の地形をあらわした地形図

ヒント　2 (2)　A地点とB地点の色のちがいに注目しましょう。色のちがいは、土地の高さをあらわします。

1 わたしたちの県のようす②

学習日　　月　　日

めあて
岡山《おかやま》県の交通の広がりや特《とく》産物《さんぶつ》などの特色《とくしょく》をたしかめよう。

教科書 22〜27ページ　答え 4ページ

次の（　　）に入る言葉を、下から選《えら》びましょう。

1 岡山《おかやま》県の交通の広がり

教科書 22〜23ページ

岡山県の交通

- 岡山県は、（①　　　　）という橋で香川《かがわ》県と結《むす》ばれている。
- 岡山県には、（②　　　　）や高速道路が通っているため、広島《ひろしま》県や兵庫《ひょうご》県にも短い時間で行くことができる。
- 岡山県には（③　　　　）があるため、海外に行くこともできる。
- 南部の（④　　　　）都市では、鉄道や道路などの交通が発達している。

岡山県の交通

2 岡山県の特産物《とくさんぶつ》や産業《さんぎょう》／白地図《はくちず》にまとめる

教科書 24〜27ページ

岡山県の特色《とくしょく》

- 岡山県の**特産物**…（⑤　　　　）やももなどのくだものや、倉敷《くらしき》市の（⑥　　　　）、伝統的工芸品《でんとうてきこうげいひん》の（⑦　　　　）などがある。
- 岡山県の**産業**… 倉敷市（⑧　　　　）地区では、鉄こう業や自動車工業がさかん。

特産物
地形や気候《きこう》、原料《げんりょう》、伝統《でんとう》など、その地いきの特色を生かしてつくられたもの。

産業
農業や漁業《ぎょぎょう》、工業、商業といった、社会をささえているさまざまな仕事のこと。

ワンポイント　白地図にまとめる

- **白地図**は、りんかくだけを残《のこ》して、あとは白いままの地図。
- 調べたことを白地図にまとめるときは、山地《さんち》や平野《へいや》、川などの名前や、おもな土地利用《とちりよう》、交通、産業などの情報を書きこむ。

岡山県の白地図

選んだ言葉に ✓

□空港	□ぶどう	□瀬戸大橋《せとおおはし》	□備前焼《びぜんやき》
□水島《みずしま》	□新幹線《しんかんせん》	□ジーンズ	□人口が多い

学習日　　月　　日

ぴたトリビア

岡山県にある後楽園《こうらくえん》は、300年ほど前に岡山藩《はん》第2代藩主《はんしゅ》がいこいの場としてつくらせた庭園です。

教科書 22〜27ページ　答え 4ページ

1 右の地図を見て、次の問いに答えましょう。

(1) 岡山県と香川県を結ぶ橋の名前を答えましょう。　(　　　)

(2) 岡山県と広島県、岡山県と兵庫県は、高速道路や(　　)が通っているので、短い時間で行くことができます。(　　)にあてはまる言葉を書きましょう。　(　　　)

(3) 岡山県の中心部より南には、岡山桃太郎(　　)があり、飛行機《ひこうき》が飛《と》んでいます。(　　)にあてはまる言葉を答えましょう。　(　　　)

岡山県の交通

2 次の問いに答えましょう。

(1) 次の文の(　　)にあてはまる言葉を、下の［　　］から選びましょう。

岡山県の代表的な(①)として、「あまくて、たねがなく、つぶが大きい」くだものである(②)や、倉敷市でさかんにつくられている(③)などがあげられる。また、備前市でつくられている備前焼は、(④)として多くの人に親しまれている。

①(　　　)　②(　　　)
③(　　　)　④(　　　)

ジーンズ　ぶどう　特産物　伝統的工芸品　もも

(2) 農業や漁業、工業、商業といった、社会をささえているさまざまな仕事のことを何といいますか。　(　　　)

(3) 倉敷市にある、鉄こう業や自動車工業がさかんな地区を何といいますか。　(　　　)

(4) 陸地《りくち》などのりんかくだけを残して、あとは白いままにしている地図を何といいますか。　(　　　)

ヒント　1 (3) 地図中の岡山県の中央部の南にある、飛行機のマークを地図からさがしましょう。

ぴったり3

たしかめのテスト

日本の47都道府県《とどうふけん》を旅してみよう

1．わたしたちの県

1 わたしたちの県のようす

時間 30分

／100

ごうかく 80点

教科書 8～27ページ　答え 5ページ

1 右の地図は、たかしさんが考えた旅行のルートを表しています。この地図をみて問いに答えましょう。

技能 1つ5点（30点）

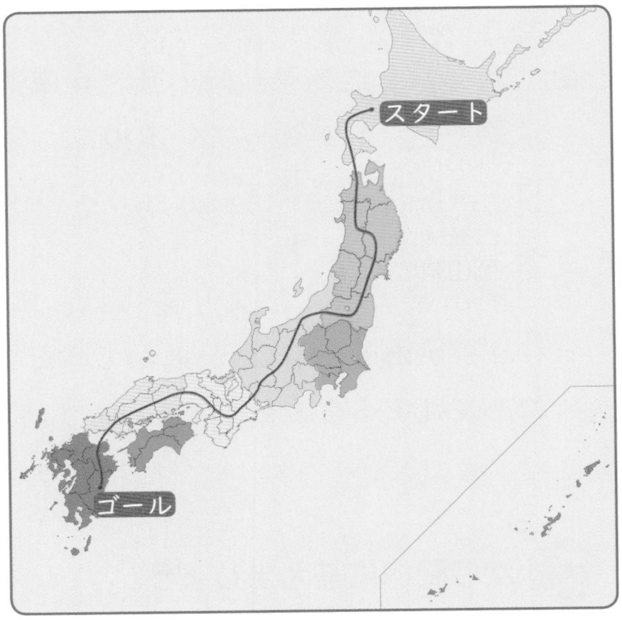

(1) スタートの北海道《ほっかいどう》を1番目とすると、6番目に通る都道府県はどこですか。

（　　　　　）

(2) ルートの中で、海に面していない都道府県は長野《ながの》県のほかに2つあります。名前を答えましょう。

（　　　　　）（　　　　　）

(3) ルートの中で、通らない地方が2つあります。名前を答えましょう。

（　　　　　）（　　　　　）

(4) ゴールの都道府県の名前を答えましょう。

（　　　　　）

2 右の地図を見て、次の問いに答えましょう。

1つ6点、(3)は8点、（20点）

(1) 地図中の①にあてはまる言葉を書きましょう。

（　　　　　）

(2) できたらスゴイ！ 次の断面《だんめん》図は、地図の㋐、㋑のどちらの地いきをあらわしたものですか。

（　　　　　）

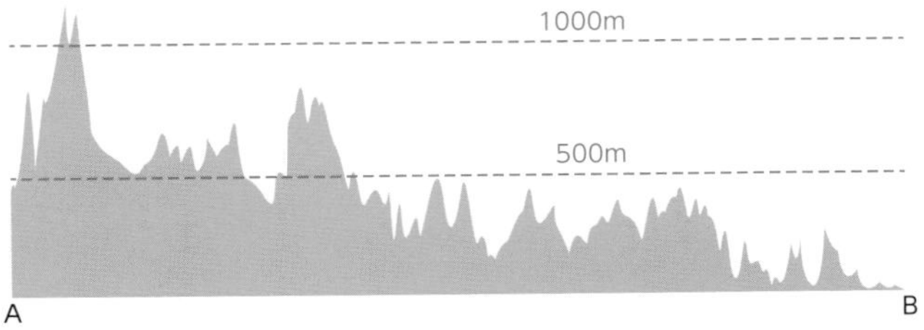

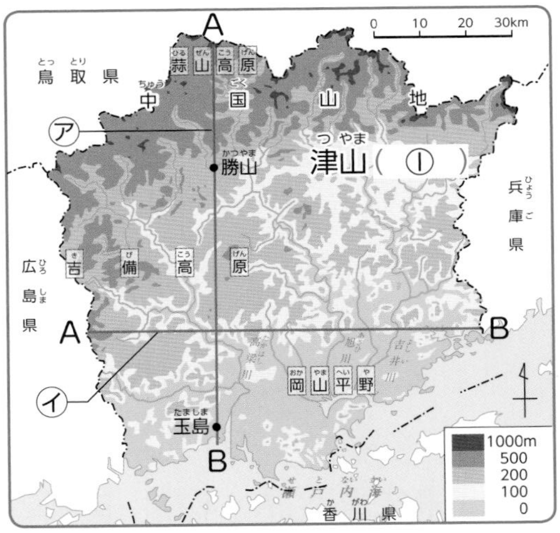

岡山県の地形をあらわした地形図

記述 (3) 次の文の（　　）にあてはまる内容《ないよう》を書きましょう。

思考・判断・表現

吉備高原《きびこうげん》は岡山《おかやま》県の西側《がわ》にある。高原とは、山地にある、（　　　　　）をいう。

（　　　　　　　　　　　　　　　　　　　　）

学習日　月　日

❸ 次の地図を見て、問いに答えましょう。

1つ5点（50点）

㋐

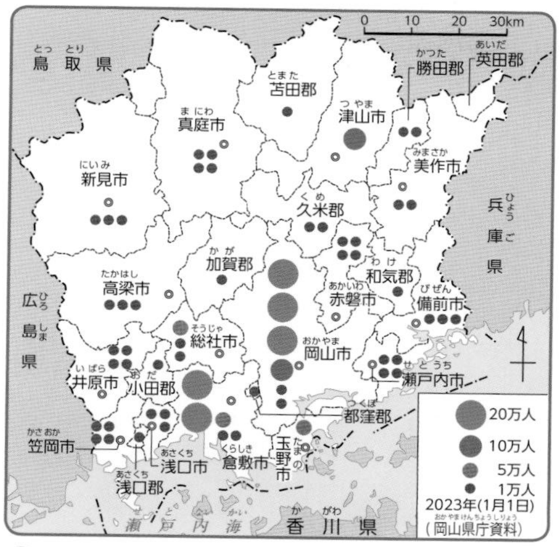

岡山県の人口の分布

㋑

岡山県の交通

(1) ㋐、㋑の地図をくらべて読み取れることとして、正しいものには◯を、まちがっているものには×をつけましょう。　技能

① (　　　) 津山《つやま》市の人口は約《やく》10万人であり、鉄道が走っている。

② (　　　) 人口が20万人以上の都市には、高速道路や鉄道が走っている。

③ (　　　) 郡《ぐん》とよばれる地いきすべてに鉄道が走っている。

④ (　　　) 人口が２番目に多い都市に空港がある。

⑤ (　　　) 岡山県の人口や鉄道、高速道路は北部より南部に集中している。

(2) よく出る ㋑の地図中の□にあてはまる橋の名前を書きましょう。

(　　　　　)

(3) 岡山県の県庁がおかれているところはどこですか。㋐の地図にのっている市もしくは郡の名前を答えましょう。

(　　　　　)

(4) 倉敷《くらしき》市にある、鉄こう業や自動車工業がさかんな地区の名前を書きましょう。

(　　　　　)地区

(5) ゆいさんとはるとさんがつくった岡山県のPR《ピーアール》紙について、次の問いに答えましょう。

岡山はやっぱりくだもの

あまい！たねがない！
つぶが大きい！だから、
そのまま食べられる！

ゆいさんのつくったPR紙

景観《けいかん》もきれい

倉敷市には、古くから残《のこ》るきちょうな□で有名な美観《びかん》地区があります！

はるとさんのつくったPR紙

① 温室で育てられる、岡山県の特産物《とくさんぶつ》であるくだものは何ですか。下線部を参考《さんこう》にして答えましょう。

(　　　　　)

② できたらスゴイ！ 美観地区の特色《とくしょく》を説明《せつめい》した文となるように、□にあてはまる言葉を考えて書きましょう。

(　　　　　)

ふりかえり　❶がわからないときは、２ページの❶にもどってかくにんしてみよう。

ぴったり1 じゅんび

3分でまとめ

2．健康《けんこう》なくらしを守る仕事

1 ごみのしょりと活用①

学習日　　月　　日

めあて
わたしたちが出すごみの分《ぶん》別《べつ》と収集《しゅうしゅう》について理解《りかい》しよう。

教科書 30〜37ページ　答え 6ページ

次の（　　）に入る言葉を、下から選《えら》びましょう。

1 自分たちの出すごみ／大分《おおいた》市のごみ

教科書 32〜35ページ

家庭から出るごみの出し方

- ごみは種類《しゅるい》ごとに（①　　　　　　）して、決められた日にちに出す。
- 大分市では、ごみの種類によって収集《しゅうしゅう》を（②　　　　　　）と無《む》料《りょう》に区別《くべつ》している。
- ごみの種類によって入れるふくろの（③　　　　　　）がちがう。
- かんやびん、ペットボトル、新聞など、再生《さいせい》して利用《りよう》できるごみを（④　　　　　　）という。
- 大分市での家庭から出るごみのなかでは、（⑤　　　　　　）の量《りょう》がもっとも多く、次に資源ごみが多い。

市が決めたごみぶくろ(黄色)に入れて出すごみ（有料）

※木のえだや落ち葉、草花はとう明・半とう明のふくろで「もえるごみ」の日に出すことができる。

とう明・半とう明のふくろに入れて出してもよいごみ（無《む》料《りょう》）

自分で申しこんで収集してもらったり持ちこんだりするごみ（有料）

大分市のおもな家庭ごみの出し方

ごみの重さはt《トン》であらわします。1tは1000kgです。

2 ごみステーションのようす

教科書 36〜37ページ

ワンポイント　自治《じち》会《かい》の役わり

- 自治会（町内会）… 地いきの住民《じゅうみん》でつくる組織《そしき》で、ごみステーションの管《かん》理《り》をおこなうほか、地いきの夏祭りや防犯《ぼうはん》パトロールなどをおこなう。

ごみステーションとごみの収集

- ごみステーションのかん板には、ごみの（⑥　　　　　　）などが書かれている。ごみステーションに集められたごみは、（⑦　　　　　　）に回収され、もえるごみは（⑧　　　　　　）へ、もえないごみなどは（⑨　　　　　　）へ運ばれる。

収集のようす

選んだ言葉に✓					
	□ごみ収集車	□有料《ゆうりょう》	□資源《しげん》ごみ	□収集日	□もえるごみ
	□分別《ぶんべつ》	□色	□清掃《せいそう》工場	□リサイクルプラザ	

ぴたトリビア

今から約200年前には、さまざまなごみを種類別《べつ》に分別し、それぞれの専門《せんもん》業者がお金をはらって引き取っている地いきもありました。

教科書　32～37ページ　　答え　6ページ

1 右のグラフを見て、次の問いに答えましょう。

(1)　家庭から出された1年間のごみの量でもっとも多いごみの種類は何ですか。（　　　　）

(2)　資源ごみの量は約《やく》何tですか。

約（　　　　）t

(3)　資源ごみに分別されるものを、㋐～㋒から選びましょう。（　　　）

㋐
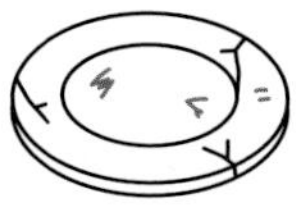

㋑
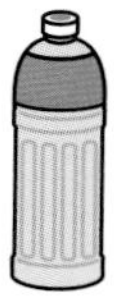

㋒

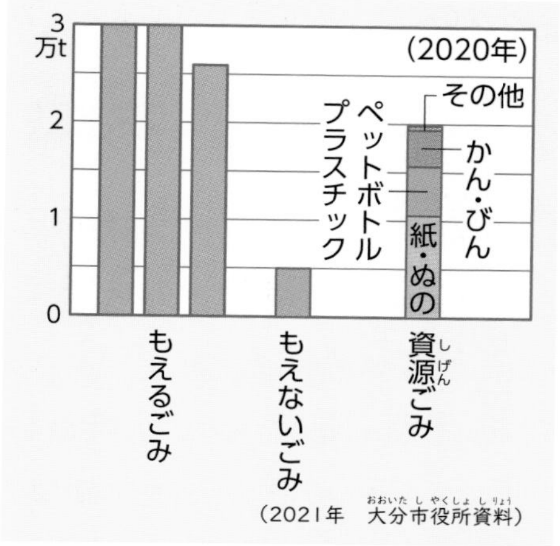

家庭から出た1年間のごみの量

2 右の図を見て、次の問いに答えましょう。

(1)　ごみを集める車のことを何といいますか。（　　　　）

(2)　ごみ収集日の表からわかることを、㋐～㋓から選びましょう。（　　　）

㋐　ごみは分別して、収集日前日の朝8時30分までに出す。

㋑　もえるごみの収集回数がいちばん多い。

㋒　資源ごみは、種類にかかわらず、すべて同じ日に収集される。

㋓　何かしらの種類のごみが、毎日収集されている。

(3)　次の文は、大分市役所で働《はたら》く人の話です。（　　）にあてはまる言葉を書きましょう。

ごみ収集日程表

ごみは正しく分別し、収集日の朝8時30分までに45リットル以内のふくろに入れて出してください。

4月

日	月	火	水	木	金	土
						1 かん・びん
2	3 ペットボトル	4 もえるごみ	5 資源プラ	6 古紙・布類	7 もえるごみ	8
9	10	11 もえるごみ	12	13 資源プラ	14 もえるごみ	15 かん・びん
16	17 ペットボトル	18 もえるごみ	19 資源プラ	20 古紙・布類	21 もえるごみ	22
23/30	24 スプレー缶 蛍光管等	25 もえるごみ	26 もえないごみ	27 資源プラ	28 もえるごみ	29 かん・びん

ごみの収集日

集めたごみのうち、もえるごみは（①　　　　　）へ、かんやびん、もえないごみなどは（②　　　　　）へ運びます。ごみによって運ばれる場所がちがうので、ごみの（③　　　　　）をしっかりおこなってください。もし、きまりを守らずに出されたごみがあったときには、ふくろに（④　　　　　）をはって、注意をよびかけます。

ヒント
2 (2)　地いきごとに収集の日が決められ、自治会でごみステーションを管理しています。かん・びん、ペットボトルなど、資源ごみの種類は 1 のグラフでかくにんできます。

ぴったり1 じゅんび

2. 健康《けんこう》なくらしを守る仕事

1 ごみのしょりと活用②

学習日　　月　　日

めあて
分別《ぶんべつ》されたごみのしょりについて理解《りかい》しよう。

教科書 38〜43ページ　答え 7ページ

次の（　　）に入る言葉を、下から選《えら》びましょう。

1 ごみのゆくえ／清掃《せいそう》工場の見学／もえないごみのゆくえ

教科書 38〜43ページ

ワンポイント ごみが運ばれる場所

- **清掃工場** … もえるごみが運ばれ、しょりされる。
- **リサイクルプラザ** … もえないごみが運ばれ、しょりされる。

もえるごみをしょりするしくみ

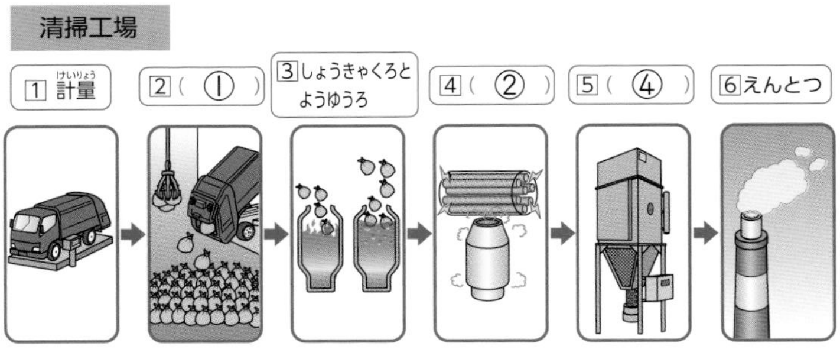

もえるごみをしょりするしくみ

1 コンピューターを利用《りよう》して、自動でごみの重さをはかる。

2（①　　　　　）にためたごみをクレーンで運ぶ。

3 しょうきゃくろでごみを灰《はい》にし、ようゆうろでごみをとかす。

4（②　　　　　）…ごみをもやすときの熱《ねつ》で（③　　　　　）をつくり、発電する。

5（④　　　　　）…体によくないけむりを取りのぞく。

もえないごみをしょりするしくみ

- （⑤　　　　　）…ごみをおおまかにくだく。
- （⑥　　　　　）…さらに機械《きかい》で細かくする。
- 選別《せんべつ》機…磁石《じしゃく》を使って鉄やアルミニウムを選別し、それらは**資源**としてリサイクル工場へ、しょりできないものは（⑦　　　　　）へ運ばれる。

資源《しげん》
ものをつくるときなどのもとになる原料《げんりょう》や燃料《ねんりょう》のこと。

リサイクル

- **リサイクル**…ごみを資源として再《さい》利用すること。
- 家庭から出るごみでリサイクルできるものには（⑧　　　　　）がつけられている。

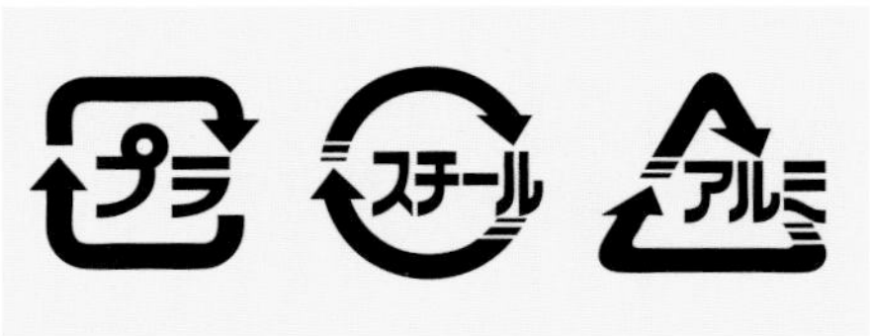

選んだ言葉に ✔

□あらはさい	□ボイラー	□じょう気	□ごみピット
□高速はさい	□うめ立て場	□識別《しきべつ》マーク	□集じん機《き》

ぴったり2

練習

ぴたトリビア

かんやびん、テレビや冷蔵庫《れいぞうこ》、けいたい電話、デジタルカメラ、パソコンなど、種類《しゅるい》ごとにリサイクルについてのきまりがあります。

学習日　　月　　日

教科書 38～43ページ　答え 7ページ

1 次の図を見て、問いに答えましょう。

清掃工場

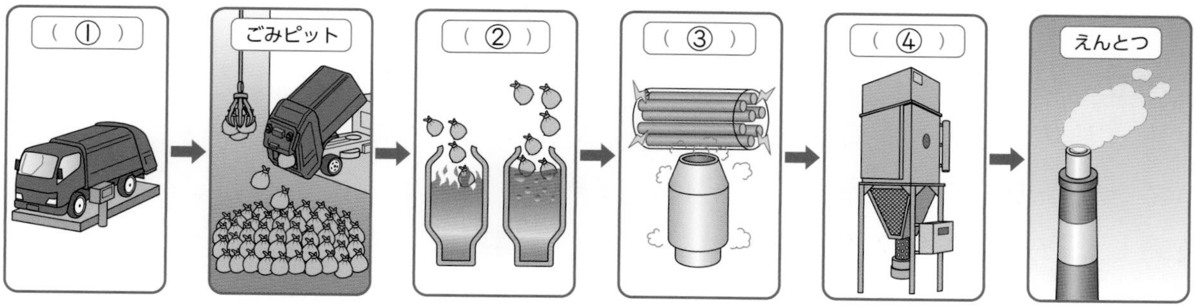

もえるごみをしょりするしくみ

(1) 図の①～④の説明《せつめい》としてあてはまるものを、㋐～㋓から選びましょう。

①（　　）　②（　　）　③（　　）　④（　　）

㋐ ごみを完全《かんぜん》に灰にしたり、どろどろにとかしたりする。

㋑ ごみをもやすときに出た熱でじょう気をつくり、発電機を回す。

㋒ はいガスにふくまれる体によくないけむりを取りのぞく。

㋓ コンピューターを利用して、自動でごみの重さをはかる。

(2) 次の文の（　）にあてはまる言葉を書きましょう。

清掃工場では、機械を使ってもえるごみをしょりしている。すべての作業は、中央せいぎょ室で（①　　　）が機械をコントロールして、工場の（②　　　）をたもっている。

2 次の問いに答えましょう。

(1) もえないごみが運ばれるしせつを何といいますか。（　　　）

(2) (1)のしせつで分別され、しょりできないものが運ばれる場所はどこですか。（　　　）

(3) 次の文の（　）にあてはまる言葉を書きましょう。

スチールかんなどの容器《ようき》を種類ごとに分別し、資源として回《かい》収《しゅう》するために右のような（①　　　）マークがつけられている。（①）マークは、資源を分別・再利用するという（②　　　）ができる容器であることをしめしている。

ヒント 2 (3) マークを見ると、容器が何でつくられているかがわかります。

ぴったり1 じゅんび

2．健康《けんこう》なくらしを守る仕事

1 ごみのしょりと活用③

学習日　　月　　日

◎めあて　ごみのゆくえと、ごみをへらすための取り組みをかくにんしよう。

教科書 44～49ページ　答え 8ページ

次の（　　）に入る言葉を、下から選《えら》びましょう。

1 もやしたごみのゆくえ　教科書 44～45ページ

✪ うめ立て場

- もやしたあとの（①　　　　　）や、リサイクルできなかったごみは**うめ立て場**に運ばれる。
- 新しいうめ立て場をつくるには、建設《けんせつ》する場所をどこにするか、（②　　　　　）の同意はえられるかなど、むずかしい問題がある。今のうめ立て場を少しでも長く使う努力《どりょく》が必要《ひつよう》である。

ほかにも費用《ひよう》の問題があるよ。新しいうめ立て地はかんたんにはつくれないんだね。

✪ 灰のリサイクル

- 灰の一部は、（③　　　　　）工場に運ばれ、セメントの原料《げんりょう》としてリサイクルされる。資源《しげん》の節約《せつやく》や、うめ立て場を長く使うことにつながる。

2 ごみ問題に取り組む／ごみをへらすために　教科書 46～49ページ

✪ ごみをへらす取り組み

- 海のゆたかさを守るために、世界中で（④　　　　　）をへらす取り組みがおこなわれている。海洋ごみの多くは（⑤　　　　　）であることから、プラスチックごみをへらすため、日本では2020年からレジぶくろが（⑥　　　　　）となった。

ワンポイント　ごみをへらすための4R《アール》

4R
- リフューズ（Refuse）…いらないものはことわる
- （⑦　　　　　）（Reduce）…ごみが出るのをおさえる
- （⑧　　　　　）（Reuse）…ものをすてずにくり返し使う
- リサイクル（Recycle）…ちがうものにつくり変《か》えてふたたび使う

- ごみのしょりにかかるお金は、住民から集めた（⑨　　　　　）を使っている。また、ごみのふくろの一部を有料にして、ごみしょり費用にあてている。

ごみをへらすためにできることから始めよう！

選んだ言葉に✓					
	□セメント	□有料《ゆうりょう》	□海洋ごみ	□リデュース	□プラスチックごみ
	□税金《ぜいきん》	□灰《はい》	□住民《じゅうみん》	□リユース	

学習日　月　日

ぴたトリビア
税金とは、国や都道府県《とどうふけん》、市（区）町村がみなさんや、家の人から集めるお金のことです。

教科書 44~49ページ　答え 8ページ

1 右の図について、次の問いに答えましょう。

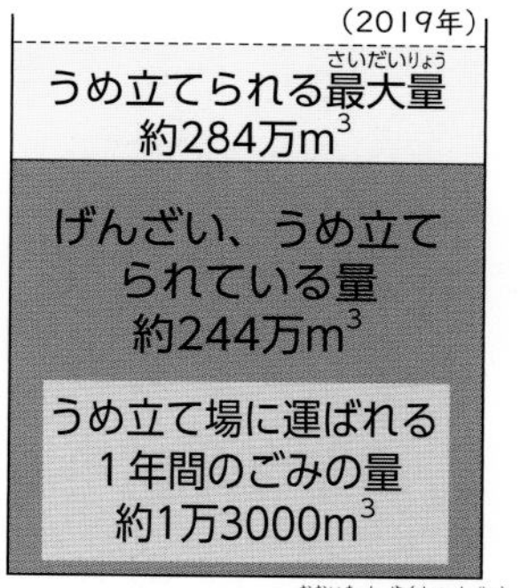

(2021年大分市役所資料《おおいたしやくしょしりょう》)

大分市のうめ立て場の今後

(1) 次の文の（　）にあてはまる言葉を、それぞれ選び○でかこみましょう。

> 図は、大分《おおいた》市の{① 清掃《せいそう》工場・うめ立て場 }の今後についてまとめたものである。残《のこ》りのうめ立てられる量《りょう》は約《やく》{② 40・280 }万m^3で、今のままでは、{①}があとおよそ30年ぐらいしか使えないといわれている。

(2) (1)の課題《かだい》を解決《かいけつ》するために、ごみをもやしたあとに出る灰を（　）の原料《げんりょう》としてリサイクルすることで、うめ立て場を利用できる期間をのばそうとする取り組みがおこなわれています。（　）にあてはまる言葉を書きましょう。

（　　　　）

2 次の問いに答えましょう。

(1) ごみのしょりにかかる費用のほとんどは、みなさんや家の人がおさめている（　）からしはらわれています。（　）にあてはまる言葉を書きましょう。

（　　　　）

(2) ごみをへらして、資源をたいせつにする4Rの取り組みについて、次の①~④に合う取り組みを、それぞれ㋐~㋓から選びましょう。

① リフューズ（Refuse）（　　）
② リデュース（Reduce）（　　）
③ リユース（Reuse）（　　）
④ リサイクル（Recycle）（　　）

㋐回収《かいしゅう》した新聞紙をトイレットペーパーにつくり変える。

㋑つめかえができるシャンプーを買うようにする。

㋒買い物に、マイバッグを持っていき、ふくろはもらわない。

㋓おもちゃがこわれても、しゅうりして、くり返し使う。

ヒント
1 (1) ②でうめ立てられる最大量から、げんざいうめ立てられている量を引くと、残《のこ》りの量がわかります。

ぴったり3 たしかめのテスト

時間 30 分

／100

ごうかく 80 点

2．健康《けんこう》なくらしを守る仕事

1 ごみのしょりと活用

教科書 32〜49ページ　答え 9ページ

1 右の絵は家庭から出るごみです。これらすべてのごみを、①〜④に分類《ぶんるい》して、記号で答えましょう。

技能 1つ完答5点（20点）

① もえるごみ　（　　　）

② もえないごみ　（　　　）

③ 資源《しげん》ごみ　（　　　）

④ 自分で申しこんで収集《しゅうしゅう》するごみ　（　　　）

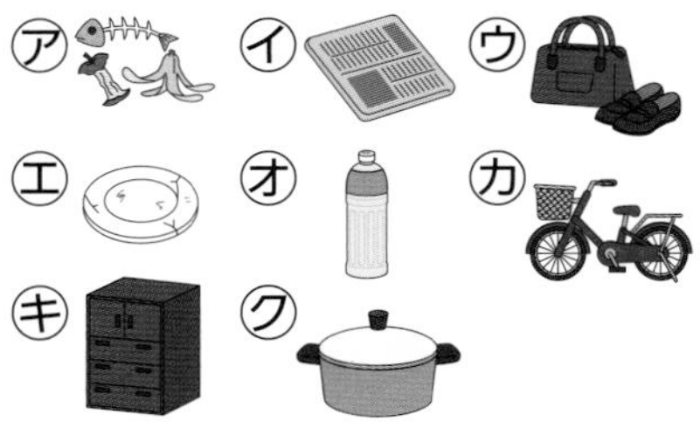

2 次の図を見て、問いに答えましょう。

1つ5点（20点）

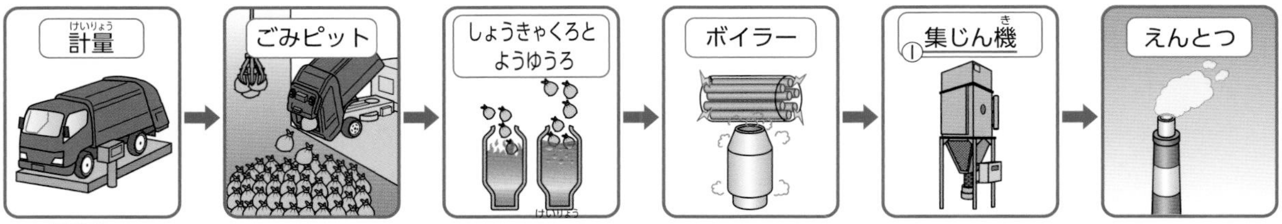

清掃《せいそう》工場のしくみ

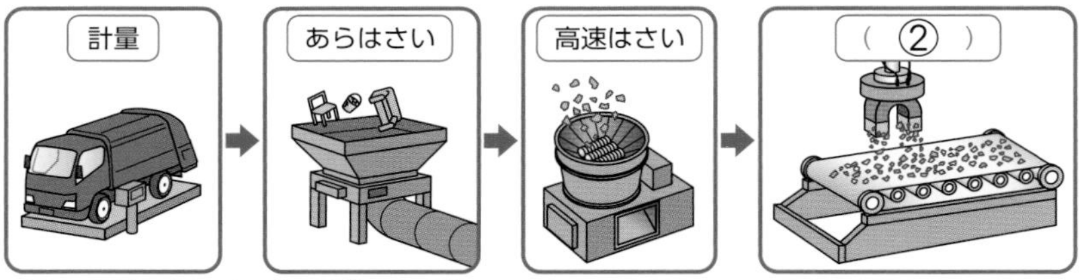

リサイクルプラザのしくみ

(1) よく出る もえないごみが運ばれて、しょりされるのは、清掃工場とリサイクルプラザのどちらですか。　（　　　）

(2) 清掃工場の機械《きかい》をコントロールする部屋を、何といいますか。　（　　　）

(3) できたらスゴイ！ 下線部①の機械を使っておこなわれるものを、㋐〜㋒から選びましょう。　（　　　）

㋐ コンピューターを利用《りよう》して、自動でごみの重さをはかる。

㋑ はいガスにふくまれる体によくないけむりを取りのぞく。

㋒ ごみをしょりしやすいように、おおまかにくだく。

(4) 図中の（②）には、細かくなったごみを、磁石《じしゃく》を使って、鉄やアルミニウムに分ける機械の名前が入ります。この機械の名前を書きましょう。

（　　　）

学習日　　月　　日

3 ごみしょりについて、正しいものには○を、まちがっているものには×をつけましょう。

1つ5点（30点）

① （　　　）ごみをリサイクルしたり、へらしたりする方法《ほうほう》に取り組んでいる。

② （　　　）ごみをしょりするのは市の仕事で、無料《むりょう》でおこなわれている。

③ （　　　）ごみの量《りょう》はふえ続《つづ》けているので、ごみしょり場とうめ立て場をふやしていくことがたいせつである。

④ （　　　）自分の地いきだけでなく、まわりの市町村や県とも協力《きょうりょく》して、ごみしょりの仕事をしている。

⑤ （　　　）家庭から出るごみは、ごみ収集車でうめ立て場に運ばれる。

⑥ （　　　）ごみをもやすときに出る熱《ねつ》で電気をつくるなど、エネルギーとしてうまく利用している。

4 次の問いに答えましょう。

1つ5点（30点）

(1) 次の①～③は、4R《アール》のうちの何にあてはまりますか。カタカナで答えましょう。

①買い物をしたとき、ビニールぶくろをもらうのをことわる。

②かんの識別《しきべつ》マークを見て、回収《かいしゅう》ボックスに入れる。

③こわれたいすは、しゅうりしてくり返し使う。

①（　　　　）　②（　　　　）　③（　　　　）

(2) 大分《おおいた》市で取り組んでいることを右のようにまとめました。下線部について、次の文の（　）にあてはまる言葉を書きましょう。

- ごみの出し方のきまりをつくっている。
- ごみのふくろを一部有料《ゆうりょう》にしている。
- ごみをリサイクルして資源として使う。

ごみの（①）にかかるお金には、税金《ぜいきん》が使われています。一人一人に、ごみを（②）ことにしんけんに取り組んでもらおうと考えて、ごみのふくろを有料にしました。

①（　　　　）　②（　　　　）

記述 (3) 循環型《じゅんかんがた》社会とは、どのような社会ですか。次の言葉を使って書きましょう。

思考・判断・表現

ごみ　資源　むだ

（　　　　　　　　　　　　　　　　）

ふりかえり　4(1)がわからないときは、14ページの2にもどってかくにんしてみよう。

ぴったり1 じゅんび

3分でまとめ

2．健康《けんこう》なくらしを守る仕事

2 くらしをささえる水①

学習日　月　日

めあて　生活で使う水の量《りょう》や、水が送られてくる場所をかくにんしよう。

教科書　54〜59ページ　答え　10ページ

次の（　　）に入る言葉を、下から選《えら》びましょう。

1 くらしにかかせない水／大阪府《おおさかふ》の人々をささえる水　教科書　54〜57ページ

水を使うときと量《りょう》

ワンポイント　水の量をあらわす単位《たんい》

● m³（①　　　　）

…たて・横・深さがそれぞれ１m《メートル》の容器《ようき》に入る量。１L《リットル》のペットボトル（②　　　　）本分。

「水道使用量等のお知らせ」の一部➡

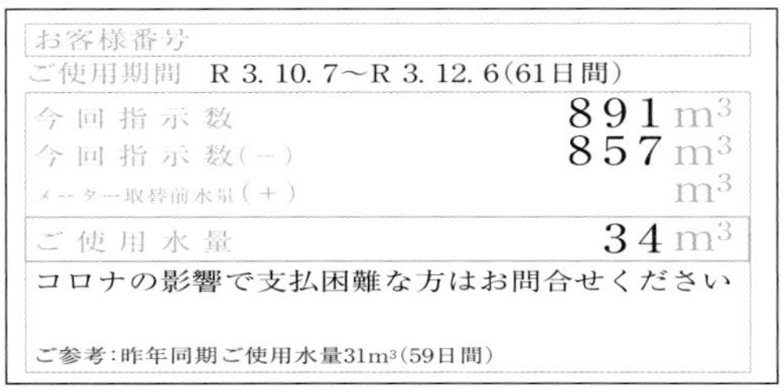

お客様番号	
ご使用期間	R 3. 10. 7〜R 3. 12. 6(61日間)
今回指示数	891 m³
今回指示数(−)	857 m³
メーター取替前水量(＋)	m³
ご使用水量	34 m³
コロナの影響で支払困難な方はお問合せください	
ご参考：昨年同期ご使用水量31m³(59日間)	

● わたしたちは１日に約《やく》214Lの水を使っている。生活の中で一番水を使っているのは（③　　　　）で、トイレやせんたく、料《りょう》理《り》にも多くの水を使っている。

大阪府の人々をささえる水

● 大阪府の１年間の水の使用量の合計は、約（④　　　　）億m³であり、一番多くの水が使われているのは（⑤　　　　）であるとわかる。

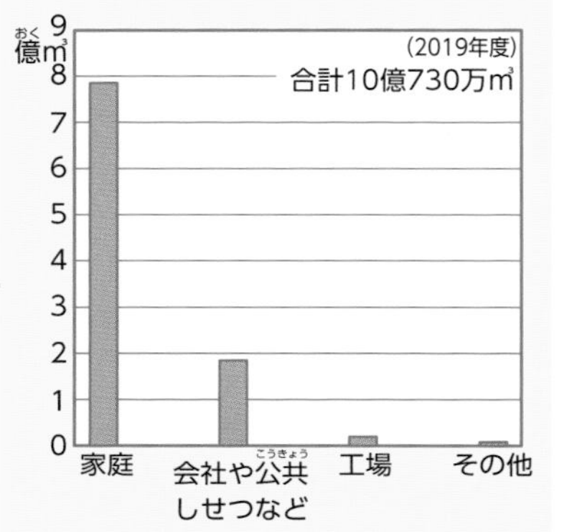

⬆ １年間の大阪府での水の使い道
（2021年　大阪府資料）

2 使う水はどこから　教科書　58〜59ページ

大阪府にとどくきれいな水

● 琵琶湖《びわこ》（滋賀県《しがけん》）から流れる川の水が（⑥　　　　）を通り、大きめのごみを取りのぞく（⑦　　　　）から**じょう水場**へ送られ、きれいな水となる。

● きれいになった水は、**じょう水**といい、（⑧　　　　）（塔《とう》）に一時的《てき》にたくわえておく。

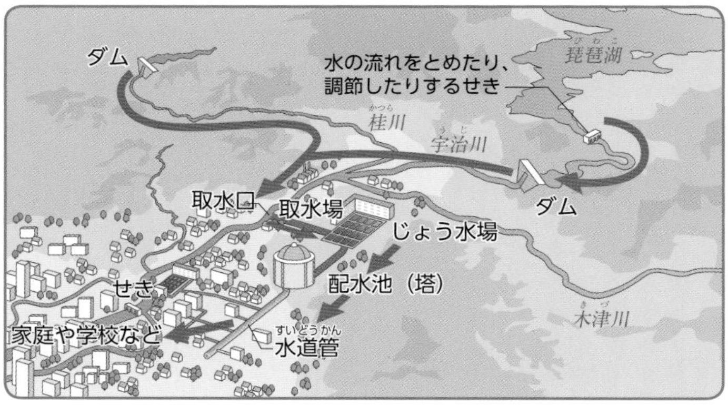

⬆ 水が送られてくるまで

選んだ言葉に✓				
	□家庭	□配水池	□取水場	□1000
	□ダム	□10	□おふろ	□立方メートル

ぴったり2

練習

学習日　　月　　日

ぴたトリビア
ダムは川をせき止め、水をたくわえるのに都合がよいので森林を切り開いたところなどにつくられます。

教科書　54〜59ページ　答え　10ページ

1 次の問いに答えましょう。

(1) たて・横・深さがそれぞれ１mのうつわに入る量をあらわす単位を何といいますか。　（　　　　　　）

(2) 右の２つの図を見て、正しいもの１つに○をつけましょう。

① （　　　　）１日に一人が使う水の量《りょう》は200 L《リットル》未満である。

② （　　　　）大阪府の家庭で使われる水は１年間で８億《おく》m^3より多い。

③ （　　　　）生活の中でもっとも多くの水を使うのはおふろである。

④ （　　　　）大阪府で使われる水の量は会社や公共しせつより工場が多い。

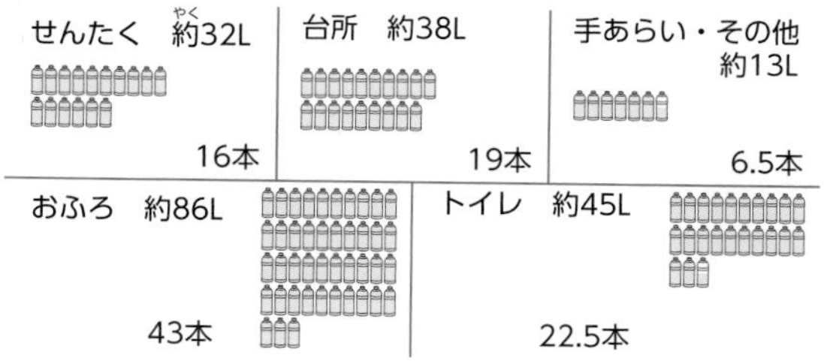

１日に一人が使う水をペットボトル（２L）であらわした図（東京《とうきょう》都《と》水道局《すいどうきょく》資《し》料《りょう》ほか）

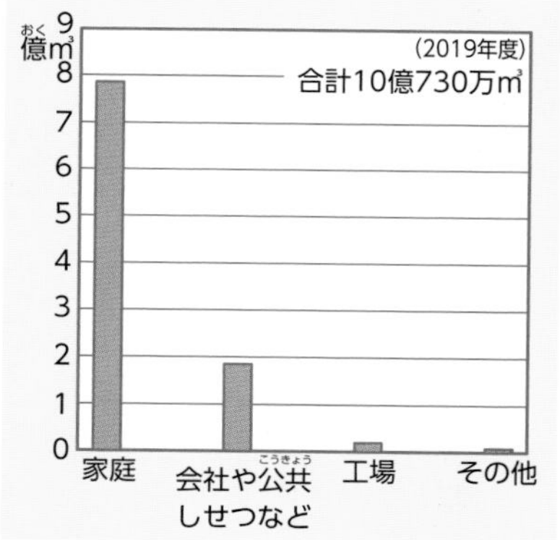

１年間の大阪府での水の使い道
（2021年　大阪府資料）

2 次の図を見て、問いに答えましょう。

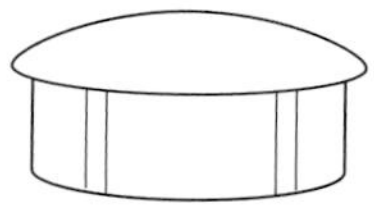

配水池

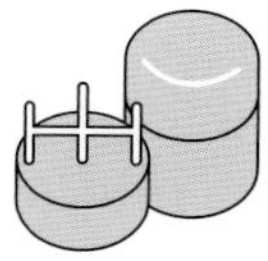

取水場

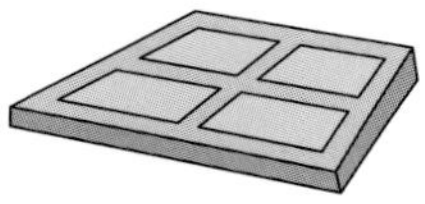

じょう水場

(1) 次の①〜③が説明しているしせつを、上の３つの図から選び、しせつの名前を書きましょう。

① 家庭や学校に送る水の量を調節《ちょうせつ》するために、一時的にたくわえておく。　（　　　　　　）

② わたしたちが安全に飲むことができる、きれいな水をつくる。　（　　　　　　）

③ 川や湖から水を取りこみ、大きめのごみを取りのぞいたあとに、次のしせつに送る。　（　　　　　　）

(2) ①〜③を、水が通ってくる順《じゅん》にならべて番号を書きましょう。

ダム→（　　　　）→（　　　　）→（　　　　）→じゃ口

ヒント　2 (2) 川や湖の水は、水道のしせつを通って、安全な水にしょりされ、わたしたちのもとにとどけられます。

2．健康《けんこう》なくらしを守る仕事

2 くらしをささえる水②

学習日　　月　　日

めあて
じょう水場のしくみと、働《はたら》く人の仕事を知ろう。

教科書 60〜63ページ　答え 11ページ

次の（　　）に入る言葉を、下から選《えら》びましょう。

1 水道水をつくるじょう水場

教科書 60〜61ページ

ワンポイント　じょう水場のしくみ

- **じょう水場**では、川から取り入れた水をきれいにする作業をくり返して、（①　　　　　　）水をつくっている。

（②　　　　　　）
水の中のあらいごみや砂《すな》をしずめる。

（③　　　　　　）
砂のそうでにごりをきれいにする。

（④　　　　　　）
できあがった水をためる。

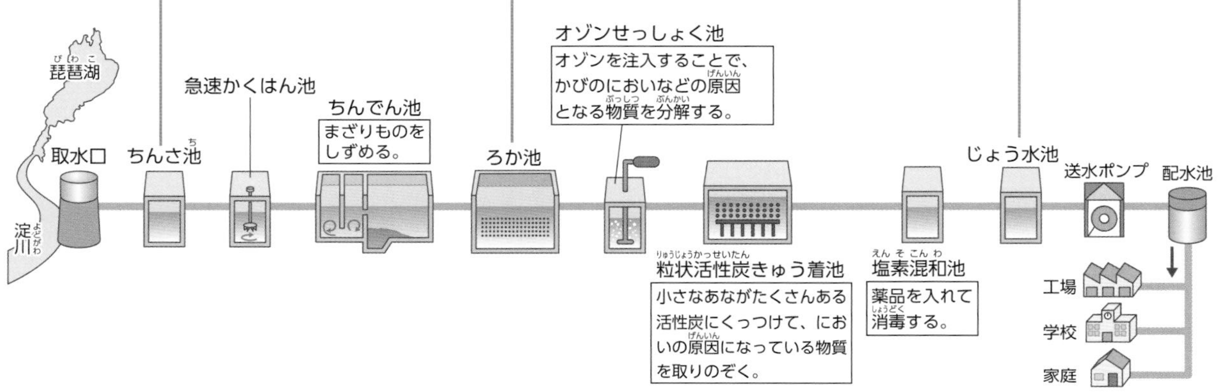

じょう水場のしくみ

- 24時間交代しながら水をつくり、学校や家庭に水を送っている。

2 安全・安心をつくって送る

教科書 62〜63ページ

じょう水場で働《はたら》く人

- じょう水場の中央管理室《かんりしつ》…（⑤　　　　　　）で、じょう水場のしせつや機械《きかい》、水のじょうたいなどを（⑥　　　）時間管理している。
- （⑦　　　　　　）…安全な水をつくるため、毎日川の水を調べて入れる薬品の量《りょう》を調節《ちょうせつ》している。

水質けんさのようす

- じょう水場でつくられた水は地下の（⑧　　　　　　）を通って、家庭などにとどけられる。水道管の管理として、水もれの調査《ちょうさ》や水道管の交かんなどを行う。

選んだ言葉に✓				
	□ろか池《ち》	□ちんさ池	□じょう水池	□水道管《すいどうかん》
	□コンピューター	□水質《すいしつ》けんさ	□おいしい	□24

ぴったり2
練習

学習日　月　日

ぴたトリビア

震災《しんさい》による断水《だんすい》は、4週間をこえると肉体的《てき》にも精神《せいしん》的にもきびしいという声を受けて、水道の復旧《ふっきゅう》期間は震災後およそ4週間までを目標《もくひょう》としています。

教科書　60〜63ページ　答え　11ページ

1 下の①〜⑥の説明《せつめい》にあてはまるしせつを、次の図中の㋐〜㋕から選びましょう。

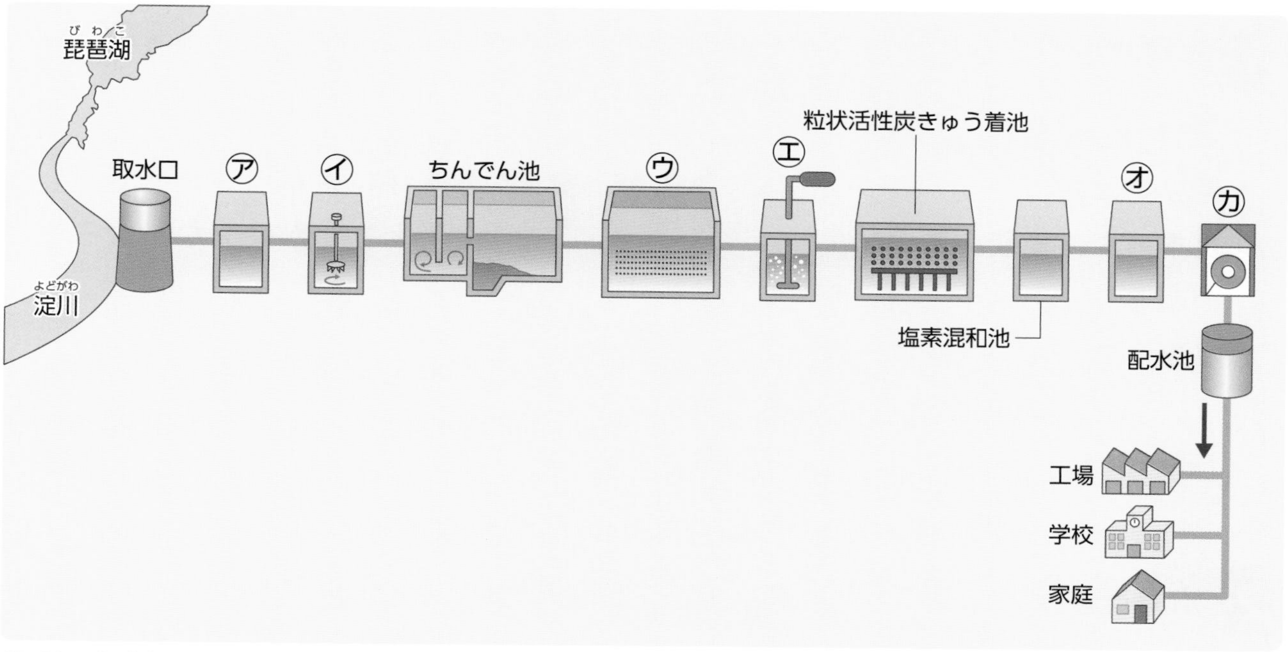

じょう水場のしくみ

① 砂《すな》や、あらいごみをしずめる。　(　　)
② にごりを、砂のそうで取りのぞく。　(　　)
③ できあがった水をためる。　(　　)
④ 薬品を入れ、かきまぜる。　(　　)
⑤ オゾンを注入し、かびのにおいの原因を分解する。　(　　)
⑥ ポンプを使い、学校や家庭に水を送る。　(　　)

2 次の絵の作業内容《ないよう》を、下の㋐〜㋒からそれぞれ選びましょう。

①

(　　)

②

(　　)

③

(　　)

㋐ 川の水の水質けんさをしている。
㋑ せんようの器具《きぐ》を使って水道管の水もれ調査をしている。
㋒ コンピューターで水のじょうたいを、24時間管理している。

ヒント　2 じょう水場で働く人々のようすを、絵から読み取りましょう。

ぴったり1

じゅんび

2．健康《けんこう》なくらしを守る仕事

2 くらしをささえる水③

学習日　　月　　日

めあて
水を守る取り組みや森林のはたらきを知ろう。

教科書　66〜69ページ　答え　12ページ

次の（　　）に入る言葉を、下から選《えら》びましょう。

1 毎日水が使えること

教科書　66〜67ページ

水を守る取り組み

- 世界ではおよそ（①　　　　）人に１人が、安全な水を手に入れることができない。
- 日本でも、地震《じしん》によって（②　　　　　　）がこわれ、水が使えなくなることがある。
- 水をよごさないために、地いきの人が協力《きょうりょく》して行う天野《あまの》川のそうじや、琵琶湖《びわこ》のまわりの（③　　　　　　）を守る取り組みがおこなわれている。

安全な水が使えることは当たり前ではないんだね。

2 水源《すいげん》を守るために

教科書　68〜69ページ

ワンポイント　水のじゅんかんと給水量《きゅうすいりょう》

- 水源《すいげん》である森林は、（④　　　　　　）がふると水をたくわえ、地下水をつくる。
- 木の根が土や砂《すな》をおさえこみ、（⑤　　　　　　）を防《ふせ》ぐはたらきもすることから、「（⑥　　　　　　）」とよばれる。
- 水は陸地《りくち》、（⑦　　　　　　）、空をくり返しまわっているが、森林がこわされると水がうまくじゅんかんできないため、手入れを続《つづ》けることがたいせつである。
- 大阪府《おおさかふ》の（⑧　　　　　　）は、2000年から少しずつへってきている。
- 水をたいせつに使う取り組みが広がってきている。

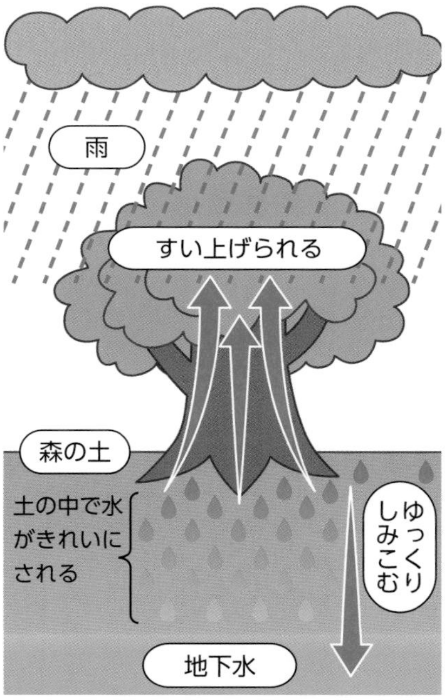

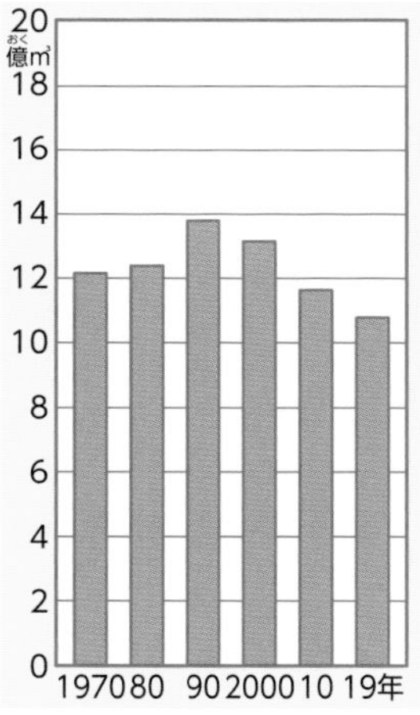

大阪府の給水量のうつり変わり
（2021年　大阪府資料《しりょう》ほか）

給水量
水を学校や家庭など使われる場所までとどけることを給水といい、給水量はその量のこと。

選んだ言葉に✔				
	□水道管《すいどうかん》	□海	□緑のダム	□土砂《どしゃ》くずれ
	□4	□雨	□給水量《きゅうすいりょう》	□森林

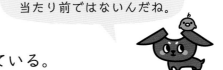

ぴたトリビア

地球の表面の約《やく》３分の２が水でおおわれており、そのうちの97.5%が海水であると言われています。

教科書　66～69ページ　　答え　12ページ

1 水をよごさない取り組みについて、次の文の（　　）にあてはまる言葉を、下の［　　］からそれぞれ選びましょう。

- 大阪府の人々のくらしをささえる（①　　　　）には、水中のちっそやリンをすい取ったり、（②　　　　）を分解《ぶんかい》したりするはたらきをもつ（③　　　　）という植物がある。
- 湖や川の水がよごれないように、（④　　　　）の人たちによる、せいそう活動がおこなわれている。

［地いき　　よし　　琵琶湖　　よごれ］

2 次の問いに答えましょう。

(1) 右の図中の①～④にあてはまる言葉を、下の［　　］からそれぞれ選びましょう。

①（　　　　）
②（　　　　）
③（　　　　）
④（　　　　）

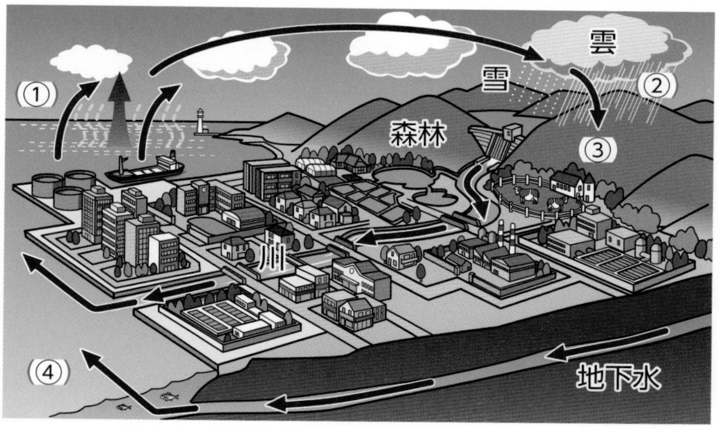

水のじゅんかん

［海　　雨　　水じょう気　　ダム］

(2) 右のグラフを見て、正しいものには○を、まちがっているものには×をつけましょう。

①（　　　）人口は1990年から数値はあまり変わらない。
②（　　　）給水量がいちばん多い年は2000年で、約《やく》14億㎥である。
③（　　　）給水量は1970年から1990年までふえている。
④（　　　）人口がふえるとともに、給水量もふえている。

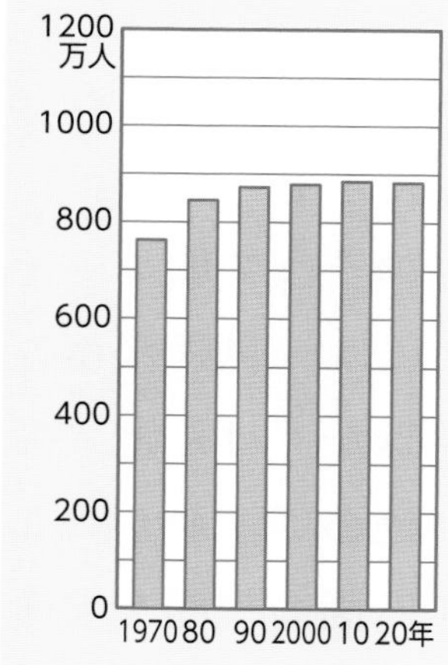

大阪府の人口のうつり変わり
(2021年　大阪府資料)

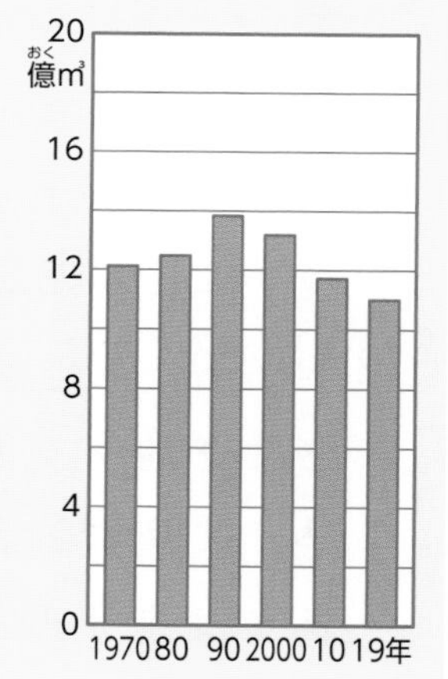

大阪府の給水量のうつり変わり
(2021年　大阪府資料ほか)

ヒント　2 (2)　グラフの中でいちばん多いところに注目して、たてじくと横じくの単位《たんい》をたしかめて考えましょう。

ぴったり3 たしかめのテスト

2．健康《けんこう》なくらしを守る仕事

2 くらしをささえる水

時間 30分

／100

ごうかく 80点

教科書 54～69ページ　答え 13ページ

1 右のグラフを見て、次の問いに答えましょう。

1つ5点（30点）

(1) グラフのたてじくと横じくは何をあらわしていますか。　技能

たてじく（　　　　　　）

横じく（　　　　　　）

(2) できたらスゴイ！ グラフから読み取れることについて、次の（　　）にあてはまる数や言葉を書きましょう。

大阪府《おおさかふ》の給水量《きゅうすいりょう》は1970年から（①　　　　）年まではふえていたが、（②　　　　）年から給水量が年々へっている。給水量がへっている背景《はいけい》として、市民《しみん》一人一人が（③　　　　　　）に水を使うようになったからであると考えられる。

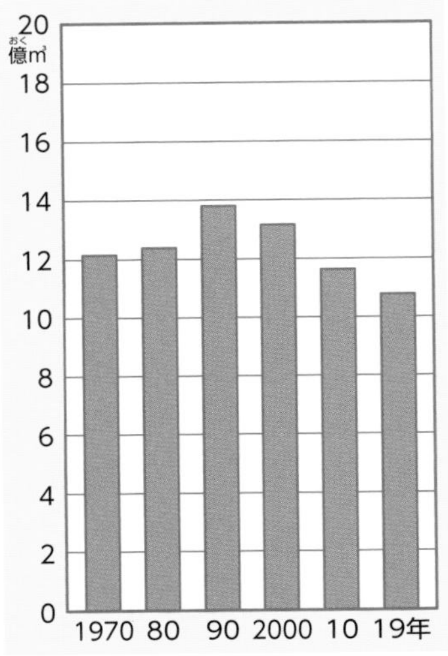

大阪府の給水量《きゅうすいりょう》のうつり変《か》わり
(2021年　大阪府資料《しりょう》ほか)

記述 (3) みんながてきる水をたいせつに使うくふうのうち、水の再利用《さいりよう》にあてはまる身近な取り組みの例《れい》を、一つ書きましょう。　思考・判断・表現

（　　　　　　　　　　　　　　　　　　　　　　　）

2 右の図を見て、次の問いに答えましょう。

1つ5点、(2)は完答（20点）

(1) 図の下線部Ⓐ～Ⓤのしせつの説明《せつめい》を、㋐～㋒から選びましょう。

Ⓐ（　　　　）Ⓘ（　　　　）Ⓤ（　　　　）

㋐ 川の水を取り入れる。

㋑ できあがった水をためる。

㋒ にごりを砂《すな》のそうで取りのぞく。

(2) 図の［　　　］には、㋐送水ポンプ、㋑ちんさ池《ち》、㋒急速かくはん池とちんでん池、㋓塩素混和《えんそこんわ》池のいずれかのしせつがあてはまります。図の説明を参考《さんこう》にして、㋐～㋓のしせつを、水が送られてくる順《じゅん》になるようにならべましょう。　技能

（　　　　）→（　　　　）→（　　　　）→（　　　　）

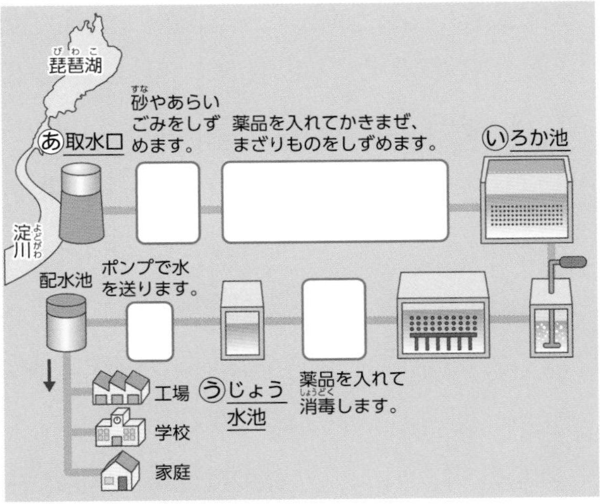

じょう水場のしくみ

3 下の図を見て、次の問いに答えましょう。

1つ5点（20点）

(1) 図について、次の文の（　）にあてはまる言葉を、図中の言葉を用いて書きましょう。

（　　　　）

ふった雪や雨は、森林の木の葉やえだをつたわって土にしみこむ。森林の土によってたくわえられた水は、少しずつ時間をかけて（　　）となり、湖や川などに流れこむ。

(2) よく出る 森林の役わりについて、次の文の（①）にあてはまる内容《ないよう》と（②）にあてはまる言葉を書きましょう。

(1)のように、森林は雨水をたくわえるはたらきがある。また、木の根が土や砂をおさえこみ、（①）はたらきもあることから、森林は（②）とよばれている。

①（　　　　　　　　）

②（　　　　）

(3) 図のように、水は陸地《りくち》や海、空をくり返しまわっています。このような水の流れを、水の（　　）といいます。（　　）にあてはまる言葉を書きましょう。

（　　　　）

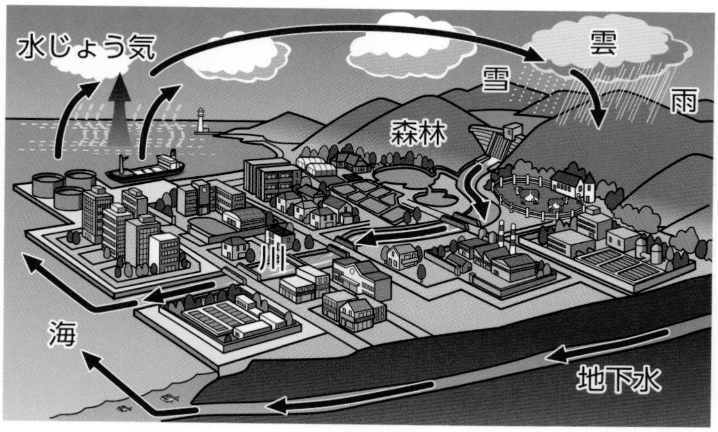

4 くらしをささえる水について、正しいものには○を、まちがっているものには×をつけましょう。

1つ5点（30点）

①（　　）日本は水がゆたかな国なので、水を使えずにこまることはまったくない。

②（　　）森林を守ることは、水源《すいげん》を守ることにつながる。

③（　　）世界には、水道がじゅうぶんに整っていない国もある。

④（　　）水道を使った料金《りょうきん》は、税《ぜい》金でまかなわれる。

⑤（　　）水のみなもとである川や湖をよごさないようにする活動が続《つづ》けられている。

⑥（　　）ごみをすてないことは、安全できれいな水を守ることにつながる。

ふりかえり ❸がわからないときは、22ページの❷にもどってかくにんしてみよう。

下水のしょりと再利用《さいりよう》

学習日　　月　　日

めあて
使われた水のしょりと再利《さいり》用《よう》のしかたについて理解《りかい》しよう。

教科書　50～53ページ　答え　14ページ

次の（　　）に入る言葉を、下から選《えら》びましょう。

1 使われた水のしょり

教科書　50～51ページ

よごれた水のしょり

- 家や学校、工場などで使われた水を（①　　　　）といい、雨水と合わせて（②　　　　）とよぶ。
- 東京《とうきょう》都には、下水をしょりする（③　　　　）が、海や川のそばにつくられている。そこでしょりされた水は飲み水としては利用できない。

森ヶ崎《もりがさき》水再生センター

- 下水しょりをするなかでできるどろをあたためると（④　　　　）が発生し、ガスを利用《りよう》して、発電をおこなっている。

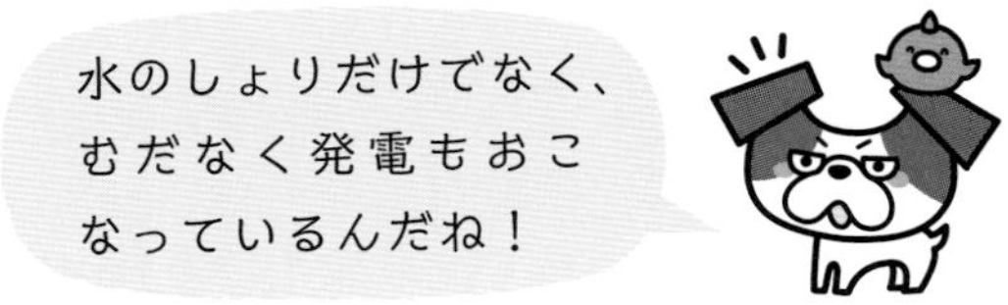

2 しょりされた下水の再利用《さいりよう》

教科書　52～53ページ

下水道のやくわり

まちをせいけつにたもつ	下水をしょりして、まちをせいけつにたもつ。
まちを（⑤　　　　）から守る	まちにふった雨をはい水する。
地球のかんきょうを守る	水をリサイクルすることで、使う水のむだをへらす。

下水の再利用

- しょりされた下水は（⑥　　　　）として、（⑦　　　　）や花の水やり、（⑧　　　　）用水の流水などにもういちど使われている。

ワンポイント　下水に流してはいけないおもなもの

- （⑨　　　　）がつまるおそれがあるものやしょりがむずかしいもの。

生ごみなど	トイレットペーパー以外《いがい》の紙	油や薬	（⑩　　　　）やごみ

選んだ言葉に✓

□水洗《すいせん》トイレ　□下水　□再生《さいせい》水　□野火止《のびどめ》　□下水道管《かん》
□しん水　□汚水《おすい》　□ガス　□水再生《さいせい》センター　□たばこ

ぴたトリビア

きれいな水がない国もあるので、海の水を真水に変《か》えて、すべての人においしい水をとどけようとする試《こころ》みもあります。

教科書　50〜53ページ　答え　14ページ

1 次の図を見て、下の問いに答えましょう。

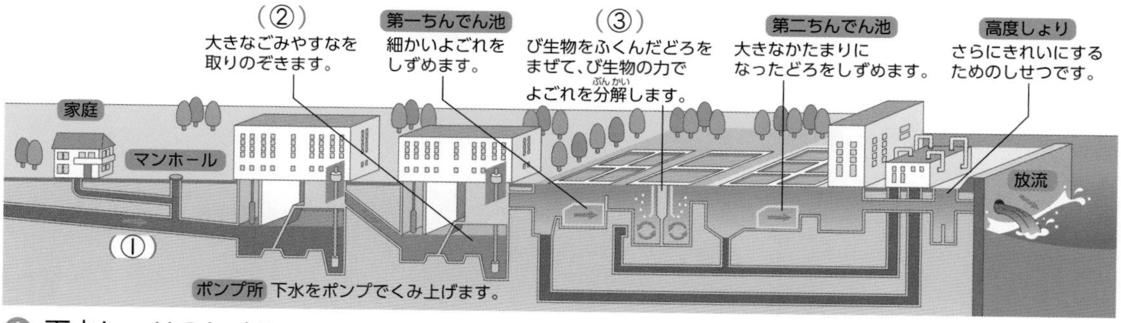
(②)
大きなごみやすなを取りのぞきます。
第一ちんでん池
細かいよごれをしずめます。
(③)
び生物をふくんだどろをまぜて、び生物の力でよごれを分解《ぶんかい》します。
第二ちんでん池
大きなかたまりになったどろをしずめます。
高度しょり
さらにきれいにするためのしせつです。
家庭
マンホール
(①)
ポンプ所　下水をポンプでくみ上げます。
放流

下水しょりのしくみ

(1) 図の①〜③にあてはまる言葉を、㋐〜㋒から選びましょう。

①(　　　)　②(　　　)　③(　　　)

㋐ 反のうそう　㋑ 下水道管《かん》　㋒ ちんさ池《ち》

(2) 水再生《さいせい》センターの説明《せつめい》として正しいものを、㋐〜㋓から選びましょう。

(　　　)

㋐ 水再生センターでしょりされた下水は、飲み水として再利用されている。
㋑ 下水をしょりするときにどろができ、それをあたためるとガスが発生する。
㋒ 水再生センターは、川や海からはなれたところにあることが多い。
㋓ 日本でいちばん大きな森ヶ崎水再生センターは、大阪府《おおさかふ》にある。

(3) 次の文中の下線部の具体例《ぐたいれい》として正しくないものを、㋐〜㋓から選びましょう。

(　　　)

下水には、流してよいものと流してはいけないものがある。たとえば、下水道管がつまるもの、きずつけてしまうおそれのあるもの、しょりがむずかしく、かんきょうによくないえいきょうをあたえるものは流してはいけない。

㋐ 生ごみなど　㋑ トイレットペーパー　㋒ 油や薬　㋓ たばこやごみ

2 しょりされた水や雨水の利用方法《ほうほう》として、正しいものには○を、まちがっているものには×をつけましょう。

① (　　　)水洗トイレの水に使う。
② (　　　)まちにさく花への水やりに使う。
③ (　　　)学校のプールの水に使う。
④ (　　　)用水路の水に使う。

ヒント　1 (3) 水にとけないものは流すことができません。

学習資料《しりょう》

2. 健康《けんこう》なくらしを守る仕事

わたしたちのくらしと電気・ガス

学習日　　月　　日

めあて
電気・ガスがとどくまでの流れをかくにんしよう。

教科書 72～77ページ　答え 15ページ

次の（　　）に入る言葉を、下から選《えら》びましょう。

1 電気はどこから／これまでとこれからの電気

教科書 72～75ページ

電気がとどくまでの道のり

（①　　　　）→（②　　　　）→ 工場／会社／家

送電線

おもな発電方法《ほうほう》

（③　　　　）発電	天然《てんねん》ガスや（④　　　　）などを燃料《ねんりょう》として発電する。燃料のほとんどを輸入《ゆにゅう》にたよっている。
（⑤　　　　）発電	水が流れる力で発電する。水不足《ぶそく》のときに、必要《ひつよう》な分の発電ができるかという心配がある。
原子力発電	ウランを燃料として発電する。地震《じしん》や事故《じこ》がおきたときのきけん性《せい》について不安《ふあん》がある。

ワンポイント　再生可能《さいせいかのう》エネルギーを利用した発電

風力・太陽光・地熱など、自然《しぜん》から生まれるエネルギーを利用した発電方法もある。燃料資源《しげん》を使わず、（⑥　　　　）を出さないため、かんきょうにやさしいとされている。

2 ガスについて調べる

教科書 76～77ページ

毎日のくらしで使われるガス

LNGタンカー

- （⑦　　　　）…天然《てんねん》ガスが原料《げんりょう》で、ガス管《かん》を通じて会社や家に送られる。海外でほり出された天然ガスは液体《えきたい》の（⑧　　　　）にされ、せんようのタンカーで日本に運ばれてくる。
- LP《エルピー》ガス…石油が原料で、事業者が（⑨　　　　）で運んでくる。
- ガス会社の人は、（⑩　　　　）の事故《じこ》をふせぐため、ガス管をしゅうりしたり、地震《じしん》でもこわれにくいガス管にとりかえたりする。

選んだ言葉に✓

□都市ガス　□ボンベ　□変電所《へんでんしょ》　□発電所　□二酸化炭素《にさんかたんそ》
□火力　□LNG《エルエヌジー》　□水力　□石油　□ガスもれ

ぴたトリビア

地球温だん化とは、二酸化炭素《にさんかたんそ》などが大気中にふえたことが原因《げんいん》で、気温が高くなることです。

教科書　72〜77ページ　答え　15ページ

1 次の図を見て、問いに答えましょう。

①

②

③
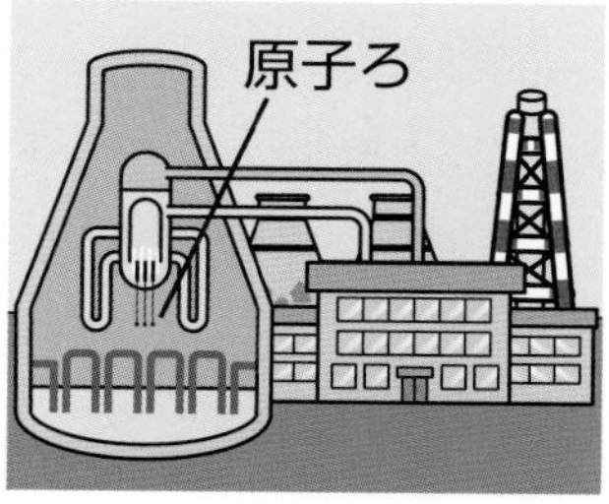

(1)　①〜③にあてはまる発電所を、㋐〜㋒から選びましょう。

①(　　　)　②(　　　)　③(　　　)

㋐　火力発電所　　㋑　水力発電所　　㋒　原子力発電所

(2)　①〜③の発電所の説明《せつめい》としてあてはまるものを、㋐〜㋒から選びましょう。

①(　　　)　②(　　　)　③(　　　)

㋐　ウランを燃料にして、じょう気で発電機《はつでんき》を動かす。

㋑　天然ガスや石油などを燃料にして、じょう気で発電機を動かす。

㋒　ダムをつくり、水の落ちる力を利用して発電機を動かす。

2 次の問いに答えましょう。

(1)　ガスについて2人が会話をしています。会話文中の(　　)にあてはまる言葉を書きましょう。

図書館でガスについて、調べてみたよ。ガスには、おもに都市ガスとＬＰガスの２種類《しゅるい》あるそうだよ。都市ガスの原料は(①　　　　　)だけど、ＬＰガスの原料は何か知っている？

ＬＰガスの原料は(②　　　　　)だよね。

(2)　右の絵を見て、次の文の(　　)にあてはまる言葉を書きましょう。

海外でほり出された天然ガスは(①　　　　　)なので、液化《えきか》基地《きち》で冷《ひ》やして液体のＬＮＧ《エルエヌジー》にし、せんようの(②　　　　　)で日本に運ばれる。

ヒント　2 (2)　①天然ガスは無色《むしょく》で形が見えない状態《じょうたい》でほり出されるので、一度液体にする必要《ひつよう》があります。

下水のしょりと再利用《さいりよう》

時間 30分
/50
ごうかく 40点

教科書 50〜53ページ　答え 16ページ

1 右の地図を見て、次の問いに答えましょう。

1つ5点（10点）

(1) 地図の□に入る、下水をしょりするしせつを何といいますか。

（　　　　）

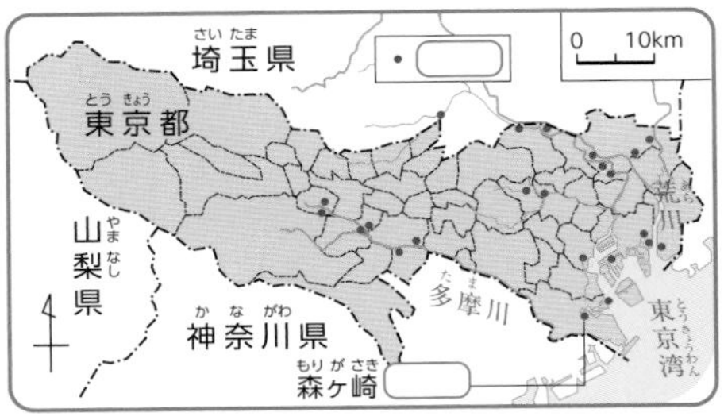

記述 (2) 地図の□は、どのようなところにつくられていますか。　思考・判断・表現

（　　　　）

2 下水しょりのしくみについて、図の①〜③のしせつの説明《せつめい》として、あてはまるものを㋐〜㋒から選《えら》びましょう。

1つ5点（15点）

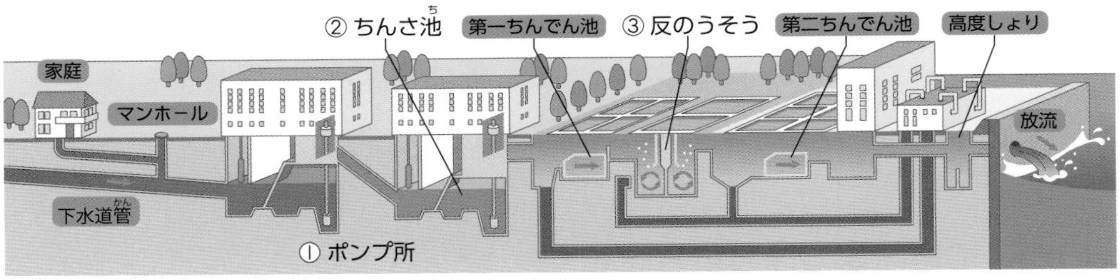

①（　　　）　②（　　　）　③（　　　）

㋐ 大きなごみや砂《すな》を取りのぞく。　㋑ 下水をくみ上げる。
㋒ び生物の力でよごれを分解《ぶんかい》する。

3 次の文を読んで、問いに答えましょう。

1つ5点（25点）

（ ① ）が整備《せいび》されると、まちはせいけつになり、（ ② ）からも守られる。また、しょりされた（ ③ ）はさまざまなものに再利用《さいりよう》できる。

(1) （　）にあてはまる言葉を、下の□から選びましょう。

①（　　　　）　②（　　　　）　③（　　　　）

再生水《さいせいすい》　下水道　しん水

(2) 次の文で正しいものには○を、まちがっているものには×をつけましょう。

①（　　　）川にいる魚は水をよごすので、いないほうがいい。
②（　　　）料理《りょうり》をして残《のこ》った油は下水に流さないようにする。

ふりかえり　1がわからないときは、26ページの1にもどってかくにんしてみよう。

学習資《し》料《りょう》

2．健康《けんこう》なくらしを守る仕事

わたしたちのくらしと電気・ガス

時間 30 分

／50

ごうかく 40 点

教科書 72〜77ページ　答え 16ページ

1 右のグラフを見て、次の問いに答えましょう。

1つ5点（40点）

⑴ よく出る どの年でも、発電量《りょう》がいちばん多い発電方法《ほうほう》は何ですか。　技能（　　　　　）

⑵ 2010年から2020年の発電量の変化《へんか》について、次の文の（　　）にあてはまる内容《ないよう》を書きましょう。

思考・判断・表現

> 水力の発電量はあまり変化がない。しかし、火力の発電量はへり、また、原子力の発電量も大きくへったので、全体の発電量は、（　　　　　　　　　　）ことがわかる。

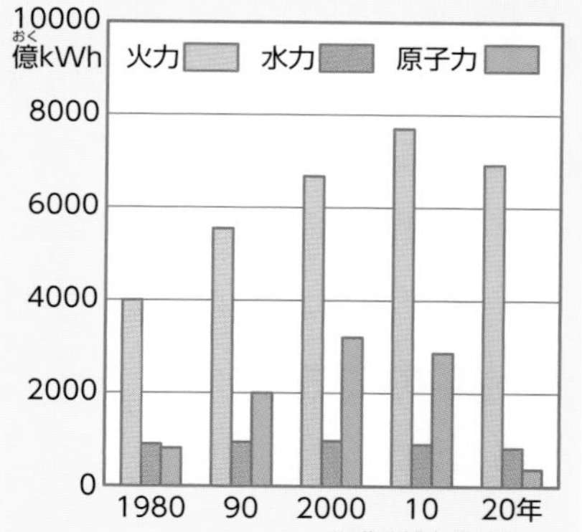

（2021年　経済産業省資料《けいざいさんぎょうしょうしりょう》）

⬆ 発電方法別《ほうほうべつ》の発電量《りょう》のうつり変《か》わり

⑶ できたらスゴイ！ 火力発電、水力発電、原子力発電の特《とく》ちょうについて説明したものを、㋐〜㋕からそれぞれ２つずつ選《えら》びましょう。

① 火力発電（　　　）（　　　）　② 水力発電（　　　）（　　　）

③ 原子力発電（　　　）（　　　）

㋐ 少ない燃料《ねんりょう》で大きな電力がえられる。

㋑ 燃料を使わないので、二酸化炭素《にさんかたんそ》やはいき物を出さない。

㋒ 水不足《ぶそく》のとき、必要《ひつよう》なだけの発電ができないことがある。

㋓ 発電量を調節《ちょうせつ》しやすい。

㋔ 事故《じこ》がおきたときのきけん性《せい》について不安《ふあん》がある。

㋕ 地球温だん化の原因《げんいん》となる二酸化炭素などのガスを発生させる。

2 ガスについて、次の①〜⑤の文から、正しくないものを２つ選びましょう。

1つ5点（10点）

（　　　）（　　　）

① 都市ガスは、天然《てんねん》ガスからつくられて、ガス管《かん》を通じて送られる。

② ＬＰ《エルピー》ガスは、石油からつくられて、ボンベで運ばれる。

③ 天然ガスや石油のほとんどは、日本国内でほり出されたものを使っている。

④ 天然ガスは気体のまま運ばれる。

⑤ ガスもれは大きな事故につながるので、ガス会社の人は、いつでもすぐにかけつけて、ガス管の修理《しゅうり》をする。

ふりかえり　1⑶がわからないときは、28ページの1にもどってかくにんしてみよう。

この本の終わりにある「夏のチャレンジテスト」をやってみよう！

3．自然災害《しぜんさいがい》から人々を守る活動

1 自然災害から命を守る①

めあて
風水害《ふうすいがい》がおきるしくみと、それを防《ふせ》ぐしくみを知ろう。

教科書 80〜85ページ　答え 17ページ

次の（　　）に入る言葉を、下から選《えら》びましょう。

1 風水害《ふうすいがい》のことを知ろう　教科書 80〜83ページ

ワンポイント　自然災害

- 自然災害とは、地震《じしん》や（①　　　　　　）、竜巻《たつまき》、ふん火、津波《つなみ》、大雪など、自然のはたらきがもとになっておこる災害のこと。

台風のでき方

- （②　　　　　　）で温められた海面の水が、たくさんの水じょう気となって上空にのぼり、大きな（③　　　　　　）をつくる。
- 台風は、雲のまわりにうずまくしめった熱《あつ》い空気の流れが速くなり、風がさらに強くなったもの。
- 台風で川や下水道の水があふれたり、（④　　　　　　）がおこったりする。

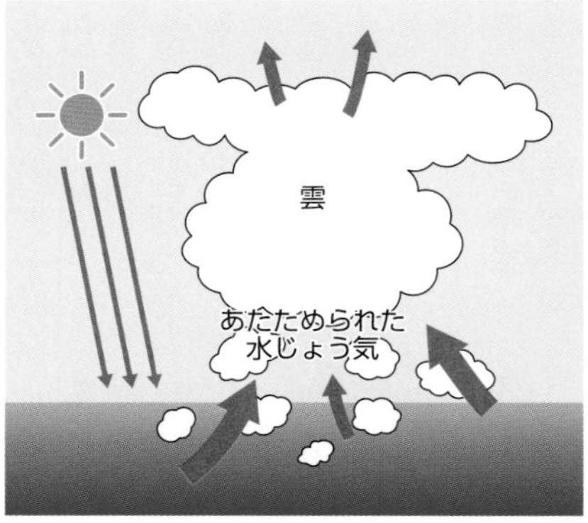

台風のしくみ

2 風水害について調べる　教科書 84〜85ページ

風水害のひ害を防ぐしくみ

- 江東《こうとう》区の（⑤　　　　　　）ぞいは、荒《あら》川と隅田川に水を分けて流す岩淵《いわぶち》水門をとじたことで、隅田川の水がてい防《ぼう》をこえることを防《ふせ》いだ。→台風19号のひ害にあわなかった。
- 杉並《すぎなみ》区を流れる妙正寺《みょうしょうじ》川でも、（⑥　　　　　　）を防ぐために、（⑦　　　　　　）を高くする工事がおこなわれた。
- 国土交通省《しょう》…都市や道路、（⑧　　　　　　）などに関《かん》する仕事をする国の役所。

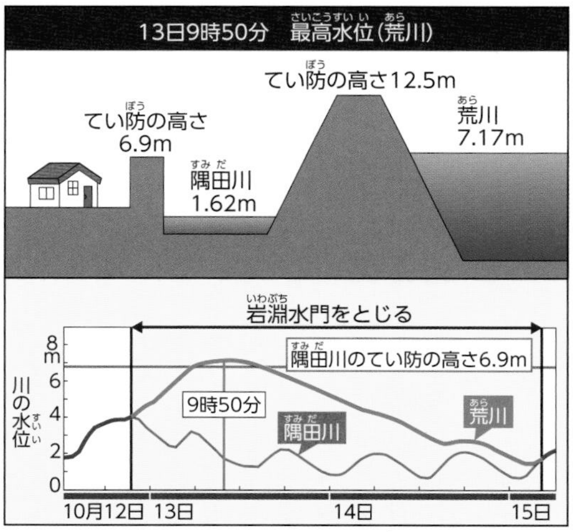

台風19号のときの荒川の水位《すいい》のようす

選んだ言葉に ✔

□水害《すいがい》	□土砂《どしゃ》くずれ	□てい防	□台風《たいふう》
□太陽	□隅田《すみだ》川	□雲	□河川《かせん》

ぴったり2

練習

学習日　　月　　日

ぴたトリビア

台風《たいふう》が近づくと「高潮《たかしお》」とよばれるげんしょうがおこりますが、これは気圧《きあつ》が低《ひく》くなることによって、海面の高さがいつもより高くなるげんしょうのことです。

教科書　80～85ページ　　答え　17ページ

1 右の資料《しりょう》を見て、問いに答えましょう。

（2021年刊《かん》　防災白書《ぼうさいはくしょ》ほか）

年	災害《さいがい》名	おもなひ災地	なくなった人とゆくえ不明者《ふめいしゃ》の数	年	災害《さいがい》名	おもなひ災地	なくなった人とゆくえ不明者の数
1974（昭和《しょうわ》49）	□16号 多摩川《たまがわ》の水害	多摩川流いき	―	2020（平成《へいせい》12）	三宅島《みやけじま》ふん火および近海地震	東京都	1人
1976	□17号および9月豪雨《ごうう》	全国	171人	2004	□23号	全国	98人
1978	竜巻《たつまき》東西線脱線事故《じこ》	南関東《みなみかんとう》	―	2005	平成17年9月豪雨	杉並区など	―
1979	□20号	全国	115人	2011	東日本大震災《ひがしにほんだいしんさい》	東日本	22303人
1982	7・8月豪雨および□10号	全国	439人	2013	□26号 土砂《どしゃ》災害	伊豆大島	45人
1983	梅雨《ばいう》前線豪雨	山陰以東《さんいんいとう》	117人	2019（令和《れいわ》元）	□19号（東日本□）	全国	108人
1986	伊豆大島《いずおおしま》ふん火	伊豆大島	―				

※なくなった人とゆくえ不明《ふめい》者は全国の数。

(1)　右の資料は、東京都をおそった、自然のはたらきによっておこった災害をまとめたものです。このような災害を何といいますか。（　　　　）

(2)　竜巻による東西線の脱線事故《だっせんじこ》は、何年におこりましたか。

（　　　　）年

(3)　伊豆大島《いずおおしま》と三宅島《みやけじま》で共通《きょうつう》しておこった災害の名前を書きましょう。

（　　　　）

(4)　資料の□に共通して入る言葉を書きましょう。（　　　　）

2 都市部で水害がおこる原因《げんいん》について説明《せつめい》した次の文の①～③に入る言葉を、下の□から選びましょう。

近年水害がふえているのは、気候《きこう》の変化《へんか》による（①）の発生や、都市の開発が進み、水を（②）はたらきをする（③）が少なくなっていることなどが関係《かんけい》している。

地震　集中豪雨《ごうう》　くみあげる　たくわえる　ダムやため池　田畑や森林

①（　　　　）　②（　　　　）　③（　　　　）

3 右のグラフから読み取れる文を２つ選びましょう。

①　岩淵水門は10月12日と13日の２日間は、一日中とじていた。

②　荒川の水位は一時隅田川のてい防の高さをこえた。

③　岩淵水門をとじたことで、隅田川の水位が下がった。

（　　　）（　　　）

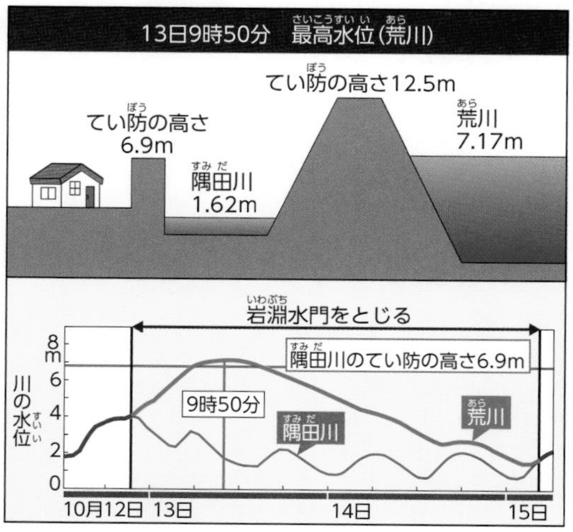

台風19号のときの荒川の水位《すいい》のようす

ヒント　1 (4)うずをまく空気の流れが速くなって、風がますます強くなったものです。

1　自然災害から命を守る②

めあて
風水害《ふうすいがい》を防《ふせ》ぐしせつと、かつやくする人を知ろう。

教科書　86～91ページ　答え　18ページ

次の（　　）に入る言葉を、下から選《えら》びましょう。

1　風水害《ふうすいがい》を防ぐしせつを調べる／風水害がおきたら

教科書　86～89ページ

水害を防ぐしせつ

- 東京都には、環状《かんじょう》七号線という大きな道路の地下に（①　　　　　）とよばれる、水をためるしせつがある。
- 調節池《ちょうせつち》に入った水の量や各《かく》地点の川の（②　　　　　）もたしかめる。
  →これにより（③　　　　　）のひ害がへった。
- 2019年の台風19号により、多摩《たま》川の水があふれるひ害がおきたときには（④　　　　　）も救助《きゅうじょ》に加わった。

神田川・環状七号線地下調節池

ワンポイント　自衛隊

- （⑤　　　　　）に所属《しょぞく》している、日本の国や国民《こくみん》を守る組織《そしき》。陸《りく》・海・空の３つの組織からなり、全国に約23万人の隊員《たいいん》がいる（2021年）。

2　情報《じょうほう》を役だてる

教科書　90～91ページ

情報の活用

- 天気に関《かか》わる仕事をする気象庁《きしょうちょう》や、（⑥　　　　　）が、台風《たいふう》や集中豪《ごう》雨《う》、川に関する情報《じょうほう》を発表する。
- 杉並《すぎなみ》区では（⑦　　　　　）やメール配信《はいしん》サービスで情報を伝《つた》えている。
- （⑧　　　　　）…自然災害によるひ害を予想して、地図にしたもの。

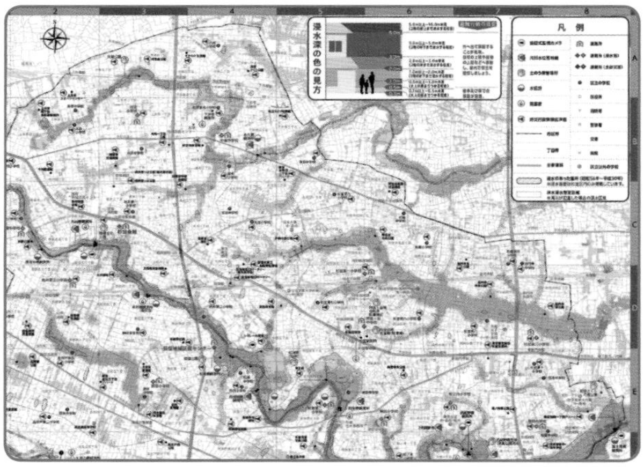

杉並区水害ハザードマップ

選んだ言葉に ✓

□自衛隊《じえいたい》	□防衛省《ぼうえいしょう》	□地下調節池《ちょうせつち》	□防災無線《ぼうさいむせん》
□水位《すいい》	□ハザードマップ	□国土交通省《しょう》	□大雨

ぴったり2
練習

学習日　　月　　日

ぴたトリビア
気象庁《きしょうちょう》では、毎年1月1日よりあとで、その年で一番早く発生した台風を「第1号」とし、それ以降《いこう》は発生した順《じゅん》に番号をつけています。

教科書　86〜91ページ　　答え　18ページ

1 次の問いに答えましょう。

⑴　右の絵は、大きな道路の地下にある、川の水があふれないように水をためるしせつです。

①　これはどのような自然災害にそなえたものですか。次の㋐〜㋓から選びましょう。（　　　）

㋐　地震《じしん》　㋑　水害　㋒　大雪　㋓　竜巻《たつまき》

②　このしせつの名前を答えましょう。

（　　　　　　）

⑵　災害がおきたときに救助《きゅうじょ》に加わる、日本の国や国民を守る組織《そしき》の名前を答えましょう。（　　　　　　）

⑶　次の①〜③の文は、風水害がおきたときに、救助に関わる組織について説明《せつめい》しています。それぞれの文にあてはまる組織の名前を、下の［　　］から選びましょう。

①　車にとじこめられた人を助けて安全な場所までつれていったり、停電《ていでん》してしまった交差点《こうさてん》の交通整理をしたりする。（　　　　　　）

②　ひなん所を開き、防災無線やメール配信サービスで情報を流したり、ホームページに最新《さいしん》情報をのせたりする。（　　　　　　）

③　水があふれてしまった地いきに住んでいる人々をボートで救助《きゅうじょ》したり、人々をせおって安全なところに運《はこ》んだりする。（　　　　　　）

［消防《しょうぼう》しょ　区役所　けいさつしょ］

2 次の①〜③に合う言葉を、下の㋐〜㋔からそれぞれ選びましょう。

（①）庁は、雨や風、雪などの天気に関わる仕事をする国の役所だよ。

（②）省は、台風や集中豪雨などに関するけい報や注意報を発表する国の役所だよ。

（③）は、自然災害によるひ害を予想し、地図にしたものだよ。

①（　　　　）　②（　　　　）
③（　　　　）

㋐　国土交通　㋑　自衛隊　㋒　気象　㋓　ハザードマップ　㋔白地図

ヒント　1 ⑶　3年生で学習した、まちの安全を守る組織のやくわりを思い出そう。

ぴったり1 じゅんび

3．自然災害《しぜんさいがい》から人々を守る活動

1 自然災害から命を守る③

学習日　　月　　日

めあて
災害へのたいさくと安全を守るしくみを知ろう。

教科書 92〜97ページ　答え 19ページ

次の（　　）に入る言葉を、下から選《えら》びましょう。

1 風水害《ふうすいがい》にそなえるたいさく

教科書 92〜93ページ

地いきによる災害へのそなえ

- ひなん所運営訓練《うんえいくんれん》では、ひなん所のかぎを開けたり、（①　　　　）をたしかめたりする。
- 地いきごとに災害たいさくの組織《そしき》があり、多くのひなん所は、（②　　　　）に開くように区役所から指定されている。
- 災害たいさく組織では、災害時のたいさくの話し合いや、学校にある（③　　　　）の点検《てんけん》、ひなん所を開くための訓練などをおこなう。

ライフライン
水道や電気、ガス、電話、インターネットなど人が生活をするうえでかかせないせつび。

ひなん所にじゅんびされる物資《ぶっし》

2 風水害から人々の命を守る／災害のときに自分たちの安全を守るために

教科書 94〜97ページ

ワンポイント　3つの防災《ぼうさい》の考え方

- （④　　　　）…消防《しょうぼう》しょなどの救助《きゅうじょ》活動。
- （⑤　　　　）…近所の人の協力《きょうりょく》による救助。
- （⑥　　　　）…自分の命を自分で守ること。
- ボランティア活動やぼきん活動などで、おたがいに助け合う（⑦　　　　）もある。

公助は、消防《しょうぼう》しょのほかに、国や都道府《とどうふ》県《けん》、けいさつしょなどがおこなうよ。

自分たちの安全を守るための取り組み

- 東京消防庁《とうきょうしょうぼうちょう》が運営《うんえい》している（⑧　　　　）では、風水害や地震《じしん》などの体験《たいけん》ができる。
- **東京都防災ホームページ**や「東京防災」を見て、災害にそなえて自分たちでできることを考える。

きけんな場所に近づかない　　ひなん場所をたしかめておく　　ガラス面にフィルムをはる

- 家の中の安全な場所
- 家族のやくわり
- 家族とのれんらく方法《ほうほう》
- 応急《おうきゅう》手当ての知識《ちしき》
- ひなん場所までの行き方

など

災害にそなえて家族で話し合っておくこと

選んだ言葉に ✔

□自助《じじょ》	□本所防災館《ほんじょぼうさいかん》	□公助《こうじょ》	□ライフライン
□互助《ごじょ》	□びちく倉庫《そうこ》	□学校	□共助《きょうじょ》

ぴったり2
練習

学習日　月　日

ぴたトリビア

東京消防庁が運営している本所防災館では、VR《ブイアール》(バーチャルリアリティ)のぎじゅつを活用し、地震《じしん》や火さい、風水害などを体験することができます。

教科書　92～97ページ　　答え　19ページ

1 次の問いに答えましょう。

(1)　災害がおきたとき、ひなん所としてよく指定される場所を、次の㋐～㋓から選びましょう。　(　　)

㋐　じょう水場　　㋑　けいさつしょ　　㋒　学校　　㋓　清掃《せいそう》工場

(2)　ひなん所運営訓練について説明《せつめい》した次の文の①～④にあてはまる言葉を、下の［　　］から選びましょう。

訓練では、ひなん所のかぎあけや、(①　　　　)や電気など、人が生活するうえでたいせつなせつびである(②　　　　)のかくにん、食《しょく》料《りょう》や(③　　　　)のかくほ、食事をつくって配る(④　　　　)などをおこないます。

ひなん受付《うけつけ》　　毛布《もうふ》　　ライフライン　　びちく倉庫　　たき出し　　水道

2 じっさいに災害がおこったときにたいせつな考えと、その意味として正しいものを、線で結《むす》びましょう。また、防災部長の話の(　　)にあてはまる言葉を、①～③から選び、言葉で書きましょう。

①公助・　　　・㋐自分の命は自分で守ること。

②自助・　　　・㋑近所の人がおたがいに協力して助け合い、地いきを守ること。

③共助・　　　・㋒国や都道府県、市(区)町村やけいさつ、消防の救助やえん助のこと。

〈防災部長の話〉

じっさいに大きな災害がおこったときには、自分の命を自分で守るという(　　　　)の意しきがいちばんたいせつです。

ヒント　2 「公助」「共助」「自助」のそれぞれの漢字が意味することを考えてみましょう。

3．自然災害《しぜんさいがい》から人々を守る活動

1　自然災害から命を守る

時間 30 分

／100

ごうかく 80 点

教科書　80〜97ページ　答え　20ページ

1　次の文を読んで、問いに答えましょう。　1つ5点、(3)は10点（30点）

わたしたちのくらしの中で、①さまざまな自然災害がおこることがある。一度に多くの雨がふったり、長くふり続《つづ》いたりすると、②川や下水道の水があふれて、川の近くの家やほそうされた道路が水につかってしまう。最近《さいきん》では③都市部でも水害がふえており、その理由の一つに、水をたくわえるはたらきをする田畑や森林が少なくなっていることがあげられる。多くの雨がふることで、山地では④土《ど》砂《しゃ》災害が発生し、命のきけんがともなう大きな事故《じこ》につながることもある。

(1)　下線部①について、右の図の災害として正しいものを、次のあ〜えからそれぞれ選《えら》びましょう。

㋐

㋑

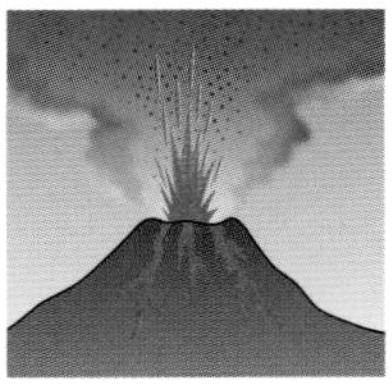

㋐（　　　　）　㋑（　　　　）

あ　土砂くずれ　　い　火山のふん火　　う　地震《じしん》　　え　大雪

(2)　下線部②について、右の絵は地上に雨水があふれる前に水をたくわえておく、地下にあるしせつです。このしせつを何といいますか。（　　　　　）

記述　(3)　下線部③について、都市部で水害がふえた別《べつ》の理由を、「集中豪雨《ごうう》」の言葉を使って書きましょう。

（　　　　　　　　　　　　　　　　　　　　）

(4)　下線部④について、風水害がおきたときに救助《きゅうじょ》活動をおこなう、防衛省《ぼうえいしょう》に所属《しょぞく》している国や国民を守る日本の組織《そしき》を何といいますか。（　　　　　）

2　できたらスゴイ！　東京都が取り組んでいる水に関《かん》するたいさくについて、正しいものには○を、まちがっているものには×をつけましょう。　技能　1つ5点（20点）

㋐（　　　）低《ひく》い土地を流れる河川《かせん》には、てい防《ぼう》の整備《せいび》を進めている。

㋑（　　　）水位観測所《すいいかんそくじょ》では、雨水や水位の情報《じょうほう》を集めている。

㋒（　　　）雨による土砂くずれを防《ふせ》ぐため、緑地をコンクリートでほそうしている。

㋓（　　　）効率《こうりつ》よく水をたくわえるため、水をためるしせつは一か所にしかない。

学習日　　月　　日

3 次の地図は、けんさくしたウェブページの一部です。次の問いに答えましょう。

1つ5点（15点）

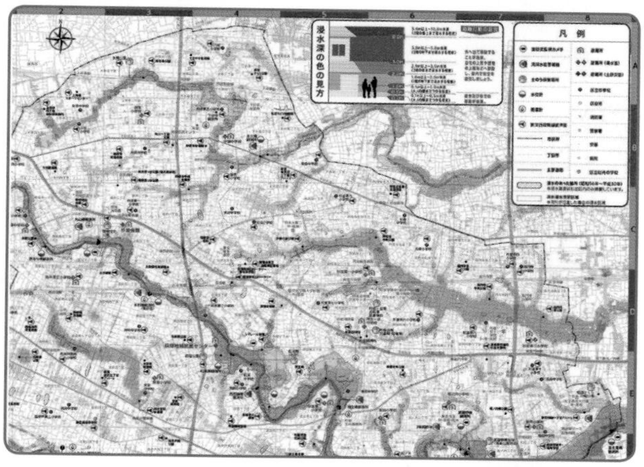

（東京《とうきょう》都《と》杉並《すぎなみ》区《く》資料）

(1) よく出る　この地図は、自然災害によるひ害を予想してつくられたものです。これを何といいますか。

（　　　　　）

(2) (1)にはどんなことが書かれていますか。あてはまるものを２つ選び、それぞれ○をつけましょう。

①（　　）今おきている災害の情報。

②（　　）ひなん所の場所。

③（　　）昔しん水があった場所。

④（　　）台風や集中豪雨に関するけい報や注意報。

4 けんさんのクラスでは、防災《ぼうさい》について自分たちができることを考えてみました。次の問いに答えましょう。

1つ5点（35点）

(1) よく出る　右の図は、防災のために用意するものをあらわしています。この中で必要《ひつよう》でないと考えられるものを、㋐～㋖から２つ選《えら》びましょう。

（　　　）（　　　）

⬆ 防災のために用意するものの例《れい》

記述 (2) 多くの学校にびちく倉庫《そうこ》があるのはなぜですか。その理由を書きましょう。

思考・判断・表現

（　　　　　　　　　　　　　　　）

(3) 災害のときに自分たちの安全を守るためにすることについて、次の㋐～㋓にあてはまる言葉を、右の［　］から選びましょう。

・（㋐　　　　　）な場所に近づかない。
・（㋑　　　　　）にフィルムをはる。
・（㋒　　　　　）がきちんと動くかどうかたしかめておく。
・家族との（㋓　　　　　）方法《ほうほう》を決めておく。

ひなん
ガラス面
きけん
れんらく
ラジオ

ふりかえり　4(2)がわからないときは、36ページの1にもどってかくにんしてみよう。

地震《じしん》による災害／津波《つなみ》による災害

学習日　月　日

めあて
地震《じしん》・津波《つなみ》のひ害《がい》とそなえについて知ろう。

教科書 100〜111ページ　答え 21ページ

次の（　）に入る言葉を、下から選《えら》びましょう。

1 阪神《はんしん》・淡路大震災《あわじだいしんさい》／復旧《ふっきゅう》から復興《ふっこう》へ／地震にそなえて

教科書 100〜105ページ

阪神・淡路大震災の復旧から復興

- 1995（平成《へいせい》７）年１月17日、（①　　　　）県で淡路《あわじ》島北部を震源《しんげん》とする（②　　　　）７の地震がおこり、大きなひ害《がい》が出た。
- 消防《しょうぼう》しょやけいさつしょなど多くの人が、救助《きゅうじょ》や**ライフライン**の（③　　　　）にあたった。
- 自衛隊《じえいたい》は救助、たき出しや給水《きゅうすい》、トイレやふろの設置《せっち》などをおこなった。
- 県や市は仮設住宅《かせつじゅうたく》を建《た》てたり、生活に必要《ひつよう》なお金をわたしたりして市民《しみん》をしえんした。
- 災害に強く安全で安心なまちづくりに取り組んだ。

なくなった人	6434人
けがをした人	4万3792人
こわれた家	63万9686戸
火災《かさい》の件数《けんすう》	293件
やけた家	7574戸

（2006年、総務省《そうむしょう》消防庁《ちょう》資料《しりょう》）
阪神・淡路大震災のひ害

ワンポイント　復旧と復興
- **復旧**…もとどおり（もとのじょうたい）になること。
- **復興**…おとろえたものが、またさかんになること。

地震へのそなえ

- 神戸《こうべ》市は2002（平成14）年に（④　　　　）をつくった。
- 災害がおこると、（⑤　　　　）で市民や関係《かんけい》の機関《きかん》に情報《じょうほう》を伝《つた》える。

2 津波のこわさを知る／「稲《いな》むらの火」／県の取り組み

教科書 106〜111ページ

津波のこわさ

- 1854年の安政南海地震《あんせいなんかいじしん》では（⑥　　　　）の取り組みで（⑦　　　　）から村を守り、多くの命を救《すく》った。
- 浜口梧陵の対応《たいおう》は**「稲むらの火」**という、村人を津波から守るために畑に火をつけ、村人を高台に集めたという話のもとになっている。

和歌山《わかやま》県の津波対さく

- しょうらい、（⑧　　　　）がおきる可能性《かのうせい》があるため、（⑨　　　　）や災害に強い道路、津波の情報を配信《はいしん》するシステムを整備《せいび》するなどして、津波にそなえている。

浜口梧陵

選んだ言葉に ✔

□浜口梧陵《はまぐちごりょう》　□津波　□南海《なんかい》トラフ巨大《きょだい》地震　□最大震度《さいだいしんど》　□復旧
□防波《ぼうは》てい　□兵庫《ひょうご》　□危機管理室《ききかんりしつ》　□防災無線《ぼうさいむせん》

ぴたトリビア

津波という言葉は、日本だけでなく世界のさまざまな国や地いきで使われている「世界共通《きょうつう》語《ご》」になっています。

教科書　100〜111ページ　　答え　21ページ

1 次の問いに答えましょう。

(1) 地震がおきたときの対応として正しいものには○を、まちがっているものには×をつけましょう。

①(　　　　)家にいる場合は、すぐに外へひなんする。

②(　　　　)外にいる場合は、われたガラスやかんばんの落下に気をつける。

③(　　　　)人の多いしせつにいる場合、係の人の指示《しじ》にしたがう必要はない。

(2) 屋外に設置され、広いはんいに情報を伝えるせつびを何といいますか。

(　　　　　　　　)

2 次の資料は、れんさんたちが稲むらの火の館《やかた》をたずねたときに、話を聞いてノートにまとめたものです。資料を見て、問いに答えましょう。

(1) てい防の完成《かんせい》までにかかった日にちはおよそ何年ですか。

およそ(　　　　)年

(2) かかったお金は、今のお金でいくらですか。　約《やく》(　　　　　　)円

(3) 完成したてい防の長さは何mですか。　(　　　　)m

(4) てい防には3つの木が植えられています。その3つの木の名前を書きましょう。

(　　　　　　)

(　　　　　　)

(　　　　　　)

(5) (4)で答えた3つの木は、てい防とともに、(　　)から村を守ってくれています。(　　)にあてはまる災害の名前を書きましょう。(　　　　　　)

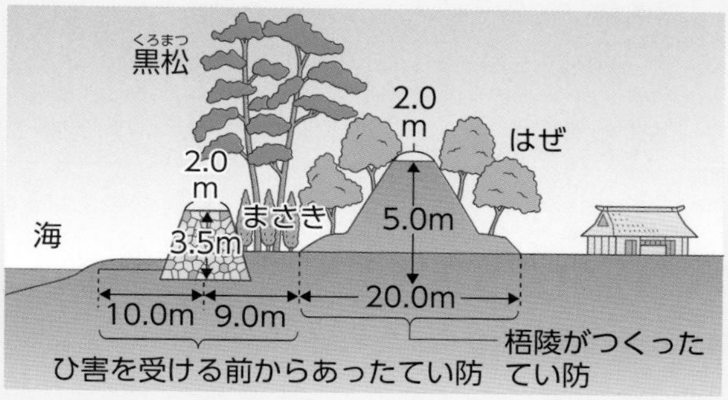

○完成までにかかった日にち

…およそ4年間

○てい防づくりに関《かか》わった人の数

…1日およそ500人

○かかったお金

…およそ1600両（今のお金で2億《おく》円ほど）

○てい防の大きさ

…高さ5m、長さ600m

○てい防には、黒松、まさき、はぜが植えられている。

↑ れんさんのノート（一部）

ヒント　2 (5)　大きな地震で、海面が上下に動くことで発生します。

ぴったり1 じゅんび

学習資料《しりょう》

3．自然災害《しぜんさいがい》から人々を守る活動

火山による災害／雪による災害

学習日　月　日

めあて
ふん火や雪によるひ害《がい》に対する取り組みを知ろう。

教科書 112〜117ページ　答え 22ページ

次の（　　）に入る言葉を、下から選《えら》びましょう。

1 新燃岳《しんもえだけ》ふん火／すべてを飲みこんだ新燃岳ふん火／立ち直っていく高原町《たかはる》／新たなふん火にそなえて

教科書 112〜115ページ

ワンポイント　火山のふん火がおきたとき

- 2011（平成《へいせい》23）年1月26日、宮崎《みやざき》県・鹿児島《かごしま》県の新燃岳でばく発的《てき》なふん火がおき、ふん火で出た（①　　　　）や石で、畑や建物《たてもの》にひ害《がい》が出た。
- 国や県、高原町と周辺の市では、ふん火が見つかったときの（②　　　　）体制《たいせい》を整えている。
  見つけた人 →（③　　　　）や消防《しょうぼう》しょ関《かん》係《けい》などに通報《つうほう》。地方にある（④　　　　）は、情報《じょうほう》を放送局や（⑤　　　　）に伝《つた》える。
  観測しせつ →（⑥　　　　）がけい報や予報を発表する。

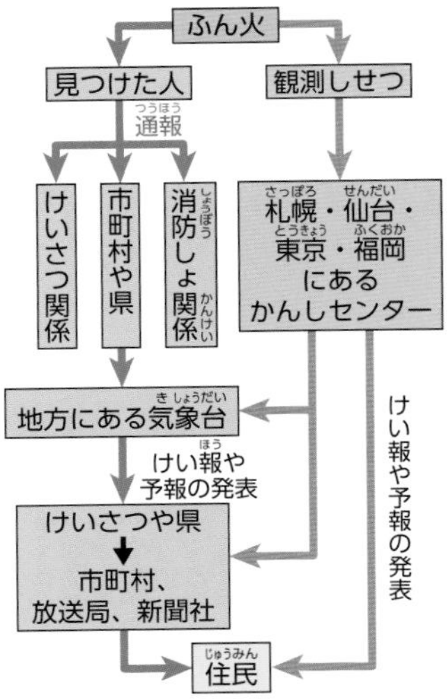

ふん火がおきたときの体制

2 雪害《せつがい》への取り組み

教科書 116〜117ページ

雪害への対さく

- 青森《あおもり》県弘前《ひろさき》市には、毎年たくさんの雪がふる。
- （⑦　　　　）をおこなうことで、雪をとりのぞき、雪による交通じゅうたいを防《ふせ》ぐ。
- 雪が積《つ》もらないように（⑧　　　　）を利用《りよう》して、道路や歩道での事故《じこ》を防ぐ。
- 市民《しみん》には情報サイトで除雪・はい雪をしている場所などをリアルタイムで発信《はっしん》している。
- 積もった雪の量《りょう》が120cmをこえると、市のはんだんで（⑨　　　　）が設置《せっち》され、国や県、けいさつしょなどと情報を共有《きょうゆう》する。

除雪のようす

雪がたくさんふって、積もることによっておこる災害を雪害というよ。

選んだ言葉に✓

□気象台《きしょうだい》　□観測《かんそく》　□かんしセンター　□けいさつ　□熱《ねつ》
□灰《はい》　□除雪《じょせつ》　□豪雪《ごうせつ》たいさく本部　□新聞社

ぴたトリビア

家庭から出たあたたかいはい水が流れているマンホールは、熱がふたに伝わるため、雪が積もりにくくなっています。

教科書 112～117ページ　答え 22ページ

1 右の図から読み取れることとして、正しいものには○を、まちがっているものには×をつけましょう。

① (　　　　) ふん火を見つけた人が、観測しせつに通報をする体制になっている。

② (　　　　) ふん火を見つけた人は、市町村や県、けいさつや消防しょ関係に通報する。

③ (　　　　) 観測しせつは、ふん火を見つけると、すべての都道府県《とどうふけん》にあるかんしセンターに連らくをとる。

④ (　　　　) 地方にある気象台は、けいさつや県、市町村、放送局、新聞社に情報を伝える。

⑤ (　　　　) かんしセンターのやくわりは、住民に対して、ふん火に関するけい報や予報の発表をおこなうだけである。

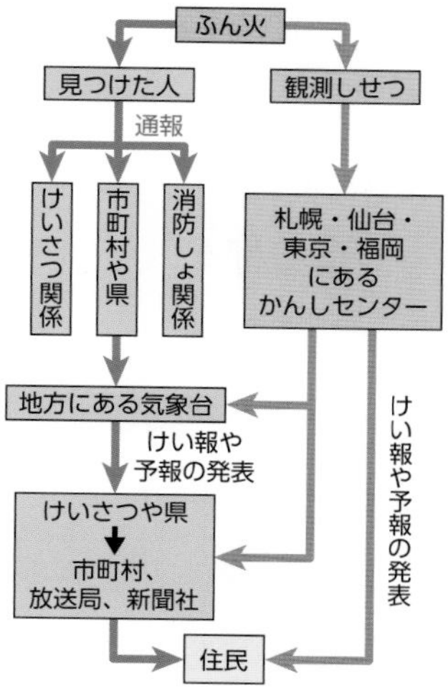

火山のふん火がおきたときの体制

2 次の文を読んで、問いに答えましょう。

弘前市では、「ひろさき便利《べんり》まっぷ」という情報サイトで、除雪やはい雪をしている場所や雪置《お》き場の場所をリアルタイムで発信するほか、(①)のかし出しなどもおこなっている。また、(②)を利用して、道路や歩道に雪が積もらないようにくふうもしている。

特《とく》に雪がたくさんふった場合には、市のはんだんで(③)が立ち上がり、国や青森県、(④)などと情報を共有して、市民の生活にえいきょうが出ないよう取り組みを強化している。

(1) 文中の①～④に入る言葉を、下の[　　]の中から選びましょう。

①(　　　　　　)　②(　　　　　　)

③(　　　　　　)　④(　　　　　　)

除雪　豪雪たいさく本部　けいさつしょ　小型除雪機《こがたじょせつき》　熱　電気

(2) 雪がふることによっておこる自然災害を何といいますか。(　　　　　　)

ヒント 2 (1) ①市民も協力《きょうりょく》して雪のひ害にそなえられるように、市がしえんしています。

地震《じしん》／津波《つなみ》／火山／雪による災害

時間 30分　／100　ごうかく 80点

教科書 100～117ページ　答え 23ページ

1 地震について、次の問いに答えましょう。

1つ5点、(3)は10点（30点）

(1) できたらスゴイ! 右の写真は、1995年1月におこり、兵庫《ひょうご》県神戸《こうべ》市を中心に大きなひ害をあたえた震災のようすです。この震災を何といいますか。（　　　　）

震災のようす

(2) 地震がおこったときについて、次の問いに答えましょう。

① 都市で、ひ害がさらに広がる原因《げんいん》として考えられるものを、写真を参考《さんこう》にして書きましょう。（　　　　）

② よく出る 電気やガス、水道などがとまることがありますが、このようなくらしにかかせないせつびを何といいますか。（　　　　）

③ 自衛隊《じえいたい》は救助《きゅうじょ》以外《いがい》にどのような活動をしますか。（　　　　）

記述 (3) 右の絵のように外で地震がおきたとき、どのような行動をとりますか。絵を参考にして書きましょう。　思考・判断・表現

（　　　　）

2 津波について、右の図を見て次の問いに答えましょう。

1つ5点（25点）

(1) 南海《なんかい》トラフ巨大《きょだい》地震で高さ1mの津波がおそってくると予想される時間について、①いちばん早い時間、②いちばんおそい時間をそれぞれ答えましょう。　技能

①（　　　）分

②（　　　）分

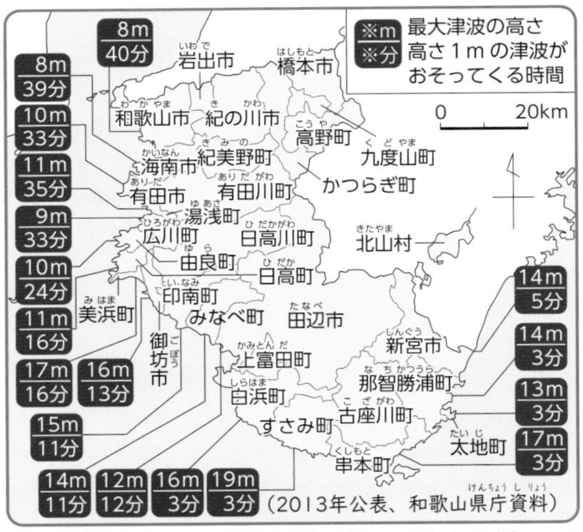

（2013年公表、和歌山県庁《けんちょう》資料《しりょう》）

予想される、津波がおそってくる地いき

(2) おそってくる津波の高さが、いちばん高い地いきで何mだと予想されていますか。

（　　　）m

(3) 安政《あんせい》南海地震がおこったあと、浜口梧陵《はまぐちごりょう》が津波から村を守るためにつくったものは何ですか。（　　　　）

(4) 現在《げんざい》、和歌山県の市町村が津波対さくとしてつくったもののうち、右の写真のようなものを何といいますか。

（　　　　）

学習日　　月　　日

3 火山によるふん火について、次の問いに答えましょう。

1つ5点（30点）

(1) ふん火けいかいのレベルについて、３人が会話をしています。３人の会話中の（　　）にあてはまる数字を書きましょう。 技能

いちばん危険度《きけんど》が高いのは、レベル（①　　　）だね。

そうだね。レベル（②　　　）になると、山に入ることが禁止《きんし》されてしまうのね。

レベル５＝ひなん
レベル４＝こうれい者などのひなん
レベル３＝入山をきせい
レベル２＝火口周辺のきせい
レベル１＝活火山であることに注意

↑ ふん火けいかいのレベル

ふん火のじょうきょうにもよるけど、レベル３だったものが、１つ引き下げられて、レベル（③　　　）になることもあるみたいだよ。

(2) 右の図の（　　）にあてはまる言葉を書きましょう。

①（　　　　　　　）
②（　　　　　　　）
③（　　　　　　　）

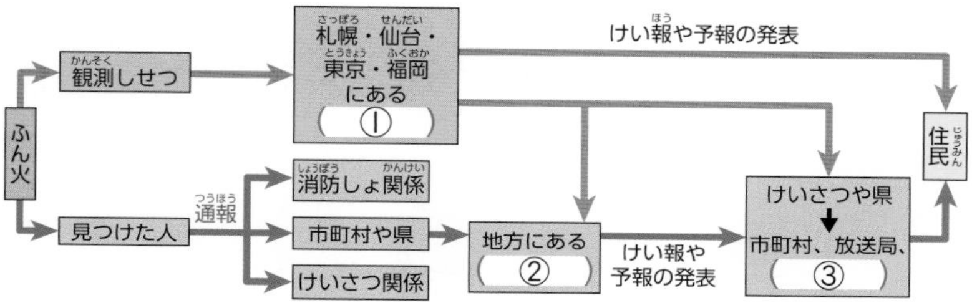

↑ 火山のふん火がおきたときの体制《たいせい》

4 次の①～③は、雪害を防《ふせ》ぐための取り組みです。写真や絵の説明《せつめい》としてあてはまるものを、下の㋐～㋓からそれぞれ選《えら》びましょう。

1つ5点（15点）

①

（　　　）

②

（　　　）

③

（　　　）

㋐ 道路や歩道に雪が積《つ》もらないように、熱《ねつ》を利用《りよう》して、道路や歩道の雪をとかしている。

㋑ 市がかし出している除雪機《じょせつき》を使うことで、市民《しみん》も雪害《せつがい》のそなえに協力《きょうりょく》している。

㋒ 雪のえいきょうによる交通じゅうたいを防ぐために、雪を取りのぞいている。

㋓ 市が発信《はっしん》している情報サイトで、除雪・はい雪している場所を知ることができる。

ふりかえり　3(2)がわからないときは、42ページの1にもどってかくにんしてみよう。

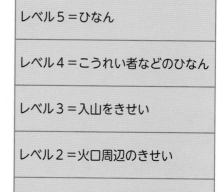

ぴったり1 じゅんび

3分でまとめ

4．地いきの伝統《でんとう》や文化と、先人のはたらき

1　わたしたちのまちに伝《つた》わるもの①

学習日　　月　　日

めあて
長崎《ながさき》市に残《のこ》され、伝《つた》えられているものを知ろう。

教科書　120～125ページ　答え　24ページ

次の(　　)に入る言葉を、下から選《えら》びましょう。

1　古くから伝わるもの／まちに伝わるもの

教科書　120～123ページ

長崎《ながさき》市に伝わるもの

- 長崎市には、昔から残っている行事や祭り、建物《たてもの》が数多くある。
- 毎年決まった時期におこなわれる行事を(①　　　　　　)といい、長崎市では、毎年10月におこなわれる(②　　　　　　)が有名である。
- 長崎くんちは、380年続《つづ》く祭りで、その年にだしものの当番となっている(③　　　　　　)が、諏訪《すわ》神社にだしものを奉納《ほうのう》する。

ワンポイント　世界遺産《いさん》と国宝《こくほう》

- (④　　　　　　)
…世界的《てき》に残《のこ》す価値《かち》があるとみとめられた自然《しぜん》や文化財《ぶんかざい》のこと。
- (⑤　　　　　　)
…国の宝《たから》として、国が指定し、たいせつに保護《ほご》しなければならない建物やちょうこく、絵画などのこと。
→国が指定する重要《じゅうよう》文化財の中でも、価値が高いものをさす。

長崎市にある大浦《おおうら》天主堂《てんしゅどう》は、世界遺産でもあり、国宝でもあるよ！

(⑥　　　　　　)

2　くんちについて調べる

教科書　124～125ページ

くんちに向けた準備《じゅんび》

- だしものの準備は１年かけておこなわれる。６月から９月までの４か月は、ほぼ毎日けいこをする。
- (⑦　　　　　　)…踊町の家々では、祭りに使う道具やお祝《いわ》いの品を道ゆく人に見えるようにする。
- (⑧　　　　　　)…踊町のだしものに同行して、ふえやたいこを使ってえんそうをおこなう。

諏訪神社からおりてくる三体のみこし

選んだ言葉に ✓				
	□長崎くんち	□国宝	□シャギリ	□庭見《にわみ》せ
	□世界遺産	□踊町《おどりちょう》	□年中行事	□大浦天主堂《おおうらてんしゅどう》

ぴたトリビア

長崎ランタンフェスティバルは、中国《ちゅうごく》の旧《きゅう》正月を祝う行事「春節祭《しゅんせつさい》」が始まりとなり、冬におこなわれます。

教科書 120〜125ページ　答え 24ページ

1 次の問いに答えましょう。

(1) 次のうち、国宝と世界遺産の両方に指定されているものには◎を、どちらか一方に指定されているものには○を、どちらにも指定されていないものには×をつけましょう。

ペーロン大会（長崎県長崎市）
①（　　　）

大浦天主堂（長崎県長崎市）
②（　　　）

黒島《くろしま》天主堂（長崎県佐世保《させぼ》市）
③（　　　）

(2) 年中行事についてまとめた右の表の①、②の（　）にあてはまる月を書きましょう。また、③、④の（　）にあてはまる行事の名前を、下の［　］から選びましょう。

七夕《たなばた》　節分《せつぶん》　七五三

月	行事の名前
2月	（③　　　）
（①　　　）月	たんごの節句《せっく》
7月	（④　　　）
（②　　　）月	おおみそか

2 次の問いに答えましょう。

(1) 長崎くんちについて、次の文にあてはまる数字を、右の［　］からそれぞれ選びましょう。

4　1　7

① 踊町は（　　　）年に一度回ってくる。
② だしものは約（　　　）年でじゅんびする。
③ けいこは6から9月まで、およそ（　　　）か月間おこなう。

(2) 右の写真の説明としてあてはまるものを、㋐〜㋒から選びましょう。（　　　）

㋐ 踊町の家々では、祭りの道具やお祝いの品を道ゆく人に見えるようにする。
㋑ 踊町のだしものに同行して、ふえやたいこを使ってえんそうをおこなう。
㋒ その年の当番となった踊町が、諏訪神社にだしものを奉納する。

ヒント　1 (2) 七五三は、子どもの健康《けんこう》と成長をねがって、日本の伝統的《でんとうてき》な服そうで神社にお参《まい》りする行事です。服をいくつも重ねて着るので、すずしい月に行う人が多いです。

学習日　　月　　日

4．地いきの伝統《でんとう》や文化と、先人のはたらき

1　わたしたちのまちに伝《つた》わるもの②

◎めあて
くんちに関《かか》わる人々のはたらきや伝統《でんとう》文化がかかえる課題《かだい》について理解しよう。

教科書　126～129ページ　答え　25ページ

次の（　　）に入る言葉を、下から選《えら》びましょう。

1　くんちをささえる人々

教科書　126～127ページ

踊町《おどりちょう》のシンボルと人々の協力《きょうりょく》

- かさぼこ…踊町の行列の先頭に立つ町のしるし。各《かく》踊町の（①　　　　）のため、かざりは昔も今もほとんど変わらない。
- かさぼこづくりは（②　　　　）がほとんどであり、時間がかかる。
- たれの部分には、長崎《ながさき》がほこる美術工芸《びじゅつこうげい》である（③　　　　）が使われている。
- だしものを成功《せいこう》させるためにたくさんの人々が助け合うため、くんちを通じて町の（④　　　　）が深まっている。

明治時代のかさぼこ（榎津《えのきづ》町）

2　くんちにかける思い

教科書　128～129ページ

ワンポイント　伝統文化がかかえる課題

- くんちは、50年ほど前から参加《さんか》する町がへっている。
  →お金の面や、町から（⑤　　　　）がへったことが原因《げんいん》である。
- この先（⑥　　　　）や手伝《てつだ》ってくれる人がいなくなってしまう心配があり、次の世代へつなぐための取り組みを進めている。

振興会《しんこうかい》の思い

- 長崎（⑦　　　　）振興会では、くんちという伝統芸能をわかい人たちにうけついでもらうために、昔からの（⑧　　　　）を伝えるなど、くんちを知ってもらう活動をしている。
- くんちに関《かか》わる人々は、伝統を守り、町のつながりをたいせつにしていきたいという（⑨　　　　）をもっている。

伝統を受けつぎ、守っていくためにできることはなんだろう？

選んだ言葉に✓					
	□伝統芸能《げいのう》	□願《ねが》い	□しきたり	□手作業	□長崎しゅう
	□シンボル	□人口	□あとつぎ	□きずな	

学習日　　月　　日

ぴたトリビア

長崎くんちは諏訪《すわ》神社など４か所にある有料《ゆうりょう》の本場所と、無料の庭先回りをまちなかで自由にみることができます。

教科書　126～129ページ　答え　25ページ

1 次の文を読んで、問いに答えましょう。

かさぼことは、踊町の行列の先頭に立つ町の（　　　）である。そのほとんどを手作業でつくるため、とてもたいへんである。しかし、できあがったかさぼこがきれいにまわるすがたは、人々を深く感動させる。

(1) 文中の下線部にあてはまるものを、㋐～㋒から選びましょう。（　　　）

㋐

㋑

㋒

(2) 文中の（　　　）にあてはまる、しるしを意味するカタカナ４文字のことばを何といいますか。（　　　　　）

2 次のインタビューを読んで、長崎くんちがかかえる課題として正しいものには○を、まちがっているものには×をつけましょう。

最近《さいきん》は、くんちに参加する町がへってきました。お金の面や、町から人口がへったことと関係《かんけい》が深いです。あとつぎはいるだろうか、くんちを手伝ってくれる人はいるだろうかなど、くんちのしょうらいがとても心配です。

振興会では、くんちという伝統芸能をわかい人たちに受けついでもらうために、毎年の話し合いで、昔からのしきたりを伝える活動をしています。われわれは、この伝統芸能をわかい人たちにもっと知ってもらうためにさまざまな取り組みをしなければならないのです。

①（　　　）だしものを準備《じゅんび》したり、修理《しゅうり》したりするのにはお金がかかるので、そのお金を集めることがむずかしい。

②（　　　）くんちにきょうみがないわかい人たちに、どうしたらきょうみをもってもらえるか、考えなければならない。

③（　　　）町の人の数がへっているので、だしものの人手も足りていないのかもしれない。

④（　　　）昔の伝統芸能より、今の時代に合う行事をどのようにふやしていくかを考えなければならない。

⑤（　　　）くんちを次の世代《せだい》に伝えようとしている人が全くいないため、伝統がとだえてしまうおそれがある。

ヒント　2 伝統文化を受けついでいくうえでは、おもにお金と人の不足《ふそく》が課題となることが多いです。

4．地いきの伝統《でんとう》や文化と、先人のはたらき

1 わたしたちのまちに伝《つた》わるもの③

めあて 伝統《でんとう》を伝《つた》える取り組みと、昔からある建物《たてもの》を知ろう。

教科書 130～133ページ　答え 26ページ

次の（　）に入る言葉を、下から選《えら》びましょう。

1 問題の解決《かいけつ》に向けて

教科書 130～131ページ

「諏訪《すわ》っ子くんちフェスティバル」

- 諏訪神社近くの小学校では、１年生から６年生までが、（①　　　　）の人たちの指導《しどう》のもとでくんちのえんぎをおこなう活動がある。この取り組みのおかげで、くんちに親しみ、くんちに（②　　　　）人もふえてきている。

諏訪っ子くんちフェスティバル

2 昔の建物《たてもの》を調べる

教科書 132～133ページ

ワンポイント 長崎《ながさき》市に残《のこ》されている建物

- 端島《はしま》…小さな島で、その形から（③　　　　）とよばれている。かつては（④　　　　）が世界一であったが、産業《さんぎょう》の変化《へんか》を受けて無人島《むじんとう》となった。
- 崇福寺《そうふくじ》…中国人が建《た》てた（⑤　　　　）で、国が指定する多くの重要文化財《じゅうようぶんかざい》がある。
- 大浦天主堂《おおうらてんしゅどう》…日本に残るなかで、もっとも古い**キリスト教**の（⑥　　　　）である。
  →1945年に（⑦　　　　）のひ害《がい》を受けるが、しゅうりされ今の形となった。当時の日本のキリスト教徒《きょうと》の様子を伝える「（⑧　　　　）博《はく》物館《ぶつかん》」などがあり、観光客に天主堂の歴史《れきし》を伝えている。

キリスト教
世界三大宗教《しゅうきょう》の一つ。およそ480年前に日本に伝《つた》えられた。

カードにまとめる

小さな島が人口密度世界一

1960（昭和35）年に、人口密度で世界一となりました。2009（平成21）年に上陸《じょうりく》がゆるされると、たくさんの観光客が来るようになりました。島内の古い建物をほしゅうして整備するなど、軍艦島を残す取り組みがおこなわれています。

古い建物を残すための取り組みを調べて、カードにまとめよう！

選んだ言葉に✔				
	□人口密度《みつど》	□地いき	□キリシタン	□寺院
	□原子ばくだん	□参加《さんか》する	□教会	□軍艦島《ぐんかんじま》

ぴったり2

練習

学習日　　月　　日

ぴたトリビア

江戸《えど》時代の長崎《ながさき》県には、禁止《きんし》されていたキリスト教を信じる「キリシタン」がたくさんいました。そのため、キリシタンに関《かん》する建物があります。

教科書　130〜133ページ　答え　26ページ

1 次の文を読んで、問いに答えましょう。

「諏訪っ子くんちフェスティバル」によって、小学生のうちからくんちに親しむことができ、くんちに参加する人は①（　ふえて　・　へって　）きています。このように、伝統文化を受けついでいくためには、②積極的に行事に参加することがたいせつです。

(1) 文中の①について、あてはまる言葉を◯でかこみましょう。

(2) 下線部②について、伝統文化を受けついでいくための行動として、正しいものを２つ選び、◯をつけましょう。

㋐（　　）自分たちから伝統文化についてくわしく知る。
㋑（　　）伝統文化をよく知っている地いきの人たちだけで活動に取り組む。
㋒（　　）多くの人に知ってもらう必要《ひつよう》はなく、情報《じょうほう》の発信《はっしん》はしない。
㋓（　　）古くから残る祭りや建物をたいせつにする。

2 次の問いに答えましょう。

(1) 右のカードから読み取れることとして、正しいものを１つ選び、◯をつけましょう。

㋐（　　）大浦天主堂は、1862年に建てられたときのまま現在《げんざい》まで残っている。
㋑（　　）大浦天主堂は教会ではなく博物館である。
㋒（　　）大浦天主堂は殉教者たちが力を合わせて建てた。
㋓（　　）1945年に原子ばくだんのひ害を受けた。

長崎のシンボル　大浦天主堂

大浦天主堂は1862年に26人の殉教者《じゅんきょうしゃ》たちが聖人《せいじん》になったのを受けて建てられた教会です。1945年に原子ばくだんのひ害を受けましたが、しゅうりして今の天主堂になっています。天主堂のとなりには、天主堂にまつわるてんじがされている「キリシタン博物館」もあります。

(2) 大浦天主堂や端島（軍艦島）は、世界的に残す価値があるとみとめられた文化財として□に指定されています。□にあてはまる言葉を書きましょう。

（　　　　　　）

ヒント

1 (2)「諏訪っ子くんちフェスティバル」では、実さいにくんちに出ている地いきの人がえんぎの指導をします。けいけんにもとづくことで、より深く人に伝えることができます。

4．地いきの伝統《でんとう》や文化と、先人のはたらき

1 わたしたちのまちに伝《つた》わるもの

時間 30 分

／100

ごうかく 80 点

教科書 120～133ページ　答え 27ページ

1 長崎市《ながさき》に観光《かんこう》に行ったときのメモを読んで、問いに答えましょう。

1つ5点（30点）

長崎市には、古くから残《のこ》る建物《たてもの》が数多くありました。とくに、国宝《こくほう》と（ あ ）のどちらにも指定されている大浦天主堂《おおうらてんしゅどう》は、とても美しい建物でした。また、㋑年中行事である長崎くんちもみてきました。

(1) よく出る 文中の（ あ ）にあてはまる言葉を書きましょう。（　　　　）

(2) 下線部㋑について、次の問いに答えましょう。

記述 ① 次の文の（　　）にあてはまる内容《ないよう》を書きましょう。 思考・判断・表現

・年中行事とは、毎年（　　）行事のことである。

（　　　　　　　　　　　　　　　　）

② 次の月におこなわれるおもな年中行事としてあてはまるものを、㋐～㋓からそれぞれ一つずつ選《えら》びましょう。

3月（　　　）　6月（　　　）　9月（　　　）

㋐ 月見　㋑ 盆《ぼん》　㋒ ももの節句　㋓ 虫送り

(3) 観光に行ったのは何月ですか。次の（　　）にあてはまる数字を書きましょう。

（　　　）月

2 くんちについての質問《しつもん》と、その質問に対する答えとして合うものを、線で結びましょう。

1つ5点（20点）

①準備《じゅんび》期間はどれくらいですか。 ・

②かさぼことは何ですか。 ・

③庭見《にわみ》せとは何ですか。 ・

④けいこ期間はどれくらいですか。 ・

・ ㋐祭りに使う道具を見せることです。

・ ㋑１年ほど前からはじめます。

・ ㋒くんちの先頭に立つ町のシンボルです。

・ ㋓４か月間、ほぼ毎日です。

学習日　　月　　日

3 かさぼこの説明《せつめい》として正しいものには○を、まちがっているものには×をつけましょう。

1つ5点（15点）

① (　　　) ほとんどが手作業でつくられる。

② (　　　) 船の上に乗る男の子が身につける。

③ (　　　) 今のかざりと昔のかざりは、大きく変《か》わっている。

4 次の文を読んで、問いに答えましょう。

1つ5点（20点）

> 長崎くんちには大きなみりょくがありますが、最近《さいきん》では、お金の面や、町の人口がへったことから、①<u>参加する町もへってきています</u>。また、あとつぎがいないことも課題《かだい》の一つです。振興会《しんこうかい》は、くんちのような（ ② ）芸能《げいのう》をわかい人たちに受けついでもらいたいと願《ねが》っています。

記述 (1) できたらスゴイ! 下線部①の背景《はいけい》として読み取れることを二つ書きましょう。 技能

(　　　　　　　　　　)(　　　　　　　　　　)

記述 (2) 下線部①以外《いがい》に、くんちにはどんな課題がありますか。

(　　　　　　　　　　)

(3) 文中の（ ② ）にあてはまる言葉を書きましょう。

(　　　　　)

5 次のカードから読み取れることとして正しいものには○を、まちがっているものには×をつけましょう。

1つ3点（15点）

宝物《たからもの》がたくさん！

中国の人たちが、航海《こうかい》の安全をいのり、長崎市に崇福寺《そうふくじ》を建《た》てました。寺には、国宝《こくほう》をふくめて、国が指定する重要文化財《じゅうようぶんかざい》が数多くあります。

世界一こみあった島

軍艦島《ぐんかんじま》では、1869年から石炭がほられはじめました。石炭をほる仕事が島にできたことで人口がふえ続《つづ》け、1960年には世界一の人口密度《みつど》となっていましたが、今は一部をのぞいて立ち入り禁止《きんし》となっています。

① (　　　) 崇福寺は外国人が建てた建物《たてもの》である。

② (　　　) 軍艦島の人口密度は、今は世界一ではない。

③ (　　　) 崇福寺は中国に建てられている。

④ (　　　) 軍艦島はかつて世界で一番多くの石炭《せきたん》がとれる地いきであった。

⑤ (　　　) 崇福寺には国宝と重要文化財が数多くある。

ふりかえり 4がわからないときは、48ページの2にもどってかくにんしてみよう。

4．地いきの伝統(でんとう)や文化と、先人のはたらき

2 原野に水を引く①

学習日　　月　　日

めあて
那須野原(なすのがはら)と、その開こんのようすを知ろう。

教科書 134〜137ページ　答え 28ページ

次の（　　）に入る言葉を、下から選(えら)びましょう。

1 那須疏水(なすそすい)

教科書 134〜135ページ

ワンポイント　那須疏水と蛇尾川(さびがわ)

- **那須疏水**…栃木(とちぎ)県那須塩原(なすしおばら)市にある、今から約(やく)130年前につくられた（①　　　　　）。
- 蛇尾川…水が流れておらず、石が広がるだけの（②　　　　　）。蛇尾川の底(そこ)には（③　　　　　）とよばれるしせつがあり、石を使って川の底に水を通している。
- **ずい道**…トンネルのこと。

用水路は、生活や農業などで使う水を流すための水路だよ。

2 原野の開こんと水への大きな願(ねが)い

教科書 136〜137ページ

昔の那須野原(なすのがはら)と人々の生活

昔…那須野原には東西に広大な**原野(げんや)**があった。

たがやしていない野原を原野というよ。

- 今から150年前…原野を（④　　　　　）するため、栃木県や県外から多くの人々がうつり住んだ。

しかし、（⑤　　　　　）の悪い土地で、田をつくるどころではなかった。

- 原野の土の下には石があり、雨がふっても水が地下にしみこんでしまう。また、川も水無川であった。
- 開こんにより取りのぞいた石を集めた（⑥　　　　　）が今も残(のこ)っている。
- （⑦　　　　　）が足りずにこまっていた人々は、遠くはなれた川に、（⑧　　　　　）などを使って、水をくみに行かなければならなかった。

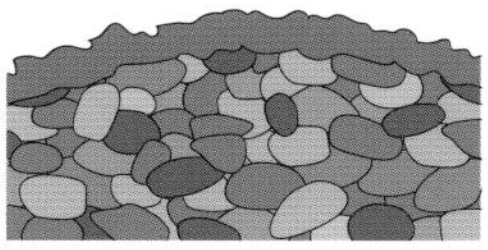

⬆ 石づか（石ぐら）

人々は、那須野原の原野に水を引きたいという願いをもっていた。

選んだ言葉に ✔			
□開こん	□水もち	□荷車	□ふせこし
□水無川(みずなしがわ)	□用水路	□石づか	□生活用水

ぴったり2

練習

ぴたトリビア

疏水とは、給水《きゅうすい》のために土地を切り開いて、水路をつくることです。那須疏水と安積《あさか》疏水（福島《ふくしま》県）、琵琶湖《びわこ》疏水（滋賀《しが》県・京都府《きょうとふ》）は日本三大疏水です。

学習日　　月　　日

教科書　134〜137ページ　　答え　28ページ

1 次の写真と図を見て、問いに答えましょう。

あ

い

う

え
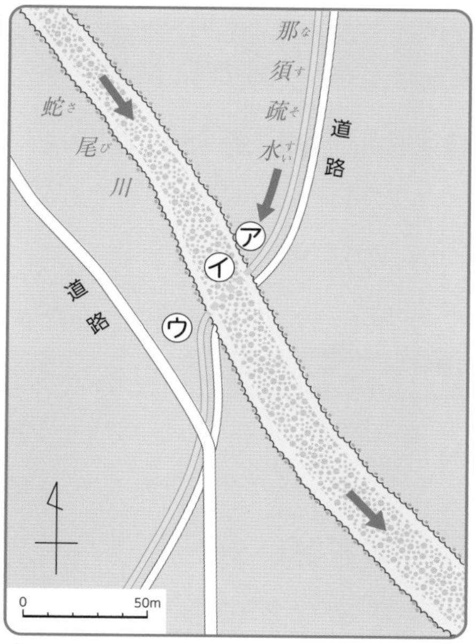

蛇尾川のようす

(1) 次の文の（　　）にあてはまる言葉を、下の［　　］から選びましょう。

あ〜うの写真は、栃木県那須塩原市にある（①　　　　　）とよばれる（②　　　　　）である。地中に木組みや石組みのといをうめて、水を通す（③　　　　　）というしせつがある。

ふせこし　　用水路　　那須疏水

(2) あ〜うの写真は、えの図のア〜ウのどこでとられたものですか。それぞれ記号で答えましょう。　あ（　　　）　い（　　　）　う（　　　）

2 次の文を読んで、問いに答えましょう。

今から150年ほど前の那須野原には、東西に広大な（①　　　　　）があり、田畑をつくるために多くの人がうつり住んだが、（②　　　　　）が悪く、人々は生活（③　　　　　）にこまってしまった。

(1) 文中の（　　）にあてはまる言葉を書きましょう。

(2) 林やあれた土地から草木や石を取りのぞき、田や畑などにすることを何といいますか。（　　　　　）

ヒント　1 (2) あの写真は出口、いの写真は入口のようすをあらわしています。

2 原野に水を引く②

学習日　　月　　日

めあて
那須疏水《なすそすい》のしせつと、どのように工事が進められたのかを知ろう。

教科書　138～145ページ　答え　29ページ

次の（　　）に入る言葉を、下から選《えら》びましょう。

1 那須疏水《なすそすい》のしせつ見学／印南《いんなみ》や矢板《やいた》の願《ねが》いと国や県へのうったえ

教科書　138～141ページ

那須疏水にあるしせつ

- （①　　　　　）…用水路へ水を取りこむ入り口。
- （②　　　　　）…トンネルのこと。亀山《かめやま》ずい道はおよそ920mもある。
- 第一分水…水をえるために、もとの流れから水を分けるところ。

ワンポイント　工事の必要《ひつよう》さをうったえた人たち

- （③　　　　　）と矢板武《たけし》は、那須野原《なすのがはら》に（④　　　　　）用の水路をつくるため、国に工事を願い出た。
- 水田などにも利用《りよう》できる（⑤　　　　　）の計画を国にうったえ、那須疏水をつくる工事をみとめてもらった。

↑印南文作

↑矢板武

2 ずい道工事のくふう／川底《かわぞこ》を通すふせこしと用水路の工事

教科書　142～145ページ

ずい道の工事

- 水路工事では取水口をつくる場所、ずい道や川の下を横切るふせこしの工事が問題だった。くずれやすい場所《ばしょ》では、内部を（⑥　　　　　）の石組みにして、石と石の間を（⑦　　　　　）でかためた。
- 長いずい道は三つに分け、それぞれの間に横あなをほり、（⑧　　　　　）の通りをよくした。

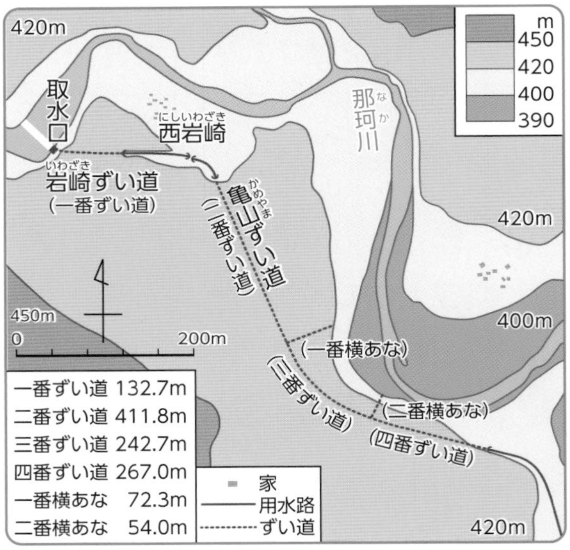

↑ずい道ができたころの地図

ふせこしやほりわりの工事

- ふせこし工事…川底に（⑨　　　　　）を通すため、川底をほり、木をしいた上に石組みをし、川の土石をもどす工事をおこなった。

→工事は昔からの方法《ほうほう》で、多くの人が協力して短期間で完成《かんせい》した。

選んだ言葉に✓					
	□五角形	□飲み水	□セメント	□風	□取水口
	□疏水	□ずい道	□印南文作《じょうさく》	□用水路	

ぴたトリビア

開こん当時の農家の家は、かやぶきでできており、かやぶきはだん熱《ねつ》せいや通気せいなどにもすぐれていました。

教科書 138〜145ページ　答え 29ページ

1 次の①〜③のしせつの説明としてあてはまるものを、あとの㋐〜㋒の文から選びましょう。

①ずい道（　　　）　②取水口（　　　）　③分水（　　　）

㋐ 用水路へ水を取りこむ入り口。
㋑ 水をえるために、元の流れから水を分けるところ。
㋒ トンネルのこと。

2 那須野原の開こんの中心となった人物について、次の文の（　　）にあてはまる人物や言葉を▭から選びましょう。

右の人物は（①　　　　）で、那須疏水の開こんを進めた中心人物である。かれは川から水を引くことがたいせつだと考え、（②　　　　）用の水路をつくる計画を立てた。（③　　　　）とともに国に計画の実行をうったえ、工事をみとめてもらった。

印南丈作　矢板武　飲み水　せんたく

3 那須疏水のずい道やふせこし、またその工事について、正しいものには○を、まちがっているものには×をつけましょう。

①（　　）岩崎ずい道の工事のときには、くずれないように内部を五角形の石組みにした。
②（　　）亀山ずい道はおよそ920mもあり、工事をするときには横あなをほって風の通り道をつくる必要《ひつよう》があった。
③（　　）ほりわりといわれる昔からの水路の工事は、少ない人数で、しんちょうに時間をかけておこなわれた。
④（　　）ふせこしは、川底を５〜６mほったところに木わくをしき、その上に切り石を積《つ》み上げ、川原の石をもとにもどすかたちでつくられた。
⑤（　　）ずい道工事がはじまってからすべての分水路が完成するまで、10年以上《いじょう》の月日がかかった。

ヒント 3 くずれやすいずい道や長いずい道、川の下を通す必要があるふせこしなど、大きな問題がいくつもありましたが、くふうをこらすことによって、短期間で疏水がつくられました。

2 原野に水を引く③

学習日 月 日

めあて
疏水《そすい》の完成《かんせい》後の人々の取り組みをかくにんしよう。

教科書 146～149ページ　答え 30ページ

次の（　　）に入る言葉を、下から選《えら》びましょう。

1 那須疏水《なすそすい》とくらしの変化《へんか》

教科書 146～147ページ

那須疏水が完成《かんせい》したあとのようす

- 那須野原《なすのがはら》の各地に水がいきわたるようになり、生活や（①　　　　）などに用いられるようになった。（②　　　　）（東北本線《とうほくほんせん》）が開通し、駅ができたため、（③　　　　）もふえた。

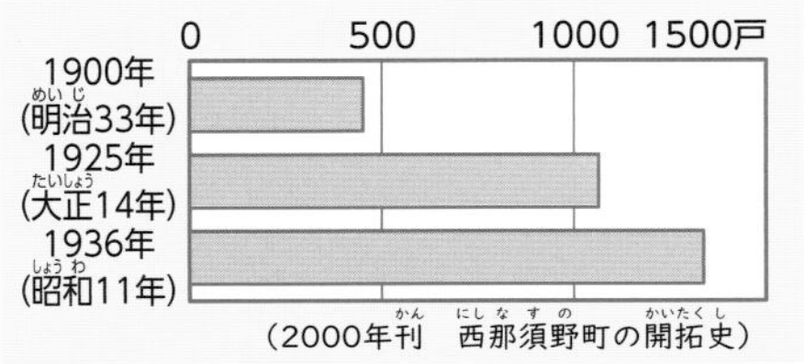

西那須野《にしなすの》町の農場の移住《いじゅう》者の変化

戦後のようす

- 残された原野は、疏水からはなれた土地であったため、水が引けなかった。
- 地下水の流れがわかるようになると、（④　　　　）による地下水の利用《りよう》が広まり、原野の開こんが進み、（⑤　　　　）の面積《めんせき》もふえていった。

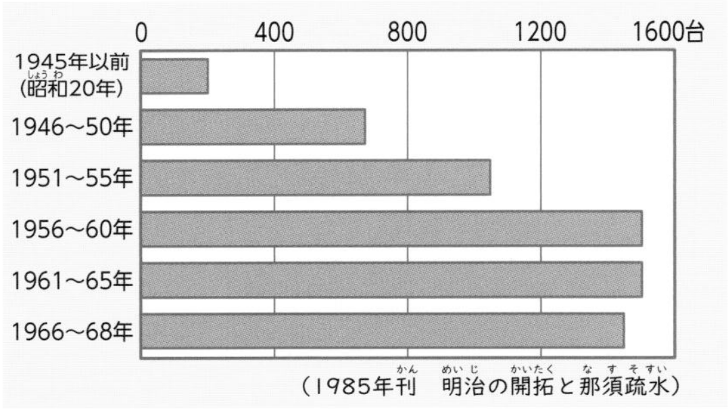

ポンプの台数の変化

2 国の総合《そうごう》開発

教科書 148～149ページ

ワンポイント 深山《みやま》ダムと調整池《ちょうせいち》

- 那須疏水の北側の地いきにつくられた深山ダムは、水をたくわえ、発電をすることを目的《もくてき》とした（⑥　　　　）ダムである。

- 那須野原にある（⑦　　　　）では、水をたくわえておくことができる。

発てんし続《つづ》ける那須野原

- 那須疏水の旧取水しせつは、国の**重要文化財《じゅうようぶんかざい》**や（⑧　　　　）となっている。

日本遺産
地いきの歴史的《れきしてき》なみりょくや特色《とくしょく》を通じて、日本の文化や伝統《でんとう》を語るストーリーとして認定《にんてい》されたもの。

選んだ言葉に ✓

□多目的	□田	□調整池《ちょうせいち》	□防火《ぼうか》
□日本遺産《にほんいさん》	□人口	□ポンプ	□鉄道

練習

学習日　　月　　日

ぴたトリビア

水力発電所は、水の落ちる力を使って発電をするので、ダムの近くにつくられています。

教科書 146〜149ページ　答え 30ページ

1 次の問いに答えましょう。

(1) 次の①、②のグラフはそれぞれ何をあらわしていますか。下の㋐〜㋒から選びましょう。

①

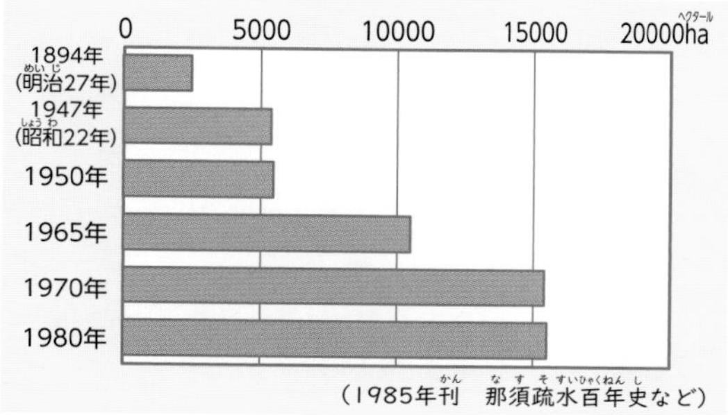
0
5000
10000
15000
20000ha《ヘクタール》
1894年
(明治《めいじ》27年)
1947年
(昭和《しょうわ》22年)
1950年
1965年
1970年
1980年

(1985年刊《かん》　那須疏水百年史《なすそすいひゃくねんし》など)

②

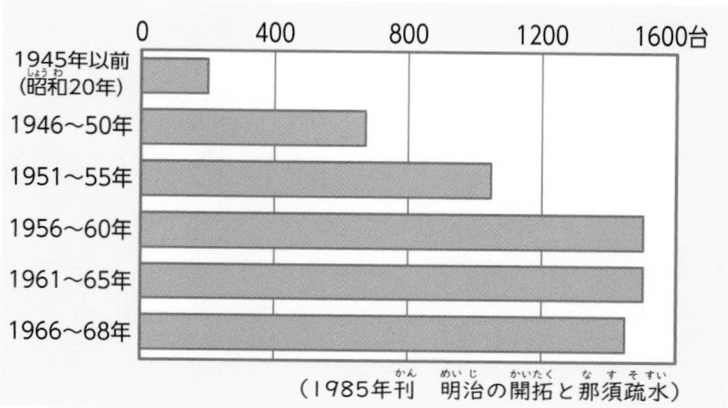
0
400
800
1200
1600台
1945年以前
(昭和《しょうわ》20年)
1946〜50年
1951〜55年
1956〜60年
1961〜65年
1966〜68年

(1985年刊《かん》　明治《めいじ》の開拓《かいたく》と那須疏水《なすそすい》)

①(　　　　)　②(　　　　)

㋐ 家の数のうつり変わり　　㋑ ポンプの数のうつり変わり

㋒ 田の面積のうつり変わり

(2) 那須野原の人々が、田を開いて米が作れるようになったのは、(　　)の流れがわかり、ポンプを使ってくみ上げることができるようになったからです。(　　)にあてはまる言葉を書きましょう。

(　　　　)

2 次の文の(　　)にあてはまる言葉を書きましょう。

日本の文化や伝統を語るものとして、那須疏水は(　　　　　　)に登《とう》録《ろく》されている。

3 那須疏水完成後の那須野原のようすについて、正しいものには○を、まちがっているものには×をつけましょう。

① (　　　)４本の分水路が完成したことで、工事が終わった。

② (　　　)田畑はふえたが、工場はつくられていない。

③ (　　　)２か所の調整池がつくられた。

④ (　　　)南側の地いきに深山ダムがつくられた。

⑤ (　　　)げんざいも那須野原の発てんは続《つづ》いている。

ヒント　1 (1) 単位《たんい》がそれぞれ①はha《ヘクタール》、②は台となっています。

2 原野に水を引く

時間 30 分

／100

ごうかく 80 点

教科書 134～149ページ　答え 31ページ

1 右の地図を見て、問いに答えましょう。

1つ5点（50点）

(1) 那須野原《なすのがはら》はどこの都道府県《とどうふけん》にありますか。
㋐～㋓から選《えら》びましょう。（　　）
㋐ 茨城県《いばらきけん》　㋑ 富山県《とやまけん》
㋒ 栃木県《とちぎけん》　㋓ 福島県《ふくしまけん》

(2) 次の文の（　）にあてはまる言葉を書きましょう。

明治《めいじ》時代の那須野原には、東西に広大な（①）がありました。その（①）から木や草、石などを取りのぞくことで田や畑などにする（②）を進めようとしました。

①（　　　　　）
②（　　　　　）

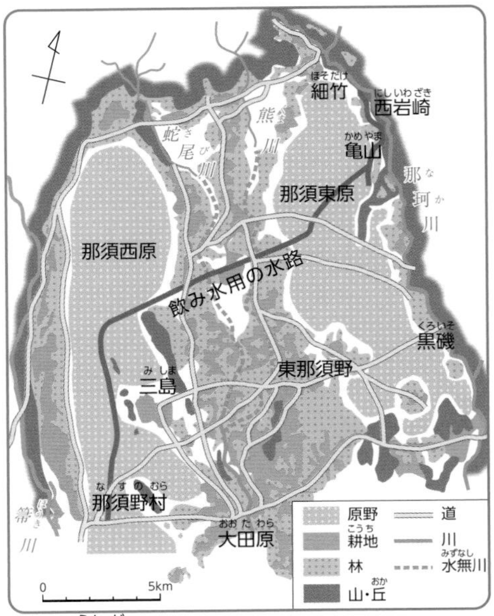

大運河《うんが》と飲み水用の水路

(3) (2)②を進めた人物であり、飲み水用の水路をつくる計画を立てた人物を、㋐～㋔から2人選《えら》びましょう。（　　）（　　）
㋐ 田中正造《たなかしょうぞう》　㋑ 矢板武《やいたたけし》　㋒ 船田兵吾《ふなだひょうご》
㋓ 山本有三《やまもとゆうぞう》　㋔ 印南丈作《いんなみじょうさく》

(4) 那須野原の人々は、飲み水用の水路ができる前は、遠くはなれた箒川《ほうき》や那珂川《なか》まで、長い時間をかけて水をくみに行かないといけませんでした。当時、くんだ水を運ぶために使われた道具のうちの一つを書きましょう。
（　　　　　）

(5) 明治時代の那須野原や那須野原に住んでいた人々の生活のようすについて、正しいものには○を、まちがっているものには×をつけましょう。
①（　　）水もちの良い土地で、たくさんの田がつくられた。
②（　　）土の下から取りのぞかれた石が集められ、石づかとなった。
③（　　）人々は一てきの水もむだに使わないよう気をつけた。
④（　　）飲み水は少なかったが、農業に使える水はたくさんあった。

学習日　　月　　日

② 右の地図を見て、問いに答えましょう。

1つ5点（50点）

(1) 地図の①〜④の地点でみられるしせつや建物《たてもの》を、㋐〜㋓から選びましょう。

技能

①(　　　)　②(　　　)
③(　　　)　④(　　　)

㋐ 疏水記念碑《そすいきねんひ》　㋑ ずい道
㋒ 取水口　㋓ 第一分水

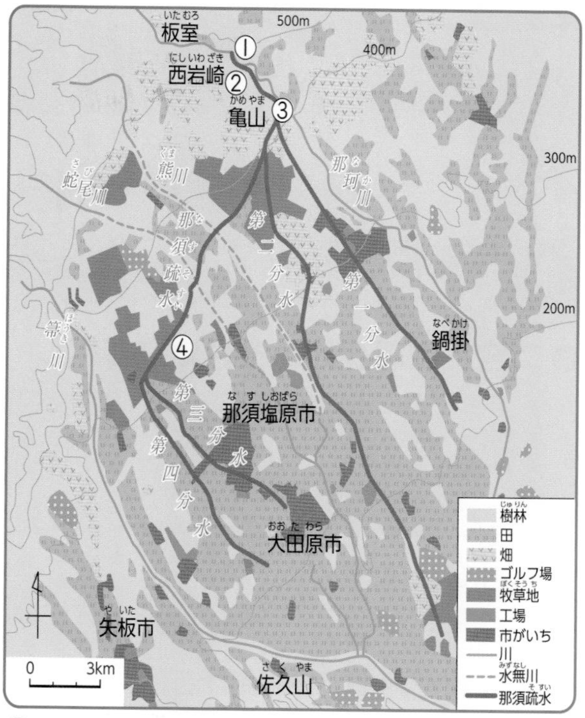

今の那須野原

(2) よく出る 地図の那須疏水は、生活や農業などで使う水を流すための水路です。この水路を何といいますか。

(　　　)

(3) 地図の蛇尾《さび》川について、次の問いに答えましょう。

① 蛇尾川には、地中に木組みや石組みのといをうめて水を通すせつびがあります。このせつびは何とよばれていますか。

(　　　)

② できたらスゴイ！ 次の図は、①で答えたせつびの工事方法《ほうほう》の流れをあらわしています。(あ)〜(う)にあてはまる言葉を、下の㋐〜㋕から選びましょう。 技能

あ(　　　)　い(　　　)　う(　　　)

川底《かわぞこ》を(あ)にほる。 → (い)を下にしき、(う)を積《つ》み上げる。 → 川原の石をもとにうめもどす。

㋐ まっすぐ　㋑ ななめ　㋒ 木わく
㋓ 石わく　㋔ 切り石　㋕ でこぼこした石

記述 (4) 右の図は、那須野原の地形の断面《だんめん》図をあらわしています。箒川は、ほかの川とくらべて、どのようなところを流れていますか。土地の高さに注目して、書きましょう。

思考・判断・表現

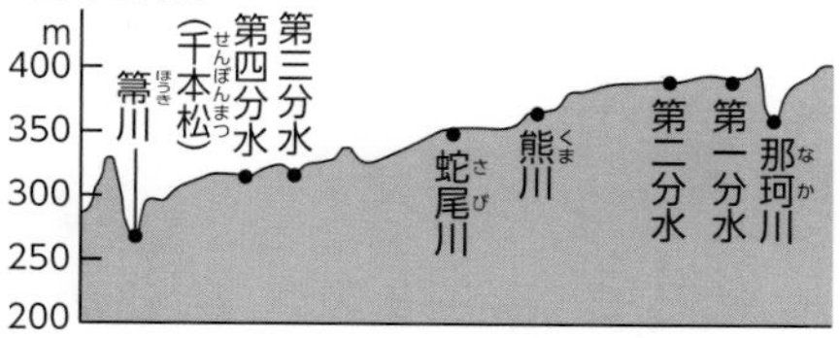

那須野原の地形の断面図《だんめんず》

(　　　)

ふりかえり ②(3)がわからないときは、56ページの②にもどってかくにんしてみよう。

ぴったり1 じゅんび

学習資料《しりょう》

4．地いきの伝統《でんとう》や文化と、先人のはたらき

村の立て直しにつくす／自然《しぜん》を守る運動

学習日　　月　　日

◎めあて
村の立て直しや自然《しぜん》を守る取り組みの歴史《れきし》を知ろう。

教科書 152～159ページ　答え 32ページ

次の（　　）に入る言葉を、下から選《えら》びましょう。

1 二宮金次郎《にのみやきんじろう》（尊徳《そんとく》）を知る／村の立て直し

教科書 152～155ページ

✪ 二宮金次郎（尊徳）と村の立て直し

二宮金次郎（尊徳）…神奈川《かながわ》県 ① 　　　　　　市に生まれ、
まずしい ② 　　　　　　の立て直しにつくした。

- 村を立て直すための（③ 　　　　　　）を考え、各地で立て直しに成功《せいこう》した。
- 戸数《こすう》や人口、田畑の面積《めんせき》、取れ高を調べる。
- （④ 　　　　　　）に見合う生活と、人々の助け合いを求める。
- よくはたらく人を表彰《ひょうしょう》し、農具や米をあたえたり、（⑤ 　　　　　　）をかしつけたりする。

金次郎が復興《ふっこう》にかかわったおもな地いき

2 南方熊楠《みなかたくまぐす》を知る／自然を守る

教科書 156～159ページ

✪ 南方熊楠の取り組み

南方熊楠…和歌山《わかやま》県の学者で、⑥ 　　　　　　という生物の研究をした。
また、地いきの ⑦ 　　　　　　を守る運動を進めた。

- 採集《さいしゅう》したものを紙にはり、絵にかいたり（⑧ 　　　　　　）をくらべたりする熊楠の研究方法は、今でも世界に取り入れられている。
- 国の命令《めいれい》によって（⑨ 　　　　　　）がこわされ、まわりの木が切られたときには、反対運動をおこし、人々の賛成《さんせい》を集めた。

ワンポイント　和歌山県の「郷土《きょうど》の偉人《いじん》」

華岡青洲《はなおかせいしゅう》…世界ではじめて全身ますいによる手術《しゅじゅつ》を成功させた。
川端龍子《かわばたりゅうし》…昔の日本の絵巻物《えまきもの》のえいきょうを受け、日本画をえがいた。

選んだ言葉に ✓

□自然	□神社	□収入《しゅうにゅう》	□変形菌《へんけいきん》	□特《とく》ちょう
□資金《しきん》	□農村	□めあて	□小田原《おだわら》	

学習日　　月　　日

ぴたトリビア
かつて、全国の多くの学校には、二宮金次郎（尊徳）の教えを手本にするため、金次郎の銅像《どうぞう》が置《お》いてありましたが、現在《げんざい》はてっ去しているところが多いです。

教科書 152〜159ページ　答え 32ページ

1 二宮金次郎（尊徳）について、次の問いに答えましょう。

(1) 次の文の（　　）にあてはまる言葉を書きましょう。

> 二宮金次郎は、今から200年ほど前に、おもに（　　　　　　）地方にある農村の立て直しをおこなった。

(2) 二宮金次郎がおこなった①〜⑥の農村の立て直しについて、農地や地いきの改《かい》善《ぜん》にあてはまるものには㋐を、村人の生活の改善にあてはまるものには㋑を書きましょう。

① （　　）よくはたらく農民を表彰し、ほうびとして農具や米をあたえた。
② （　　）田畑の整備《せいび》や、道路・橋などを改修《かいしゅう》した。
③ （　　）農地やあれ地などの土地をすみずみまで見回り調べた。
④ （　　）農民の借金《しゃっきん》対さくとして資金のかしつけをおこなった。
⑤ （　　）水を管理《かんり》するために改修工事をおこなった。
⑥ （　　）冷《つめ》たい水を田の外に出すために、堀《ほり》をつくるように命じた。

2 地いきの発てんにつくした「郷土の偉人」について3人が会話しています。会話文の（　　）にあてはまるものを、下の㋐〜㋕から選びましょう。

（①　　　　）は、和歌山県の学者で、（②　　　　）という生物の研究をしました。また、地いきの（③　　　　）を守る運動を進めました。

華岡青洲は、（④　　　　）という塾《じゅく》と病院をかねた建物《たてもの》で、かん者の治《ち》りょうや弟子の医学の指導《しどう》にあたりました。また、世界ではじめて全身ますいによる（⑤　　　　）に成功しました。

（⑥　　　　）は、新聞社がおこなった絵画コンクールに入選《にゅうせん》し、本格《ほんかく》的《てき》に画家をめざすようになります。古い日本の絵巻物のえいきょうを受けて、日本画をえがくようになりました。

㋐ 南方熊楠　㋑ 川端龍子　㋒ 手術
㋓ 自然　㋔ 春林軒《しゅんりんけん》　㋕ 変形菌

ヒント 1 (1) 二宮金次郎（尊徳）は、今の神奈川《かながわ》県や茨城《いばらき》県、栃木《とちぎ》県などの農村を立て直しました。

ぴったり1 じゅんび

学習資料《しりょう》

4．地いきの伝統《でんとう》や文化と、先人のはたらき

村を育てる教育につくす／医りょうにつくす

学習日　　月　　日

めあて
教育や医りょうの歴史を知ろう。

教科書 160〜167ページ　答え 33ページ

次の（　　）に入る言葉を、下から選《えら》びましょう。

1 村を育てる教育／義雄《よしお》の教えが残《のこ》されているのは

教科書 160〜163ページ

東井《とうい》義雄の村を育てる教育

東井義雄…兵庫《ひょうご》県豊岡《とよおか》市生まれの教育者で、子どもだけでなく、村人や（①　　　　）の生きる力（根）を育てることで、村をよくしようとした。

- 「（②　　　　　　）」ことをたいせつにし、子どもたちが自分の考えを書いたものをじゅぎょうで活用した。
- 『玉生《はぶ》が丘《おか》』という（③　　　　　　）や教育についての本を発行し、みんなの生きる力を育てようとした。
- 豊岡市では「（④　　　　　　）を養《やしな》えば樹《き》はおのずから育つ」という義雄の教えを受けつぎ、地いき全体を育てる取り組みがおこなわれている。

『村を育てる学力』や『培其根《ばいきこん》』という本が有名だね！

2 日本の女医第一号／北海道《ほっかいどう》でのかつやく

教科書 164〜167ページ

荻野吟子《おぎのぎんこ》（本名ぎん）のかつやく

荻野吟子…埼玉《さいたま》県熊谷《くまがや》市出身で、日本で最初に女性《じょせい》の（⑤　　　　）（女医）になった。

- 女医となった吟子は、今の東京《とうきょう》都文京《ぶんきょう》区湯島《ゆしま》に、（⑥　　　　　　）の病院を開業した。
- その後、北海道せたな町にうつり、産婦人科と小児科《しょうにか》をかねた医院を開業した。まずしい人や女性もわけへだてなくしんさつするなど、地いきの（⑦　　　　　）につくした。

女性がかつやくする場をふやした人なんだね！

ワンポイント　当時の医者

- 医者になるための（⑧　　　　　　）を受けられるのは男性《だんせい》のみだった。
- 吟子が国にうったえ続けたことで、女性も試験を受けられるようになった。

選んだ言葉に ✔

□医者	□書く	□試験《しけん》	□産婦人科《さんふじんか》
□先生	□医りょう	□根	□学級通信《つうしん》

ぴたトリビア

試験に合かくして国にみとめられた女医は荻野吟子が日本初ですが、約《やく》1200年前の本に、当時の日本にも女医がいたという記録《きろく》が残《のこ》っています。

教科書 160〜167ページ　答え 33ページ

1 東井義雄について、次の問いに答えましょう。

(1) 次の文の(　　)にあてはまる言葉を書きましょう。

東井義雄の「根を養えば、樹は(　　　　　　)から育つ」という教えは、豊岡市を中心にげんざいも受けつがれています。

(2) 東井義雄と、その考えや教えに関係《かんけい》するできごとを、㋐〜㋔からすべて選びましょう。

㋐ 豊岡市で、野生のコウノトリが復帰《ふっき》した。
㋑ わかい人がどんどん都市部へ出ていくようになった。
㋒ 学級通信『玉生《はぶ》が丘《おか》』が学校・子ども・ほご者のみんなでつくられた。
㋓ 『培其根《ばいきこん》』という本を通して、教員としての考えや経験《けいけん》を伝《つた》えた。
㋔ 言葉を暗記する学習が重要《じゅうよう》とされていた。

(　　　　　　)

2 次の問いに答えましょう。

(1) グラフから考えられることをまとめた、次の文の(　　)にあてはまる言葉を、それぞれ選び、○でかこみましょう。

・昔は女性が医者になることは{①かんたん ・ たいへん}だったと考えられる。
・女性の医者の数は年々{②へって ・ ふえて}いて、1970年と2018年の数をくらべると約{③6 ・ 16}万人ふえている。

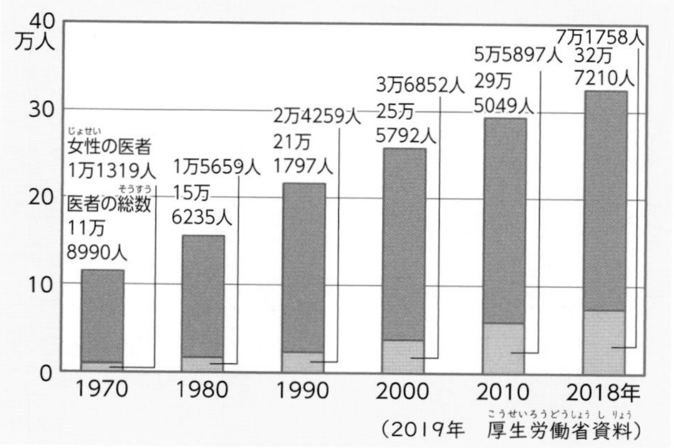

女性の医者数のうつり変《か》わり

(2) 女性が医者の試験を受けられるようにうったえ続け、日本の女医一号になった人物の名前を書きましょう。

(　　　　　　)

ヒント
1 (2) 義雄の教えでは「書く」ことがたいせつにされています。また、豊岡市では地いきに根ざした活動が進められています。

ぴったり3

たしかめのテスト

学習資料《しりょう》

4．地いきの伝統《でんとう》や文化と、先人のはたらき

村の立て直しにつくす／自然《しぜん》を守る運動
村を育てる教育につくす／医りょうにつくす

時間 30 分

／100

ごうかく 80 点

教科書 152〜167ページ　答え 34ページ

1 次のあ〜うは地いきの発てんにつくした人物です。次の問いに答えましょう。

1つ5点（25点）

あ　南方熊楠《みなかたくまぐす》　　い　華岡青洲《はなおかせいしゅう》　　う　川端龍子《かわばたりゅうし》

(1)　あ〜うの人物が生まれた都道府県《とどうふけん》を、ア〜エから選《えら》びましょう。（　　　　）

ア　北海道《ほっかいどう》　　イ　和歌山《わかやま》県　　ウ　兵庫《ひょうご》県　　エ　神奈川《かながわ》県

(2)　よく出る　次の①〜④の説明《せつめい》にあてはまる人物を、あ〜うから選びましょう。ただし、同じ記号を２回選んでもよいものとします。

①（　　　　）　②（　　　　）　③（　　　　）　④（　　　　）

①　世界ではじめて、全身ますいによる手術《しゅじゅつ》に成功《せいこう》した。

②　かれの家にあるかきの木で発見された変形菌《へんけいきん》は、「ミナカテルラ＝ロンギフィラ」と名づけられた。

③　洋画家をめざしていたものの、昔の日本の絵巻物《えまきもの》を見て、日本画をえがくようになった。

④　勉強が好《す》きで、小さいころから友だちの家でずかんを見ていた。

2 次の文を読んで、正しいものには○を、まちがっているものには×をつけましょう。

技能　1つ5点（25点）

- 荻野吟子《おぎのぎんこ》は、男性《だんせい》しか受けることができなかった、医者になるための試験《しけん》を女性でも受けられるように国にうったえ続《つづ》けた。ようやく女性も試験を受けられるようになり、吟子は試験に合格《ごうかく》した。
- 荻野吟子は、キリスト教信者《しんじゃ》の志方之善《しかたゆきよし》と二度目の結婚《けっこん》をして、北海道《ほっかいどう》にうつり住んだ。
- 荻野吟子は、今のせたな町にうつり、産婦人科《さんふじんか》と小児《しょうに》科をかねた医院を開業した。

①（　　　　）はじめ、医者の試験は男性しか受けることができなかった。

②（　　　　）荻野吟子は医者の試験に合格できなかった。

③（　　　　）荻野吟子はキリスト教信者の人と結婚した。

④（　　　　）荻野吟子は結婚後、北海道にうつり住んだ。

⑤（　　　　）荻野吟子は、今のせたな町で小児科だけの医院を開業した。

3 次の文を読んで、問いに答えましょう。

1つ5点（25点）

①小田原《おだわら》の北部にある曽比《そび》村では、冷《つめ》たい地下水がわき出すことに農民たちが苦しんでいた。二宮金次郎《にのみやきんじろう》（尊徳《そんとく》）は、冷たい水を田の外に流すために、②はば約《やく》3.6m、長さ約720mの堀《ほり》をつくるように命じた。村では、③貧富《ひんぷ》の差《さ》に関係《かんけい》なく、むだを省《はぶ》き、生活にゆとりのあるものは財産《ざいさん》をこまっている人に分けた。農民たちはほかの村の人たちと助け合って、④一生けんめいに働《はたら》いた。

この堀は、わずか２日で完成《かんせい》し、今では「報徳堀《ほうとくぼり》」とよばれている。

(1) 農民たちを苦しめていたこととは何ですか。次の（　）にあてはまる６文字の言葉を文からぬき出して書きましょう。 **技能**

・（　　　　　　）がわき出すこと。

(2) 下線部①について、二宮金次郎が生まれた地いきの小田原がある都道府県名を書きましょう。（　　　）

(3) 下線部②の堀は何とよばれるようになりましたか。文中からぬき出して書きましょう。（　　　）

(4) 下線部③の取り組みは、㋐農地や地いきの改善《かいぜん》、㋑生活の改善のどちらにあてはまりますか。（　）

(5) 下線部④について、一生けんめい働いた人にほうびとしてあたえたものは農具とあと一つは何ですか。㋐～㋒から選びましょう。（　）

㋐ 布《ぬの》　㋑ 米　㋒ 土地

4 豊岡《とよおか》市について、次の問いに答えましょう。

1つ5点（25点）

(1) 「村を育てる教育」の教えを残《のこ》した人物名を書きましょう。（　　　）

(2) できたらスゴイ！ 豊岡市で野生に復帰《ふっき》した鳥は何ですか。（　　　）

(3) 『土生《はぶ》が丘《おか》』は学校・子ども・ほご者のみんなでつくられた（　　）通信です。（　　）にあてはまる言葉を書きましょう。（　　　）

(4) 豊岡市がある都道府県を、㋐～㋓から選びましょう。（　）

㋐ 三重《みえ》県　㋑ 大阪《おおさか》府　㋒ 兵庫県　㋓ 和歌山県

記述 (5) 「根を養《やしな》えば樹《き》はおのずから育つ」という教えの「根」とは、何をたとえたものですか。「力」という言葉を使って書きましょう。 **思考・判断・表現**

（　　　　　　　　　　　　　　　　　　　　　　）

この本の終わりにある「冬のチャレンジテスト」をやってみよう！

ふりかえり ４(5)がわからないときは、64ページの１にもどってかくにんしてみよう。

5．わたしたちの住んでいる県

1 伝統的《でんとうてき》な工業がさかんな地いき①

学習日　　月　　日

めあて
備前焼《びぜんやき》の特《とく》ちょうとつくり方を知ろう。

教科書 170～175ページ　答え 35ページ

次の（　　）に入る言葉を、下から選《えら》びましょう。

1 焼《や》き物がさかんな備前《びぜん》市　教科書 172～173ページ

備前市のようす

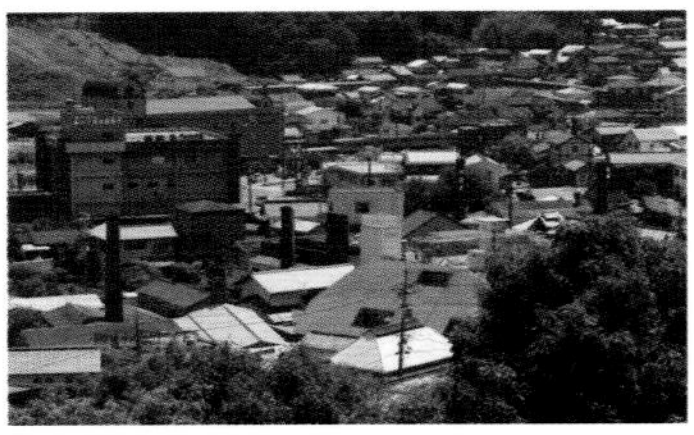

備前焼がさかんな地いき

- 備前焼《びぜんやき》…（①　　　　）県備前市でつくられる焼《や》き物で、「土と炎《ほのお》の芸術《げいじゅつ》」とよばれる。約1000年前から焼き物づくりがおこなわれている。
- 備前焼を焼くかまがある場所には、（②　　　　）が多く見られる。
- 岡山県は（③　　　　）が少なく、焼き物づくりにてきしている。焼き物の（④　　　　）となる鉄分を多くふくんだ土（ヒヨセ）がよくとれ、地いきが（⑤　　　　）に面していて、備前焼を運ぶための交通の便もよい。

2 備前焼ができるまで　教科書 174～175ページ

ワンポイント　備前焼のつくり方

1 
2 
4 
5 

1　土ねり…原料をねって土のかたさをそろえ、中の空気をぬく。
2　形づくり…手や（⑥　　　　）で形をつくる。
3　かまづめ…炎の流れを考えながら作品をかまにならべる。
4　（⑦　　　　）…かまの温度を少しずつ上げ、最後は約1250度で焼く。
5　かま出し…約（⑧　　　　）かけて冷やし、作品を取り出す。

- 備前焼の作家には、人間国宝《にんげんこくほう》に選ばれた人がいる。
- 備前焼の作家が少なくなり、（⑨　　　　）な技術を受けつぐ人がいなくなることが心配されている。

人間国宝
国が重要《じゅうよう》であるとみとめたわざ（技術《ぎじゅつ》）をもつ人のこと。正しくは「重要無形文化財保《じゅうようむけいぶんかざいほ》持者《じしゃ》」という。

選んだ言葉に ✓

□海　□ろくろ　□かまたき　□原料　□伝統的
□岡山《おかやま》　□1週間　□えんとつ　□雨

学習日　月　日

ぴたトリビア

昭和《しょうわ》時代には、備前焼の作家が人間国宝《にんげんこくほう》に選《えら》ばれるなど、備前焼が再《ふたた》び注目をあびるようになりました。

教科書　170〜175ページ　答え　35ページ

1 右の地図から読み取れることには○を、読み取れないことには×をつけましょう。

① 伊部《いんべ》駅周辺《しゅうへん》で備前焼がつくられている。

② 伊部駅はまわりを山にかこまれている。

③ 片上湾《かたかみわん》の周辺には複数《ふくすう》の発電所がある。

④ 片上湾は伊部駅から500ｍ以内《いない》の場所にある。

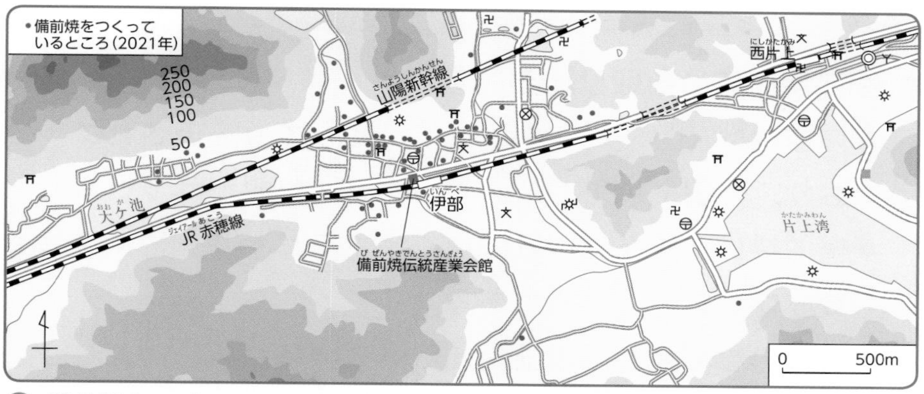

備前焼をつくっているところ

①（　　　）　②（　　　）　③（　　　）　④（　　　）

2 次の絵を見て、問いに答えましょう。

①  → ②  → かまづめ → ③  → ④ 

(1) ①〜④の絵にあてはまる説明《せつめい》を、㋐〜㋔からそれぞれ選びましょう。

①（　　　）　②（　　　）　③（　　　）　④（　　　）

㋐ 手やろくろを使って、形をつくっている。

㋑ 土のかたさをそろえて、中の空気をぬいている。

㋒ 約１週間かけて冷やしてから作品を取り出している。

㋓ 少しずつ温度を上げながら焼いている。

㋔ 作品をかまにならべている。

(2) 次の文の（　）にあてはまる言葉を書きましょう。

国がみとめた技術をもつ人を（　　　　　）という。

ヒント

1 地図中の50〜250の数がかかれた色分けは、土地の高さをあらわしています。

1 伝統的《でんとうてき》な工業がさかんな地いき②

学習日　月　日

めあて
備前焼《びぜんやき》を守り、広めていく取り組みを知ろう。

教科書 176～179ページ　答え 36ページ

次の（　　）に入る言葉を、下から選《えら》びましょう。

1 備前焼《びぜんやき》を守る

教科書 176～177ページ

備前焼を広める取り組み

伝統的な備前焼

- 備前焼は（①　　　　　　）としても評価《ひょうか》されており、外国で（②　　　　　　）が開かれている。
- 備前焼は、置《お》き物だけでなく、アクセサリーやマグカップなどの使い道もある。
- 「みんなで使おう備前焼（③　　　　　　）」というきまりをつくって、まち全体で備前焼を広める取り組みがおこなわれている。
- 備前焼は伝統を守りながら、今の（④　　　　　　）に合った新しいことも取り入れている。

2 備前焼をまちづくりに生かす

教科書 178～179ページ

備前市への観光客《かんこうきゃく》をふやす取り組み

「備前焼まつり」のようす

- 備前焼（⑤　　　　　　）は、「備前焼まつり」を開いたり、備前焼の作家を育てるためのしせつをつくったりしている。
  →毎年（⑥　　　　）月に「備前焼まつり」が開かれ、多くの人がおとずれる。

ワンポイント　伊部《いんべ》地いきの取り組み

- 「伊部に年間（⑦　　　　）万人の観光客を」という目標《もくひょう》のもと、「**いんべ100万人プロジェクト**（⑧　　　　　　）」がさまざまな取り組みをおこなっている。「備前焼風鈴《ふうりん》まつり」は、その取り組みの一つである。

- 旧閑谷《きゅうしずたに》学校の講堂《こうどう》…いっぱんの人のために建《た》てられた日本ではじめての学校。講堂の屋根には、備前焼が用いられていて、（⑨　　　　　　）に認定《にんてい》されている。

選んだ言葉に✓

□陶友会《とうゆうかい》	□生活	□芸術品《げいじゅつひん》	□10	□日本遺産《いさん》
□委員会《いいんかい》	□条例《じょうれい》	□100	□てんらん会	

ぴったり2

練習

学習日　　月　　日

ぴたトリビア

備前焼ミュージアムは、現代《げんだい》までの備前焼の作品や資料《しりょう》をしょうかいする、市のしせつです。人間国宝《にんげんこくほう》の名人たちの作品もみることができます。

教科書　176～179ページ　答え　36ページ

1 次の問いに答えましょう。

(1)　備前焼を守ることにつながる取り組みとしてまちがっているものを、㋐～㋓から一つ選びましょう。

㋐　外国でてんらん会を開くなど、日本だけでなく世界の人々にも備前焼を知ってもらう。

㋑　備前焼の名人がわかい作家に、よい備前焼をつくる技術《ぎじゅつ》や、伝統をたいせつにする心を伝《つた》えていく。

㋒　新しい形の備前焼をつくることをきんしして、備前焼の伝統的な形をたもつようにする。

㋓　陶芸《とうげい》の体験《たいけん》教室を開いて、観光客にじっさいに備前焼づくりにふれてもらい、親しみをもてるようにする。　（　　　）

(2)　次の文の（　　）にあてはまる言葉を書きましょう。

備前市では2017年に、食事のときや人にプレゼントをあげるときなどに備前焼を選ぶことで、備前焼を守り広めていこうという、備前市だけのきまりがつくられました。このような、その地いきだけの特《とく》べつなきまりを、（　　　　　　）といいます。

2 次の問いに答えましょう。

(1)　①～③について、正しいものには○を、まちがっているものには×をつけましょう。

①（　　　）いんべ100万人プロジェクト委員会は、伝統的な技術を受けつぐ備前焼の作家を育てている。

②（　　　）備前焼陶友会は毎年10月に「備前焼まつり」を開さいしており、多くの人がおとずれている。

③（　　　）より多くの人が備前焼まつりに参加できるよう、オンラインによる備前焼まつりが開さいされた。

(2)　2017年、屋根に用いられている備前焼のかわらが、日本遺産《いさん》に認定《にんてい》された建《たて》物《もの》を［　　］から選びましょう。　（　　　）

ＪＲ《ジェイアール》伊部駅　　陶友会陶芸センター　　旧閑谷《きゅうしずたに》学校

ヒント　2 (2)　日本ではじめていっぱんの人のために建《た》てられた学校です。

ぴったり3
たしかめのテスト

5．わたしたちの住んでいる県
1 伝統的《でんとうてき》な工業がさかんな地いき

時間 30 分
／100
ごうかく 80 点

教科書 170〜179ページ　答え 37ページ

1 次の文を読んで、問いに答えましょう。
1つ5点、⑶10点（55点）

（ ① ）県備前《びぜん》市は、昔から㋐備前焼《やき》づくりがさかんであった。その背景《はいけい》の一つは、焼き物を焼くのにてきした㋑気候《きこう》にある。また、焼き物の原料《げんりょう》になる鉄分の多い（ ② ）がほうふにとれ、燃料《ねんりょう》のまきには伊部《いんべ》のまわりの（ ③ ）にある赤松を使っていること、（ ④ ）に面して備前焼を運びやすいことも、理由としてあげられる。備前焼は、今では㋒日本遺産《いさん》に認定《にんてい》されている。

⑴ できたらスゴイ！ ①〜④にあてはまる言葉を下から選《えら》びましょう。

①（　　　　）　②（　　　　）
③（　　　　）　④（　　　　）

村　土　海　山　岡山　備前

⑵ 下線部㋐について、（ あ ）がある場所は、備前焼を焼く（ い ）がある場所をあらわしています。右の写真を参《さん》考《こう》に、あといにあてはまる言葉を書きましょう。

あ（　　　　）
い（　　　　）

備前焼がさかんな地いき

記述 ⑶ 下線部㋑の気候とは、どのような気候ですか。あとの言葉につながるように「雨」という言葉を使って、書きましょう。
思考・判断・表現

（　　　　　　　　　　　　　　　　　　気候）

⑷ 下線部㋒について、日本遺産の説明《せつめい》として正しいものを選び、○をつけましょう。

（　　）日本の宝《たから》としてたいせつに保護《ほご》しなければならない建物《たてもの》や絵画。
（　　）日本の文化や伝統を語るストーリーとして認定されているもの。
（　　）世界的《てき》に残す価値《かち》があるとみとめられた自然《しぜん》や文化財《ぶんかざい》。

⑸ 次の文の（　　）にあてはまる言葉を、下の［　　］から選びましょう。

「土と炎《ほのお》の（①　　　　　）」とよばれる備前焼は、古くから備前市に受けつがれてきた（②　　　　　）産業として地いきの人々に親しまれている。

伝統　工業　芸術

2 次の絵を見て、問いに答えましょう。

(1)完答15点、(2)5点（20点）

㋐  ㋑ 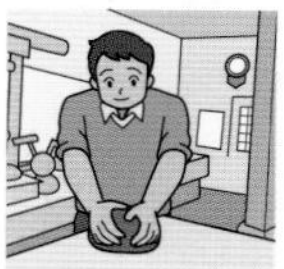 ㋒  ㋓ 

(1) ㋐～㋓の絵が作業の順《じゅん》になるように、（　）にならびかえましょう。 技能

（　　　）→（　　　）→ かまづめ →（　　　）→（　　　）

(2) よく出る ㋓の作業をするときに使っている道具を何といいますか。

（　　　　　）

3 次の備前焼について説明した㋐～㋓の文のうち、まちがっているものを一つ選びましょう。

（10点）

㋐ 「土ねり３年、ろくろ10年」といわれるほど、備前焼づくりには長い経験《けいけん》と技《ぎ》術《じゅつ》が必要《ひつよう》とされる。

㋑ 作品を焼くときは、よく焼けるよう、かまに入れる前に作品をかわかす作業が必要である。

㋒ 重要《じゅうよう》であると国がみとめるほどの高い技術をもつ人は、人間国宝《にんげんこくほう》とよばれる。

㋓ 備前焼づくりの方法《ほうほう》や、つくるべき備前焼の伝統的な形はきまっており、同じものがつくり続《つづ》けられている。

（　　　）

4 次の①～③のことがらと、それに合う㋐～㋒の説明《せつめい》を、線で結《むす》びましょう。

1つ5点（15点）

① 「みんなで使おう備前焼条例《じょうれい》」　・　　・ ㋐ 備前焼陶友会が運営《うんえい》する、備前焼の作家を育てるための研修《けんしゅう》をおこなうしせつ。

② 「備前焼風鈴《ふうりん》まつり」　・　　・ ㋑ みんなで備前焼を使い、「備前焼を守っていこう」「まちを元気にしていこう」という備前市だけのきまり。

③ 陶友会陶芸《とうゆうかいとうげい》センター　・　　・ ㋒ 「伊部《いんべ》に年間100万人の観光客《かんこうきゃく》を」という目標《もくひょう》のもと、毎年７月におこなわれているまつり。

ふりかえり ❶(3)がわからないときは、68ページの❶にもどってかくにんしてみよう。

5．わたしたちの住んでいる県

2 土地の特色《とくしょく》を生かした地いき①

めあて
真庭《まにわ》市の自然《しぜん》の生かし方をかくにんしよう。

教科書 180〜183ページ　答え 38ページ

次の（　　）に入る言葉を、下から選《えら》びましょう。

1 ゆたかな自然が広がる真庭《まにわ》市

教科書 180〜181ページ

真庭市のゆたかな自然

- 真庭市は岡山《おかやま》県の北部に位置《いち》する。真庭市の北部には蒜山《ひるぜん》高原が広がり、南部には植林された（①　　　　）が多くある。

高原は山地にあるなだらかな土地のことだよ。

ワンポイント　蒜山高原の気候《きこう》

- 岡山市とくらべると、標高《ひょうこう》が高いため気温が（②　　　　）、夏はすずしくなり、冬は寒くて（③　　　　）が多くふる気候となっている。

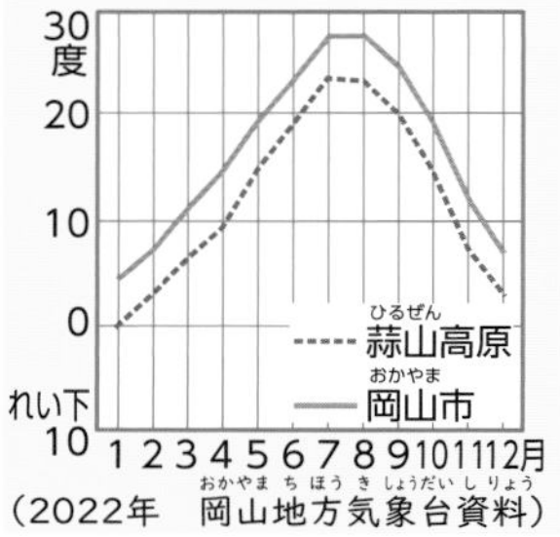

蒜山高原と岡山市の気温

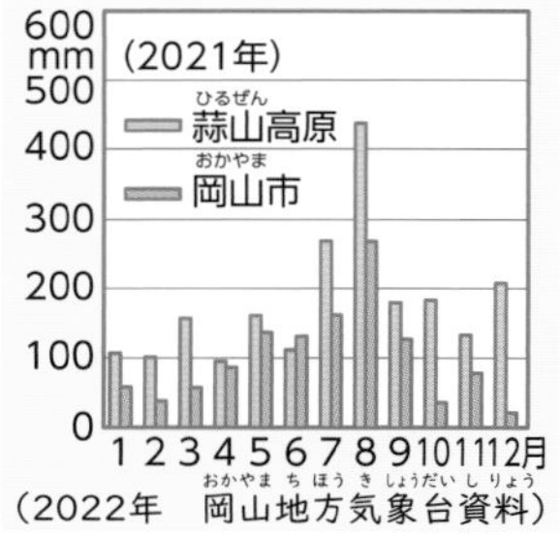

蒜山高原と岡山市の降水量《こうすいりょう》

2 自然を生かした特産物《とくさんぶつ》や観光地《かんこうち》

教科書 182〜183ページ

らく農や高原野菜《やさい》

- 高原の（④　　　　）気候は、牧草《ぼくそう》をさいばいするのにてきしており、日本のジャージー牛の約６分の１が蒜山高原で育てられている。
- すずしい気候を生かして、だいこんやキャベツなどの（⑤　　　　）のさいばいもさかんである。

ジャージー牛からおいしい乳製品《にゅうせいひん》がつくられるよ。

ジャージー牛の放牧

蒜山高原の観光《かんこう》

- 夏はサイクリングやキャンプ、冬は雪がふるため（⑥　　　　）を楽しむことができる。
- 車の運転のとちゅうで休けいできる「（⑦　　　　）」で、蒜山高原の観光情報《じょうほう》を知ることができるほか、とれたての野菜が売られている（⑧　　　　）もある。

選んだ言葉に ✓

□低く	□道の駅	□直売所	□高原野菜
□スキー	□森林	□雪	□すずしい

ぴったり2

練習

学習日　　月　　日

ぴたトリビア

「乳牛《にゅうぎゅう》」は牛乳をしぼるために育てる牛のことで、「肉牛《にくぎゅう》」は食肉を生産するために飼《か》われている牛のことをさします。

教科書　180～183ページ　　答え　38ページ

1 右の２つのグラフを見て、次の文にあてはまる言葉を○でかこみましょう。

㋐は蒜山高原と岡山市の①（　気温　・　降水量　）のグラフ、㋑は②（　気温・降水量　）のグラフである。蒜山高原は岡山市より気温が③（　高く　・　低く　）、降水量が④（　多い　・少ない　）ことがわかる。

㋐

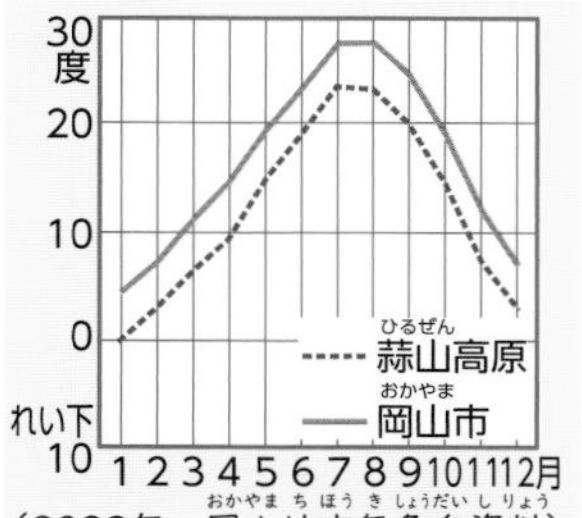

（2022年　岡山地方気象台資料《おかやまちほうきしょうだいしりょう》）

蒜山高原と岡山市の気温

㋑

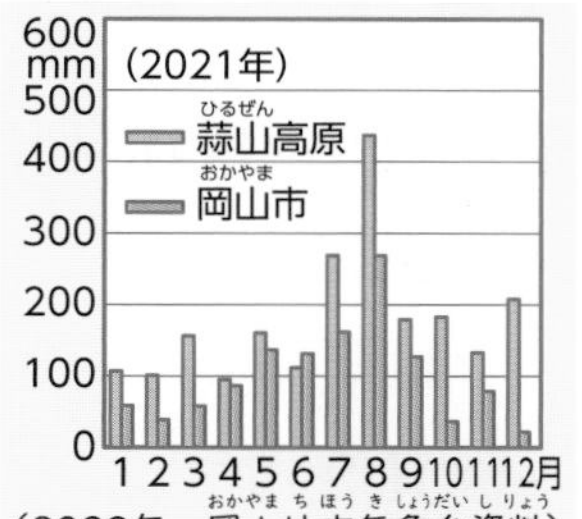

（2022年　岡山地方気象台資料《おかやまちほうきしょうだいしりょう》）

蒜山高原と岡山市の降水量《こうすいりょう》

2 次の問いに答えましょう。

(1)　右の図は、2019年の岡山県のおもな観光地をおとずれた観光客の数を示しています。これを見て、次の文にあてはまる地いきを、あとの㋐～㋓からそれぞれ選びましょう。

①　観光客の数が最も多い地いき　（　　　）

②　岡山県の北部にあり、観光客の数が３番目に多い地いき　（　　　）

③　岡山県の南部にあり、観光客の数が約131万人の地いき　（　　　）

④　観光客の数が最も少ない地いき　（　　　）

㋐　蒜山高原　　㋑　倉敷美観地区《くらしきびかん》

㋒　吉備路《きびじ》・備中国分寺《びっちゅうこくぶんじ》　　㋓　児島《こじま》・鷲羽山《わしゅうざん》

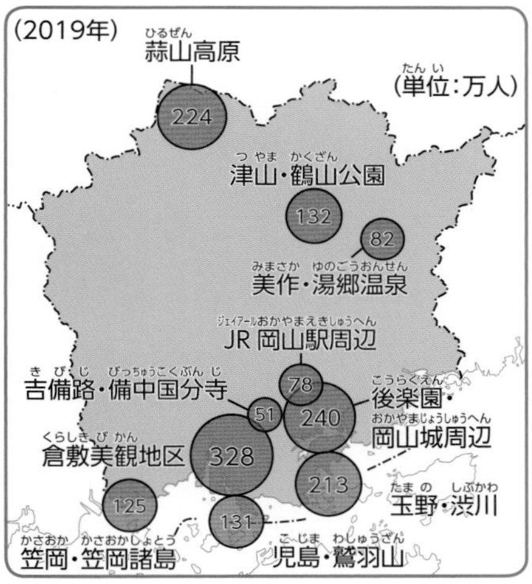

岡山県のおもな観光地をおとずれた観光客の数（2021年　岡山県庁資料）

(2)　蒜山高原で放牧《ほうぼく》されている、イギリス生まれの乳牛の名前を何といいますか。

（　　　）

(3)　地いきの特産物《とくさんぶつ》や観光情報を知ることができたり、車の運転の休けいにも使えたりする、右の絵のようなしせつを何といいますか。

（　　　）

ヒント　②(1)　地図に書かれている観光客数をあらわした数字に着目《ちゃくもく》しましょう。

5．わたしたちの住んでいる県

2 土地の特色《とくしょく》を生かした地いき②

学習日　　月　　日

めあて　真庭《まにわ》市の森林の利用《りよう》のしかたをかくにんしよう。

教科書 184～187ページ　答え 39ページ

次の（　）に入る言葉を、下から選《えら》びましょう。

1 森林を生かす取り組み　教科書 184～185ページ

真庭《まにわ》市の森林利用《りよう》

- 林業…（①　　　　　）やひのきなどの木を植えて育てる仕事。→育てた木は（②　　　　　）として利用する。
- 真庭市では、（③　　　）年ほど前からはじまった。
- 木のなえを植えてから、およそ50年から（④　　　）年ほどで柱や板にできる木に育つ。木を大きく育てるためには、森林の手入れが必要《ひつよう》である。
- 加工《かこう》した木材《もくざい》は、岡山《おかやま》県内や（⑤　　　　　）地方に出荷《しゅっか》している。

ワンポイント　バイオマスのまち、真庭市

- **バイオマス**…木くずや家畜《かちく》のはいせつ物、生ごみなどをもとにつくる資源《しげん》のこと。
- 真庭市では、木を加工したときに出る木くずを丸くかためた（⑥　　　　　）を燃料《ねんりょう》にして、バイオマス発電をおこなっている。
  →バイオマスを積極的《せっきょくてき》に利用する市町村をバイオマス（⑦　　　　　）とよぶ。

真庭バイオマス発電所

2 自然《しぜん》を生かしたまちづくりを続《つづ》けるために　教科書 186～187ページ

真庭市の取り組み

- 真庭市では（⑧　　　　　）の考えでまちづくりに取り組んでいる。
- 森林の資源をむだにしないよう、木材のせんいをたがいちがいになるようにはり合わせた（⑨　　　　　）という新しい製品《せいひん》をつくっている。
- 森林組合の人は、森林のたいせつさを知ってもらうため、こども樹木博士《じゅもくはかせ》認定《にんてい》試験《しけん》をおこなっている。

自然を生かすことと、守ることはつながっているね。

選んだ言葉に ✓				
□近畿《きんき》	□CLT《シーエルティー》	□杉《すぎ》	□ペレット	□木材
□100	□SDGs《エスディージーズ》	□60	□タウン	

学習日　月　日

ぴたトリビア

真庭《まにわ》市がおこなっているバイオマスツアーでは、バイオマスを利用《りよう》しているところの見学や、木を育てる仕事の体験《たいけん》ができます。

教科書 184〜187ページ　答え 39ページ

1 次の問いに答えましょう。

(1) 次の会話文の(　)にあてはまる言葉を書きましょう。

杉やひのきを植えて育てる仕事のことを(①　　　　)というんだね。

そうだね。育った木は(②　　　　)に加工されて、わたしたちの学校のつくえやいすにも使われているよ。

(2) 右の図は、真庭市の土地の使われ方をあらわしています。森林の面積は、真庭市の土地のどれくらいをしめていますか。㋐〜㋒から選びましょう。

㋐5分の1　㋑5分の4　㋒4分の5　(　　)

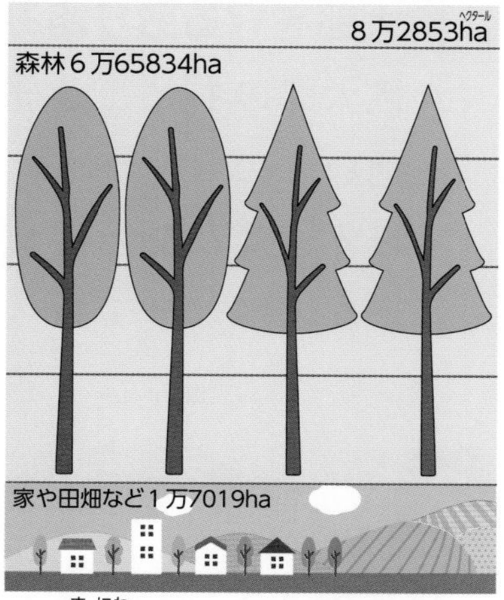

↑ 真庭《まにわ》市の土地の使われ方
(2021年　岡山県森林《おかやまけんしんりん》・林業統計《りんぎょうとうけい》)

(3) 次の文にあてはまる言葉を、下の［　］から選びましょう。

①木材を加工する工場でつくられている、木材をはり合わせた新しい木材。(　　)

②木のけずりくずをかためてつくったもので、ストーブやボイラーの燃料としてよく利用される。(　　)

丸太《まるた》　ペレット　CLT

(4) 次の文の(　)にあてはまる言葉を、それぞれ選び、○でかこみましょう。

木くずや家畜のはいせつ物、生ごみなどをもとにつくる資源のことを(① バイオマス ・ エネルギー)といい、かんきょうにやさしい資源として、(② 発電 ・ ガス)などに使われています。

2 真庭市がめざすくらしとして、正しいものを㋐〜㋒から選びましょう。

㋐ 人が手を入れず、自然のままに木が育つことで、ゆたかな自然が守られる。

㋑ 特産物《とくさんぶつ》やイベントは、すべて自然に合わせたものでなければいけない。

㋒ 自然を生活のなかに生かすことが、自然を守ることにもつながっていく。

(　　)

ヒント ❶ (2)図の中にある目盛りに着目して考えましょう。

ぴったり1

じゅんび

学習資料《しりょう》

5．わたしたちの住んでいる県

土地の文化財《ぶんかざい》を生かした地いき

学習日　　月　　日

めあて　「桃太郎《ももたろう》」を生かした岡山《おかやま》市の取り組みについて知ろう。

教科書　188〜191ページ　答え　40ページ

次の（　　）に入る言葉を、下から選《えら》びましょう。

1 桃太郎《ももたろう》のまち　岡山市《おかやま》

教科書　188〜189ページ

ワンポイント　まちのシンボルである桃太郎

- 岡山市には、桃太郎（①　　　　　　）のもとになった「吉備津彦《きびつひこ》と温羅《うら》」の物語が伝《つた》わっている。
- 2018年には桃太郎伝説が生まれた地として、**日本遺産《にほんいさん》**に認定《にんてい》された。
- 岡山駅前に桃太郎の像があるほか、市内には桃太郎がえがかれた（②　　　　　　）のふたなどもある。

岡山駅前の桃太郎像

桃太郎を守る取り組み

- 桃太郎のもととなったとされる大吉備津彦命《おおきびつひこのみこと》のおはかがある山を保全《ほぜん》するため、地いきの人々が（③　　　　　　）活動などをおこなっている。
- 日本遺産に関わる文化財《ぶんかざい》には、説明《せつめい》（④　　　　　　）を設置《せっち》し、県内外から来た人に知ってもらう取り組みをしている。

2 「桃太郎」で岡山を元気に

教科書　190〜191ページ

桃太郎を生かした観光《かんこう》

- 岡山市では観光（⑤　　　　　　）の養成講座《ようせいこうざ》が開かれており、講座を受けた地いきの人が（⑥　　　　　　）ガイドとして観光客を案内《あんない》している。
- 岡山駅構内《こうない》には（⑦　　　　　　）があり、桃太郎伝説にまつわるパンフレットが置《お》かれていたり、「桃太郎伝説を楽しむ（⑧　　　　　　）」では、クイズやスタンプラリーなど、観光のくふうがされている。
- （⑨　　　　　　）…「温羅」をモチーフにしたかっこうでおどる祭りが毎年行われている。
- 地いきに残《のこ》る文化財を「（⑩　　　　　　）」ことと、「生かす」ことの両方への取り組みが大切である。

選んだ言葉に✓					
	□うらじゃ	□観光センター	□かんばん	□プログラム	□守る
	□ガイド	□せいそう	□マンホール	□ボランティア	□伝説

ぴたトリビア

山梨県大月《やまなしけんおおつき》市や香川県高松《かがわけんたかまつ》市など、桃太郎の伝説が伝えられている地いきは、岡山県のほかにも全国各地にあります。

教科書 188～191ページ　答え 40ページ

1 次の問いに答えましょう。

(1) 次の①～③の説明にあてはまるものを、それぞれ線で結びましょう。

① 
桃太郎のゆかりの山を保全するため、おこなわれている活動だよ。 •

② 
桃太郎のもととなったとされる人物をまつる神社で、国宝《こくほう》に指定されているよ。 •

③ 
桃太郎伝説にちなんだものを設置することで、親しみをあらわしているよ。 •

• ㋐ 吉備津神社

• ㋑ せいそう活動

• ㋒ 鬼《おに》の金ぼうをかたどったガードレールポスト

(2) 「『桃太郎伝説』の生まれたまち岡山」として、2018年に登録された遺産の名前は何ですか。下の㋐～㋓から正しいものを選びましょう。

（　　　）

㋐ 世界遺産　㋑ 日本遺産　㋒ 国宝　㋓ 重要《じゅうよう》文化財

2 次の問いに答えましょう。

(1) 地いきのために、無料《むりょう》で地いきの建物《たてもの》や歴史《れきし》を案内してくれる人を何とよびますか。

（　　　　　　）

(2) 次の文の（　）にあてはまる言葉を、□から選びましょう。

岡山市ももたろう①（　　　　　）には、「桃太郎伝説」にまつわるパンフレットがたくさん置いてあり、観光に必要な情報《じょうほう》を知ることができます。岡山市のお土産《みやげ》には、桃太郎の物語に登場する②（　　　　　）があります。

きびだんご　観光センター　うらじゃ

ヒント
1 (2) 国宝や重要文化財は有形《ゆうけい》のものに限り認定《にんてい》されますが、世界遺産や日本遺産は無《む》形《けい》のものも認定されます。

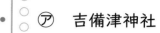

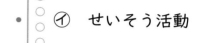

2 土地の特色《とくしょく》を生かした地いき／土地の文化財《ぶんかざい》を生かした地いき

時間 30 分
／100
ごうかく 80 点

教科書 180～191ページ　答え 41ページ

1 地図から読み取れることとして正しいものには○を、まちがっているものには×をつけましょう。

技能 1つ5点（20点）

①（　　　）真庭市《まにわし》は岡山《おかやま》県の北部にある。
②（　　　）真庭市は海に面している。
③（　　　）真庭市の北部には蒜山《ひるぜん》高原が広がっている。
④（　　　）蒜山高原は島根《しまね》県につながっている。

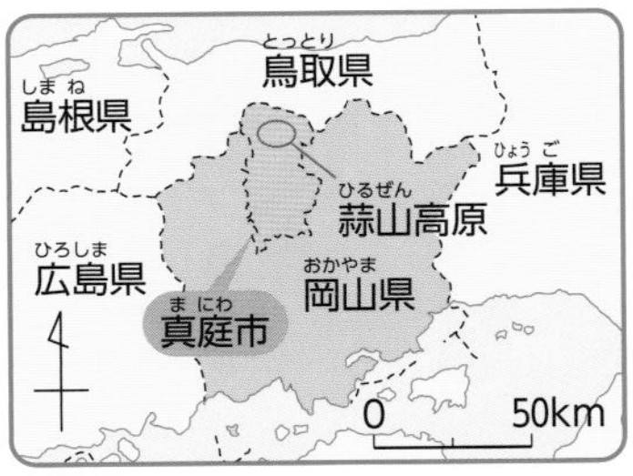

2 右の２つのグラフを見て、次の文にあてはまる言葉をそれぞれ書きましょう。

1つ5点（15点）

蒜山高原は、岡山市にくらべて、（①）を通して気温が（②）、降水量《こうすいりょう》が（③）ことがわかる。

①（　　　　　　　）
②（　　　　　　　）
③（　　　　　　　）

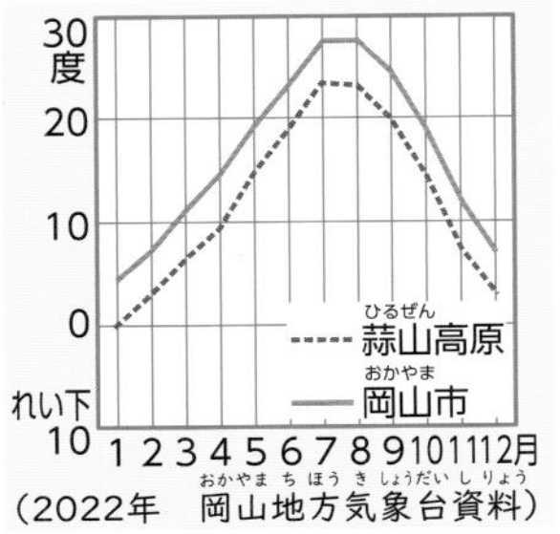

蒜山高原と岡山市の気温

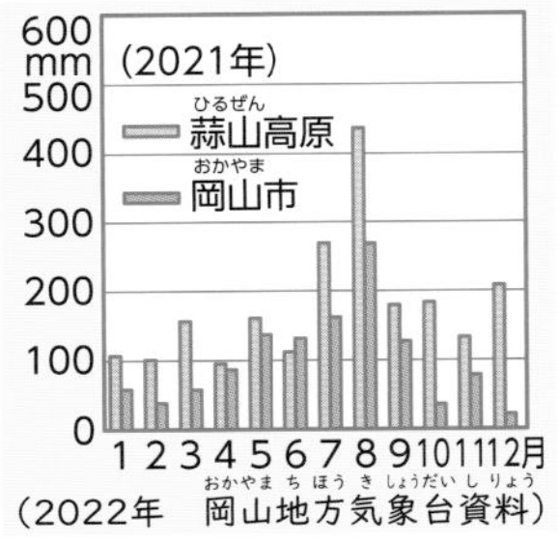

蒜山高原と岡山市の降水量

3 次の問いに答えましょう。

1つ5点（25点）

(1) 蒜山高原で日本のおよそ６分の１が育てられている写真の牛を何といいますか。
（　　　　　　　）

(2) できたらスゴイ！ (1)で答えた牛は、どのような方法《ほうほう》で育てられていますか。
（　　　　　　　）

(3) よく出る 蒜山高原でだいこんのさいばいがさかんな理由として、あてはまる言葉を、それぞれ選《えら》びましょう。

蒜山高原は、夏は①{㋐ すずしく　㋑ あたたかく}、雨が②{㋐ 多く　㋑ 少なく}ふるので、暑さに弱いだんこんがよく育つから。

①（　　　）　②（　　　）

(4) (3)のような、その地いきの特ちょうを生かしてつくられている食べ物などの製《せい》品《ひん》を何といいますか。
（　　　　　　　）

4 次の文は、木材《もくざい》を加工《かこう》する工場で働く人の話です。文を読んで、問いに答えましょう。

1つ5点（25点）

真庭市では、100年ほど前から杉《すぎ》やひのきなどを植えて育てる仕事である（ ① ）がはじめられた。植えた木は（ ② ）かけて柱や板にできる木に育つが、大きく育つようにするには（ ③ ）。また、木材を加工するときに出る木くずをペレットに変《か》えて④バイオマス発電に利用していたり、１本では使いにくい木をはり合わせて（ ⑤ ）という新しい木材にしたりと、資源《しげん》をたいせつにする取り組みがなされている。

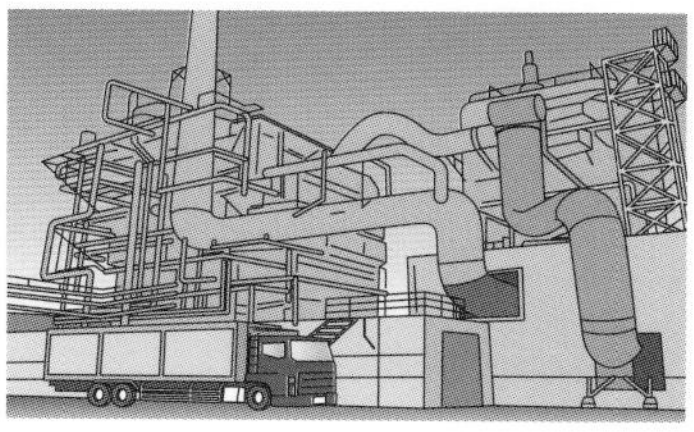

(1) 文中の①、⑤にあてはまる言葉を書きましょう。

①（　　　　）
⑤（　　　　）

(2) 文中の②にあてはまるものを、㋐～㋒から選びましょう。（　　）

㋐ 90年から100年　㋑ 50年から60年　㋒ 10年から20年

記述 (3) 文中の③にあてはまる内容《ないよう》を「手入れ」という言葉を使って書きましょう。

思考・判断・表現

（　　　　　　　　　　　　　　　　）

(4) 下線部④について、右上の図のようなバイオマス発電所で使われる燃料《ねんりょう》は、次のうちどれですか。正しいものを選びましょう。（　　）

㋐ 石油　㋑ ガス　㋒ 木くず　㋓ 火

5 岡山市は「桃太郎伝説《ももたろうでんせつ》」や文化財《ぶんかざい》を生かした観光《かんこう》やまちづくりに取り組んでいます。次の文のうち、正しいものには○を、まちがっているものには×を書きましょう。

1つ5点（15点）

①（　　）地いきの文化財を守るのは市役所の仕事で、地いきの人やボランティアなどによる取り組みはおこなわれていない。

②（　　）昔から伝《つた》わる話は、今の時代には合わないので、どんどん変えていく必要《ひつよう》がある。

③（　　）地いきに残《のこ》る文化財を守りながら、生かすことで、まちを発てんさせる取り組みがたいせつである。

ふりかえり　4(3)がわからないときは、76ページの1にもどってかくにんしてみよう。

5．わたしたちの住んでいる県

3 世界とつながる地いき①

めあて
倉敷《くらしき》市ですごす外国の人のようすを知ろう。

教科書 192～197ページ　答え 42ページ

次の（　　）に入る言葉を、下から選《えら》びましょう。

1 外国の人が多くくらす倉敷《くらしき》市／外国の人がかつやくできるまちづくり

教科書 192～195ページ

外国の人が多いまち

- 岡山《おかやま》県には多くの外国の人が住んでいる。
- 倉敷市には、（①　　　　）で来た外国の人のほかに、工場で働《はたら》いたり、（②　　　　）で学んだりする外国の人がふえている。
- 大学では（③　　　　）が日本語や芸術《げいじゅつ》、科学などを学び、卒業後は日本で働くことや、学んだ知しきを（④　　　　）で生かすことを目《め》指《ざ》している。

書道体験のようす

国名	人数（人）
ベトナム	10368
中国《ちゅうごく》	7406
大韓民国《だいかんみんこく》	4610
フィリピン	2021
インドネシア	1398
その他	5510
合計	31313

岡山《おかやま》県に住む外国の人の数
（2020年　岡山県庁《おかやまけんちょう》資《し》料《りょう》）

2 くらしのなかでの国際《こくさい》交流

教科書 196～197ページ

ワンポイント　さまざまな文化《ぶんか》が交流するまち

- 多文化共生《たぶんかきょうせい》…さまざまな国の人が、おたがいの文化を（⑤　　　　）しながら、いっしょにくらしていくこと。
- 倉敷市では、学校などでおこなう交流会や、日本のくらしのルールや（⑥　　　　）を知るための（⑦　　　　）などの取り組みや、日本で多い（⑧　　　　）に対応《たいおう》できるよう（⑨　　　　）講習《こうしゅう》や、防災訓練《ぼうさいくんれん》もおこなわれている。
- 外国人観光客にむけて、留学生が倉敷市のよさを（⑩　　　　）のサービスを通じて発信《はっしん》している。

→外国の人たちとくらすための活動がおこなわれている。

交流会での文化しょうかいのようす

おたがいの国の文化を理解し合うことが大切なんだね。

選んだ言葉に ✔				
□母国	□災害《さいがい》	□マナー	□救命救急《きゅうめいきゅうきゅう》	□理解《りかい》
□講習会《こうしゅうかい》	□大学	□留学生《りゅうがくせい》	□観光《かんこう》	□インターネット

ぴったり2

練習

学習日　　月　　日

ぴたトリビア

日本のアニメやマンガは世界中で人気を集めており、日本のアニメやマンガをきっかけに日本に興味《きょうみ》をもったという留学生もふえています。

教科書　192～197ページ　答え　42ページ

1 右のグラフから読み取れることとして、正しいものには○を、まちがっているものには×をつけましょう。

①（　　）倉敷市に宿泊《しゅくはく》した外国人観光客は2018年がいちばん多い。

②（　　）岡山県に住む外国の人は、中国《ちゅうごく》の人がほとんどで、韓国《かんこく》やベトナムの人は少ない。

③（　　）倉敷市に住む外国の人の数は、毎年ふえている。

④（　　）2019年は倉敷市に宿泊した外国人観光客の数より、倉敷市に住む外国の人の数のほうが多い。

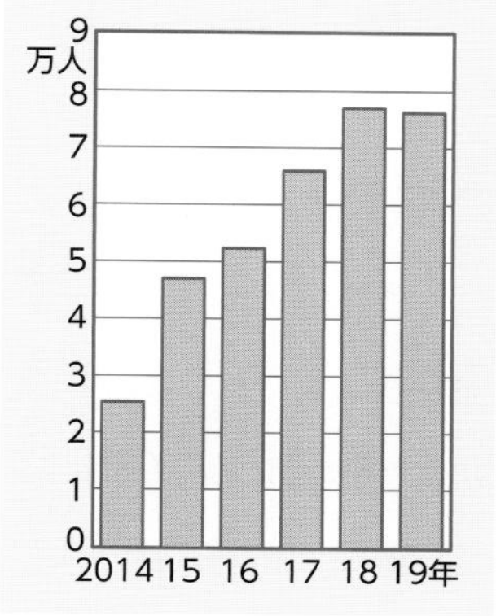

⬆ 倉敷市に宿泊した外国人観光客
（2021年　倉敷《くらしき》市《し》役所《やくしょ》資料《しりょう》）

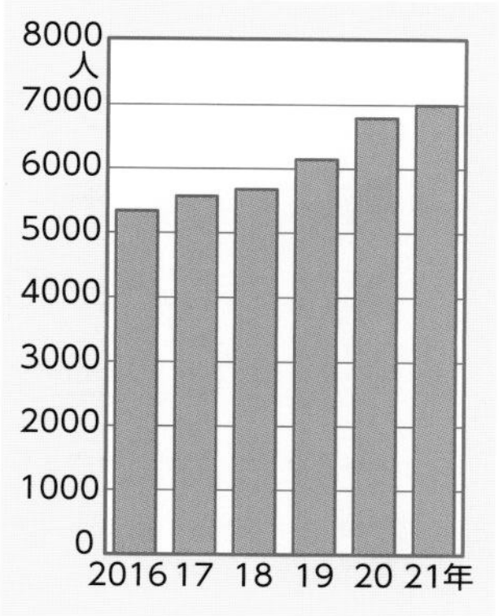

⬆ 倉敷市に住む外国の人の数のうつり変《か》わり
（2021年　倉敷《くらしき》市《し》役所《やくしょ》資料《しりょう》）

2 次の問いに答えましょう。

(1) おたがいの国の文化を理解し合いながら、いっしょにくらしていくことを何といいますか。
（　　　　）

(2) 次の①～③の取り組みに合う目的《もくてき》を、㋐～㋒から選びましょう。

①（　　）

外国の人が、救命救急講習を受けているよ。

②（　　）

外国の人に向けた交通安全教室が開かれているよ。

③（　　）

留学生の人たちとの文化交流会が開かれているよ。

㋐ 外国の人に日本の交通ルールを知ってもらうため。

㋑ 災害の多い日本でもこまらないようにするため。

㋒ おたがいの国の文化を理解し合うため。

ヒント　1　2つのグラフのたてじくと横じくの数字の単位に着目して考えましょう。

ぴったり1 **じゅんび**

5．わたしたちの住んでいる県

3 世界とつながる地いき②

学習日　　月　　日

めあて
倉敷《くらしき》市の国際《こくさい》交流と、岡山《おかやま》県の特色《とくしょく》を理解《りかい》しよう。

教科書 198～203ページ　答え 43ページ

次の（　　）に入る言葉を、下から選《えら》びましょう。

1 市役所のはたらき　教科書 198～199ページ

外国との国際交流

- **姉妹友好《ゆうこう》都市**…歴史《れきし》やかんきょうがにていることなどから、友好の約束《やくそく》を結《むす》んだ都市のこと。（①　　　　　　）することでおたがいの理解を深めている。
- 倉敷《くらしき》市は、四つの外国のまちと姉妹友好都市の関係《かんけい》を結んでいる。
- 倉敷市の市役所には、外国の人が相談するための（②　　　　　　）がある。

ワンポイント　岡山県や倉敷市の世界とのつながり

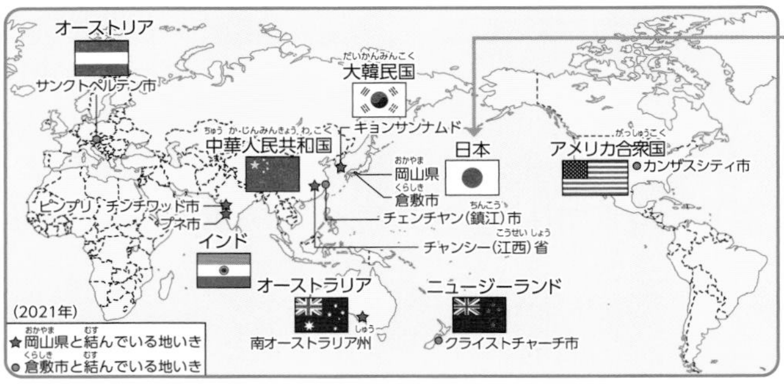

岡山県と倉敷市が姉妹友好都市の関係を結んでいる地いき

国旗《こっき》
国をあらわすしるしとして使われる旗。世界のどの国にも国旗がある。

日本の国旗は日章旗《にっしょうき》（日の丸）だよ。

- 倉敷市は外国から（③　　　　　　）した原料《げんりょう》をつかって製品《せいひん》をつくり、外国へ（④　　　　　　）している。

2 岡山《おかやま》県の特色《とくしょく》／高千穂郷《たかちほごう》・椎葉山《しいばやま》の産業《さんぎょう》や自然《しぜん》を未来《みらい》に残《のこ》すために　はってん　教科書 200～203ページ

岡山県の特色

- 岡山県には、伝統的《でんとうてき》な産業《さんぎょう》である（⑤　　　　　　）、バイオマスを利用する取り組み、（⑥　　　　　　）伝説《でんせつ》などに代表される歴史や文化、世界の国々との（⑦　　　　　　）交流などの特色がある。
- みりょくをＰＲ《ピーアール》する方法…カルタや紙しばい、スライドショーなどにまとめる。
- **世界農業遺産《いさん》**…伝統的な農業や、それによって育まれた文化などが世界的に重要《じゅうよう》であるとして、（⑧　　　　　　）食糧《しょくりょう》農業機関《きかん》が認定《にんてい》するもの。
  →日本では、宮崎県《みやざきけん》の高千穂郷・椎葉山地いきなどが認定されている。

選んだ言葉に✓

□輸入《ゆにゅう》	□まど口	□国際連合《こくさいれんごう》	□国際
□輸出《ゆしゅつ》	□交流	□備前焼《びぜんやき》	□桃太郎《ももたろう》

ぴたトリビア

鉄こう石は、鉄やはがねの原料《げんりょう》になるもので、日本はおもにオーストラリアから輸入しています。

教科書　198～203ページ　答え　43ページ

1 次の問いに答えましょう。

(1)　次の文の①～④には、輸出と輸入のどちらかの言葉があてはまります。それぞれあてはまる方を書きましょう。

外国からものを買うことを(①　　　　)、外国にものを売ることを(②　　　　)という。岡山県の倉敷市は工業がさかんで、自動車、石油製品、鉄こうをつくっている。工業の原料は(③　　　　)し、できた製品は(④　　　　)している。

(2)　それぞれの国がもつ、その国をあらわす旗《はた》を何といいますか。
(　　　　)

(3)　右の地図で、岡山県が姉妹友好都市の関係を結んでいる地いきと、倉敷市が姉妹友好都市の関係を結んでいる地いきとがともにある国はどこですか。(　　　　)

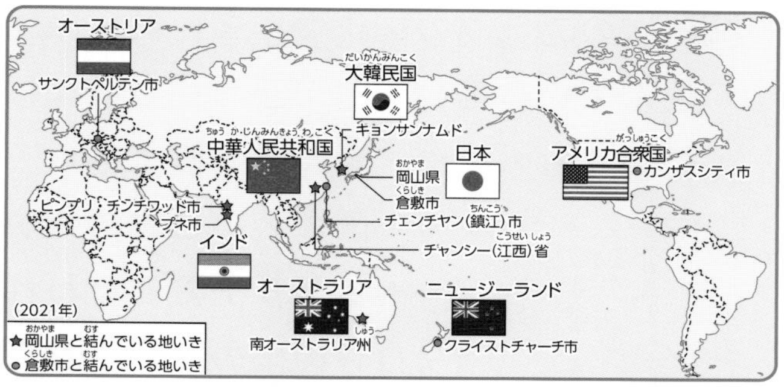

岡山県と倉敷市が姉妹友好都市の関係を結んでいる地いき

2 次の問いに答えましょう。

(1)　次の㋐～㋓のうち、岡山県の特色としてまちがっているものを一つ選びましょう。
(　　　　)

㋐　高千穂町でさかんな神楽《かぐら》

㋑　備前《びぜん》市でさかんな備前焼

㋒　真庭《まにわ》市でさかんなバイオマス発電

㋓　倉敷市でさかんな国際交流

(2)　次の文の(　　)にあてはまる言葉を書きましょう。

伝統的な農業や、それによって育まれた文化や土地の景色《けしき》、ゆたかな生物がみられる世界的に重要な地いきであるとして、その保全《ほぜん》と活用を目的《もくてき》に、国際連合食糧農業機関が認定するものを(　　　　)という。

ヒント　1 (3)　岡山県および倉敷市は日本の都市なので、答えに日本はあてはまりません。

ぴったり3

たしかめのテスト

5．わたしたちの住んでいる県

3 世界とつながる地いき

時間 30 分

／100

ごうかく 80 点

教科書 192〜203ページ　答え 44ページ

1 次の文を読んで、問いに答えましょう。

1つ5点（25点）

①岡山《おかやま》県には、多くの外国の人がくらしています。とくに、倉敷《くらしき》市は国際《こくさい》交流がさかんな都市で、日本と外国、それぞれの文化を理解《りかい》し合い、いっしょにくらしていくという（ ② ）のまちをめざしています。

(1) 下線部①について、岡山県に住む外国の人で、いちばん多いのはどこの国の人ですか。右の表から書きぬいて答えましょう。（　　　　　　）

(2) 次の㋐〜㋒の文について、岡山県で外国の人が多く住んでいる理由として正しいものには○を、まちがっているものには×をつけましょう。

㋐（　　　）外国の人と日本の人がいっしょに楽しめる祭りがおこなわれているから。

㋑（　　　）自分の国の食べ物を売る店があるから。

㋒（　　　）岡山県の文化は外国に伝《つた》わっていないから。

国名	人数（人）
ベトナム	10368
中国《ちゅうごく》	7406
大韓民国《だいかんみんこく》	4610
フィリピン	2021
インドネシア	1398
その他	5510
合　計	31313

（2020年　岡山県庁資料《おかやまけんちょうしりょう》）

岡山《おかやま》県に住む外国の人の数

(3) よく出る 文中の（ ② ）にあてはまる言葉を書きましょう。（　　　　　　）

2 右の地図をみて、次の問いに答えましょう。

1つ5点（25点）

(1) 日本の国旗は何とよばれていますか。（　　　　　　）

(2) 次の①〜③の国にある都市や地いきは岡山県と倉敷市のどちらの姉妹友好《ゆうこう》都市となっていますか。岡山県なら㋐、倉敷市なら㋑、両方なら㋒と書きましょう。

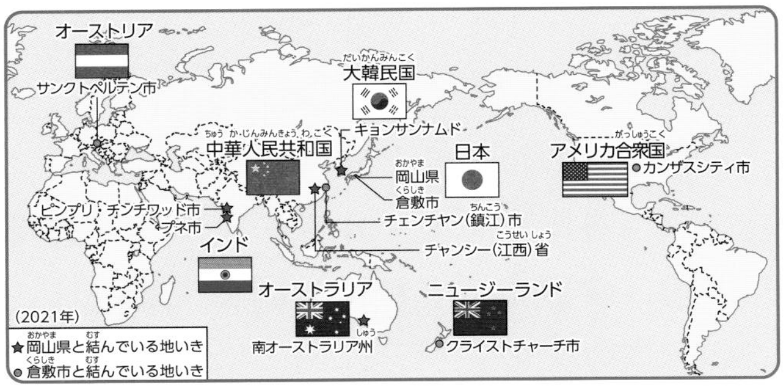

岡山県と倉敷市が姉妹友好都市の関係を結んでいる地いき

① アメリカ合衆国《がっしゅうこく》（　　　　）　② オーストラリア（　　　　）

③ 中華人民共和国《ちゅうかじんみんきょうわこく》（　　　　）

記述 (3) 姉妹友好都市とは何ですか。次の書き出しに続《つづ》くかたちで書きましょう。

（歴史《れきし》やかんきょうがにていることから、　　　　　　　　　　　　）

③ 次の問いに答えましょう。

思考・判断・表現　1つ5点（10点）

⇧ 岡山県のくだものが売られている外国の店

(1) 右の絵のように、外国の店で売られている岡山県のくだものは、日本が輸入《ゆにゅう》したものですか。それとも輸《ゆ》出《しゅつ》したものですか。輸入・輸出のどちらかの言葉で答えましょう。（　　　）

(2) 鉄こうの原料《げんりょう》となる鉄こう石は、日本が輸入するものですか。それとも輸出するものですか。輸入・輸出のどちらかの言葉で答えましょう。（　　　）

④ 次の絵の説明《せつめい》としてあてはまるものを、㋐〜㋓からそれぞれ選《えら》びましょう。

技能　1つ5点（15点）

（　　　）　（　　　）　（　　　）

㋐ 外国の人が、日本での災害《さいがい》にそなえて防災訓練《ぼうさいくんれん》に参加している。
㋑ 日本の人が、交流のために外国の言葉を学んでいる。
㋒ 外国の人が、日本の伝統的《でんとうてき》な文化を体験《たいけん》している。
㋓ 外国の人が、自分の国の文化をしょうかいしている。

⑤ 次の問いに答えましょう。

1つ5点、(3)は10点（25点）

(1) 自分の住んでいる地いきなどの良いところを、他の人によく知ってもらうためにせんでんする活動のことを何といいますか。（　　　）

(2) 岡山県の地いきと特色《とくしょく》の組み合わせとして正しいものを、㋐〜㋓から二つ選びましょう。

㋐ 真庭《まにわ》市ーバイオマス発電　　㋑ 備前《びぜん》市ー桃太郎《ももたろう》
㋒ 倉敷市ー国際交流　　㋓ 岡山市ー神楽《かぐら》

（　　　）（　　　）

記述 (3) できたらスゴイ! 右の写真を参考《さんこう》にして、棚田《たなだ》とはどのようなものか書きましょう。

（　　　　　　　　　　　　）

この本の終わりにある「春のチャレンジテスト」をやってみよう!

この本の終わりにある「学力しんだんテスト」をやってみよう!

ふりかえり ③がわからないときは、84ページの1にもどってかくにんしてみよう。

学習日　　月　　日

4年のふく習

都《と》道《どう》府《ふ》県《けん》名や地方区分名をさがそう！

下の100マスの漢字を、たて、または横に読んで、次の地名をさがしましょう。

① 47都道府県名

② 8地方名のうちの7つ(都道府県名とちがう地方名)。

③ 日本の4つの大きな島のうち、いちばん大きな島。

④ 残《のこ》った漢字を組み合わせると、ある県の県庁所在地《けんちょうしょざいち》名になります。何県ですか。

沖	縄	北	九	州	富	徳	島	福	井
群	鳥	海	中	国	山	梨	大	分	青
馬	取	道	岩	手	屋	広	阪	神	森
静	岡	栃	木	山	形	島	根	奈	良
和	山	口	福	岡	高	熊	石	川	名
歌	近	畿	岐	愛	知	本	州	茨	新
山	香	川	阜	媛	四	国	宮	城	潟
東	中	部	滋	東	埼	長	崎	秋	鹿
京	都	佐	賀	北	玉	野	古	田	児
千	葉	関	東	三	重	兵	庫	福	島

同じ漢字を重ねて使うこともできるよ。

都道府県名を見つけたら、下の地図のその都道府県に色をぬっていこう。

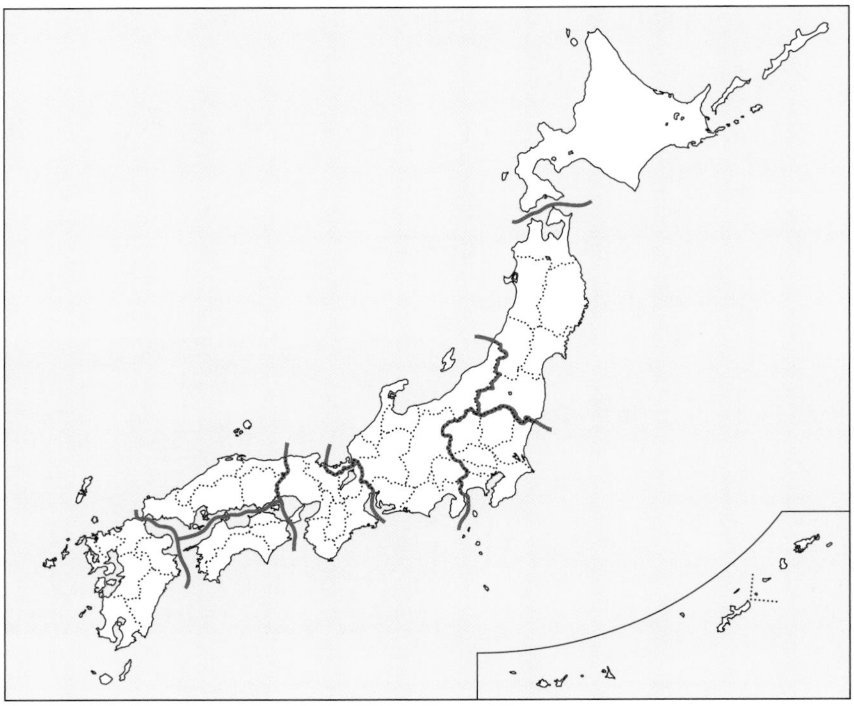

答え

沖	縄	北	九	州	富	徳	島	福	井
群	鳥	海	中	国	山	梨	大	分	青
馬	取	道	岩	手	屋	広	阪	神	森
静	岡	栃	木	山	形	島	根	奈	良
和	山	口	福	岡	高	熊	石	川	名
歌	近	畿	岐	愛	知	本	州	茨	新
山	香	川	阜	媛	四	国	宮	城	潟
東	中	部	滋	東	埼	長	崎	秋	鹿
京	都	佐	賀	北	玉	野	古	田	児
千	葉	関	東	三	重	兵	庫	福	島

①赤線

②青線

③緑線

④愛知県

（残った漢字は名古屋）

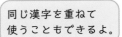

（切り取り線）

夏のチャレンジテスト

教科書 8〜77ページ

名前　　　　月　　日

時間 40分

知識・技能	思考・判断・表現	ごうかく80点
／60	／40	／100

答え45ページ

知識・技能　60点

1 岡山《おかやま》県の土地のようすをあらわした地形図を見て答えましょう。　1つ6点（30点）

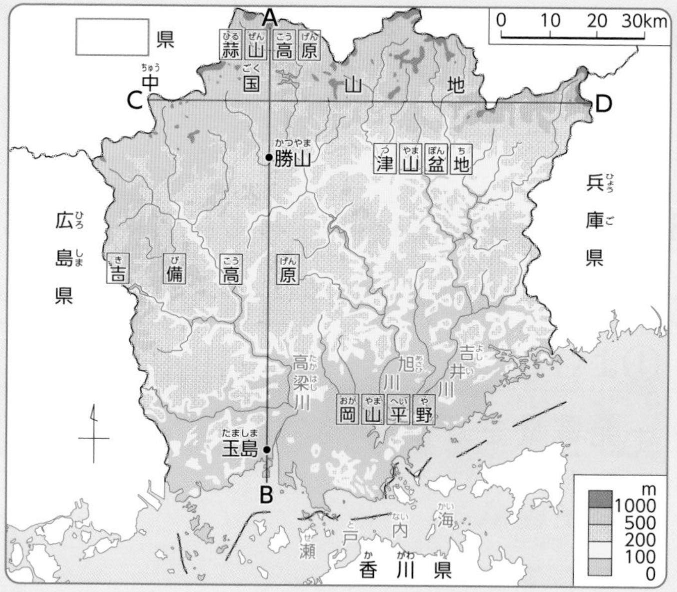

(1)　岡山県がふくまれる地方の名前を書きましょう。

（　　　　）地方

(2)　□にあてはまる県名を書きましょう。

2 次のもえないごみのしょりの絵を見て答えましょう。　(1)5点、(2)10点（完答）（15点）

↑ 重さをはかる

↑ 細かくくだく

↑ 磁石《じしゃく》を使って選別《せんべつ》する

↑ おおまかにくだく

↑ （★）工場やうめ立て場に運ぶ

(1)　㋔の（★）に入る、「ちがうものにつくり変《か》えてふたたび使うこと」という意味の言葉をカタカナで書きましょう。

(　　　　)県

(3)　県の北部は山地や(　①　)や高原《こうげん》、中央部は高原、南部には(　②　)が広がっています。①・②にあう言葉を□から選《えら》びましょう。

盆地《ぼんち》　平野《へいや》

①(　　　　)　②(　　　　)

(4)　下の断面図《だんめん》は、地図のⓐA-B、ⓘC-Dのどちらですか。

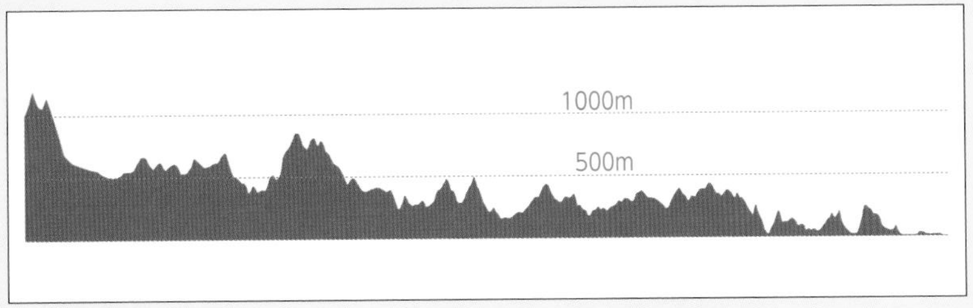

□

(2)　もえないごみのしょりの順《じゅん》になるよう、ⓐ～ⓞをならべかえましょう。

ⓐ→□→□→□→□

3　次の問いに答えましょう。

1つ3点(15点)

(1)　家や学校で使われた水は、どこでしょりされますか。ⓐ、ⓘから選びましょう。

ⓐ　ダム

ⓘ　水再生《みずさいせい》センター

□

(2)　(1)でしょりされた下水は、どのような水になりますか。ⓐ、ⓘから選びましょう。

ⓐ　安心して使える飲《の》み水になる。

ⓘ　川や海をよごさない、きれいな水になる。

□

うらにも問題があります。

(切り取り線)

冬のチャレンジテスト

教科書 80～167ページ

月　日

名前

時間 40分

知識・技能	思考・判断・表現	ごうかく80点
／60	／40	／100

答え47ページ

1については、学習の状況《じょうきょう》に応《おう》じてA～Cのどれかを選《えら》んでやりましょう。

知識・技能　60点

1 のA　自然災害《しぜんさいがい》について、(　)にあう言葉を㋐～㋓から選びましょう。

1つ6点(18点)

・自然災害のひ害を予想し、地図にしたものを(①)という。

・森林がへったことや、ほそうされた道路が多くなったことも、(②)の原因《げんいん》となっている。

・災害のときに自分の命を自分で守ることを(③)という。

㋐ 自助《じじょ》　㋑ ハザードマップ　㋒ 水害《すいがい》

㋓ 共助《きょうじょ》

① 　② 　③

1 のB　(　)にあう言葉を㋐～㋒から選びましょう。

1つ6点(18点)

2 火山による災害《さいがい》について、正しいものには○を、まちがっているものには×をつけましょう。

1つ4点(12点)

① 火山の変化《へんか》にすぐ気づけるよう、観《かん》測体制《そくたいせい》を整えている。

② ふん火けいかいのレベルが最《もっと》も大きいときは、注意《ちゅうい》して入山すればよい。

③ 火山灰《ばい》がつもることで、農作物《のうさくもつ》が育たなくなる。

3 雪害《せつがい》対さくを、①～④から3つ選びましょう。

1つ4点(12点)

① なだれを防《ふせ》ぐため、山のしゃ面にさくをつくる。

② 道路の除雪《じょせつ》のようすをインターネットで公開する。

③ 交通が止まらないよう、車道の雪を歩道にすてる。

④ 防災《ぼうさい》ヘリを使うしくみを整える

・地震などのひ害でおとろえたものが、またさかんになることを（　①　）という。

・災害《さいがい》のときは、「国や都道府県《とどうふけん》などの救助《きゅうじょ》やえん助（公助《こうじょ》）」や、「近所の人と協力《きょうりょく》し合うこと（（　②　））」がおこなわれるが、「自分の命を自分で守ること（（　③　））」がいちばんたいせつである。

㋐ 共助《きょうじょ》　㋑ 自助《じじょ》　㋒ 復興《ふっこう》　㋓ 修復《しゅうふく》

①　　②　　③

1 のC　**津波《つなみ》対さくについて、正しいものには○を、まちがっているものには×をつけましょう。**

1つ6点（18点）

① 津波ひなんタワーをつくることで、津波の発生を防《ふせ》ぐことができる。

② てい防《ぼう》をさらに強くする工事をおこなう。

③ 津波に注意《ちゅうい》するメールを、県内にいっせいに配《はい》信《しん》できるようにする。

①　　②　　③

4 **長崎《ながさき》県長崎市の大浦天主堂《おおうらてんしゅどう》について説明《せつめい》した次の文の（　）にあう言葉を、□から選びましょう。**

1つ4点（12点）

・大浦天主堂は「長崎のシンボル」の一つで、日本が指定する（　①　）でもある。日本に残《のこ》る（　②　）の教会のなかでいちばん古い。

・また、（　③　）には、世界的に残す価値《かち》があるとみとめられたものが登録《とうろく》され、大浦天主堂のほかにも長崎の軍艦《ぐんかん》島などが登録されている。

イスラム教　キリスト教
教会群情報《ぐんじょうほう》センター　世界遺産《いさん》　国宝《こくほう》

①（　　）　②（　　）

③（　　）

うらにも問題があります。

（切り取り線）

（切り取り線）

春のチャレンジテスト

教科書 170〜201ページ

月　日

名前

時間 40分

知識・技能	思考・判断・表現	ごうかく80点
／60	／40	／100

答え49ページ

知識・技能　60点

1 岡山県《おかやま》備前市《びぜん》の備前焼《びぜんやき》について答えましょう。

(1)6点(完答)、(2)1つ3点(15点)

(1) ㋐〜㋓を、焼き物がつくられる順《じゅん》にならべかえましょう。

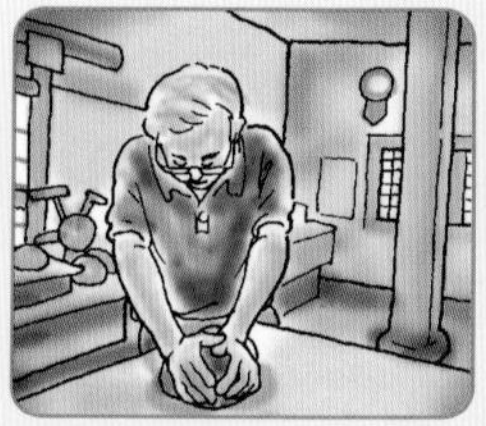
㋐ 土ねり

㋑ かま出し

㋒ かまたき

㋓ 形づくり

［　］→［　］→かまづめ→［　］→［　］

(2) 下の資料《しりょう》を読んで、備前焼が備前市でつくられてきた理由を3つ書きましょう。

2 岡山県真庭市《まにわ》について、次の問いに答えましょう。

1つ3点(15点)

(1) 地図からわかる蒜山《ひるぜん》高原の特《とく》ちょうについて、あてはまらないものを㋐〜㋓から選《えら》びましょう。

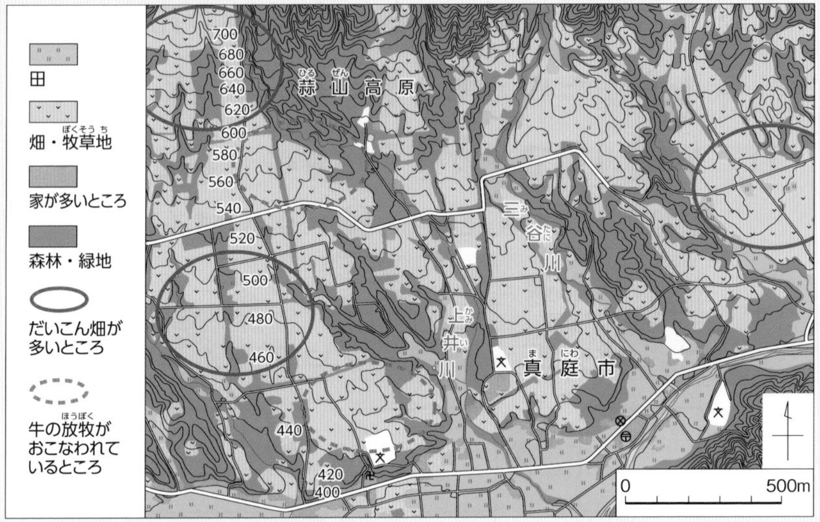

田
畑・牧草地《ぼくそうち》
家が多いところ
森林・緑地
だいこん畑が多いところ
牛の放牧《ほうぼく》がおこなわれているところ
蒜《ひる》山《ぜん》高原
三谷川
上井川
真《ま》庭《にわ》市
700
680
660
640
620
600
580
560
540
520
500
480
460
440
420
400
0
500m

蒜山高原の土地利用のようす

㋐ だいこんがとれる。

㋑ 平らな土地が広がっている。

㋒ しゃ面で牛をかっている。

［　］

にてきしています。また、備前市のあたりは鉄分を多くふくんだ土が多くとれますが、その土も焼き物の原料《げんりょう》にてきしています。

備前焼は、もえるときの温度が高く、炎《ほのお》の長さの長い松割木《まつわりき》を燃料《ねんりょう》にして焼き上げます。この木もまわりの山から運《はこ》んでいました。

さらに備前市は海に面しているため、備前焼を運ぶのに便利《べんり》でした。

(　　　　)

(　　　　)

(　　　　)

㊁ 家よりも森林が多い。

(2) 木材《もくざい》などに使う杉《すぎ》やひのきを、人が植えて育てる産業を何といいますか。

(　　　　)

(3) 真庭市のバイオマスの利用《りよう》に関《かん》する写真にあう説《せつ》明《めい》文を、㋐～㋒から選びましょう。

①

②

③

① [　　] ② [　　] ③ [　　]

㋐ 木のけずりくずをペレットにして、燃料として利用している。

㋑ 細い木や曲がった木をはり合わせて、木材製品《せいひん》をつくっている。

㋒ 木くずから発電した電気を電力会社に売っている。

うらにも問題があります。

(切り取り線)

4年 社会のまとめ 学力しんだんテスト

月　日

名前

時間 40分

ごうかく70点　／100

答え51ページ

1については、学習の状況《じょうきょう》に応《おう》じてA・Bどちらかを、**2**についてはA～Cから選《えら》んでやりましょう。

1のA　ごみのしょりについて、(　)にあう言葉を書きましょう。③はカタカナで書きましょう。

1つ5点(15点)

・もえるごみは、(①)に運ばれてしょりされ、はいになる。はいは(②)にうめられたり、アスファルトの材料《ざいりょう》などに再利用《さいりよう》される。使わなくなったものを原料にもどして、ふたたび使えるようにすることを(③)という。

①(　　　)　②(　　　)

③(　　　)

1のB　下水しょりについて、次の文にあう言葉を

2のB　次の文にあう発電方法《ほうほう》を、㋐～㋔から選びましょう。

1つ5点(15点)

① 水不足《ぶそく》のとき、必要《ひつよう》なだけの発電ができない心配がある。 [　　]

② 広い土地や家の屋根などに、パネルを置《お》いて発電する。 [　　]

③ ウランを燃料《ねんりょう》とした発電で、はいき物の取りあつかいがむずかしい。 [　　]

㋐ 火力発電　㋑ 水力発電　㋒ 太陽光発電

㋓ 原子力発電　㋔ 風力発電

2のC　ガスについて、(　)にあう言葉を㋐～㋔からそれぞれ選びましょう。

1つ5点(15点)

・家で使われるガスには、(①)からつくられる都市ガスと、プロパンガスなどからつくられる(②)がある。

・どちらも(③)とよばれるしげんで、かぎりがある。

㋐ 天然《てんねん》ガス　㋑ 化石燃料《ねんりょう》　㋒ LP《エルピー》ガス

5 次の地図を見て、答えましょう。

1つ3点(24点)

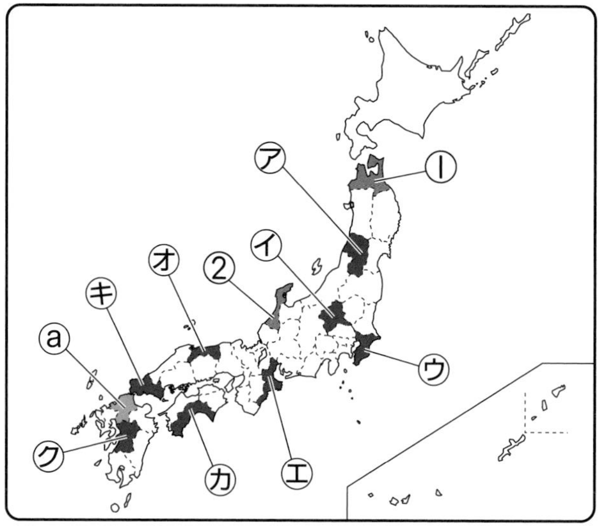

(1) 日本には、いくつの都道府県《とどうふけん》がありますか。数字で答えましょう。

(　　　　)

(2) ⓐの県からみて北海道《ほっかいどう》はどの方位《ほうい》にありますか。八方位で書きましょう。

(　　　　)

(3) 次の2つの文は、ある都道府県について説明《せつめい》しています。それぞれの都道府県名を書きましょう。

① 日本一大きな湖である琵琶《びわ》湖《こ》がある。 (　　　　)

6 次の問いに、答えましょう。

1つ6点、(3)12点(30点)

(1) Ⓐの宮城《みやぎ》県の地図から読み取れることとして正しいものを、㋐～㋓から2つ選びましょう。

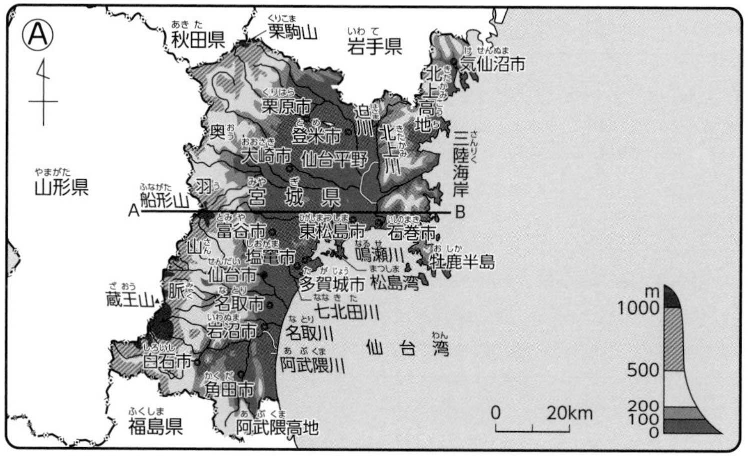

㋐ 仙台湾《せんだいわん》に面した地いきは土地が低《ひく》くなっている。

㋑ 栗原《くりはら》市は海に面している。

㋒ 県の北には、阿武隈《あぶくま》川が流れている。

㋓ 県の西の方は、山が多く見られる。

□　□

(2) Ⓐの地図中のA－Bの断面《だんめん》図として正しいものを、㋐～㋒から選びましょう。

② 日本の首都があり、名前に方位の一つがふくまれている。（　　　　）

(4) 地図中の①・②の都道府県名を、□からそれぞれ選びましょう。

栃木県《とちぎ》	石川県《いしかわ》	福井県《ふくい》	青森県《あおもり》	岩手県《いわて》

①（　　　　）　②（　　　　）

(5) 次の□の説明すべてにあう都道府県を、地図中の㋐〜㋗から選びましょう。また、その都道府県庁《とどうふけんちょう》所在地《しょざいち》名を書きましょう。

・海に面している。
・都道府県名に動物の名前がつかない。
・都道府県名と都道府県庁所在地名がことなる。

記号□　都道府県庁所在地（　　　　）

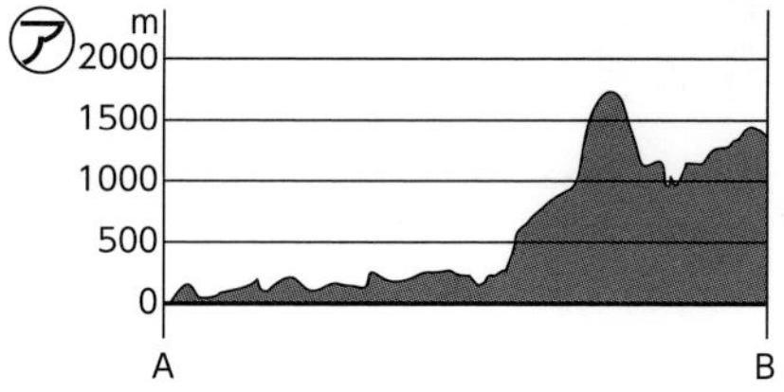

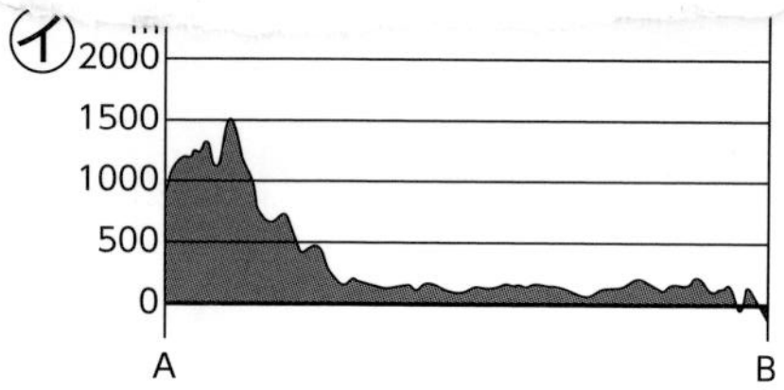

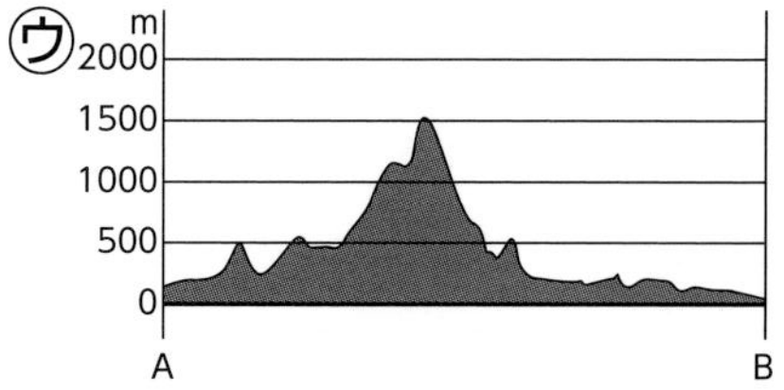

□

(3) Ⓑの地図は、宮城県の土地利用《りよう》図です。この地図とⒶの地図をもとに、宮城県の土地利用の特色《とくしょく》を、土地の高さに注目して１つ書きましょう。

（　　　　）

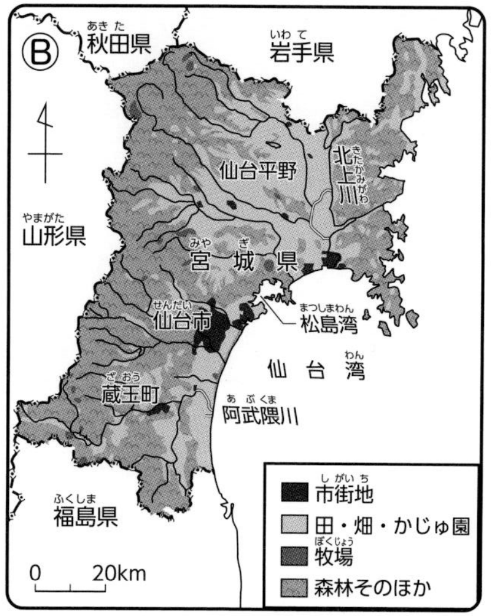

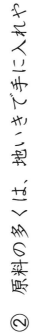

㋐・㋑からそれぞれ選びましょう。　1つ5点(15点)

・下水は、①{　㋐川　・　㋑下水道管　}を通って水再生センターに運ばれ、しょりされる。しょりされた水は②{　㋐川や海に放流　・　㋑飲み水に　}している。また、③{　㋐トイレ　・　㋑プール　}の水などにも利用している。

① [　] ② [　] ③ [　]

2 のA　水について、正しいものには〇を、まちがっているものには×をつけましょう。　1つ5点(15点)

① じょう水場は川から水を取り入れて、安全できれいな水をつくっている。 [　]

② 雨水をたくわえることから、湖は「緑のダム」とよばれる。 [　]

③ 安全な水をたくわえておくため、ダムでは毎日、水質(すいしつ)けんさをしている。 [　]

㋓ 二酸化炭素　㋔ 石油

① [　] ② [　] ③ [　]

3 伝統的(でんとうてき)な産業(さんぎょう)について、正しいものには〇を、まちがっているものには×をつけましょう。

1つ2点(6点)

① 工場で機械(きかい)を使って、大量(たいりょう)に生産されている。 [　]

② 原料の多くは、地いきで手に入れやすいものを使っている。 [　]

③ 一人前の職人(しょくにん)(ぎじゅつ者)を育てるのに、長い年月がかかる。 [　]

4 次の写真のように、市民(しみん)と外国人住民が共(とも)に防災(ぼうさい)活動について学ぶ理由を、かん単(たん)に書きましょう。　1つ10点(10点)

(　　　　　　)

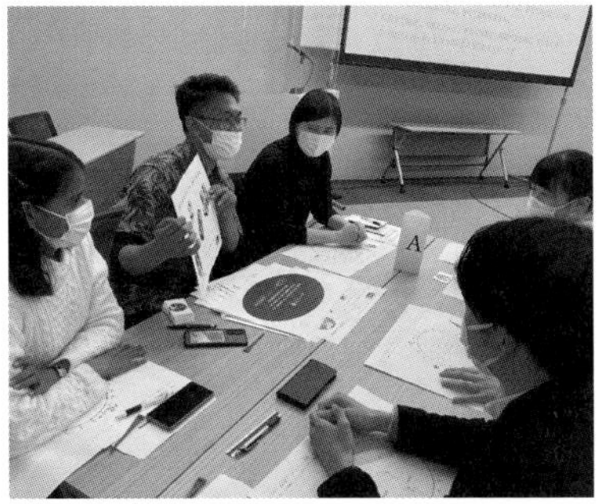

うらにも問題があります。

この「丸つけラクラクかいとう」は
とりはずしてお使《つか》いください。

教科書ぴったりトレーニング

丸つけラクラクかいとう

日本文教版
社会4年

「丸つけラクラクかいとう」では問題《もんだい》と同じ紙面《しめん》に、赤字で答えを書いています。

①問題がとけたら、まずは答え合わせをしましょう。

②まちがえた問題やわからなかった問題は、てびきを読んだり、教科書を読み返《かえ》したりしてもう一度《いちど》見直しましょう。

おうちのかたへ では、次のようなものを示しています。

・学習のねらいやポイント
・他の学年や他の単元の学習内容とのつながり
・まちがいやすいことやつまずきやすいところ

お子様への説明や、学習内容の把握などにご活用ください。

ぴったり1 じゅんび

1. わたしのまち　みんなのまち

学校のまわり①

2ページ

学習日

めあて 学校のまわりの様子の調べ方や、絵地図や方位についてりかいしよう。

教科書 6～14ページ　答え 2ページ

次の（　）に入る言葉《ことば》を、下からえらびましょう。

1 わたしたちのお気に入りの場所《ばしょ》／高いところから見た学校のまわりの様子
学校のまわりのたんけん／たんけんしたことを白地図に書きこもう①　教科書 8～14ページ

学校のまわりの様子

- 家のまわりや学校のまわりの様子を人につたえるには、（①　文章　）でせつ明するより、（②　方位　）や目じるし、道の様子などを絵で表《あらわ》した絵地図のほうがわかりやすい。
- 右の絵地図を見ると、学校のまわりには、急《きゅう》な坂道《さかみち》を上がった先にある、大きな（③　神社　）や、マンションなどの大きな（④　たて物　）があることがわかる。
- 学校のまわりの様子を、高いところから方位ごとに（⑤　かんさつ　）して、気づいたことを話し合ってみるとよい。

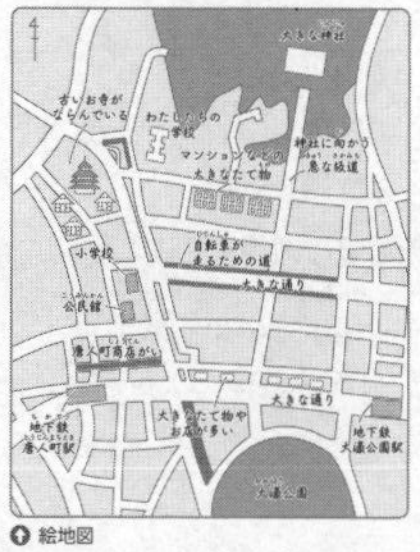

絵地図

ワンポイント 方位じしんと地図の方位

- （⑥　東西　）南北の方位を調べるには**方位じしん**を使う。
- 方位じしんは色のついている方が（⑦　北　）をさす。
- 地図はふつう、北を（⑧　上　）にして表す。

方位じしん

地図の方位

右の地図の方位の図のように、矢じるしがさしている方向《ほうこう》が北になる。

地いきの様子

- たて物《もの》や田などの土地の使《つか》われ方や、高いところやひくいところなど、（⑨　土地の様子　）をかんさつする。
- 交通や公共《こうきょう》しせつの様子などをかんさつする。

公共しせつ
学校や市役所《しやくしょ》、消防《しょうぼう》しょ、交番、公園など、みんなのためにつくられたたて物や場所。

えらんだ言葉に ✓　□かんさつ　□たて物　□東西　□方位　□土地の様子　□文章《ぶんしょう》　□神社《じんじゃ》　□上　□北

2

ぴったり2 練習

3ページ

学習日

ぴたトリビア
昼の12時に太陽《たいよう》がある方向が南です。両手《りょうて》を広げて太陽にせなかを向《む》けて立つと、顔の方が北、右手の方が東、左手の方が西、せなかの方が南です。

教科書 6～14ページ　答え 2ページ

1 次の絵や絵地図を見て、答えましょう。

(1) 方位を調べるために使う、右の絵の道具《どうぐ》を何といいますか。
（方位じしん）

(2) 右の絵の中の①～④にあてはまる方位をそれぞれ書きましょう。
①（　北　）
②（　東　）
③（　南　）
④（　西　）

(3) 次の①～⑤のせつ明は学校のまわりの様子です。それぞれのせつ明にあう場所を、右の絵地図の中の㋐～㋔からえらびましょう。

① 公民館《こうみんかん》の東がわには大きな通りがあり、その通りには自転車《じてんしゃ》が通るための道もある。（㋒）
② 急な坂道を上がっていくと、大きな神社がある。（㋑）
③ 地下鉄《ちかてつ》の駅《えき》の北がわには、にぎやかな商店《しょうてん》がいがある。（㋓）
④ わたしたちの学校の近くには、古いお寺がたくさんならんでいる。（㋐）
⑤ 公園の北がわの大きな通りには、大きなたて物や店がならんでいる。（㋔）

(4) 公共しせつにあてはまるものに○をつけましょう。
①（　）スーパー　②（○）学校　③（○）公園
④（○）市役所　⑤（　）工場　⑥（　）マンション

ヒント **1** (2) はりに色がついている方に注意《ちゅうい》しましょう。
(3) せつ明にある方位にも注意しましょう。

3

できたかな？
□方位じしんで、色のついている方の方位を言ってみよう。
□公共しせつはどのような場所か、せつ明してみよう。

おうちのかたへ
東西南北の方位については、東と西がおぼえにくいので注意してください。また、地図を見る際、「学校は駅の上にあるね」など「上下左右」を使わず、「学校は駅の北にあるね」など「東西南北」を使うとよいでしょう。

練習　3ページ

1 (2)方位じしんは、色がついている方が北をさします。また、北、南、東、西の4つの方位を四方位といいます。

(3)①は公民館と自転車が通るための道、②は急な坂道と大きな神社、③は地下鉄の駅と商店がい、④はわたしたちの学校の近くの古いお寺、⑤は公園と大きなたて物や店をヒントにして、絵地図をよく見ましょう。

(4)公共しせつは、国や都道府県《とどうふけん》、市区町村《しくちょうそん》がみんなのためにつくったしせつのことです。みんなから集《あつ》めたお金でつくられているという特《とく》ちょうがあります。公共しせつのれいとして、学校、市役所、けいさつしょ、消防しょ、公民館、じどう館、公園などがあります。スーパーや工場、マンションは、国や都道府県、市区町村がつくるものではなく会社がつくるものなので、公共しせつにはあてはまりません。

見やすい答え

おうちのかたへ

くわしいてびき

※紙面はイメージです。

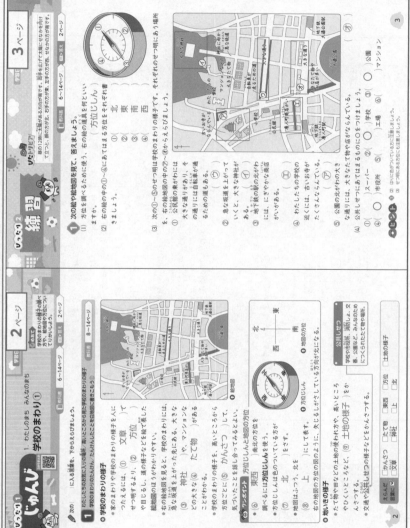

ぴったり1 じゅんび

学習日　2ページ

日本の47都道府県《とどうふけん》を旅してみよう

3分でまとめ

◎めあて
日本の都道府県の名前と位置《い》について理解しよう。

教科書　8～13ページ　答え　2ページ

次の(　　)に入る言葉を、下から選《えら》びましょう。

1 日本の47都道府県を旅してみよう　教科書　8～13ページ

日本の都道府県

● 日本には、1都1道2府(① 43)県、合わせて(② 47)都道府県がある。形や面積《めんせき》、特色《とくしょく》などはさまざまである。

日本の地方

● 北から順《じゅん》に(③ 北海道)地方、東北《とうほく》地方、関東《かんとう》地方、(④ 中部)地方、(⑤ 近畿)地方、(⑥ 中国・四国)地方、九州地方の7つに分かれている。

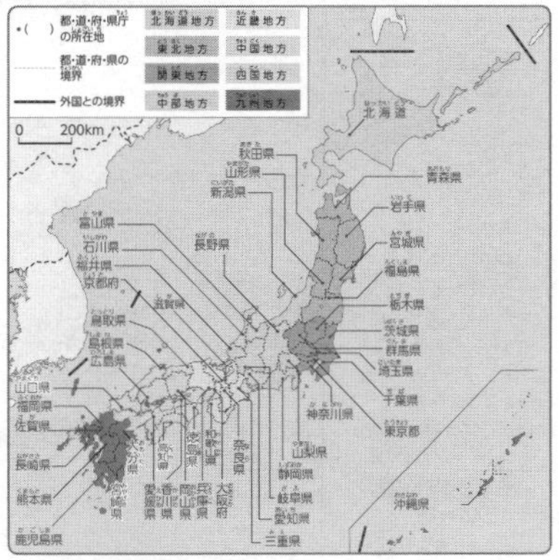

各地方と都道府県

都道府県の特色・形・位置

ワンポイント　都道府県が持つさまざまな特色

● それぞれの都道府県には**文化財《ぶんかざい》・祭り**、**工芸品《こうげいひん》・工業製品《せいひん》**、**食べ物**などさまざまな特色がある。

自分が住んでいる都道府県にはどんな特色があるかな？

(⑦ 青森)県

・東北地方の都道府県
・伝統的《でんとうてき》な祭りである「ねぶた祭」が有名
・りんごの生産《せいさん》がさかん

(⑧ 栃木)県

・関東地方の都道府県
・歴史的《れきしてき》な建物《たてもの》である「日光東照宮《にっこうとうしょうぐう》」がある
・いちごの生産がさかん

(⑨ 愛媛)県

・中国・四国地方の都道府県
・「今治《いまばり》タオル」という工芸品が有名

選んだ言葉に✓
□中部《ちゅうぶ》　□愛媛《えひめ》　□青森《あおもり》　□北海道《ほっかいどう》　□中国《ちゅうごく》・四国《しこく》
□近畿《きんき》　□43　□47　□栃木《とちぎ》

2

ぴったり2 練習

学習日　3ページ

ぴたトリビア
中部《ちゅうぶ》地方が「北陸《ほくりく》」「中央高地《ちゅうおうこうち》」「東海《とうかい》」の3つの地いきに分けてよばれるなど、7つの地方区分のほかにも、さまざまな地いきのよび方があります。

教科書　8～13ページ　答え　2ページ

1 右の地図を見て、次の問いに答えましょう。

(1) 日本には、(①)都《と》(②)道《どう》(③)府《ふ》(④)県《けん》があります。(　　)にあてはまる数字を書きましょう。
①(1)　②(1)
③(2)　④(43)

(2) 右の地図の①～④にあてはまる地方の名前を(　　)に書きましょう。
①(東北地方)
②(関東地方)
③(近畿地方)
④(九州地方)

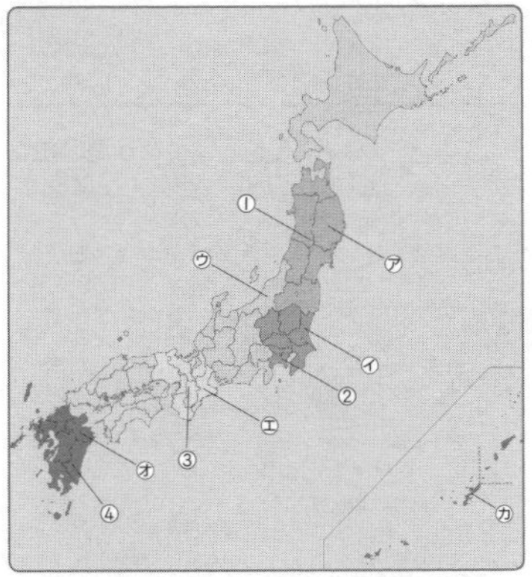

(3) 右の地図の㋐～㋕にあてはまる都道府県の名前を、下の[　　]から選びましょう。
㋐(岩手県)　㋑(茨城県)　㋒(新潟県)
㋓(三重県)　㋔(大分県)　㋕(沖縄県)

茨城県　沖縄県　大分県　岩手県　三重県　新潟県

(4) 次の文中の①～⑤にあてはまる都道府県の名前を書きましょう。

中国・四国地方を「中国地方」と「四国地方」に分けてよぶことがある。中国地方は北側《がわ》に(①)と島根《しまね》県、南側に(②)と広島《ひろしま》県、西側に(③)とぜんぶで5つの県がある。四国地方は北側に愛媛県と香川《かがわ》県、南側に徳島《とくしま》県、(④)と、ぜんぶで4つの県がある。そのうち、(⑤)は日本全国でもっとも面積《めんせき》が小さい都道府県である。

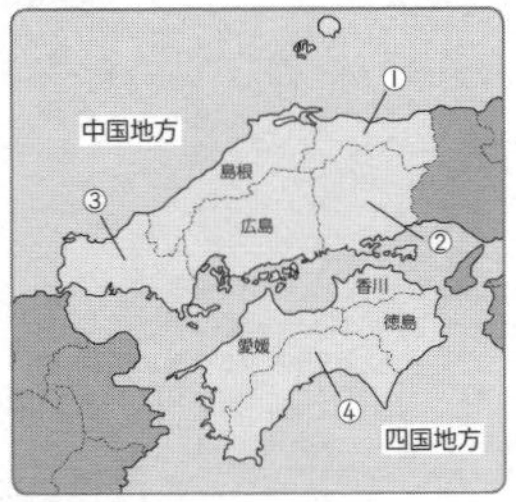

①(鳥取県)　②(岡山県)　③(山口県)
④(高知県)　⑤(香川県)

ヒント　1 (4) ①と②はそれぞれ島根県と広島県の右どなりの県、③は左どなりの県です。⑤は地図をよく見て、四国地方の中でもっとも小さい県がどの県かを答えましょう。

3

できたかな？
□日本にある地方と、各地方にふくまれる都道府県を北から順に言ってみよう。
□それぞれの都道府県の形や大きさ、場所、文化財や工芸品などの特色を説明《せつめい》してみよう。

おうちのかたへ
地方・都道府県の名前と位置を覚えることが、小学4年生の最初の目標になります。しっかり覚えられたら、各地の伝統文化や産業を、実物・写真・映像など、目に見えるかたちでお子さまと一緒に確認して、都道府県を身近なものと感じられるようにしてみてください。

練習　3ページ

1 (1)日本には、全部で47都道府県があることをおさえます。数が少ない「都」・「道」・「府」の数がわかれば、あとはすべて「県」になります。

(2)北海道のみであるから「北海道地方」、日本の真ん中にあるから「中部地方」、4つの県に分かれているから「四国地方」と、名前の意味を考えるとおぼえやすいです。「近畿地方」の「畿」の字はむかしの「都」を意味する字です。書きまちがいに注意しましょう。

(4)中国・四国地方を「中国地方」と「四国地方」に分けてよぶこともあるので、それぞれの地方の県の名前をしっかり覚えておきましょう。香川《かがわ》県は日本でもっとも面積が小さい都道府県です。2番目は大阪《おおさか》府、3番目は東京《とうきょう》都となっています。ちなみに、面積がもっとも大きいのは北海道、2番目は岩手県、3番目は福島《ふくしま》県です。

ぴったり1 じゅんび

1．わたしたちの県

1 わたしたちの県のようす①

めあて 岡山《おかやま》県がどのようなようすなのかたしかめよう。

教科書 14~21ページ　答え 3ページ

次の（　　）に入る言葉を、下から選《えら》びましょう。

1 わたしたちが住んでいる県はどこ？／岡山《おかやま》県について調べる　教科書 14~17ページ

8方位《ほうい》と岡山県の位置《いち》

- 方位には東西南北のほかに、北と西の間を（① 北西 ）、北と東の間を**北東**、南と東の間を**南東**、南と西の間を**南西**とあらわし、これらをあわせて**8方位**とよぶ。

- 岡山県の北には（② 鳥取 ）県、東には（③ 兵庫 ）県、西には（④ 広島 ）県、南には瀬戸内海《せとないかい》をはさんで香川《かがわ》県が位置する。

岡山市の位置

- 岡山市は県の南部に位置し、備前《びぜん》市、総社《そうじゃ》市、（⑤ 倉敷市 ）、瀬戸《せとうち》内市、赤磐《あかいわ》市などととなり合っている。

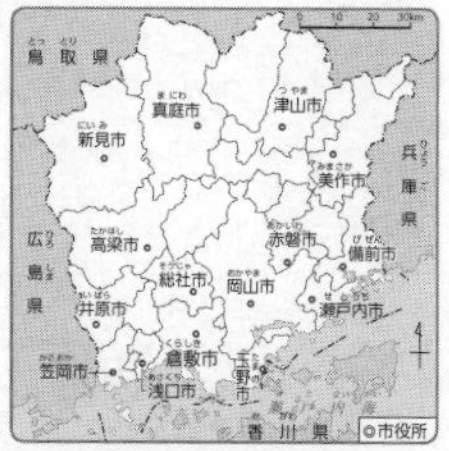

岡山県にある市

2 岡山県の土地のようす／岡山県の土地の使われ方　教科書 18~21ページ

ワンポイント さまざまな地形

- 高い土地が集まっている地いき … 山地《さんち》
- 山にかこまれた平地 … 盆地《ぼんち》
- 山地にあるなだらかな平地 … 高原《こうげん》
- 平らに広く開けた土地 … 平野《へいや》

- 岡山県の北部には、山地や盆地、高原が広がっており、それぞれに合わせた（⑥ 土地利用 ）のようすがみられる。
- 中央部には（⑦ 森林 ）が、南部には平野が広がり多くの人が住む（⑧ 市街地 ）が見られる。

海ぞいには、山地や盆地には見られない（⑨ 工場の多いところ）がある。

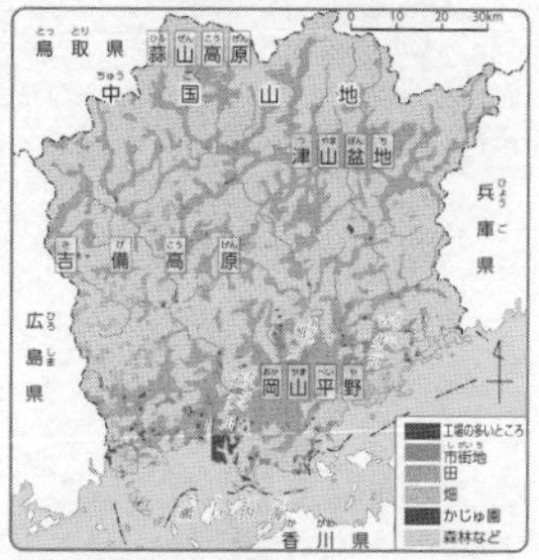

岡山県の土地利用図

選んだ言葉に ✓

□兵庫《ひょうご》　□北西《ほくせい》　□倉敷市《くらしき》　□土地利用　□工場の多いところ

□森林　□鳥取《とっとり》　□広島《ひろしま》　□市街地《しがいち》

ぴったり2 練習

ぴたトリビア 中国山地の北側はかげにかくれる場所にあることから山陰《さんいん》（地方）、中国山地の南側は太陽の光によく当たることから山陽《さんよう》（地方）とよばれます。

教科書 14~21ページ　答え 3ページ

1 右の地図を見て、次の問いに答えましょう。

(1) 岡山県は、いくつの県と陸続《りくつづ》きになっていますか。

（ 3 ）つ

(2) 岡山県から見て、瀬戸内海をはさんで向かい側にある都道府県を答えましょう。

（ 香川県 ）

(3) 備前市や瀬戸内市は、岡山県内のどの方位にあると言えますか。8方位で答えましょう。

（ 南東 ）

(4) 次の①、②の市は、岡山市から見て、どの方位にありますか。8方位で答えましょう。

① 倉敷市（ 南西 ）　② 赤磐市（ 北東 ）

岡山県にある市

2 右の地図を見て、次の問いに答えましょう。

(1) 地図を参考《さんこう》にして、次の①～③の地形の説明《せつめい》として正しいものを、㋐～㋒からそれぞれ選びましょう。

① 盆地（ ㋒ ）

② 山地（ ㋐ ）

③ 平野（ ㋑ ）

㋐ 高い土地が集まっている地いき

㋑ 平らに広く開けた土地

㋒ 山にかこまれた平地

(2) 地図中のA地点とB地点では、土地が高いのはどちらですか。

（ A ）地点

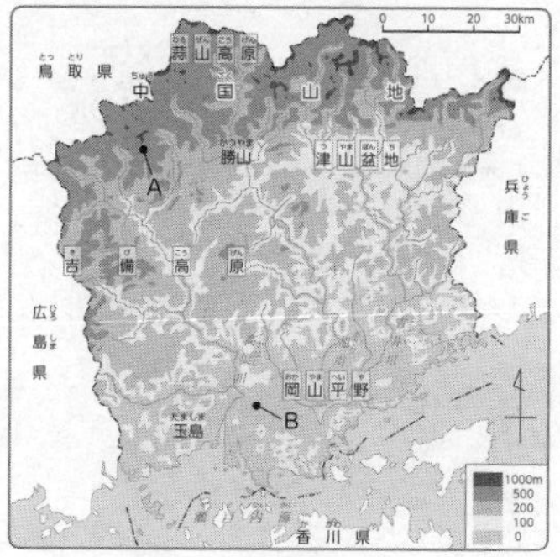

岡山県の地形をあらわした地形図

ヒント 2 (2) A地点とB地点の色のちがいに注目しましょう。色のちがいは、土地の高さをあらわします。

できたかな？

□そのほかの都道府県《とどうふけん》が、岡山県や岡山市からみてどの方位にあるか8方位であらわしてみよう。

□山地・盆地・平野がどのような地形か、またそれぞれの地形には建物《たてもの》と森林のどちらが多いか説明してみよう。

おうちのかたへ

地図をみたときに「南西に平野が広がっている」など、8方位と地形を合わせて説明できれば、理解度は十分です。さらに、「市街地や工場は平野に多い」など、地形が人の生活に関係していることに気づくと、今後の学習内容もより深く理解することができます。

練習 5ページ

1 (3)(4) 8方位は東西南北に「北東」「北西」「南東」「南西」の4つを加《くわ》えたものです。「北」か「南」のあとに「東」か「西」が続《つづ》くことをおぼえておきましょう。

2 (1)①盆地は山にかこまれた平地なので㋒、②山地は高い土地が集まっている地いきなので㋐、③平野は平らに広く開けた土地なので㋑をそれぞれ選びましょう。

(2)土地の高さの色分けをみると、A地点の土地の高さは500m、B地点の土地の高さは0mと読み取れます。よって、A地点の方が高いことがわかります。日本の多くの地いきで、海に近い方が土地は低《ひく》くなります。

ぴったり1 じゅんび

1. わたしたちの県

1 わたしたちの県のようす②

学習日 6ページ

めあて 岡山県の交通の広がりや特産物などの特色をたしかめよう。

教科書 22〜27ページ　答え 4ページ

次の(　)に入る言葉を、下から選《えら》びましょう。

1 岡山《おかやま》県の交通の広がり　教科書 22〜23ページ

岡山県の交通

- 岡山県は、(① 瀬戸大橋)という橋で香川《かがわ》県と結《むす》ばれている。
- 岡山県には、(② 新幹線)や高速道路が通っているため、広島《ひろしま》県や兵庫《ひょうご》県にも短い時間で行くことができる。
- 岡山県には(③ 空港)があるため、海外に行くこともできる。
- 南部の(④ 人口が多い)都市では、鉄道や道路などの交通が発達している。

岡山県の交通

2 岡山県の特産物《とくさんぶつ》や産業《さんぎょう》／白地図《はくちず》にまとめる　教科書 24〜27ページ

岡山県の特色《とくしょく》

- 岡山県の特産物…(⑤ ぶどう)やももなどのくだものや、倉敷《くらしき》市の(⑥ ジーンズ)、伝統的工芸品《でんとうてきこうげいひん》の(⑦ 備前焼)などがある。
- 岡山県の産業… 倉敷市(⑧ 水島)地区では、鉄こう業や自動車工業がさかん。

特産物：地形や気候、原料、伝統など、その地いきの特色を生かしてつくられたもの。

産業：農業や漁業、工業、商業といった、社会をささえているさまざまな仕事のこと。

ワンポイント　白地図にまとめる

- 白地図は、りんかくだけを残《のこ》して、あとは白いままの地図。
- 調べたことを白地図にまとめるときは、山地《さんち》や平野《へいや》、川などの名前や、おもな土地利用《とちりよう》、交通、産業などの情報を書きこむ。

岡山県の白地図

選んだ言葉に✓　□空港　□ぶどう　□瀬戸大橋《せとおおはし》　□備前焼《びぜんやき》　□水島《みずしま》　□新幹線《しんかんせん》　□ジーンズ　□人口が多い

6

ぴったり2 練習

学習日 7ページ

ぴたトリビア　岡山県にある後楽園《こうらくえん》は、300年ほど前に岡山藩《はん》第2代藩主《はんしゅ》がいこいの場としてつくらせた庭園です。

教科書 22〜27ページ　答え 4ページ

1 右の地図を見て、次の問いに答えましょう。

(1) 岡山県と香川県を結ぶ橋の名前を答えましょう。　(瀬戸大橋)

(2) 岡山県と広島県、岡山県と兵庫県は、高速道路や(　)が通っているので、短い時間で行くことができます。(　)にあてはまる言葉を書きましょう。　(新幹線)

(3) 岡山県の中心部より南には、岡山桃太郎(　)があり、飛行機《ひこうき》が飛《と》んでいます。(　)にあてはまる言葉を答えましょう。　(空港)

岡山県の交通

2 次の問いに答えましょう。

(1) 次の文の(　)にあてはまる言葉を、下の[　]から選びましょう。

岡山県の代表的な(①)として、「あまくて、たねがなく、つぶが大きい」くだものである(②)や、倉敷市でさかんにつくられている(③)などがあげられる。また、備前市でつくられている備前焼は、(④)として多くの人に親しまれている。

① (特産物)　② (ぶどう)
③ (ジーンズ)　④ (伝統的工芸品)

[ジーンズ　ぶどう　特産物　伝統的工芸品　もも]

(2) 農業や漁業、工業、商業といった、社会をささえているさまざまな仕事のことを何といいますか。　(産業)

(3) 倉敷市にある、鉄こう業や自動車工業がさかんな地区を何といいますか。　(水島地区)

(4) 陸地《りくち》などのりんかくだけを残して、あとは白いままにしている地図を何といいますか。　(白地図)

ヒント 1 (3) 地図中の岡山県の中央部の南にある、飛行機のマークを地図からさがしましょう。

7

できたかな？

□地図から鉄道が通っていない地いきを見つけるなど、地図を読み取る練習をしてみよう。
□備前焼《びぜんやき》など、その他の特産物が、岡山県のどこの市のものか説明《せつめい》してみよう。

おうちのかたへ

交通の地図のように、特定のテーマをもった地図は情報量が多く、読み取るのに練習が必要です。多くの情報を一度に読み取ろうとせず、「高速道路が通る市はどこだろう？」というように、ひとつずつ情報を整理する読み取り方を一緒に実践してあげてください。

練習　7ページ

1 (3)地図上の飛行機のマークの上に「岡山桃太郎空港」と書いてあります。飛行機が飛び立ったり、着陸したりする場所を「空港」といいます。ただ「港」と書く場合は船が出入りする場所を表しているため、注意しましょう。

2 (1)①地形や気候、原料、伝統などの地いきの特色を生かしてつくられた特産物は、都道府県によってさまざまです。自分の住む都道府県の特産物にはどのようなものがあるか、調べてみましょう。②「つぶが大きい」という言葉から、②はぶどうとわかります。③倉敷市のジーンズは全国的《てき》に有名です。
(4)白地図は、陸地などのりんかくだけがかかれていて、白い部分に自由にじょうほうを書きこむことができます。地いきの産業や特産物、人口の多さや土地の高さなど、テーマに合わせた地図づくりをするときに便利《べんり》です。

ぴったり3
たしかめのテスト

日本の47都道府県《とどうふけん》を旅してみよう
1．わたしたちの県
1 わたしたちの県のようす

8ページ

/100 ごうかく80点

教科書 8～27ページ　答え 5ページ

1 右の地図は、たかしさんが考えた旅行のルートを表しています。この地図をみて問いに答えましょう。　技能 1つ5点（30点）

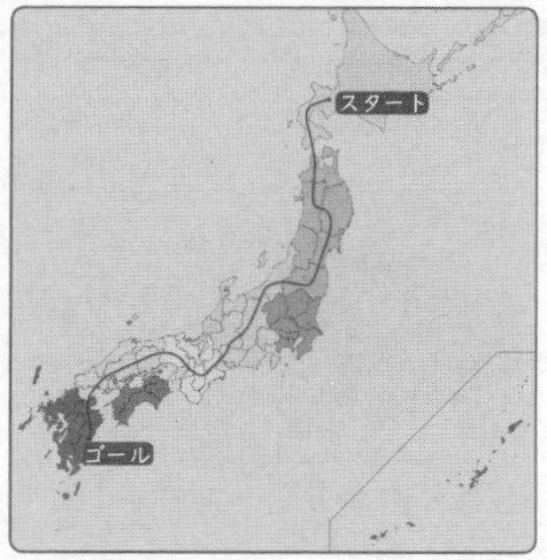

(1) スタートの北海道《ほっかいどう》を１番目とすると、６番目に通る都道府県はどこですか。
（　福島県　）

(2) ルートの中で、海に面していない都道府県は長野《ながの》県のほかに２つあります。名前を答えましょう。
（　岐阜県　）（　奈良県　）

(3) ルートの中で、通らない地方が２つあります。名前を答えましょう。
（　関東地方　）（　四国地方　）

(4) ゴールの都道府県の名前を答えましょう。　（　宮崎県　）

※(2)(3)の答えは順不同

2 右の地図を見て、次の問いに答えましょう。　1つ6点、(3)は8点（20点）

(1) 地図中の①にあてはまる言葉を書きましょう。　（　盆地　）

(2) できたらスゴイ！ 次の断面《だんめん》図は、地図の㋐、㋑のどちらの地いきをあらわしたものですか。　（　㋐　）

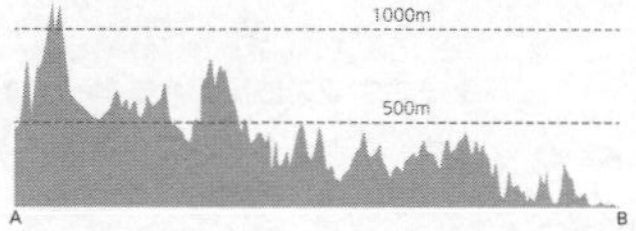

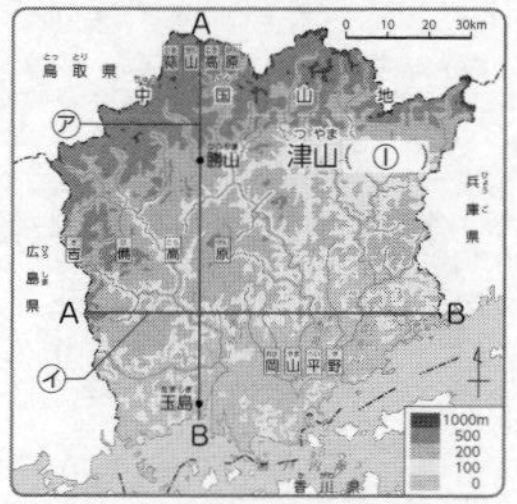

岡山県の地形をあらわした地形図

記述 (3) 次の文の（　）にあてはまる内容《ないよう》を書きましょう。　思考・判断・表現

吉備高原《きびこうげん》は岡山《おかやま》県の西側《がわ》にある。高原とは、山地にある、（　　）をいう。

（（例）なだらかな平地）

学習日　9ページ

3 次の地図を見て、問いに答えましょう。　1つ5点（50点）

あ
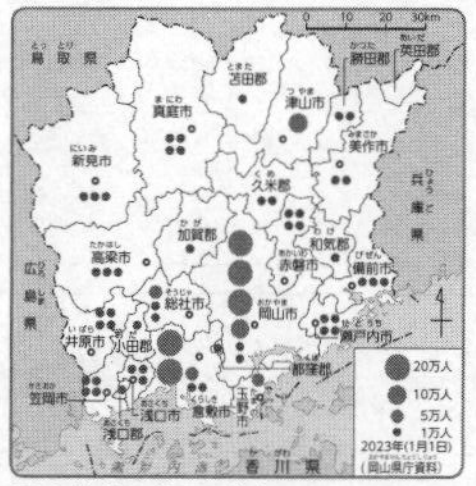

岡山県の人口の分布

い

岡山県の交通

(1) あ、いの地図をくらべて読み取れることとして、正しいものには○を、まちがっているものには×をつけましょう。　技能

① （　○　）津山《つやま》市の人口は約《やく》10万人であり、鉄道が走っている。
② （　○　）人口が20万人以上の都市には、高速道路や鉄道が走っている。
③ （　×　）郡《ぐん》とよばれる地いきすべてに鉄道が走っている。
④ （　×　）人口が２番目に多い都市に空港がある。
⑤ （　○　）岡山県の人口や鉄道、高速道路は北部より南部に集中している。

(2) よく出る いの地図中の□にあてはまる橋の名前を書きましょう。
（　瀬戸大橋　）

(3) 岡山県の県庁がおかれているところはどこですか。あの地図にのっている市もしくは郡の名前を答えましょう。
（　岡山市　）

(4) 倉敷《くらしき》市にある、鉄こう業や自動車工業がさかんな地区の名前を書きましょう。
（　水島　）地区

(5) ゆいさんとはるとさんがつくった岡山県のPR《ピーアール》紙について、次の問いに答えましょう。

岡山はやっぱりくだもの
あまい！たねがない！つぶが大きい！だから、そのまま食べられる！
ゆいさんのつくったPR紙

景観《けいかん》もきれい
倉敷市には、古くから残《のこ》るきちょうな□で有名な美観《びかん》地区があります！
はるとさんのつくったPR紙

① 温室で育てられる、岡山県の特産物《とくさんぶつ》であるくだものは何ですか。下線部を参考《さんこう》にして答えましょう。
（　ぶどう　）

② できたらスゴイ！ 美観地区の特色《とくしょく》を説明《せつめい》した文となるように、□にあてはまる言葉を考えて書きましょう。
（（例）町なみ）

ふりかえり ❶がわからないときは、２ページの❶にもどってかくにんしてみよう。

記述問題のプラスワン

2 (3)盆地、平野とのちがいを整理《せいり》しましょう。いずれも平地ですが、まわりを山にかこまれている平地が盆地であり、平野は標高《ひょうこう》が低《ひく》い平地をさします。高原は標高が高い地いきにあるなだらかな平地のことです。「山地にある」という言葉に続《つづ》くかたちで、「なだらかな土地」や「なだらかな平原」というように、平らな土地が広がっていることを書きましょう。

たしかめのテスト　8～9ページ

1 (2)長野県、岐阜《ぎふ》県、奈良《なら》県のほかに、栃木《とちぎ》県、群馬《ぐんま》県、山梨《やまなし》県、埼《さい》玉《たま》県、滋賀《しが》県が海に面していない県です。

2 (1)盆地《ぼんち》とは、山にかこまれた平地のことです。高原や山地とまちがえないように注意しましょう。
(2)岡山県は、北部から中央部にかけて山地や盆地、高原があり、南部は平野になっています。

3 (1)どの都道府県でも、人口の多い市と、高速道路や鉄道などの交通きかんが集まる市は同じになっています。ちなみに郡《ぐん》とは、町や村より大きく、市よりも小さい単位《たんい》の地いきのことです。
(5)②倉敷市の美観地区は、古くから残《のこ》る建物《たてもの》が多くほぞんされている地いきで、歴史《れきし》を感じられる町なみになっています。長い間、建物を同じじょうたいのまま残しておくことはむずかしいため、きちょうな景観となっています。

2．健康《けんこう》なくらしを守る仕事

1 ごみのしょりと活用①

◎めあて わたしたちが出すごみの分別《ぶんべつ》と収集《しゅうしゅう》について理解《りかい》しよう。

3分でまとめ

教科書 30～37ページ　答え 6ページ

次の(　　)に入る言葉を、下から選《えら》びましょう。

1 自分たちの出すごみ／大分《おおいた》市のごみ　教科書 32～35ページ

✪家庭から出るごみの出し方

- ごみは種類《しゅるい》ごとに(① 分別)して、決められた日にちに出す。
- 大分市では、ごみの種類によって収集《しゅうしゅう》を(② 有料)と無《む》料《りょう》に区別《くべつ》している。
- ごみの種類によって入れるふくろの(③ 色)がちがう。
- かんやびん、ペットボトル、新聞など、再生《さいせい》して利用《りよう》できるごみを(④ 資源ごみ)という。
- 大分市での家庭から出るごみのなかでは、(⑤ もえるごみ)の量《りょう》がもっとも多く、次に資源ごみが多い。

大分市のおもな家庭ごみの出し方

ごみの重さはt《トン》であらわします。1tは1000kgです。

2 ごみステーションのようす　教科書 36～37ページ

ワンポイント　自治会《じちかい》の役わり

- **自治会（町内会）**…　地いきの住民《じゅうみん》でつくる組織《そしき》で、ごみステーションの管《かん》理《り》をおこなうほか、地いきの夏祭りや防犯《ぼうはん》パトロールなどをおこなう。

✪ごみステーションとごみの収集

- ごみステーションのかん板には、ごみの(⑥ 収集日)などが書かれている。ごみステーションに集められたごみは、(⑦ ごみ収集車)に回収され、もえるごみは(⑧ 清掃工場)へ、もえないごみなどは(⑨ リサイクルプラザ)へ運ばれる。

収集のようす

選んだ言葉に☑　□ごみ収集車　□有料《ゆうりょう》　□資源《しげん》ごみ　□収集日　□もえるごみ　□分別《ぶんべつ》　□色　□清掃《せいそう》工場　□リサイクルプラザ

ぴたトリビア　今から約200年前には、さまざまなごみを種類別に分別し、それぞれの専門《せんもん》業者がお金をはらって引き取っている地いきもありました。

教科書 32～37ページ　答え 6ページ

1 右のグラフを見て、次の問いに答えましょう。

(1) 家庭から出された1年間のごみの量でもっとも多いごみの種類は何ですか。(もえるごみ)

(2) 資源ごみの量は約《やく》何tですか。　約(2)t

(3) 資源ごみに分別されるものを、㋐～㋒から選びましょう。(㋑)

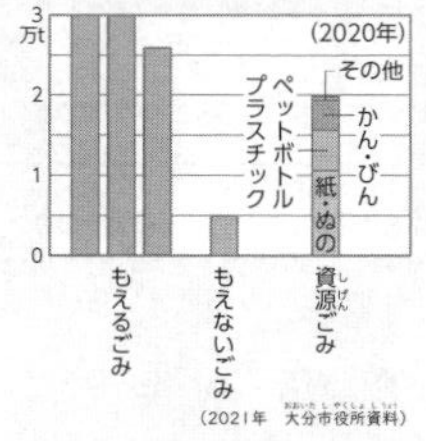

家庭から出た1年間のごみの量

2 右の図を見て、次の問いに答えましょう。

(1) ごみを集める車のことを何といいますか。(ごみ収集車)

(2) ごみ収集日の表からわかることを、㋐～㋓から選びましょう。(㋑)

㋐ ごみは分別して、収集日前日の朝8時30分までに出す。

㋑ もえるごみの収集回数がいちばん多い。

㋒ 資源ごみは、種類にかかわらず、すべて同じ日に収集される。

㋓ 何かしらの種類のごみが、毎日収集されている。

ごみ収集日程表

ごみは正しく分別し、収集日の朝8時30分までに45ℓ以内のふくろに入れて出してください。

4月

日	月	火	水	木	金	土
						1 かん・びん
2	3 ペットボトル	4 もえるごみ	5 資源プラ	6 古紙・布類	7 もえるごみ	8
9	10	11 もえるごみ	12	13 資源プラ	14 もえるごみ	15 かん・びん
16	17 ペットボトル	18 もえるごみ	19 資源プラ	20 古紙・布類	21 もえるごみ	22
23/30	24 スプレー缶	25 もえるごみ	26 もえないごみ	27 資源プラ	28 もえるごみ	29 かん・びん

ごみの収集日

(3) 次の文は、大分市役所で働《はたら》く人の話です。(　　)にあてはまる言葉を書きましょう。

> 集めたごみのうち、もえるごみは(① 清掃工場)へ、かんやびん、もえないごみなどは(②リサイクルプラザ)へ運びます。ごみによって運ばれる場所がちがうので、ごみの(③ 分別)をしっかりおこなってください。もし、きまりを守らずに出されたごみがあったときには、ふくろに(④ シール)をはって、注意をよびかけます。

ヒント　2 (2) 地いきごとに収集の日が決められ、自治会でごみステーションを管理しています。かん・びん、ペットボトルなど、資源ごみの種類は 1 のグラフでかくにんできます。

練習　11ページ

1 (3)ガラスや陶器《とうき》の食器《しょっき》はもえないごみになります。大きいものはお金をはらって収集してもらう粗大《そだい》ごみになります。また、食べもののごみは生ごみとなります。

2 (2)㋐ごみは前日ではなく、収集日の朝8時30分までに出すと書かれています。

㋒資源ごみには、かん・びん、ペットボトル、古紙・布《ぬの》類などがふくまれるため、同日には収集されないことがわかります。

㋓日曜日は収集されていないことがわかります。

(3)ごみを分けることを分別といいます。もえるごみは清掃工場へ、かんやびんなどの資源ごみやもえないごみなどはリサイクルプラザへと運《はこ》ばれます。

できたかな？

□ごみの種類にはどのようなものがあるか説明《せつめい》してみよう。

□資源ごみにふくまれるのはどのようなごみか説明《せつめい》してみよう。

おうちのかたへ

ごみには種類があり、それぞれ捨てる曜日や収集方法に違いがあることを学ぶことが目標です。ご家庭のごみを捨てられる際には、お子さまとご一緒に分別からごみ出しまでをしてみてください。そして、ごみが運ばれる場所がそれぞれ違うから収集日や収集場所が分かれていること、資源ごみを洗って出さなければならないのは再利用するためであることなどを伝えてあげてください。

ぴったり1 じゅんび

2. 健康《けんこう》なくらしを守る仕事

1 ごみのしょりと活用②

学習日 12ページ

めあて 分別されたごみのしょりについて理解しよう。

教科書 38~43ページ　答え 7ページ

次の(　　)に入る言葉を、下から選《えら》びましょう。

1 ごみのゆくえ／清掃《せいそう》工場の見学／もえないごみのゆくえ　教科書 38~43ページ

ワンポイント ごみが運ばれる場所

- **清掃工場** … もえるごみが運ばれ、しょりされる。
- **リサイクルプラザ** … もえないごみが運ばれ、しょりされる。

もえるごみをしょりするしくみ

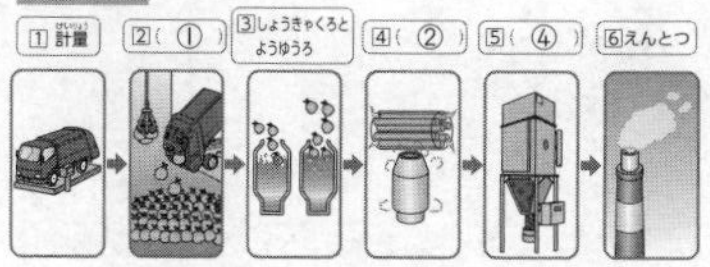

もえるごみをしょりするしくみ

1コンピューターを利用《りよう》して、自動でごみの重さをはかる。

2(① ごみピット)にためたごみをクレーンで運ぶ。

3しょうきゃくろでごみを灰《はい》にし、ようゆうろでごみをとかす。

4(② ボイラー)…ごみをもやすときの熱《ねつ》で(③ じょう気)をつくり、発電する。

5(④ 集じん機)…体によくないけむりを取りのぞく。

もえないごみをしょりするしくみ

資源《しげん》：ものをつくるときなどのもとになる原料《げんりょう》や燃料《ねんりょう》のこと。

- (⑤ あらはさい)…ごみをおおまかにくだく。
- (⑥ 高速はさい)…さらに機械《きかい》で細かくする。
- 選別《せんべつ》機…磁石《じしゃく》を使って鉄やアルミニウムを選別し、それらは資源としてリサイクル工場へ、しょりできないものは(⑦ うめ立て場)へ運ばれる。

リサイクル

- **リサイクル**…ごみを資源として再《さい》利用すること。
- 家庭から出るごみでリサイクルできるものには(⑧ 識別マーク)がつけられている。

選んだ言葉に✓				
	□あらはさい	□ボイラー	□じょう気	□ごみピット
	□高速はさい	□うめ立て場	□識別《しきべつ》マーク	□集じん機

ぴったり2 練習

学習日 13ページ

ぴたトリビア かんやびん、テレビや冷蔵庫《れいぞうこ》、けいたい電話、デジタルカメラ、パソコンなど、種類《しゅるい》ごとにリサイクルについてのきまりがあります。

教科書 38~43ページ　答え 7ページ

1 次の図を見て、問いに答えましょう。

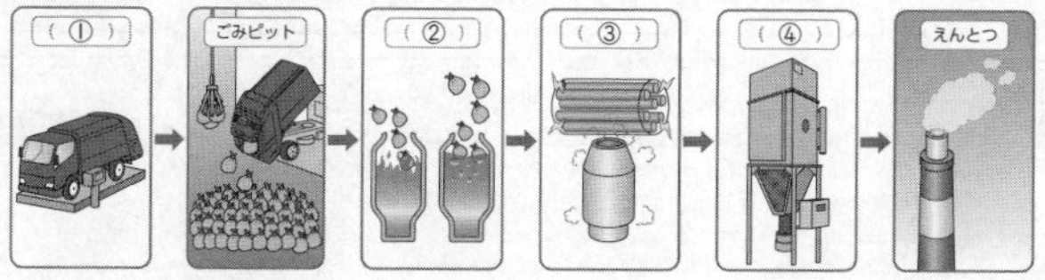

もえるごみをしょりするしくみ

(1) 図の①~④の説明《せつめい》としてあてはまるものを、㋐~㋓から選びましょう。

①(㋓)　②(㋐)　③(㋑)　④(㋒)

㋐ ごみを完全《かんぜん》に灰にしたり、どろどろにとかしたりする。
㋑ ごみをもやすときに出た熱でじょう気をつくり、発電機を回す。
㋒ はいガスにふくまれる体によくないけむりを取りのぞく。
㋓ コンピューターを利用して、自動でごみの重さをはかる。

(2) 次の文の(　)にあてはまる言葉を書きましょう。

清掃工場では、機械を使ってもえるごみをしょりしている。すべての作業は、中央せいぎょ室で(① 人)が機械をコントロールして、工場の(② 安全)をたもっている。

2 次の問いに答えましょう。

(1) もえないごみが運ばれるしせつを何といいますか。　(リサイクルプラザ)

(2) (1)のしせつで分別され、しょりできないものが運ばれる場所はどこですか。　(うめ立て場)

(3) 次の文の(　)にあてはまる言葉を書きましょう。

スチールかんなどの容器《ようき》を種類ごとに分別し、資源として回《かい》収《しゅう》するために右のような(① 識別)マークがつけられている。(①)マークは、資源を分別・再利用するという(② リサイクル)ができる容器であることをしめしている。

ヒント 2 (3) マークを見ると、容器が何でつくられているかがわかります。

できたかな？

□「リサイクル」とはどういう意味か、説明《せつめい》してみよう。
□もえるごみともえないごみのしょりのしくみを、それぞれ作業の順番《じゅんばん》に説明してみよう。

おうちのかたへ

普段から何気なく捨てているごみが、どのように処理されているのかを理解することが目標です。とくにリサイクルの考えは重要で、再利用できるごみを確実にリサイクル施設に届けられるよう、識別マークにもとづく分別の大事さを伝えてあげてください。

練習 13ページ

1 (1)もえるごみは、もやして灰にすることでしょりしています。また、もやしたときに出るじょう気もむだにせず、発電に利用しています。
(2)しょりをするための機械はすべて、人が交代しながら24時間管《かん》理《り》しています。

2 (2)リサイクルプラザに運ばれたもえないごみは、機械によってしょりされたあと、鉄やアルミニウムはリサイクル工場に運《はこ》ばれ、しょりできないものはうめ立て場に運ばれます。
(3)識別マークは、リサイクルできる容器などの資源ごみにつけられるものです。「スチール」のほかにも「アルミ」や「プラ」など、種類ごとに表記のちがいがみられます。

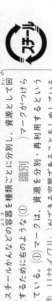

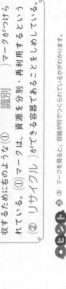

ぴったり1 じゅんび

2. 健康《けんこう》なくらしを守る仕事

1 ごみのしょりと活用③

学習日

14ページ

◎めあて
ごみのゆくえと、ごみをへらすための取り組みをかくにんしよう。

教科書 44〜49ページ　答え 8ページ

次の(　　)に入る言葉を、下から選《えら》びましょう。

1 もやしたごみのゆくえ　教科書 44〜45ページ

うめ立て場

- もやしたあとの(① 灰)や、リサイクルできなかったごみは**うめ立て場**に運ばれる。
- 新しいうめ立て場をつくるには、建設《けんせつ》する場所をどこにするか、(② 住民)の同意はえられるかなど、むずかしい問題がある。今のうめ立て場を少しでも長く使う努力《どりょく》が必要《ひつよう》である。

灰のリサイクル

- 灰の一部は、(③ セメント)工場に運ばれ、セメントの原料《げんりょう》としてリサイクルされる。資源《しげん》の節約《せつやく》や、うめ立て場を長く使うことにつながる。

2 ごみ問題に取り組む／ごみをへらすために　教科書 46〜49ページ

ごみをへらす取り組み

- 海のゆたかさを守るために、世界中で(④ 海洋ごみ)をへらす取り組みがおこなわれている。海洋ごみの多くは(⑤プラスチックごみ)であることから、プラスチックごみをへらすため、日本では2020年からレジぶくろが(⑥ 有料)となった。

ワンポイント ごみをへらすための4R《アール》

4R
- リフューズ（Refuse）…いらないものはことわる
- (⑦ リデュース)（Reduce）…ごみが出るのをおさえる
- (⑧ リユース)（Reuse）…ものをすてずにくり返し使う
- リサイクル（Recycle）…ちがうものにつくり変《か》えてふたたび使う

- ごみのしょりにかかるお金は、住民から集めた(⑨ 税金)を使っている。また、ごみのふくろの一部を有料にして、ごみしょり費用にあてている。

選んだ言葉に☑　□セメント　□有料《ゆうりょう》　□海洋ごみ　□リデュース　□プラスチックごみ　□税金《ぜいきん》　□灰《はい》　□住民《じゅうみん》　□リユース

ぴったり2 練習

学習日

15ページ

ぴたトリビア
税金とは、国や都道府県《とどうふけん》、市（区）町村がみなさんや、家の人から集めるお金のことです。

教科書 44〜49ページ　答え 8ページ

1 右の図について、次の問いに答えましょう。

(1) 次の文の(　　)にあてはまる言葉を、それぞれ選び○でかこみましょう。

図は、大分《おおいた》市の{① 清掃《せいそう》工場・(うめ立て場)}の今後についてまとめたものである。残《のこ》りのうめ立てられる量《りょう》は約《やく》{② (40)・280 }万m^3で、今のままでは、{①}があとおよそ30年ぐらいしか使えないといわれている。

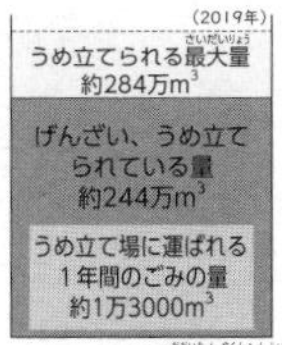

(2021年大分市役所資料《おおいたしやくしょしりょう》)

↑ 大分市のうめ立て場の今後

(2) (1)の課題《かだい》を解決《かいけつ》するために、ごみをもやしたあとに出る灰を(　　)の原料《げんりょう》としてリサイクルすることで、うめ立て場を利用できる期間をのばそうとする取り組みがおこなわれています。(　　)にあてはまる言葉を書きましょう。

(セメント)

2 次の問いに答えましょう。

(1) ごみのしょりにかかる費用のほとんどは、みなさんや家の人がおさめている(　　)からしはらわれています。(　　)にあてはまる言葉を書きましょう。

(税金)

(2) ごみをへらして、資源をたいせつにする4Rの取り組みについて、次の①〜④に合う取り組みを、それぞれ㋐〜㋓から選びましょう。

① リフューズ（Refuse）　(㋒)
② リデュース（Reduce）　(㋑)
③ リユース（Reuse）　(㋓)
④ リサイクル（Recycle）　(㋐)

㋐回収《かいしゅう》した新聞紙をトイレットペーパーにつくり変える。

㋑つめかえができるシャンプーを買うようにする。

㋒買い物に、マイバッグを持っていき、ふくろはもらわない。

㋓おもちゃがこわれても、しゅうりして、くり返し使う。

ヒント ❶ (1) ②でうめ立てられる最大量から、げんざいうめ立てられている量を引くと、残《のこ》りの量がわかります。

できたかな？

□うめ立て場にかんする問題について説明《せつめい》してみよう。

□自分にできる、ごみをへらすための取り組みにはどのようなものがあるか、考えてみよう。

おうちのかたへ

うめ立て場の問題などを例に、ごみの削減が重要な課題であると理解することが目標です。世界中で循環型社会が目指されているということを実感するために、ごみの分別やレジ袋の有料化など、4Rの考えに沿った取り組みが身近に見られることを伝えてあげてください。

練習　15ページ

❶ (1)大分《おおいた》市のうめ立て場の、残りのうめ立てられる量は、最大《さいだい》量の約《やく》284万m^3から、現在《げんざい》うめ立てられている約244万m^3をひいた、約40万m^3です。1年間に約1万3000m^3のごみが運《はこ》ばれているので、およそ30年でうめ立て場がいっぱいになってしまうと考えられます。

❷ (1)(2)国や地いきの生活をよりよくするために、住んでいる人たちがおさめるお金を税金といいます。多くの税金がかかってしまうことも、ごみしょりの課題となっています。これらの課題を解決するためには、ごみをへらしていくことが必要《ひつよう》です。「Refuse《リフューズ》（ことわる）」「Reduce《リデュース》（へらす）」「Reuse《リユース》（くり返し使う）」「Recycle《リサイクル》（つくり変える）」の「4R」の意識《いしき》をもつことがたいせつです。

ぴったり3

たしかめのテスト

2．健康《けんこう》なくらしを守る仕事

1 ごみのしょりと活用

16ページ

／100 ごうかく80点

教科書 32〜49ページ　答え 9ページ

1 右の絵は家庭から出るごみです。これらすべてのごみを、①〜④に分類《ぶんるい》して、記号で答えましょう。　技能 1つ完答5点（20点）

① もえるごみ　（㋐・㋒）
② もえないごみ　（㋓・㋗）
③ 資源《しげん》ごみ　（㋑・㋔）
④ 自分で申しこんで収集《しゅうしゅう》するごみ　（㋕・㋖）

2 次の図を見て、問いに答えましょう。　1つ5点（20点）

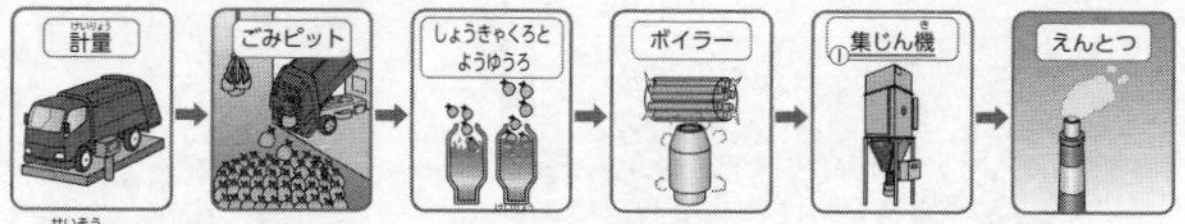

清掃《せいそう》工場のしくみ

リサイクルプラザのしくみ

(1) よく出る もえないごみが運ばれて、しょりされるのは、清掃工場とリサイクルプラザのどちらですか。　（リサイクルプラザ）

(2) 清掃工場の機械《きかい》をコントロールする部屋を、何といいますか。　（中央せいぎょ室）

(3) てきたらスゴイ！ 下線部①の機械を使っておこなわれるものを、㋐〜㋒から選びましょう。　（㋑）

㋐ コンピューターを利用《りよう》して、自動でごみの重さをはかる。
㋑ はいガスにふくまれる体によくないけむりを取りのぞく。
㋒ ごみをしょりしやすいように、おおまかにくだく。

(4) 図中の②には、細かくなったごみを、磁石《じしゃく》を使って、鉄やアルミニウムに分ける機械の名前が入ります。この機械の名前を書きましょう。　（選別機）

学習日　17ページ

3 ごみしょりについて、正しいものには○を、まちがっているものには×をつけましょう。　1つ5点（30点）

① （○）ごみをリサイクルしたり、へらしたりする方法《ほうほう》に取り組んでいる。
② （×）ごみをしょりするのは市の仕事で、無料《むりょう》でおこなわれている。
③ （×）ごみの量《りょう》はふえ続《つづ》けているので、ごみしょり場とうめ立て場をふやしていくことがたいせつである。
④ （○）自分の地いきだけでなく、まわりの市町村や県とも協力《きょうりょく》して、ごみしょりの仕事をしている。
⑤ （×）家庭から出るごみは、ごみ収集車でうめ立て場に運ばれる。
⑥ （○）ごみをもやすときに出る熱《ねつ》で電気をつくるなど、エネルギーとしてうまく利用している。

4 次の問いに答えましょう。　1つ5点（30点）

(1) 次の①〜③は、4R《アール》のうちの何にあてはまりますか。カタカナで答えましょう。

①買い物をしたとき、ビニールぶくろをもらうのをことわる。
②かんの識別《しきべつ》マークを見て、回収《かいしゅう》ボックスに入れる。
③こわれたいすは、しゅうりしてくり返し使う。

①（リフューズ）　②（リサイクル）　③（リユース）

(2) 大分《おおいた》市で取り組んでいることを右のようにまとめました。下線部について、次の文の（　）にあてはまる言葉を書きましょう。

- ごみの出し方のきまりをつくっている。
- ごみのふくろを一部有料《ゆうりょう》にしている。
- ごみをリサイクルして資源として使う。

ごみの①にかかるお金には、税金《ぜいきん》が使われています。一人一人に、ごみを②ことにしんけんに取り組んでもらおうと考えて、ごみのふくろを有料にしました。

①（しょり）　②（（例）へらす）

記述 (3) 循環型《じゅんかんがた》社会とは、どのような社会ですか。次の言葉を使って書きましょう。　思考・判断・表現

ごみ　資源　むだ

（（例）ごみを資源として考え、むだなく使おうとする社会。）

ふりかえり　4(1)がわからないときは、14ページの2にもどってかくにんしてみよう。

たしかめのテスト　16〜17ページ

1 ③新聞紙などの古紙や、ペットボトルなどのプラスチック容器《ようき》はリサイクルできるため、資源ごみにあてはまります。④たんすや自転車などの大きなごみは、自分で申しこんで収集するごみにあてはまります。

2 (3)㋑集じん機《き》では、体によくないけむりを取りのぞいたあと、えんとつから残《のこ》ったけむりをはい出しています。㋐は計量《けいりょう》という作業、㋒はリサイクルプラザでおこなわれる、あらはさいという作業です。

3 ②ごみぶくろを有料にすることで、各家庭《かくかてい》がごみぶくろを買ったお金でごみをしょりしたり、ごみをへらす意識《いしき》をもってもらったりするねらいがあります。③うめ立て場をつくる場所をかんたんにかくほできないという問題があるため、ごみをへらす努力をすることがたいせつです。⑤家庭から出たごみは、まず清掃工場やリサイクルプラザに運ばれ、しょりされます。

記述問題のプラスワン

4 (3)「循環《じゅんかん》」とは、ひとまわりして元にもどり、ふたたびくり返すことです。それをふまえて、循環型《がた》社会とは、ごみを資源《しげん》として再利用《さいりよう》し、むだを出さない社会であるということを理解《りかい》しましょう。

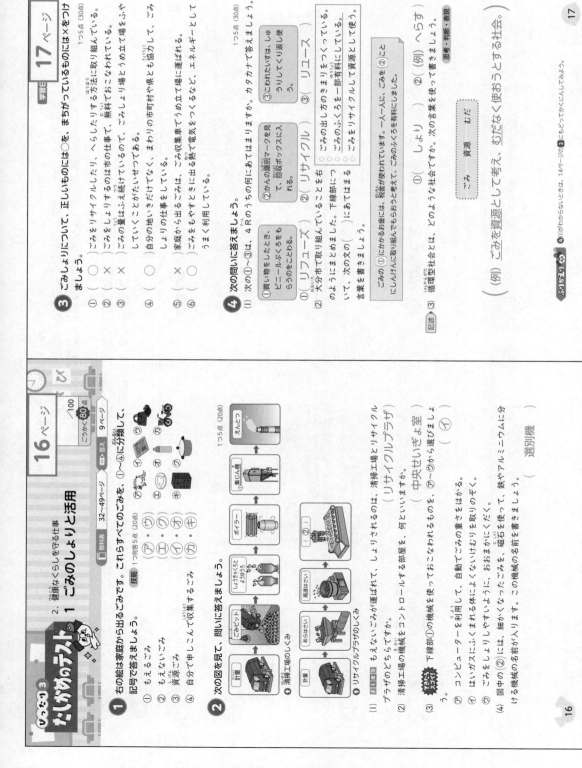

ぴったり1 じゅんび

2．健康《けんこう》なくらしを守る仕事
2 くらしをささえる水①

学習日 **18ページ**

めあて 生活で使う水の量や、水が送られてくる場所をかくにんしよう。

教科書 54~59ページ　答え 10ページ

次の（　　）に入る言葉を、下から選《えら》びましょう。

1 くらしにかかせない水／大阪府《おおさかふ》の人々をささえる水　教科書 54~57ページ

水を使うときと量《りょう》

ワンポイント 水の量をあらわす単位《たんい》

● ㎥（① 立方メートル）
…たて・横・深さがそれぞれ１m《メートル》の容器《ようき》に入る量。１L《リットル》のペットボトル（② 1000）本分。

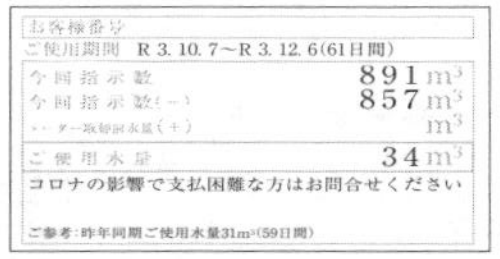

お客様番号	
ご使用期間　R 3. 10. 7～R 3. 12. 6(61日間)	
今回指示数	891 m³
今回指示数(－)	857 m³
メーター取替時計水量(＋)	m³
ご使用水量	34 m³
コロナの影響で支払困難な方はお問合せください	
ご参考：昨年同期ご使用水量31m³(59日間)	

「水道使用量等のお知らせ」の一部

● わたしたちは１日に約《やく》214Lの水を使っている。
生活の中で一番水を使っているのは（③ おふろ）で、トイレやせんたく、料《りょう》理《り》にも多くの水を使っている。

大阪府の人々をささえる水

● 大阪府の１年間の水の使用量の合計は、約（④ 10）億㎥であり、一番多くの水が使われているのは（⑤ 家庭）であるとわかる。

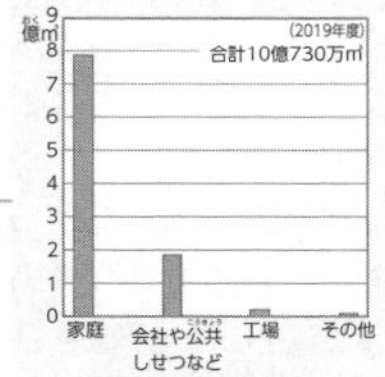

1年間の大阪府での水の使い道（2021年　大阪府資料）

2 使う水はどこから　教科書 58~59ページ

大阪府にとどくきれいな水

● 琵琶湖《びわこ》（滋賀県《しがけん》）から流れる川の水が（⑥ ダム）を通り、大きめのごみを取りのぞく（⑦ 取水場）から**じょう水場**へ送られ、きれいな水となる。

● きれいになった水は、**じょう水**といい、（⑧ 配水池）（塔《とう》）に一時的《てき》にたくわえておく。

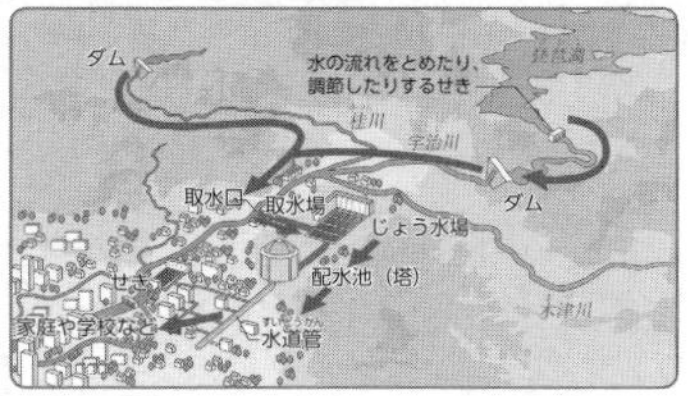

水が送られてくるまで

選んだ言葉に✓				
	□家庭	□配水池	□取水場	□1000
	□ダム	□10	□おふろ	□立方メートル

ぴったり2 練習

学習日 **19ページ**

ぴたトリビア ダムは川をせき止め、水をたくわえるのに都合がよいので森林を切り開いたところなどにつくられます。

教科書 54~59ページ　答え 10ページ

1 次の問いに答えましょう。

(1) たて・横・深さがそれぞれ１mのうつわに入る量をあらわす単位を何といいますか。（㎥（立方メートル））

(2) 右の２つの図を見て、正しいもの１つに○をつけましょう。

①（　　）１日に一人が使う水の量《りょう》は200L《リットル》未満である。

②（　　）大阪府の家庭で使われる水は１年間で８億《おく》㎥より多い。

③（ ○ ）生活の中でもっとも多くの水を使うのはおふろである。

④（　　）大阪府で使われる水の量は会社や公共しせつより工場が多い。

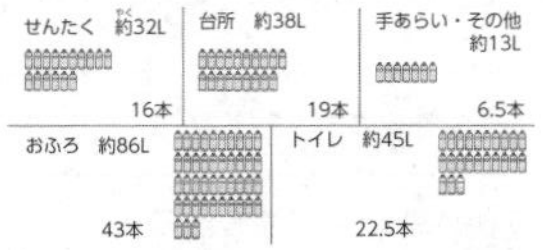

1日に一人が使う水をペットボトル（2L）であらわした図（東京都水道局資料《とうきょうとすいどうきょくしりょう》ほか）

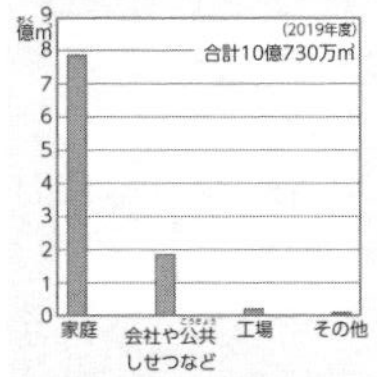

1年間の大阪府での水の使い道（2021年　大阪府資料）

2 次の図を見て、問いに答えましょう。

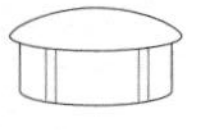

配水池

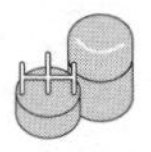

取水場

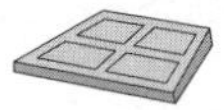

じょう水場

(1) 次の①～③が説明しているしせつを、上の３つの図から選び、しせつの名前を書きましょう。

① 家庭や学校に送る水の量を調節《ちょうせつ》するために、一時的にたくわえておく。（配水池）

② わたしたちが安全に飲むことができる、きれいな水をつくる。（じょう水場）

③ 川や湖から水を取りこみ、大きめのごみを取りのぞいたあとに、次のしせつに送る。（取水場）

(2) ①～③を、水が通ってくる順《じゅん》にならべて番号を書きましょう。

ダム→（③）→（②）→（①）→じゃ口

ヒント 2 (2) 川や湖の水は、水道のしせつを通って、安全な水にしょりされ、わたしたちのもとにとどけられます。

できたかな？

□わたしたちの生活のさまざまな場面で、およそ何Lの水を使っているか説明《せつめい》してみよう。

□どのようにしてわたしたちのもとにきれいで安全な水がとどいているか説明してみよう。

おうちのかたへ

普段の生活で大量の水を使っていること、また、その水は川や湖からさまざまな施設を通って私たちに届けられていることを知ることが目標です。この後の、水をきれいにするのに必要な工程や、水が有限な資源であることの学習につながっていきます。生活のなかでどれだけの水を使っているか、お子さまと一緒にふりかえってみてください。

練習　19ページ

1 (2)①図の数をすべて足すと、１日に一人が使う水は約214L《リットル》となります。
②大阪府の家庭で使われる水は１年間で８億㎥よりすこし少ないことがわかります。
④会社や公共しせつと工場の水の量をくらべると、工場のほうが少ないことがわかります。

2 (2)ダムなどから流れてきた水は取水場で取りこまれ、じょう水場に送られます。じょう水場できれいで安全になった水は、配水池《ち》にたくわえられ、そのあと、わたしたちの家などに送られます。

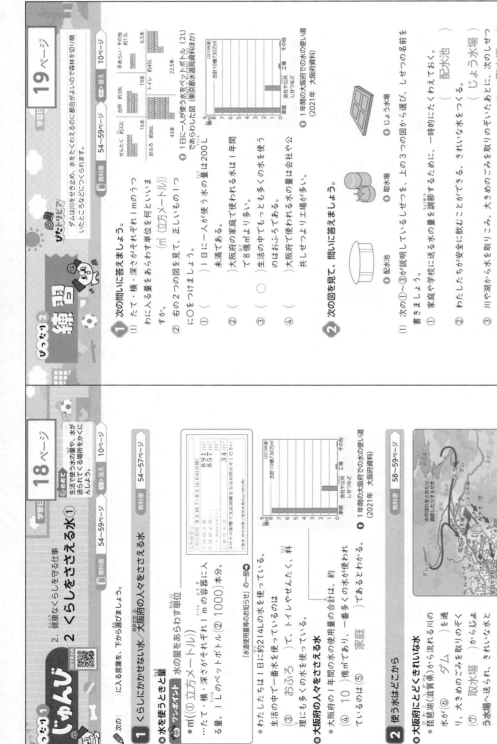

ぴったり1 じゅんび

学習日 **20ページ**

2．健康《けんこう》なくらしを守る仕事

2 くらしをささえる水②

めあて：じょう水場のしくみと、働《はたら》く人の仕事を知ろう。

教科書 60〜63ページ　答え 11ページ

次の（　　）に入る言葉を、下から選《えら》びましょう。

1 水道水をつくるじょう水場　教科書 60〜61ページ

ワンポイント　じょう水場のしくみ

- **じょう水場**では、川から取り入れた水をきれいにする作業をくり返して、（① おいしい ）水をつくっている。

（② ちんさ池 ）	（③ ろか池 ）	（④ じょう水池）
水の中のあらいごみや砂《すな》をしずめる。	砂のそうでにごりをきれいにする。	できあがった水をためる。

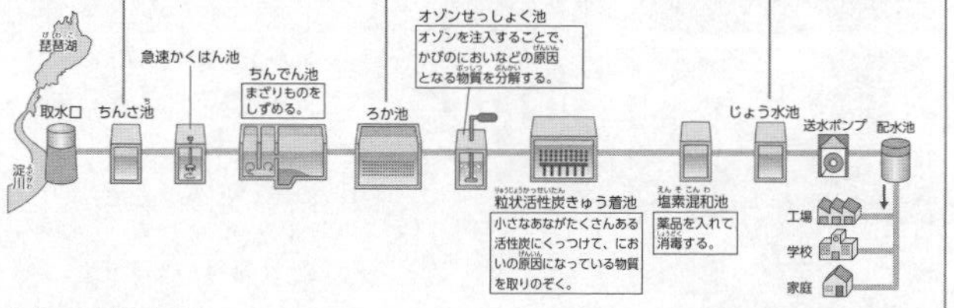

じょう水場のしくみ

- 24時間交代しながら水をつくり、学校や家庭に水を送っている。

2 安全・安心をつくって送る　教科書 62〜63ページ

じょう水場で働《はたらく》く人

- じょう水場の中央管理室《かんりしつ》…（⑤ コンピューター ）で、じょう水場のしせつや機械《きかい》、水のじょうたいなどを（⑥ 24 ）時間管理している。
- （⑦ 水質けんさ ）…安全な水をつくるため、毎日川の水を調べて入れる薬品の量《りょう》を調節《ちょうせつ》している。
- じょう水場でつくられた水は地下の（⑧ 水道管 ）を通って、家庭などにとどけられる。水道管の管理として、水もれの調査《ちょうさ》や水道管の交かんなどを行う。

水質けんさのようす

選んだ言葉に✓				
	□ろか池《ち》	□ちんさ池	□じょう水池	□水道管《すいどうかん》
	□コンピューター	□水質《すいしつ》けんさ	□おいしい	□24

ぴったり2 練習

学習日 **21ページ**

ぴたトリビア：震災《しんさい》による断水《だんすい》は、4週間をこえると肉体的《てき》にも精神《せいしん》的にもきびしいという声を受けて、水道の復旧《ふっきゅう》期間は震災後およそ4週間までを目標《もくひょう》としています。

教科書 60〜63ページ　答え 11ページ

1 下の①〜⑥の説明《せつめい》にあてはまるしせつを、次の図中の㋐〜㋕から選びましょう。

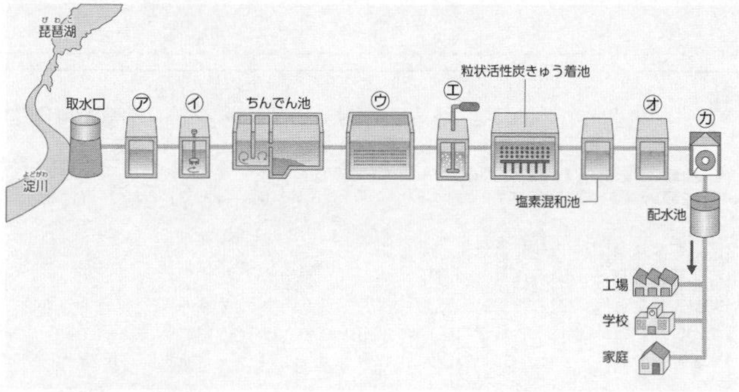

じょう水場のしくみ

① 砂《すな》や、あらいごみをしずめる。（㋐）
② にごりを、砂のそうで取りのぞく。（㋒）
③ できあがった水をためる。（㋔）
④ 薬品を入れ、かきまぜる。（㋑）
⑤ オゾンを注入し、かびのにおいの原因を分解する。（㋓）
⑥ ポンプを使い、学校や家庭に水を送る。（㋕）

2 次の絵の作業内容《ないよう》を、下の㋐〜㋒からそれぞれ選びましょう。

① 
（㋒）

② 
（㋐）

③ 
（㋑）

㋐ 川の水の水質けんさをしている。
㋑ せんようの器具《きぐ》を使って水道管の水もれ調査をしている。
㋒ コンピューターで水のじょうたいを、24時間管理している。

ヒント ❷ じょう水場で働く人々のようすを、絵から読み取りましょう。

練習　21ページ

❶ 取水場で取りこまれた川の水は、じょう水場に送られます。じょう水場では、あらいごみや砂をしずめる「ちんさ池」、薬品を入れてかきまぜる「急速かくはん池」、まざりものをしずめる「ちんでん池」、砂のそうでにごりを取りのぞく「ろか池」、オゾンを注入してかびのにおいなどの原因《げんいん》となる物質を分解する「オゾンせっしょく池」、その物質を活性炭《かっせいたん》にくっつけて取りのぞく「粒状《りゅうじょう》活性炭きゅう着池」、薬品を入れて消毒《しょうどく》する「塩素混和《えんそこんわ》池」、できあがった水をためておく「じょう水池」の順《じゅん》に水を通して、きれいな水が配水池にたくわえられます。

❷ ①は中央管理室でコンピューターを使ってしせつを管理しているようす、②は水質けんさをしているようす、③は水もれを調査しているようすです。

できたかな？

□水がきれいになるまでに通るじょう水場のしせつを、順番に説明してみよう。
□水質けんさとは何か、また、水道管とは何かを説明してみよう。

おうちのかたへ

普段使っている水が、さまざまな人たちの厳密な管理によって届けられていることを理解することが目的となります。日本では住んでいる場所に関わらず、家庭や公園、学校などの蛇口から出る水を飲むことができますが、そのような国は世界でも限られています。安全な水をつくり、送っている人たちの仕事の質の高さや、その大切さをお子さまに伝えてあげてください。

ぴったり1 **じゅんび**

2．健康《けんこう》なくらしを守る仕事
2 くらしをささえる水③

学習日 **22ページ**

めあて 水を守る取り組みや森林のはたらきを知ろう。

教科書 66〜69ページ　答え 12ページ

次の（　）に入る言葉を、下から選《えら》びましょう。

1 毎日水が使えること　教科書 66〜67ページ

水を守る取り組み

- 世界ではおよそ（① 4 ）人に1人が、安全な水を手に入れることができない。
- 日本でも、地震《じしん》によって（② 水道管 ）がこわれ、水が使えなくなることがある。
- 水をよごさないために、地いきの人が協力《きょうりょく》して行う天野川《あまの》のそうじや、琵琶湖《びわこ》のまわりの（③ 森林 ）を守る取り組みがおこなわれている。

安全な水が使えることは当たり前ではないんだね。

2 水源《すいげん》を守るために　教科書 68〜69ページ

ワンポイント 水のじゅんかんと給水量《きゅうすいりょう》

- 水源《すいげん》である森林は、（④ 雨 ）がふると水をたくわえ、地下水をつくる。
- 木の根が土や砂《すな》をおさえこみ、（⑤ 土砂くずれ ）を防《ふせ》ぐはたらきもすることから、「（⑥ 緑のダム ）」とよばれる。
- 水は陸地《りくち》、（⑦ 海 ）、空をくり返しまわっているが、森林がこわされると水がうまくじゅんかんできないため、手入れを続《つづ》けることがたいせつである。
- 大阪府《おおさかふ》の（⑧ 給水量 ）は、2000年から少しずつへってきている。
- 水をたいせつに使う取り組みが広がってきている。

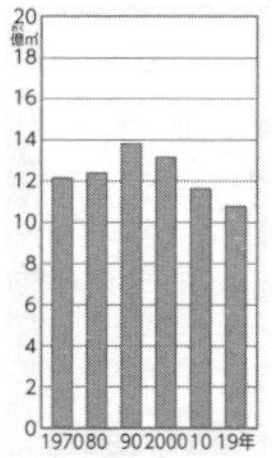

大阪府の給水量のうつり変わり（2021年 大阪府資料ほか）

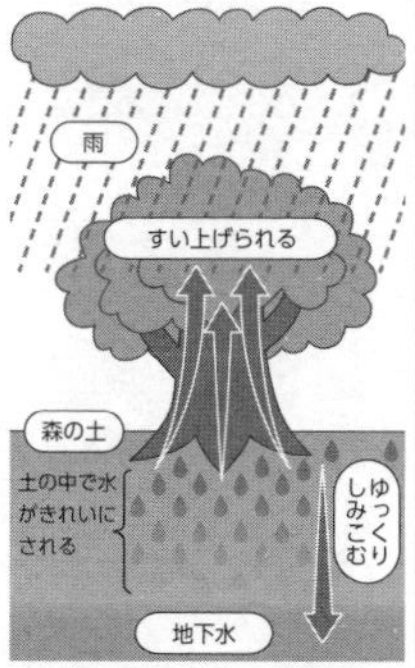

給水量
水を学校や家庭など使われる場所までとどけることを給水といい、給水量はその量のこと。

選んだ言葉に✓				
	□水道管《すいどうかん》	□海	□緑のダム	□土砂《どしゃ》くずれ
	□4	□雨	□給水量《きゅうすいりょう》	□森林

22

ぴったり2 **練習**

学習日 **23ページ**

ぴたトリビア　地球の表面の約《やく》3分の2が水でおおわれており、そのうちの97.5%が海水であると言われています。

教科書 66〜69ページ　答え 12ページ

1 水をよごさない取り組みについて、次の文の（　）にあてはまる言葉を、下の［　］からそれぞれ選びましょう。

- 大阪府の人々のくらしをささえる（① 琵琶湖 ）には、水中のちっそやリンをすい取ったり、（② よごれ ）を分解《ぶんかい》したりするはたらきをもつ（③ よし ）という植物がある。
- 湖や川の水がよごれないように、（④ 地いき ）の人たちによる、せいそう活動がおこなわれている。

地いき　よし　琵琶湖　よごれ

2 次の問いに答えましょう。

(1) 右の図中の①〜④にあてはまる言葉を、下の［　］からそれぞれ選びましょう。

① （ 水じょう気 ）
② （ 雨 ）
③ （ ダム ）
④ （ 海 ）

海　雨　水じょう気　ダム

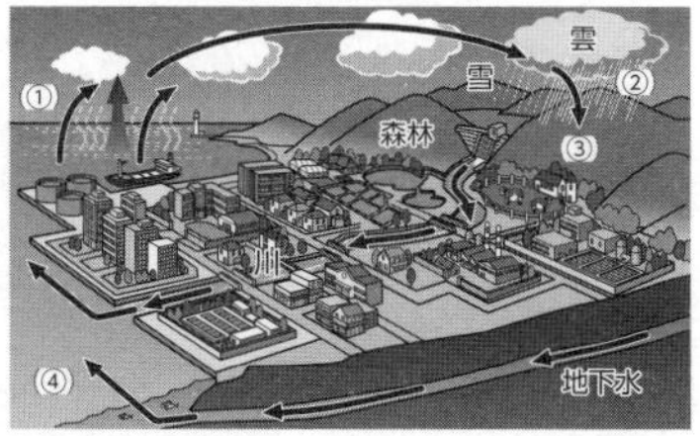

水のじゅんかん

(2) 右のグラフを見て、正しいものには○を、まちがっているものには×をつけましょう。

① （ ○ ）人口は1990年から数値はあまり変わらない。
② （ × ）給水量がいちばん多い年は2000年で、約《やく》14億㎥である。
③ （ ○ ）給水量は1970年から1990年までふえている。
④ （ × ）人口がふえるとともに、給水量もふえている。

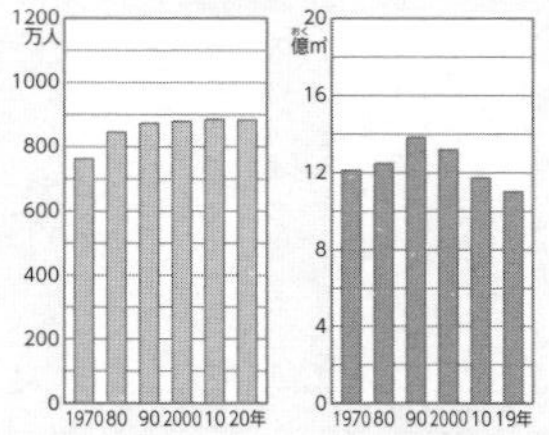

大阪府の人口のうつり変わり（2021年 大阪府資料）　大阪府の給水量のうつり変わり（2021年 大阪府資料ほか）

ヒント　2 (2) グラフの中でいちばん多いところに注目して、たてじくと横じくの単位《たんい》をたしかめて考えましょう。

23

練習　23ページ

1 およそ40年前まで、琵琶湖の水《すい》質《しつ》はよくないものでした。原因《げんいん》は、家庭や工場からのはい水です。その後、地いきの人たちによって、よごれを分解する植物であるよしが植えられたり、湖や周《まわ》りの地いきの清掃《せいそう》活動がおこなわれたりしたことで、きれいな湖へと変《か》わっていきました。

2 (2)②給水量のグラフをみると、給水量がいちばん多い年は1990年であり、2000年からは少しずつ給水量がへっています。
④大阪府の人口は1990年からほとんど変わっていませんが、給水量はへっています。このことから、一人ひとりが使う水の量はへっていることがわかります。

できたかな？
□森林が「緑のダム」とよばれる理由《りゆう》を説明《せつめい》してみよう。
□使う水をへらす取り組みや水を再利用《さいりよう》する取り組みを考えてみよう。

おうちのかたへ
毎日水を使えることは当たり前ではなく、大切に使わなければならないことを理解することが目標です。「水を大切にする」ということは、「水源となる森林を守る」こと、「節水や水の再利用をする」ことであると、お子さまに伝えてあげてください。そのうえで、環境のためにも、水を大切にする取り組みを生活のなかで実践し、節水・再利用の習慣化を目指してみてください。

ぴったり3
たしかめのテスト

2．健康《けんこう》なくらしを守る仕事
2 くらしをささえる水

24ページ

／100 ごうかく80点

教科書 54〜69ページ　答え 13ページ

1 右のグラフを見て、次の問いに答えましょう。　1つ5点（30点）

(1) グラフのたてじくと横じくは何をあらわしていますか。　技能

たてじく（ 給水量 ）
横じく（ 年 ）

(2) できたらスゴイ！ グラフから読み取れることについて、次の（　）にあてはまる数や言葉を書きましょう。

大阪府《おおさかふ》の給水量《きゅうすいりょう》は1970年から（① 1990）年まではふえていたが、（② 2000）年から給水量が年々へっている。給水量がへっている背景《はいけい》として、市民《しみん》一人一人が（③ たいせつ）に水を使うようになったからであると考えられる。

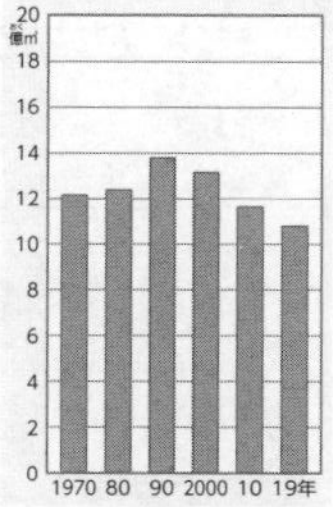

大阪府の給水量《きゅうすいりょう》のうつり変《か》わり
（2021年　大阪府資料《しりょう》ほか）

記述 (3) みんなができる水をたいせつに使うくふうのうち、水の再利用《さいりよう》にあてはまる身近な取り組みの例《れい》を、一つ書きましょう。　思考・判断・表現

（（例）せんたくをするときにおふろの残り湯を使う。）

2 右の図を見て、次の問いに答えましょう。　1つ5点、(2)は完答（20点）

(1) 図の下線部あ〜うのしせつの説明《せつめい》を、ア〜ウから選びましょう。

あ（ ア ）い（ ウ ）う（ イ ）

ア　川の水を取り入れる。
イ　できあがった水をためる。
ウ　にごりを砂《すな》のそうで取りのぞく。

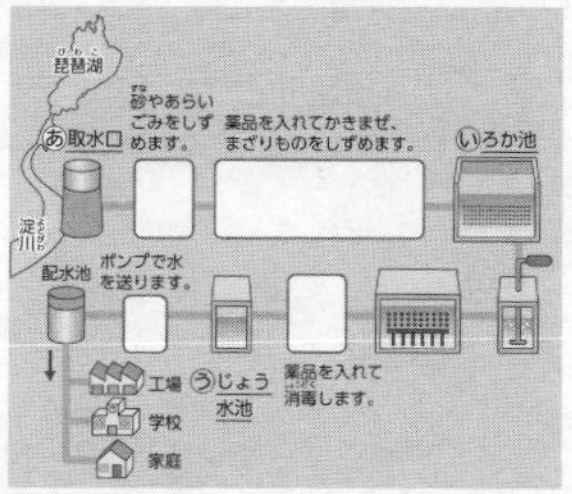

じょう水場のしくみ

(2) 図の□□には、ア送水ポンプ、イちんさ池《ち》、ウ急速かくはん池とちんでん池、エ塩素混和池《えんそこんわ》のいずれかのしせつがあてはまります。図の説明を参考《さんこう》にして、ア〜エのしせつを、水が送られてくる順《じゅん》になるようにならべましょう。　技能

（ イ ）→（ ウ ）→（ エ ）→（ ア ）

学習日　25ページ

3 下の図を見て、次の問いに答えましょう。　1つ5点（20点）

(1) 図について、次の文の（　）にあてはまる言葉を、図中の言葉を用いて書きましょう。

（ 地下水 ）

ふった雪や雨は、森林の木の葉やえだをつたわって土にしみこむ。森林の土によってたくわえられた水は、少しずつ時間をかけて（　）となり、湖や川などに流れこむ。

(2) よく出る 森林の役わりについて、次の文の（①）にあてはまる内容《ないよう》と（②）にあてはまる言葉を書きましょう。

(1)のように、森林は雨水をたくわえるはたらきがある。また、木の根が土や砂をおさえこみ、（①）はたらきもあることから、森林は（②）とよばれている。

①（（例）土砂くずれを防ぐ）
②（ 緑のダム ）

(3) 図のように、水は陸地《りくち》や海、空をくり返しまわっています。このような水の流れを、水の（　）といいます。（　）にあてはまる言葉を書きましょう。

（ じゅんかん ）

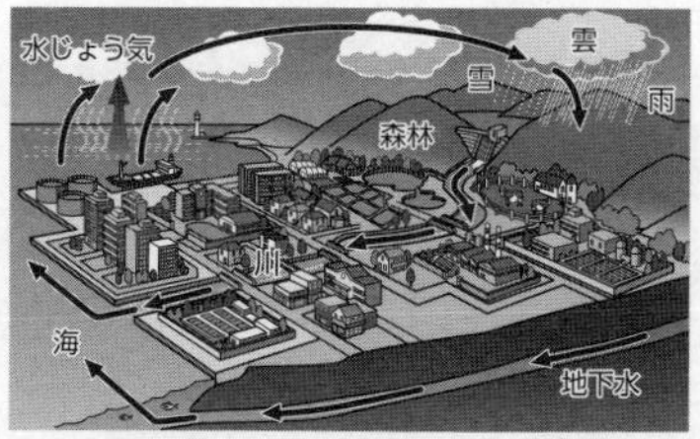

4 くらしをささえる水について、正しいものには○を、まちがっているものには×をつけましょう。　1つ5点（30点）

①（ × ）日本は水がゆたかな国なので、水を使えずにこまることはまったくない。
②（ ○ ）森林を守ることは、水源《すいげん》を守ることにつながる。
③（ ○ ）世界には、水道がじゅうぶんに整っていない国もある。
④（ × ）水道を使った料金《りょうきん》は、税金《ぜい》でまかなわれる。
⑤（ ○ ）水のみなもとである川や湖をよごさないようにする活動が続《つづ》けられている。
⑥（ ○ ）ごみをすてないことは、安全できれいな水を守ることにつながる。

ふりかえり　3がわからないときは、22ページの2にもどってかくにんしてみよう。

たしかめのテスト　24〜25ページ

1 (1)(2)たてじくの単位《たんい》が「億《おく》m^3」、横じくの単位が「年」であることから、それぞれ給水量と年をあらわしているとわかります。また、2000年から給水量がへっているのは、人びとが水をたいせつにして、水の使用量がへっているためであると考えられます。

2 (2)砂やあらいごみをしずめるのは「ちんさ池《ち》」、薬品を入れてかきまぜ、まざりものをしずめるのは「急速かくはん池とちんでん池」、薬品を入れて消毒《しょうどく》するのは「塩素混和池」、配水池へと水を送るのが「送水ポンプ」です。

3 森林は雨水をたくわえることから、「緑のダム」とよばれます。たくわえられた雨水は、土を通って地下水となります。また、森林には、土砂くずれを防《ふせ》ぐはたらきもあります。

4 ①雨がふらない日が続いたり、災《さい》害《がい》で水道が使えなくなったりするおそれがあります。
④水道の料金は、使った人が、使った分だけしはらいます。

記述問題のプラスワン

1 (3)水の再利用《さいりよう》とは、一度使った水を、ふたたび使うことです。おふろの残《のこ》り湯をせんたくに使う、お米をあらった水を花だんの水やりに使うなど、自分の生活のなかで使った水を再利用する方法《ほうほう》を考えて書きましょう。

3 (2)①「木の根が土や砂をおさえこみ」という内容《ないよう》が前でのべられているので、「土砂くずれをおこさないようにする」という内容の言葉を書きましょう。

ぴったり1 じゅんび

学習資料《しりょう》 2. 健康《けんこう》なくらしを守る仕事

下水のしょりと再利用《さいりよう》

学習日 **26ページ**

めあて 使われた水のしょりと再利用のしかたについて理解しよう。

教科書 50～53ページ　答え 14ページ

次の(　　)に入る言葉を、下から選《えら》びましょう。

1 使われた水のしょり　教科書 50～51ページ

よごれた水のしょり

- 家や学校、工場などで使われた水を
  (① 汚水)といい、雨水と合わせて
  (② 下水)とよぶ。
- 東京都《とうきょう》には、下水をしょりする
  (③ 水再生センター)が、海や川のそばにつくられている。そこでしょりされた水は飲み水としては利用できない。
- 下水しょりをするなかでできるどろをあたためると(④ ガス)が発生し、ガスを利用《りよう》して、発電をおこなっている。

森ケ崎《もりがさき》水再生センター

水のしょりだけでなく、むだなく発電もおこなっているんだね！

2 しょりされた下水の再利用《さいりよう》　教科書 52～53ページ

下水道のやくわり

まちをせいけつにたもつ	下水をしょりして、まちをせいけつにたもつ。
まちを(⑤ しん水)から守る	まちにふった雨をはい水する。
地球のかんきょうを守る	水をリサイクルすることで、使う水のむだをへらす。

下水の再利用

- しょりされた下水は(⑥ 再生水)として、(⑦ 水洗トイレ)や花の水やり、(⑧ 野火止)用水の流水などにもういちど使われている。

ワンポイント 下水に流してはいけないおもなもの

- (⑨ 下水道管)がつまるおそれがあるものやしょりがむずかしいもの。

生ごみなど　トイレットペーパー以外《いがい》の紙　油や薬　(⑩ たばこ)やごみ

選んだ言葉に☑　□水洗《すいせん》トイレ　□しん水　□下水　□汚水《おすい》　□再生水《さいせい》　□ガス　□野火止《のびどめ》　□水再生《さいせい》センター　□下水道管《かん》　□たばこ

26

ぴったり2 練習

学習日 **27ページ**

ぴたトリビア　きれいな水がない国もあるので、海の水を真水《まみず》に変えて、すべての人においしい水をとどけようとする試《こころ》みもあります。

教科書 50～53ページ　答え 14ページ

1 次の図を見て、下の問いに答えましょう。

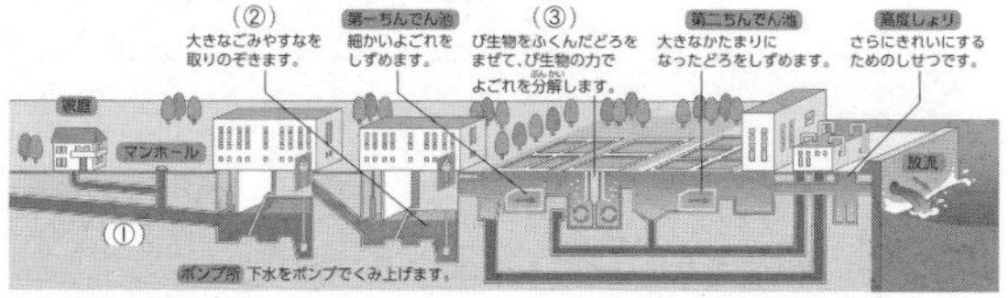

下水しょりのしくみ

(1) 図の①～③にあてはまる言葉を、㋐～㋒から選びましょう。

①(㋑)　②(㋒)　③(㋐)

㋐ 反のうそう　㋑ 下水道管《かん》　㋒ ちんさ池《ち》

(2) 水再生《さいせい》センターの説明《せつめい》として正しいものを、㋐～㋓から選びましょう。(㋑)

㋐ 水再生センターでしょりされた下水は、飲み水として再利用されている。
㋑ 下水をしょりするときにどろができ、それをあたためるとガスが発生する。
㋒ 水再生センターは、川や海からはなれたところにあることが多い。
㋓ 日本でいちばん大きな森ケ崎水再生センターは、大阪府《おおさかふ》にある。

(3) 次の文中の下線部の具体例《ぐたいれい》として正しくないものを、㋐～㋓から選びましょう。(㋑)

下水には、流してよいものと流してはいけないものがある。たとえば、下水道管がつまるもの、きずつけてしまうおそれのあるもの、しょりがむずかしく、かんきょうによくないえいきょうをあたえるものは流してはいけない。

㋐ 生ごみなど　㋑ トイレットペーパー　㋒ 油や薬　㋓ たばこやごみ

2 しょりされた水や雨水の利用方法《ほうほう》として、正しいものには○を、まちがっているものには×をつけましょう。

① (○)水洗トイレの水に使う。
② (○)まちにさく花への水やりに使う。
③ (×)学校のプールの水に使う。
④ (○)用水路の水に使う。

ヒント **1** (3) 水にとけないものは流すことができません。

27

練習　27ページ

1 (1)(2)家庭や学校、工場で使われた水は、下水道管を通って水再生センターへと送られます。水再生センターのしせつのうち、大きなごみを取りのぞくのは「ちんさ池」、び生物の力でよごれを分解《ぶんかい》するのは「反のうそう」です。水再生センターでは、下水をしょりするなかでできるどろをあたためることで発生したガスを、発電に利用しています。

(3)下水に流してはいけないものとしては、生ごみ、トイレットペーパー以外《いがい》の紙、油や薬、たばこやごみなどがあげられます。

2 水再生センターでしょりされた水は、きれいになっているものの、元もとが汚水などであるため、安全の面を考えて、わたしたちのはだにふれるものには利用されません。

できたかな？

□水再生センターのしせつを、下水がしょりされる順番《じゅんばん》に説明《せつめい》してみよう。
□しょりされた水がどのようなものに使われているか説明してみよう。

おうちのかたへ

生活のなかで使われた水が水再生センターで処理されてきれいになっていること、処理された水は川や海に放流されることのほか、私たちの肌に触れないところで再利用されていることが理解できたら、なぜそのようなことをしているかというところまで、一緒に考えてあげてください。

ぴったり1 じゅんび

学習資料 2. 健康《けんこう》なくらしを守る仕事

わたしたちのくらしと電気・ガス

めあて 電気・ガスがとどくまでの流れをかくにんしよう。

教科書 72〜77ページ　答え 15ページ

次の(　　)に入る言葉を、下から選《えら》びましょう。

1 電気はどこから／これまでとこれからの電気

教科書 72〜75ページ

電気がとどくまでの道のり

(① 発電所) → (② 変電所) → 工場／会社／家

送電線

おもな発電方法《ほうほう》

(③ 火力)発電	天然《てんねん》ガスや(④ 石油)などを燃料《ねんりょう》として発電する。燃料のほとんどを輸入《ゆにゅう》にたよっている。
(⑤ 水力)発電	水が流れる力で発電する。水不足《ふそく》のときに、必要《ひつよう》な分の発電ができるかという心配がある。
原子力発電	ウランを燃料として発電する。地震《じしん》や事故《じこ》がおきたときのきけん性《せい》について不安《ふあん》がある。

ワンポイント 再生可能《さいせいかのう》エネルギーを利用した発電

風力・太陽光・地熱など、自然《しぜん》から生まれるエネルギーを利用した発電方法もある。燃料資源《しげん》を使わず、(⑥ 二酸化炭素)を出さないため、かんきょうにやさしいとされている。

2 ガスについて調べる

教科書 76〜77ページ

毎日のくらしで使われるガス

- (⑦ 都市ガス)…天然《てんねん》ガスが原料《げんりょう》で、ガス管《かん》を通じて会社や家に送られる。海外でほり出された天然ガスは液体《えきたい》の(⑧ LNG)にされ、せんようのタンカーで日本に運ばれてくる。
- LP《エルピー》ガス…石油が原料で、事業者が(⑨ ボンベ)で運んでくる。
- ガス会社の人は、(⑩ ガスもれ)の事故《じこ》をふせぐため、ガス管をしゅうりしたり、地震《じしん》でもこわれにくいガス管にとりかえたりする。

LNGタンカー

選んだ言葉に✓

□都市ガス　□ボンベ　□変電所《へんでんしょ》　□発電所　□二酸化炭素《にさんかたんそ》
□火力　□LNG《エルエヌジー》　□水力　□石油　□ガスもれ

ぴったり2 練習

ぴたトリビア 地球温だん化とは、二酸化炭素《にさんかたんそ》などが大気中にふえたことが原因《げんいん》で、気温が高くなることです。

教科書 72〜77ページ　答え 15ページ

1 次の図を見て、問いに答えましょう。

①

②

③
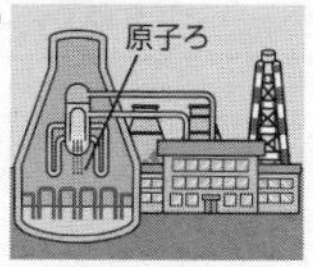

(1) ①〜③にあてはまる発電所を、㋐〜㋒から選びましょう。
①(㋑)　②(㋐)　③(㋒)

㋐ 火力発電所　㋑ 水力発電所　㋒ 原子力発電所

(2) ①〜③の発電所の説明《せつめい》としてあてはまるものを、㋐〜㋒から選びましょう。
①(㋒)　②(㋑)　③(㋐)

㋐ ウランを燃料にして、じょう気で発電機《はつでんき》を動かす。
㋑ 天然ガスや石油などを燃料にして、じょう気で発電機を動かす。
㋒ ダムをつくり、水の落ちる力を利用して発電機を動かす。

2 次の問いに答えましょう。

(1) ガスについて2人が会話をしています。会話文中の(　　)にあてはまる言葉を書きましょう。

図書館でガスについて、調べてみたよ。ガスには、おもに都市ガスとLPガスの2種類《しゅるい》あるそうだよ。都市ガスの原料は(① 天然ガス)だけど、LPガスの原料は何か知っている？

LPガスの原料は(② 石油)だよね。

(2) 右の絵を見て、次の文の(　　)にあてはまる言葉を書きましょう。

海外でほり出された天然ガスは(① 気体)なので、液化《えきか》基地《きち》で冷《ひ》やして液体のLNG《エルエヌジー》にし、せんようの(② タンカー)で日本に運ばれる。

ヒント 2 (2) ①天然ガスは無色《むしょく》で形が見えない状態《じょうたい》でほり出されるので、一度液体にする必要《ひつよう》があります。

できたかな？

□火力・水力・原子力以外に、どのような発電方法があるか説明《せつめい》してみよう。
□わたしたちの生活で使われるガスが、どのようにして送られてきているのか説明してみよう。

おうちのかたへ

発電の方法やその特徴、また、発電の燃料となるガスがどこから送られてくるのかを理解することが目標です。日本は燃料資源に乏しく、電気の節約や再生可能エネルギーの普及を進めています。電気とガスはそれぞれ生活に欠かせないエネルギーであることから、燃料資源を大切に使うにはどうしたらよいか、お子さまと話してみてください。

練習 29ページ

1 天然《てんねん》ガスや石油などを燃料《ねんりょう》にして、じょう気で発電機を動かすのが火力発電所、ダムなどを利用《りよう》し、水が落ちる力を使って発電機を動かすのが水力発電所、ウランを燃料として、じょう気で発電機を動かすのが原子力発電所です。それぞれの絵のダム、えんとつ、原子ろをヒントに考えましょう。

2 (1)都市ガスの原料《げんりょう》は天然ガス、LPガスの原料は石油です。

(2)日本は国内で使う石油や天然ガスを輸入にたよっており、気体である天然ガスは、液体《えきたい》のLNGにして、タンカーで日本に運《はこ》ばれています。その後、日本の都市ガス製造所《せいぞうじょ》でLNGをふたたび気体にもどします。

ぴったり3 たしかめのテスト

学習資料《しりょう》
2．健康《けんこう》なくらしを守る仕事

下水のしょりと再利用《さいりよう》

30ページ

/50 ごうかく40点

教科書 50〜53ページ　答え 16ページ

1 右の地図を見て、次の問いに答えましょう。 1つ5点（10点）

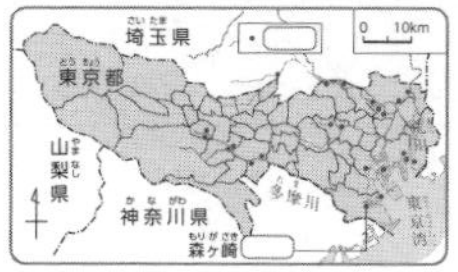

(1) 地図の□に入る、下水をしょりするしせつを何といいますか。

（ 水再生センター ）

記述 (2) 地図の□は、どのようなところにつくられていますか。 思考・判断・表現

（ (例) 川や海のそばにつくられている。 ）

2 下水しょりのしくみについて、図の①〜③のしせつの説明《せつめい》として、あてはまるものを㋐〜㋒から選《えら》びましょう。 1つ5点（15点）

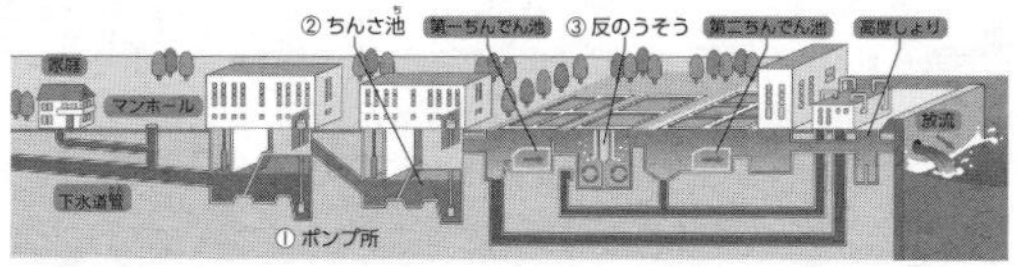

①（ ㋑ ）　②（ ㋐ ）　③（ ㋒ ）

㋐ 大きなごみや砂《すな》を取りのぞく。　㋑ 下水をくみ上げる。

㋒ び生物の力でよごれを分解《ぶんかい》する。

3 次の文を読んで、問いに答えましょう。 1つ5点（25点）

（ ① ）が整備《せいび》されると、まちはせいけつになり、（ ② ）からも守られる。
また、しょりされた（ ③ ）はさまざまなものに再利用《さいりよう》できる。

(1) （ ）にあてはまる言葉を、下の□から選びましょう。

①（ 下水道 ）　②（ しん水 ）　③（ 再生水 ）

再生水《さいせいすい》　下水道　しん水

(2) 次の文で正しいものには○を、まちがっているものには×をつけましょう。

①（ × ）川にいる魚は水をよごすので、いないほうがいい。

②（ ○ ）料理《りょうり》をして残《のこ》った油は下水に流さないようにする。

ふりかえり ❶がわからないときは、26ページの❶にもどってかくにんしてみよう。

ぴったり3 たしかめのテスト

学習資料《しりょう》
2．健康《けんこう》なくらしを守る仕事

わたしたちのくらしと電気・ガス

31ページ

/50 ごうかく40点

教科書 72〜77ページ　答え 16ページ

1 右のグラフを見て、次の問いに答えましょう。 1つ5点（40点）

(1) よく出る どの年でも、発電量《りょう》がいちばん多い発電方法《ほうほう》は何ですか。 技能（ 火力発電 ）

(2) 2010年から2020年の発電量の変《へん》化について、次の文の（ ）にあてはまる内容《ないよう》を書きましょう。 思考・判断・表現

水力の発電量はあまり変化がない。しかし、火力の発電量はへり、また、原子力の発電量も大きくへったので、全体の発電量は、（ (例) へっている ）ことがわかる。

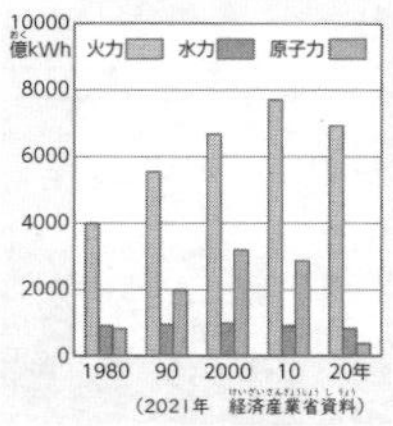

発電方法別《ほうほうべつ》の発電量《りょう》のうつり変《か》わり

(3) てきたらスゴイ！ 火力発電、水力発電、原子力発電の特《とく》ちょうについて説明したものを、㋐〜㋕からそれぞれ2つずつ選《えら》びましょう。（順不同）

① 火力発電（ ㋓ ）（ ㋕ ）　② 水力発電（ ㋑ ）（ ㋒ ）

③ 原子力発電（ ㋐ ）（ ㋔ ）

㋐ 少ない燃料《ねんりょう》で大きな電力がえられる。

㋑ 燃料を使わないので、二酸化炭素《にさんかたんそ》やはいき物を出さない。

㋒ 水不足《ぶそく》のとき、必要《ひつよう》なだけの発電ができないことがある。

㋓ 発電量を調節《ちょうせつ》しやすい。

㋔ 事故《じこ》がおきたときのきけん性《せい》について不安《ふあん》がある。

㋕ 地球温だん化の原因《げんいん》となる二酸化炭素などのガスを発生させる。

2 ガスについて、次の①〜⑤の文から、正しくないものを2つ選びましょう。 1つ5点（10点）

（順不同）（ ③ ）（ ④ ）

① 都市ガスは、天然《てんねん》ガスからつくられて、ガス管《かん》を通じて送られる。

② LP《エルピー》ガスは、石油からつくられて、ボンベで運ばれる。

③ 天然ガスや石油のほとんどは、日本国内でほり出されたものを使っている。

④ 天然ガスは気体のまま運ばれる。

⑤ ガスもれは大きな事故につながるので、ガス会社の人は、いつでもすぐにかけつけて、ガス管の修理《しゅうり》をする。

ふりかえり ❶(3)がわからないときは、28ページの❶にもどってかくにんしてみよう。

この本の終わりにある「夏のチャレンジテスト」をやってみよう！

たしかめのテスト　30ページ

2 「ポンプ所」は下水をポンプでくみ上げるしせつ、「ちんさ池」は大きなごみやすなを取りのぞくしせつ、「反のうそう」はび生物の力でよごれを分解《ぶんかい》するしせつです。

3 下水道が整備《せいび》されることによって、汚水《おすい》が外に流れ出ることがなくなり、せいけつになります。また、大雨などがふっても、水が下水道を通って川や海に放出されるため、しん水などを防《ふせ》ぐことにもつながります。

たしかめのテスト　31ページ

1 日本で発電量《りょう》がいちばん多い発電の方法《ほうほう》は火力発電です。原子力発電は、少ない燃料で大きな電力がえられますが、事故《じこ》がおきたときのきけん性が大きいです。日本では、2011年におきた原子力発電所の事故《じこ》を受けて、原子力発電の発電量は大きくへっています。

2 ③日本では石油や天然《てんねん》ガスがほとんどとれず、海外からの輸入《ゆにゅう》にたよっています。④天然ガスを運《はこ》ぶときには、液体《えきたい》のLNG《エルエヌジー》にして、タンカーで運びます。

記述問題のプラスワン

30ページ

1 (2)水再生センターは、しょりした水を川や海に放流しやすいように、川や海のそばにつくられています。しょりしたあとのゆくえをふまえて、川や海の近くにつくられるとどんなよい点があるのかを考えて書きましょう。水再生センターにかぎらず、しせつがつくられる場所には、そのしせつにとってよい点があるものと考えるとよいでしょう。

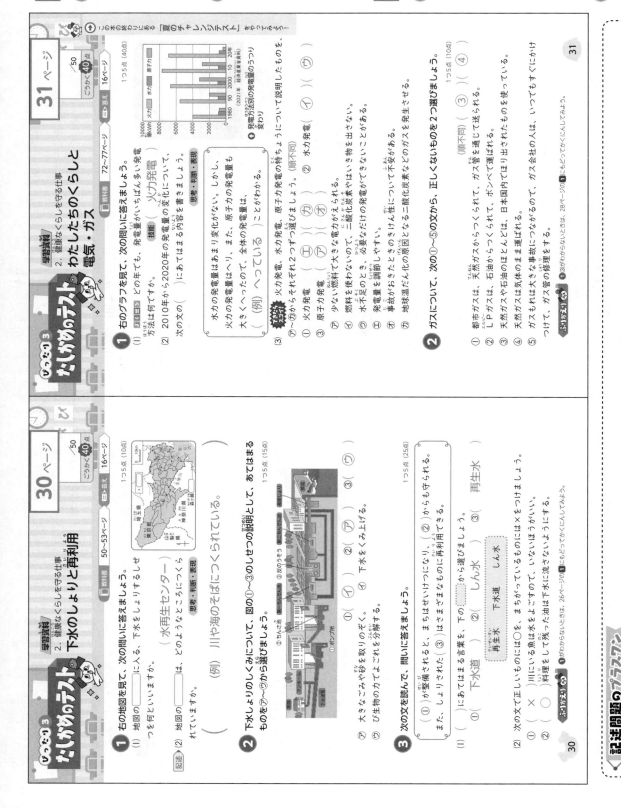

ぴったり1 じゅんび

3．自然災害《しぜんさいがい》から人々を守る活動

1 自然災害から命を守る①

学習日 32ページ

めあて 風水害《ふうすいがい》がおきるしくみと、それを防ぐしくみを知ろう。

教科書 80〜85ページ　答え 17ページ

次の（　）に入る言葉を、下から選《えら》びましょう。

1 風水害《ふうすいがい》のことを知ろう　教科書 80〜83ページ

ワンポイント　自然災害

- 自然災害とは、地震《じしん》や（① 台風 ）、竜巻《たつまき》、ふん火、津波《つなみ》、大雪など、自然のはたらきがもとになっておこる災害のこと。

台風のでき方

- （② 太陽 ）で温められた海面の水が、たくさんの水じょう気となって上空にのぼり、大きな（③ 雲 ）をつくる。
- 台風は、雲のまわりにうずまくしめった熱《あつ》い空気の流れが速くなり、風がさらに強くなったもの。
- 台風で川や下水道の水があふれたり、（④ 土砂くずれ ）がおこったりする。

台風のしくみ

2 風水害について調べる　教科書 84〜85ページ

風水害のひ害を防ぐしくみ

- 江東区《こうとう》の（⑤ 隅田川 ）ぞいは、荒川《あら》と隅田川に水を分けて流す岩淵水門《いわぶち》をとじたことで、隅田川の水がてい防《ぼう》をこえることを防《ふせ》いだ。→台風19号のひ害にあわなかった。
- 杉並区《すぎなみ》を流れる妙正寺川《みょうしょうじ》でも、（⑥ 水害 ）を防ぐために、（⑦ てい防 ）を高くする工事がおこなわれた。
- 国土交通省《しょう》…都市や道路、（⑧ 河川 ）などに関《かん》する仕事をする国の役所。

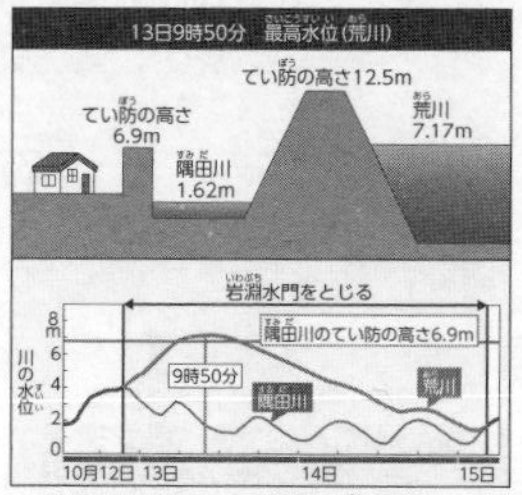

台風19号のときの荒川の水位《すいい》のようす

選んだ言葉に✔
□水害　□土砂くずれ　□てい防　□台風
□太陽　□隅田川　□雲　□河川

ぴったり2 練習

学習日 33ページ

ぴたトリビア　台風が近づくと「高潮」とよばれるげんしょうがおこりますが、これは気圧が低くなることによって、海面の高さがいつもより高くなるげんしょうのことです。

教科書 80〜85ページ　答え 17ページ

1 右の資料《しりょう》を見て、問いに答えましょう。

(1) 右の資料は、東京都をおそった、自然のはたらきによっておこった災害をまとめたものです。このような災害を何といいますか。　（ 自然災害 ）

(2) 竜巻による東西線の脱線事故《だっせんじこ》は、何年におこりましたか。　（ 1978 ）年

(3) 伊豆大島《いずおおしま》と三宅島《みやけじま》で共通《きょうつう》しておこった災害の名前を書きましょう。　（ ふん火 ）

(4) 資料の□に共通して入る言葉を書きましょう。　（ 台風 ）

（2021年刊《かん》 防災白書《ぼうさいはくしょ》ほか）

年	災害名	おもなひ災地	なくなった人とゆくえ不明者の数	年	災害名	おもなひ災地	なくなった人とゆくえ不明者の数
1974（昭和49）	□16号 多摩川の水害	多摩川流いき	―	2020（平成12）	三宅島ふん火および近海地震	東京都	1人
1976	□17号および9月豪雨	全国	171人	2004	□23号	全国	98人
1978	竜巻 東西線脱線事故	南関東	―	2005	平成17年9月豪雨	杉並区など	―
1979	□20号	全国	115人	2011	東日本大震災	東日本	22303人
1982	7・8月豪雨および□10号	全国	439人	2013	□26号 土砂災害	伊豆大島	45人
1983	梅雨前線豪雨	山陰以東	117人	2019（令和元）	□19号（東日本□）	全国	108人
1986	伊豆大島ふん火	伊豆大島	―				

※なくなった人とゆくえ不明者は全国の数。

2 都市部で水害がおこる原因《げんいん》について説明《せつめい》した次の文の①〜③に入る言葉を、下の□から選びましょう。

近年水害がふえているのは、気候《きこう》の変化《へんか》による（①）の発生や、都市の開発が進み、水を（②）はたらきをする（③）が少なくなっていることなどが関係《かんけい》している。

地震　集中豪雨《ごうう》　くみあげる　たくわえる　ダムやため池　田畑や森林

①（ 集中豪雨 ）　②（ たくわえる ）　③（ 田畑や森林 ）

3 右のグラフから読み取れる文を2つ選びましょう。

① 岩淵水門は10月12日と13日の2日間は、一日中とじていた。
② 荒川の水位は一時隅田川のてい防の高さをこえた。
③ 岩淵水門をとじたことで、隅田川の水位が下がった。　（順不同）（ ② ）（ ③ ）

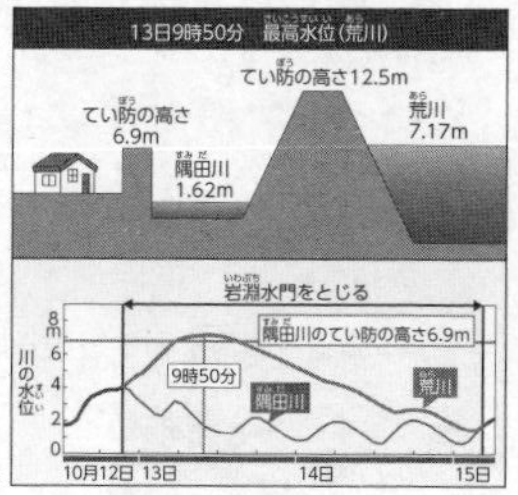

台風19号のときの荒川の水位《すいい》のようす

ヒント　1 (4)うずをまく空気の流れが速くなって、風がますます強くなったものです。

練習　33ページ

1 (4)東京都《とうきょう》をふくめた日本全国で、数年おきに大きぼな台風のひ害が出ていることがわかります。

2 近年、東京都では集中豪雨《ごうう》のひ害が多くなっています。水をたくわえるはたらきをする田畑や森林がへり、コンクリートの地面がふえたことで、昔にくらべてしん水しやすくなっていることが関係しています。

3 グラフをみると、①10月12日の夜から10月15日の朝にかけて、岩淵水門をとじていたことがわかります。
②10月13日には、隅田川のてい防の高さを荒川の水位がこえていることがわかります。
③岩淵水門をとじたことで、荒川の水が隅田川に流れこまなくなり、隅田川の水位が下がっています。
よって②と③が正かいです。

できたかな？
□自然災害にはどのようなものがあるか説明《せつめい》してみよう。
□風水害とはどのようなものか説明してみよう。

おうちのかたへ
自然災害の種類と、台風や集中豪雨などによる風水害について学習する範囲です。特に風水害については、森林等から離れた都市部は浸水がおこりやすいことや、大雨の際には川が増水し、氾濫するおそれがあることを理解するのが大切です。家の近くの浸水や氾濫の危険性がある場所を、お子さまと一緒に確認してみてください。

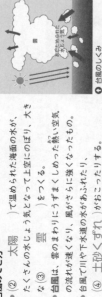

ぴったり1 じゅんび

3．自然災害《しぜんさいがい》から人々を守る活動

1 自然災害から命を守る②

学習日 **34ページ**

めあて 風水害《ふうすいがい》を防《ふせ》ぐしせつと、かつやくする人を知ろう。

教科書 86〜91ページ　答え 18ページ

次の（　　）に入る言葉を、下から選《えら》びましょう。

1 風水害《ふうすいがい》を防ぐしせつを調べる／風水害がおきたら　教科書 86〜89ページ

水害を防ぐしせつ

- 東京都には、環状七号線《かんじょう》という大きな道路の地下に（① 地下調節池 ）とよばれる、水をためるしせつがある。
- 調節池《ちょうせつち》に入った水の量や各《かく》地点の川の（② 水位 ）をたしかめる。
  →これにより（③ 大雨 ）のひ害がへった。
- 2019年の台風19号により、多摩川《たま》の水があふれるひ害がおきたときには（④ 自衛隊 ）も救助《きゅうじょ》に加わった。

神田川・環状七号線地下調節池

ワンポイント 自衛隊

- （⑤ 防衛省 ）に所属《しょぞく》している、日本の国や国民《こくみん》を守る組織《そしき》。陸《りく》・海・空の３つの組織からなり、全国に約23万人の隊員《たいいん》がいる（2021年）。

2 情報《じょうほう》を役だてる　教科書 90〜91ページ

情報の活用

- 天気に関《かか》わる仕事をする気象庁《きしょうちょう》や、（⑥ 国土交通省 ）が、台風《たいふう》や集中豪《ごう》雨《う》、川に関する情報《じょうほう》を発表する。
- 杉並区《すぎなみ》では（⑦ 防災無線 ）やメール配信《はいしん》サービスで情報を伝《つた》えている。
- （⑧ ハザードマップ ）…自然災害によるひ害を予想して、地図にしたもの。

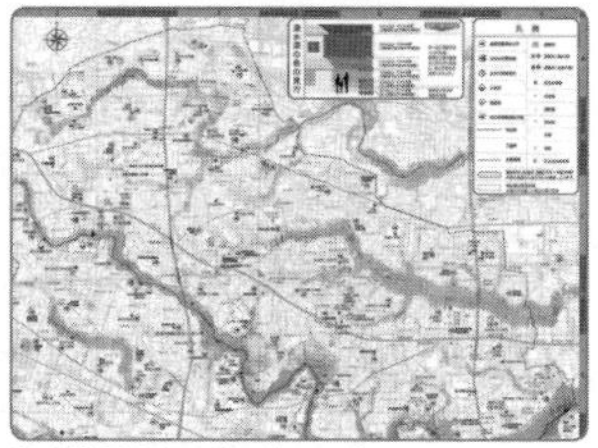

杉並区水害ハザードマップ

選んだ言葉に✓　□自衛隊《じえいたい》　□防衛省《ぼうえいしょう》　□地下調節池《ちょうせつち》　□防災無線《ぼうさいむせん》　□水位《すいい》　□ハザードマップ　□国土交通省《しょう》　□大雨

ぴったり2 練習

学習日 **35ページ**

ぴたトリビア　気象庁《きしょうちょう》では、毎年１月１日よりあとで、その年で一番早く発生した台風を「第１号」とし、それ以降《いこう》は発生した順《じゅん》に番号をつけています。

教科書 86〜91ページ　答え 18ページ

1 次の問いに答えましょう。

(1) 右の絵は、大きな道路の地下にある、川の水があふれないように水をためるしせつです。

① これはどのような自然災害にそなえたものですか。次の㋐〜㋓から選びましょう。（ ㋑ ）

㋐ 地震《じしん》　㋑ 水害　㋒ 大雪　㋓ 竜巻《たつまき》

② このしせつの名前を答えましょう。（ 地下調節池 ）

(2) 災害がおきたときに救助《きゅうじょ》に加わる、日本の国や国民を守る組織《そしき》の名前を答えましょう。（ 自衛隊 ）

(3) 次の①〜③の文は、風水害がおきたときに、救助に関わる組織について説明《せつめい》しています。それぞれの文にあてはまる組織の名前を、下の［　　］から選びましょう。

① 車にとじこめられた人を助けて安全な場所までつれていったり、停電《ていでん》してしまった交差点《こうさてん》の交通整理をしたりする。（ けいさつしょ ）

② ひなん所を開き、防災無線やメール配信サービスで情報を流したり、ホームページに最新《さいしん》情報をのせたりする。（ 区役所 ）

③ 水があふれてしまった地いきに住んでいる人々をボートで救助《きゅうじょ》したり、人々をせおって安全なところに運《はこ》んだりする。（ 消防しょ ）

［ 消防《しょうぼう》しょ　区役所　けいさつしょ ］

2 次の①〜③に合う言葉を、下の㋐〜㋔からそれぞれ選びましょう。

（①）庁は、雨や風、雪などの天気に関わる仕事をする国の役所だよ。

（②）省は、台風や集中豪雨などに関するけい報や注意報を発表する国の役所だよ。

（③）は、自然災害によるひ害を予想し、地図にしたものだよ。

①（ ㋒ ）　②（ ㋐ ）　③（ ㋓ ）

㋐ 国土交通　㋑ 自衛隊　㋒ 気象　㋓ ハザードマップ　㋔白地図

ヒント 1 (3) ３年生で学習した、まちの安全を守る組織のやくわりを思い出そう。

練習 35ページ

1 (1)調節池《ち》は、川の水があふれないように水をためておくしせつであることから、水害《すいがい》にそなえています。

(3)①けいさつしょは、救助《きゅうじょ》活動のほか、停電してしまっている交差点の交通整理《せいり》などをおこないます。

②区役所は、防災無線やラジオで地いきの人たちにひなんをよびかけ、また、災害《さいがい》についての最新の情報を伝《つた》えます。

③災害時、消防しょは消火活動以《い》外《がい》にも、救助活動をします。

2 ①は気象庁《きしょうちょう》の説明《せつめい》です。天気に関《かか》わる仕事をする国の役所で、災害のきけんに関する情報《じょうほう》なども発信《はっしん》します。

②は国土交通省《しょう》、③はハザードマップの説明です。

できたかな？

□災害がおきたときの消防しょ、区役所、けいさつしょのやくわりを説明《せつめい》してみよう。

□わたしたちが住《す》んでいる地いきのハザードマップをかくにんしてみよう。

おうちのかたへ

災害が起きたときの行政の役割と、地下調節池やハザードマップなど、災害対策について学習する範囲です。特に、ハザードマップは近年、さまざまな施設に掲示され、災害への注意がよびかけられています。住んでいる地域の被害予想を把握したうえで、台風や地震の際には行政の情報をしっかりと確認することが大切ですので、お子さまと一緒にハザードマップ等を確認してみてください。

ぴったり1 じゅんび

3．自然災害《しぜんさいがい》から人々を守る活動

1 自然災害から命を守る③

学習日 **36ページ**

めあて 災害へのたいさくと安全を守るしくみを知ろう。

教科書 92〜97ページ　答え 19ページ

次の（　　）に入る言葉を、下から選《えら》びましょう。

1 風水害《ふうすいがい》にそなえるたいさく　教科書 92〜93ページ

地いきによる災害へのそなえ

- ひなん所運営訓練《うんえいくんれん》では、ひなん所のかぎを開けたり、（① ライフライン）をたしかめたりする。
- 地いきごとに災害たいさくの組織《そしき》があり、多くのひなん所は、（② 学校）に開くように区役所から指定されている。
- 災害たいさく組織では、災害時のたいさくの話し合いや、学校にある（③ びちく倉庫）の点検《てんけん》、ひなん所を開くための訓練などをおこなう。

ライフライン
水道や電気、ガス、電話、インターネットなど人が生活をするうえでかかせないせつび。

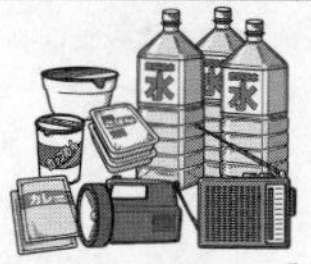

ひなん所にじゅんびされる物資《ぶっし》

2 風水害から人々の命を守る／災害のときに自分たちの安全を守るために　教科書 94〜97ページ

ワンポイント　3つの防災《ぼうさい》の考え方

- （④ 公助）…消防《しょうぼう》しょなどの救助《きゅうじょ》活動。
- （⑤ 共助）…近所の人の協力《きょうりょく》による救助。
- （⑥ 自助）…自分の命を自分で守ること。
- ボランティア活動やぼきん活動などで、おたがいに助け合う（⑦ 互助）もある。

公助は、消防《しょうぼう》しょのほかに、国や都道府《とどうふ》県《けん》、けいさつしょなどがおこなうよ。

自分たちの安全を守るための取り組み

- 東京消防庁《とうきょうしょうぼうちょう》が運営《うんえい》している（⑧ 本所防災館）では、風水害や地震《じしん》などの体験《たいけん》ができる。
- **東京都防災ホームページ**や「東京防災」を見て、災害にそなえて自分たちでできることを考える。

きけんな場所に近づかない　／　ひなん場所をたしかめておく　／　ガラス面にフィルムをはる

- 家の中の安全な場所
- 家族のやくわり
- 家族とのれんらく方法《ほうほう》
- 応急《おうきゅう》手当ての知識《ちしき》
- ひなん場所までの行き方

など

災害にそなえて家族で話し合っておくこと

選んだ言葉に ✓　□自助《じじょ》　□本所防災館《ほんじょぼうさいかん》　□公助《こうじょ》　□ライフライン　□互助《ごじょ》　□びちく倉庫《そうこ》　□学校　□共助《きょうじょ》

ぴったり2 練習

学習日 **37ページ**

ぴたトリビア
東京消防庁が運営している本所防災館では、VR《ブイアール》（バーチャルリアリティ）のぎじゅつを活用し、地震《じしん》や火さい、風水害などを体験することができます。

教科書 92〜97ページ　答え 19ページ

1 次の問いに答えましょう。

(1) 災害がおきたとき、ひなん所としてよく指定される場所を、次の㋐〜㋓から選びましょう。（ ㋒ ）

㋐ じょう水場　㋑ けいさつしょ　㋒ 学校　㋓ 清掃《せいそう》工場

(2) ひなん所運営訓練について説明《せつめい》した次の文の①〜④にあてはまる言葉を、下の▭から選びましょう。

訓練では、ひなん所のかぎあけや、（① 水道）や電気など、人が生活するうえでたいせつなせつびである（② ライフライン）のかくにん、食《しょく》料《りょう》や（③ 毛布）のかくほ、食事をつくって配る（④ たき出し）などをおこないます。

ひなん受付《うけつけ》　毛布《もうふ》　ライフライン　びちく倉庫　たき出し　水道

2 じっさいに災害がおこったときにたいせつな考えと、その意味として正しいものを、線で結《むす》びましょう。また、防災部長の話の（　　）にあてはまる言葉を、①〜③から選び、言葉で書きましょう。

- ① 公助 ― ㋒国や都道府県、市（区）町村やけいさつ、消防の救助やえん助のこと。
- ② 自助 ― ㋐自分の命は自分で守ること。
- ③ 共助 ― ㋑近所の人がおたがいに協力して助け合い、地いきを守ること。

〈防災部長の話〉
じっさいに大きな災害がおこったときには、自分の命を自分で守るという（ 自助 ）の意しきがいちばんたいせつです。

ヒント 2「公助」「共助」「自助」のそれぞれの漢字が意味することを考えてみましょう。

できたかな？
□わたしたちが住《す》んでいる地いきのひなん所の場所をかくにんしておこう。
□自助・共助・公助とはそれぞれどのような考え方かを説明《せつめい》しよう。

おうちのかたへ
災害が発生したときに身を守るための設備や考え方を学習する範囲です。いつ災害が起きても避難ができるように、避難所の場所や避難の際に持っていくもの、家族との連絡手段などをお子さまとしっかりと確認しておきましょう。また、自助・共助・公助などの身を守る考え方も大切です。災害時には自分や家族のほか、地域の人々との助け合いが求められることも確認しましょう。

練習　37ページ

1 (1)多くのひなん所は、学校に開くよう指定されています。
(2)電気やガス、水道など、人が生活するためにたいせつなせつびをライフラインといいます。災害時のひなん所では、ひなんしてきた人へ、毛布や食料が配られます。

2 自助とは、自分の命は自分で守ることをさします。この中には家族もふくまれます。それに対して、地いきの人たちで助け合うことを共助といいます。公助とは、国や都道府県、市（区）町村、消防しょやけいさつによる救助やえん助のことをさします。「自分の命は自分で守る」という自助の意しきを持ち、日ごろから災害にそなえておくことがたいせつです。

ぴったり3

たしかめのテスト

3．自然災害《しぜんさいがい》から人々を守る活動

1 自然災害から命を守る

38ページ

／100　ごうかく80点

教科書 80～97ページ　答え 20ページ

1 次の文を読んで、問いに答えましょう。　1つ5点、(3)は10点（30点）

わたしたちのくらしの中で、①さまざまな自然災害がおこることがある。一度に多くの雨がふったり、長くふり続《つづ》いたりすると、②川や下水道の水があふれて、川の近くの家やほそうされた道路が水につかってしまう。最近《さいきん》では③都市部でも水害がふえており、その理由の一つに、水をたくわえるはたらきをする田畑や森林が少なくなっていることがあげられる。多くの雨がふることで、山地では④土砂《しゃ》災害が発生し、命のきけんがともなう大きな事故《じこ》につながることもある。

(1) 下線部①について、右の図の災害として正しいものを、次のあ～えからそれぞれ選《えら》びましょう。

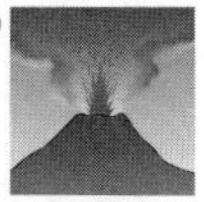

ア（ う ）　イ（ い ）

あ 土砂くずれ　い 火山のふん火　う 地震《じしん》　え 大雪

(2) 下線部②について、右の絵は地上に雨水があふれる前に水をたくわえておく、地下にあるしせつです。このしせつを何といいますか。（ 地下調節池 ）

記述 (3) 下線部③について、都市部で水害がふえた別《べつ》の理由を、「集中豪《ごう》雨」の言葉を使って書きましょう。

（（例）気候の変化で集中豪雨がふえたから。）

(4) 下線部④について、風水害がおきたときに救助《きゅうじょ》活動をおこなう、防衛省《ぼうえいしょう》に所属《しょぞく》している国や国民を守る日本の組織《そしき》を何といいますか。（ 自衛隊 ）

2 すきなところスイスイ　東京都が取り組んでいる水に関《かん》するたいさくについて、正しいものには○を、まちがっているものには×をつけましょう。　技能 1つ5点（20点）

ア（ ○ ）低《ひく》い土地を流れる河川《かせん》には、てい防《ぼう》の整備《せいび》を進めている。
イ（ ○ ）水位観測《すいいかんそく》所では、雨水や水位の情報《じょうほう》を集めている。
ウ（ × ）雨による土砂くずれを防《ふせ》ぐため、緑地をコンクリートでほそうしている。
エ（ × ）効率《こうりつ》よく水をたくわえるため、水をためるしせつは一か所にしかない。

38

学習日　39ページ

3 次の地図は、けんさくしたウェブページの一部です。次の問いに答えましょう。　1つ5点（15点）

(1) よく出る この地図は、自然災害による ひ害を予想してつくられたものです。これを何といいますか。（ハザードマップ）

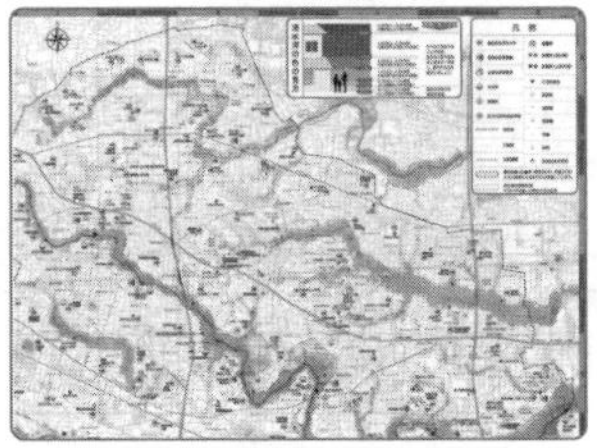

（東京都杉並区資料《とうきょうとすぎなみく》）

(2) (1)にはどんなことが書かれていますか。あてはまるものを2つ選び、それぞれ○をつけましょう。

①（　 ）今おきている災害の情報。
②（ ○ ）ひなん所の場所。
③（ ○ ）昔しん水があった場所。
④（　 ）台風や集中豪雨に関するけい報や注意報。

4 けんさんのクラスでは、防災《ぼうさい》について自分たちができることを考えてみました。次の問いに答えましょう。　1つ5点（35点）

(1) よく出る 右の図は、防災のために用意するものをあらわしています。この中で必要《ひつよう》でないと考えられるものを、ア～キから2つ選《えら》びましょう。（順不同）

（ エ ）（ カ ）

防災のために用意するものの例《れい》

記述 (2) 多くの学校にびちく倉庫《そうこ》があるのはなぜですか。その理由を書きましょう。　思考・判断・表現

（（例）学校がひなん所となるため。）

(3) 災害のときに自分たちの安全を守るためにすることについて、次のア～エにあてはまる言葉を、右の［　］から選びましょう。

・（ア きけん ）な場所に近づかない。
・（イ ガラス面 ）にフィルムをはる。
・（ウ ラジオ ）がきちんと動くかどうかたしかめておく。
・家族との（エ れんらく ）方法《ほうほう》を決めておく。

ひなん　ガラス面　きけん　れんらく　ラジオ

ふりかえり　4(2)がわからないときは、36ページの1にもどってかくにんしてみよう。

39

たしかめのテスト　38～39ページ

1 (1)アは地震によって、家などの建《たて》物《もの》がとうかいしているようすです。イはふん火によって、はいが空にふき出ているようすです。
(4)風水害をはじめとして、大きぼな災害がおこったさいには、消防《しょうぼう》しょなどのほかに、自衛隊《じえいたい》が救助活動をおこないます。

2 ウ緑地に雨水がしみこむことで、こう水などのひ害を防ぐことにつながるため、保全回復《ほぜんかいふく》する取り組みがおこなわれています。エ水があふれてしまうことを防《ふせ》ぐため、水をたくわえるしせつはいくつも建《た》てられています。

3 (2)①④災害がおきたときのけい報や最新の情報はハザードマップではかくにんできないため、テレビやラジオなどでかくにんをしましょう。

4 (1)命を守るために移動《いどう》することを考えて、ボールやゲーム機《き》など、よけいな荷物になりそうな遊び道具は置《お》いてひなんしましょう。
(3)イフィルムをはっておくことで、災害時にガラスがわれても、飛《と》び散《ち》ることがなくなります。

記述問題のプラスワン

1 (3)集中豪雨とは、せまい地いきに短い時間でふる強い雨のことをさします。近年、気候《きこう》の変化《へんか》によって集中豪雨がふえており、雨の量《りょう》が多くなっているために都市部の水害がふえていると考えましょう。

4 (2)びちく倉庫《そうこ》に入っている水や食料《しょくりょう》は、災害時に使われます。災害時に使うびちく倉庫が学校に設置《せっち》されているということから、「学校がひなん所になる」と考えましょう。

ぴったり1 じゅんび

せんたく

3．自然災害《しぜんさいがい》から人々を守る活動

地震《じしん》による災害／津波《つなみ》による災害

40ページ

めあて：地震《じしん》・津波《つなみ》のひ害《がい》とそなえについて知ろう。

教科書 100～111ページ　答え 21ページ

次の（　）に入る言葉を、下から選《えら》びましょう。

1 阪神《はんしん》・淡路大震災《あわじだいしんさい》／復旧《ふっきゅう》から復興《ふっこう》へ／地震にそなえて　教科書 100～105ページ

阪神・淡路大震災の復旧から復興

- 1995（平成《へいせい》7）年1月17日、（① 兵庫 ）県で淡路《あわじ》島北部を震源《しんげん》とする（② 最大震度 ）7の地震がおこり、大きなひ害《がい》が出た。
- 消防《しょうぼう》しょやけいさつしょなど多くの人が、救助《きゅうじょ》や**ライフライン**の（③ 復旧 ）にあたった。
- 自衛隊《じえいたい》は救助、たき出しや給水《きゅうすい》、トイレやふろの設置《せっち》などをおこなった。
- 県や市は仮設住宅《かせつじゅうたく》を建《た》てたり、生活に必要《ひつよう》なお金をわたしたりして市民《しみん》をしえんした。
- 災害に強く安全で安心なまちづくりに取り組んだ。

なくなった人	6434人
けがをした人	4万3792人
こわれた家	63万9686戸
火災《かさい》の件数《けんすう》	293件
やけた家	7574戸

（2006年、総務省《そうむしょう》消防庁資料《ちょうしりょう》）

阪神・淡路大震災のひ害

ワンポイント　復旧と復興
- **復旧**…もとどおり（もとのじょうたい）になること。
- **復興**…おとろえたものが、またさかんになること。

地震へのそなえ

- 神戸《こうべ》市は2002（平成14）年に（④ 危機管理室 ）をつくった。
- 災害がおこると、（⑤ 防災無線 ）で市民や関係《かんけい》の機関《きかん》に情報《じょうほう》を伝《つた》える。

2 津波のこわさを知る／「稲《いな》むらの火」／県の取り組み　教科書 106～111ページ

津波のこわさ

- 1854年の安政南海地震《あんせいなんかいじしん》では（⑥ 浜口梧陵 ）の取り組みで（⑦ 津波 ）から村を守り、多くの命を救《すく》った。
- 浜口梧陵の対応《たいおう》は**「稲むらの火」**という、村人を津波から守るために畑に火をつけ、村人を高台に集めたという話のもとになっている。

和歌山《わかやま》県の津波対さく

- しょうらい、（⑧ 南海トラフ巨大地震）がおきる可能性《かのうせい》があるため、（⑨ 防波てい ）や災害に強い道路、津波の情報を配信《はいしん》するシステムを整備《せいび》するなどして、津波にそなえている。

浜口梧陵

選んだ言葉に✓：□浜口梧陵《はまぐちごりょう》　□津波　□南海《なんかい》トラフ巨大《きょだい》地震　□最大震度《さいだいしんど》　□復旧　□防波《ぼうは》てい　□兵庫《ひょうご》　□危機管理室《ききかんりしつ》　□防災無線《ぼうさいむせん》

ぴったり2 練習

41ページ

ぴたトリビア：津波という言葉は、日本だけでなく世界のさまざまな国や地いきで使われている「世界共通語《きょうつうご》」になっています。

教科書 100～111ページ　答え 21ページ

1 次の問いに答えましょう。

(1) 地震がおきたときの対応として正しいものには○を、まちがっているものには×をつけましょう。

①（ × ）家にいる場合は、すぐに外へひなんする。

②（ ○ ）外にいる場合は、われたガラスやかんばんの落下に気をつける。

③（ × ）人の多いしせつにいる場合、係の人の指示《しじ》にしたがう必要はない。

(2) 屋外に設置され、広いはんいに情報を伝えるせつびを何といいますか。（ 防災無線 ）

2 次の資料は、れんさんたちが稲むらの火の館《やかた》をたずねたときに、話を聞いてノートにまとめたものです。資料を見て、問いに答えましょう。

(1) てい防の完成《かんせい》までにかかった日にちはおよそ何年ですか。　およそ（ 4 ）年

(2) かかったお金は、今のお金でいくらですか。　約《やく》（ 2億 ）円

(3) 完成したてい防の長さは何mですか。（ 600 ）m

(4) てい防には3つの木が植えられています。その3つの木の名前を書きましょう。

（ 黒松 ）（ まさき ）（順不同）（ はぜ ）

(5) (4)で答えた3つの木は、てい防とともに、（　）から村を守ってくれています。（　）にあてはまる災害の名前を書きましょう。（ 津波 ）

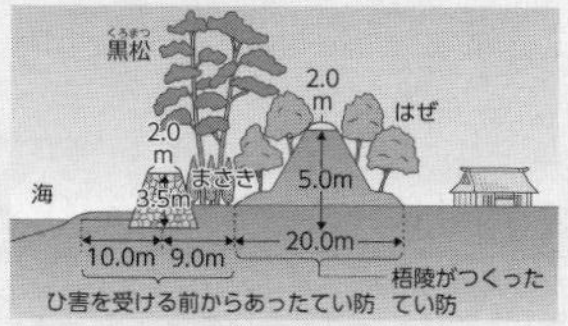

○完成までにかかった日にち
…およそ4年間
○てい防づくりに関《かか》わった人の数
…1日およそ500人
○かかったお金
…およそ1600両（今のお金で2億《おく》円ほど）
○てい防の大きさ
…高さ5m、長さ600m
○てい防には、黒松、まさき、はぜが植えられている。

れんさんのノート（一部）

ヒント　2 (5) 大きな地震で、海面が上下に動くことで発生します。

練習　41ページ

1 (1)①地震がおきたときには、ゆれがおさまったあとにもふたたび地震がおこることもあるため、あわてて外に出ることなく、つくえの下などにかくれましょう。

③人の多いしせつなどでは、多くの人が別々《べつべつ》の行動をとると、何をするのが正しいのかわからず、こんらんする人も出てきてしまいます。係の人の指示を聞いて、おちついて行動しましょう。

2 (4)れんさんのノートをよくみて、あてはまるものを書きましょう。黒松は、海の近くの塩気《しおけ》の多いところでも育つため、海ぞいに植えられることの多い木です。そのほかにも、その土地でよく育つ木、すなわち、深く根をはる木を植えることで、津波のひ害をおさえることにつながります。

できたかな？

□地震が発生したときに、家の中と家の外、それぞれの場所でとるべき行動を説明《せつめい》してみよう。

□津波からひなんするためのしせつや、津波が発生したときにとるべき行動を説明してみよう。

おうちのかたへ

地震や津波の被害を抑えるための対策や、発生したときにどのようにして命を守るかを理解することが目標です。地震時には落下物に細心の注意を払うこと、津波のおそれがある場合には荷物を置いて急いで高所へ避難することを、お子さまに確実に理解してもらいましょう。また、津波の被害予測や避難場所をハザードマップで確認しておくとよいです。

ぴったり1 じゅんび

学習資料《しりょう》／
3．自然災害《しぜんさいがい》から人々を守る活動

火山による災害／雪による災害

学習日

◎めあて ふん火や雪によるひ害《がい》に対する取り組みを知ろう。

教科書 112～117ページ　答え 22ページ

次の(　　)に入る言葉を、下から選《えら》びましょう。

1 新燃岳《しんもえだけ》ふん火／すべてを飲みこんだ新燃岳ふん火／立ち直っていく高原町《たかはる》／新たなふん火にそなえて

教科書 112～115ページ

ワンポイント　火山のふん火がおきたとき

- 2011（平成《へいせい》23）年1月26日、宮崎《みやざき》県・鹿児島《かごしま》県の新燃岳でばく発的《てき》なふん火がおき、ふん火で出た(①　灰　)や石で、畑や建物《たてもの》にひ害《がい》が出た。
- 国や県、高原町と周辺の市では、ふん火が見つかったときの(②　観測　)体制《たいせい》を整えている。
見つけた人 →(③　けいさつ　)や消防《しょうぼう》しょ関《かん》係《けい》などに通報《つうほう》。地方にある(④　気象台　)は、情報《じょうほう》を放送局や(⑤　新聞社　)に伝《つた》える。
観測しせつ →(⑥かんしセンター)がけい報や予報を発表する。

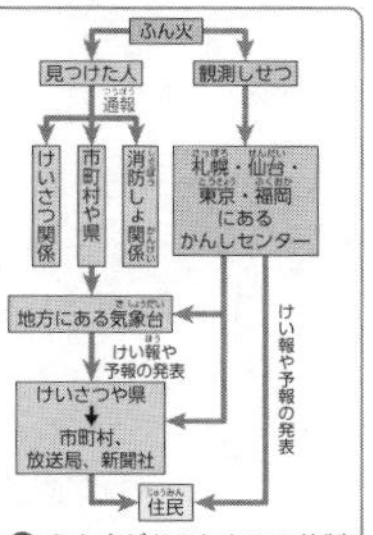

ふん火がおきたときの体制

2 雪害《せつがい》への取り組み

教科書 116～117ページ

雪害への対さく

- 青森《あおもり》県弘前《ひろさき》市には、毎年たくさんの雪がふる。
- (⑦　除雪　)をおこなうことで、雪をとりのぞき、雪による交通じゅうたいを防《ふせ》ぐ。
- 雪が積《つ》もらないように(⑧　熱　)を利用《りよう》して、道路や歩道での事故《じこ》を防ぐ。
- 市民《しみん》には情報サイトで除雪・はい雪をしている場所などをリアルタイムで発信《はっしん》している。
- 積もった雪の量《りょう》が120cmをこえると、市のはんだんで(⑨豪雪たいさく本部)が設置《せっち》され、国や県、けいさつしょなどと情報を共有《きょうゆう》する。

除雪のようす

雪がたくさんふって、積もることによっておこる災害を雪害というよ。

選んだ言葉に ✓
□気象台《きしょうだい》　□観測《かんそく》　□かんしセンター　□けいさつ　□熱《ねつ》
□灰《はい》　□除雪《じょせつ》　□豪雪《ごうせつ》たいさく本部　□新聞社

ぴったり2 練習

学習日

ぴたトリビア　家庭から出たあたたかいはい水が流れているマンホールは、熱がふたに伝わるため、雪が積もりにくくなっています。

教科書 112～117ページ　答え 22ページ

1 右の図から読み取れることとして、正しいものには○を、まちがっているものには×をつけましょう。

① (　×　)ふん火を見つけた人が、観測しせつに通報をする体制になっている。
② (　○　)ふん火を見つけた人は、市町村や県、けいさつや消防しょ関係に通報する。
③ (　×　)観測しせつは、ふん火を見つけると、すべての都道府県《とどうふけん》にあるかんしセンターに連らくをとる。
④ (　○　)地方にある気象台は、けいさつや県、市町村、放送局、新聞社に情報を伝える。
⑤ (　×　)かんしセンターのやくわりは、住民に対して、ふん火に関するけい報や予報の発表をおこなうだけである。

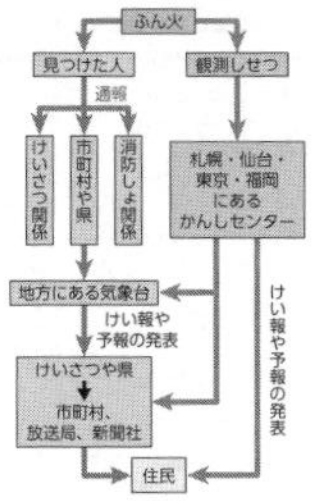

火山のふん火がおきたときの体制

2 次の文を読んで、問いに答えましょう。

弘前市では、「ひろさき便利《べんり》まっぷ」という情報サイトで、除雪やはい雪をしている場所や雪置《お》き場の場所をリアルタイムで発信するほか、①のかし出しなどもおこなっている。また、②を利用して、道路や歩道に雪が積もらないようにくふうもしている。
特《とく》に雪がたくさんふった場合には、市のはんだんで③が立ち上がり、国や青森県、④などと情報を共有して、市民の生活にえいきょうが出ないよう取り組みを強化している。

(1) 文中の①～④に入る言葉を、下の［　　］の中から選びましょう。
①(　小型除雪機　)　②(　熱　)
③(　豪雪たいさく本部　)　④(けいさつしょ)

除雪　豪雪たいさく本部　けいさつしょ　小型除雪機《こがたじょせつき》　熱　電気

(2) 雪がふることによっておこる自然災害を何といいますか。(　雪害　)

ヒント　2 (1) ①市民も協力《きょうりょく》して雪のひ害にそなえられるように、市がしえんしています。

できたかな？
□ふん火を見つけたときはどのような行動をとればよいのか説明《せつめい》してみよう。
□積雪《せきせつ》の多い地いきでは、市がどのような取り組みをしているのか説明してみよう。

おうちのかたへ
噴火や雪害について学習する範囲です。噴火や雪害が起こった際には、消防署か警察署、あるいは役所のいずれかに通報をすれば、そこから他の機関にも連絡が入るということを知っておくと、慌てずに行動ができます。また、すべての災害に共通することですが、まず自分の身の安全を確保したうえで通報をおこなうよう、お子さまと確認しておきましょう。

練習　43ページ

1 ①ふん火がおこっていることを見つけた人は、市役所や県庁《けんちょう》、けいさつや消防《しょうぼう》しょ関係に通報《つうほう》をしますが、観測しせつへ通報する必要《ひつよう》はありません。
③かんしセンターはすべての都道府県にはありません。札幌（北海《ほっかい》道《どう》）、仙台（宮城《みやぎ》県）、東京（東京都）、福岡（福岡県）にあります。
⑤かんしセンターは住民《じゅうみん》に予報やけい報を発表するほか、気象台《きしょうだい》やそのほかの機関《きかん》に連《れん》らくをとります。

2 弘前市のように、雪の多い地いきでは、市が除雪をおこなっているほか、除雪・はい雪をしている場所や雪置《お》き場の場所を発信したり、小型除雪機をかし出したりしています。道路を熱であたためて、雪が積もらないようなくふうもしています。また、雪が多くふったさいには、豪雪たいさく本部が国や県、けいさつしょなどと連らくをとりながら、市民を守る取り組みをします。

ぴったり3 たしかめのテスト

せんたく 学習資料《しりょう》

3．自然災害《しぜんさいがい》から人々を守る活動

地震《じしん》／津波《つなみ》／火山／雪による災害

／100 ごうかく80点

教科書 100〜117ページ　答え 23ページ

1 地震について、次の問いに答えましょう。　1つ5点、(3)は10点（30点）

(1) できたらスゴイ！ 右の写真は、1995年1月におこり、兵庫《ひょうご》県神戸《こうべ》市を中心に大きなひ害をあたえた震災のようすです。この震災を何といいますか。（ 阪神・淡路大震災 ）

震災のようす

(2) 地震がおこったときについて、次の問いに答えましょう。

① 都市で、ひ害がさらに広がる原因《げんいん》として考えられるものを、写真を参考《さんこう》にして書きましょう。（ 火災 ）

② よく出る 電気やガス、水道などがとまることがありますが、このようなくらしにかかせないせつびを何といいますか。（ライフライン）

③ 自衛隊《じえいたい》は救助以外《きゅうじょいがい》にどのような活動をしますか。（(例) たき出し）

記述 (3) 右の絵のように外で地震がおきたとき、どのような行動をとりますか。絵を参考にして書きましょう。　思考・判断・表現

（ (例) ブロックのへいに気をつける。 ）

2 津波について、右の図を見て次の問いに答えましょう。　1つ5点（25点）

(1) 南海《なんかい》トラフ巨大《きょだい》地震で高さ1mの津波がおそってくると予想される時間について、①いちばん早い時間、②いちばんおそい時間をそれぞれ答えましょう。　技能

①（ 3 ）分

②（ 40 ）分

(2) おそってくる津波の高さが、いちばん高い地いきで何mだと予想されていますか。（ 19 ）m

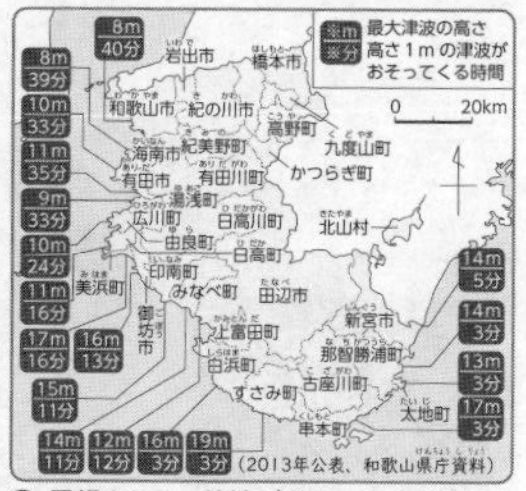

予想される、津波がおそってくる地いき

(3) 安政《あんせい》南海地震がおこったあと、浜口梧陵《はまぐちごりょう》が津波から村を守るためにつくったものは何ですか。（ てい防 ）

(4) 現在《げんざい》、和歌山県の市町村が津波対さくとしてつくったもののうち、右の写真のようなものを何といいますか。（ 防波てい ）

学習日

3 火山によるふん火について、次の問いに答えましょう。　1つ5点（30点）

(1) ふん火けいかいのレベルについて、3人が会話をしています。3人の会話中の（　）にあてはまる数字を書きましょう。　技能

いちばん危険度《きけんど》が高いのは、レベル（① 5 ）だね。

そうだね。レベル（② 3 ）になると、山に入ることが禁止《きんし》されてしまうのね。

ふん火のじょうきょうにもよるけど、レベル3だったものが、1つ引き下げられて、レベル（③ 2 ）になることもあるみたいだよ。

レベル5＝ひなん
レベル4＝こうれい者などのひなん
レベル3＝入山をきせい
レベル2＝火口周辺のきせい
レベル1＝活火山であることに注意

ふん火けいかいのレベル

(2) 右の図の（　）にあてはまる言葉を書きましょう。

①（かんしセンター）

②（ 気象台 ）

③（ 新聞社 ）

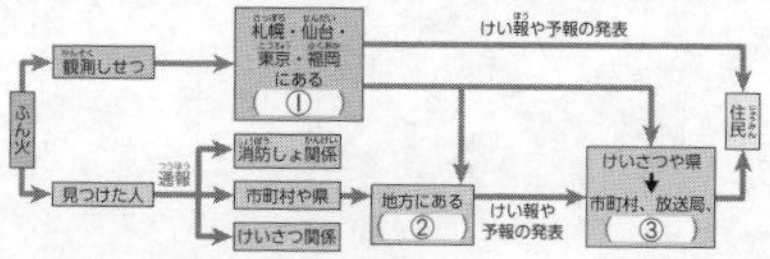

火山のふん火がおきたときの体制《たいせい》

4 次の①〜③は、雪害を防《ふせ》ぐための取り組みです。写真や絵の説明《せつめい》としてあてはまるものを、下の㋐〜㋓からそれぞれ選《えら》びましょう。　1つ5点（15点）

①

（ ㋑ ）

②

（ ㋐ ）

③

（ ㋒ ）

㋐ 道路や歩道に雪が積《つ》もらないように、熱《ねつ》を利用《りよう》して、道路や歩道の雪をとかしている。

㋑ 市がかし出している除雪機《じょせつき》を使うことで、市民《しみん》も雪害のそなえに協力《きょうりょく》している。

㋒ 雪のえいきょうによる交通じゅうたいを防ぐために、雪を取りのぞいている。

㋓ 市が発信《はっしん》している情報サイトで、除雪・はい雪している場所を知ることができる。

ふりかえり 3(2)がわからないときは、42ページの1にもどってかくにんしてみよう。

記述問題のプラスワン

1 (3)地震のときに気をつけなければならないことは、上からの落下物や、たおれてくる建物《たてもの》にあたらないようにすることです。絵をみると、女せいの近くにはブロックでできたへいがあります。これがたおれてくると、下じきになってしまうきけんがあるため、「ブロックのへいからはなれる」「ブロックのへいに気をつける」といった内ようを書きましょう。

たしかめのテスト 44〜45ページ

1 (2)地震がおこったときには、こわれた電線やガス管《かん》、あるいは車のガソリンやストーブなどを原因《げんいん》とした火災《かさい》や、地いきの電気やガス、水道などのライフラインがとまってしまうなど、二次災害が発生することがあります。災害によって生活がこんなんになった人のために、自衛隊が食事をていきょうするたき出しなどの取り組みをおこないます。

2 (1)(2)図をみると、南の海ぞいの地いきでは津波のとうたつが早く、波も高くなることがわかります。

3 (2)観測《かんそく》しせつがふん火をかくにんすると、まずかんしセンターに連《れん》らくが入り、そこから気象台、県やけいさつなどに連らくがとられます。

4 ①小型除雪機《こがたじょせつき》、②熱を利用した歩道、③除雪機での除雪をそれぞれしめしています。

ぴったり1
じゅんび

4．地いきの伝統《でんとう》や文化と、先人のはたらき

1 わたしたちのまちに伝《つた》わるもの①

3分でまとめ

学習日　**46ページ**

◎めあて
長崎《ながさき》市に残《のこ》され、伝《つた》えられているものを知ろう。

教科書 120～125ページ　答え 24ページ

次の(　)に入る言葉を、下から選《えら》びましょう。

1 古くから伝わるもの／まちに伝わるもの　教科書 120～123ページ

長崎《ながさき》市に伝わるもの

- 長崎市には、昔から残っている行事や祭り、建物《たてもの》が数多くある。
- 毎年決まった時期におこなわれる行事を(① 年中行事)といい、長崎市では、毎年10月におこなわれる(② 長崎くんち)が有名である。
- 長崎くんちは、380年続《つづ》く祭りで、その年にだしものの当番となっている(③ 踊町)が、諏訪《すわ》神社にだしものを奉納《ほうのう》する。

ワンポイント　世界遺産《いさん》と国宝《こくほう》

- (④ 世界遺産)
…世界的《てき》に残《のこ》す価値《かち》があるとみとめられた自然《しぜん》や文化財《ぶんかざい》のこと。
- (⑤ 国宝)
…国の宝《たから》として、国が指定し、たいせつに保護《ほご》しなければならない建物やちょうこく、絵画などのこと。
→国が指定する重要《じゅうよう》文化財の中でも、価値が高いものをさす。

長崎市にある大浦《おおうら》天主堂《てんしゅどう》は、世界遺産でもあり、国宝でもあるよ！

(⑥大浦天主堂)

2 くんちについて調べる　教科書 124～125ページ

くんちに向けた準備《じゅんび》

- だしものの準備は１年かけておこなわれる。６月から９月までの４か月は、ほぼ毎日けいこをする。
- (⑦ 庭見せ)…踊町の家々では、祭りに使う道具やお祝《いわ》いの品を道ゆく人に見えるようにする。
- (⑧ シャギリ)…踊町のだしものに同行して、ふえやたいこを使ってえんそうをおこなう。

諏訪神社からおりてくる三体のみこし

選んだ言葉に✔　□長崎くんち　□国宝　□シャギリ　□庭見《にわみ》せ　□世界遺産　□踊町《おどりちょう》　□年中行事　□大浦天主堂《おおうらてんしゅどう》

46

ぴったり2
練習

学習日　**47ページ**

ぴたトリビア
長崎ランタンフェスティバルは、中国《ちゅうごく》の旧《きゅう》正月を祝う行事「春節祭《しゅんせつさい》」が始まりとなり、冬におこなわれます。

教科書 120～125ページ　答え 24ページ

1 次の問いに答えましょう。

(1) 次のうち、国宝と世界遺産の両方に指定されているものには◎を、どちらか一方に指定されているものには○を、どちらにも指定されていないものには×をつけましょう。

ペーロン大会(長崎県長崎市)
①(×)

大浦天主堂(長崎県長崎市)
②(◎)

黒島《くろしま》天主堂(長崎県佐世保《させぼ》市)
③(○)

(2) 年中行事についてまとめた右の表の①、②の(　)にあてはまる月を書きましょう。また、③、④の(　)にあてはまる行事の名前を、下の[　]から選びましょう。

七夕《たなばた》　節分《せつぶん》　七五三

月	行事の名前
2月	(③ 節分)
(① 5)月	たんごの節句《せっく》
7月	(④ 七夕)
(② 12)月	おおみそか

2 次の問いに答えましょう。

(1) 長崎くんちについて、次の文にあてはまる数字を、右の[　]からそれぞれ選びましょう。

4　1　7

① 踊町は(7)年に一度回ってくる。
② だしものは約(1)年でじゅんびする。
③ けいこは6から9月まで、およそ(4)か月間おこなう。

(2) 右の写真の説明としてあてはまるものを、㋐～㋒から選びましょう。　(㋐)

㋐ 踊町の家々では、祭りの道具やお祝いの品を道ゆく人に見えるようにする。
㋑ 踊町のだしものに同行して、ふえやたいこを使ってえんそうをおこなう。
㋒ その年の当番となった踊町が、諏訪神社にだしものを奉納する。

ヒント　1 (2) 七五三は、子どもの健康《けんこう》と成長をねがって、日本の伝統的《でんとうてき》な服そうで神社にお参《まい》りする行事です。服をいくつも重ねて着るので、すずしい月に行う人が多いです。

47

できたかな？

□１月から12月まで、どのような年中行事があるか順番《じゅんばん》に言ってみよう。
□長崎《ながさき》くんちとはどのような祭りか説明《せつめい》してみよう。

おうちのかたへ

長崎県を例に、世界遺産や国宝、年中行事など、伝統的な文化の概要について学習する範囲です。世界遺産と国宝の違いや、日本にどのような年中行事があるかを知ることが目的となります。ご家庭のなかでの毎年の行事や、ご近所の毎年の祭りなど、伝統が身近にあることをお子さまと一緒に確認してみてください。

練習　47ページ

1 (1)世界遺産《いさん》は世界的に重要《じゅうよう》であると認《みと》められた建物《たてもの》や自然《しぜん》など、国《こく》宝《ほう》は日本が認定《にんてい》する建物やちょうこく・絵画などです。どちらも形のあるものが登録《とうろく》されます。

(2)節分は２月の立春のころにおこなわれる行事です。さまざまな悪い物事を鬼《おに》に見立てて、それを豆をまいて追いはらうことで１年の健康《けんこう》を願《ねが》います。５月５日のたんごの節句は、「子どもの日」という祝日《しゅくじつ》になっていて、こいのぼりをかざる家も多いです。七夕はおもに７月７日の行事で、ささの葉に短ざくをつるして願いごとをする習わしがあります。おおみそかは１年の最後《さいご》の日、12月31日をさします。七五三は子どもの健《すこ》やかな成長《せいちょう》を願う行事で、11月ごろにおこなう地いきが多いです。

2 (2)写真は庭見せのようすで、㋐が正解《せいかい》です。㋑はシャギリ、㋒はくんちのだしものについての説明です。

ぴったり1

じゅんび

4．地いきの伝統《でんとう》や文化と、先人のはたらき

1 わたしたちのまちに伝《つた》わるもの②

学習日

48ページ

◎めあて
くんちに関《かか》わる人々のはたらきや伝統文化がかかえる課題について理解しよう。

教科書 126〜129ページ　答え 25ページ

次の(　　)に入る言葉を、下から選《えら》びましょう。

1 くんちをささえる人々

教科書 126〜127ページ

踊町《おどりちょう》のシンボルと人々の協力《きょうりょく》

- かさぼこ…踊町の行列の先頭に立つ町のしるし。各《かく》踊町の(① シンボル)のため、かざりは昔も今もほとんど変わらない。
- かさぼこづくりは(② 手作業)がほとんどであり、時間がかかる。
- たれの部分には、長崎《ながさき》がほこる美術工芸《びじゅつこうげい》である(③ 長崎ししゅう)が使われている。
- だしものを成功《せいこう》させるためにたくさんの人々が助け合うため、くんちを通じて町の(④ きずな)が深まっている。

明治時代のかさぼこ（榎津町《えのきづ》）

2 くんちにかける思い

教科書 128〜129ページ

ワンポイント　**伝統文化がかかえる課題**

- くんちは、50年ほど前から参加《さんか》する町がへっている。
→お金の面や、町から(⑤ 人口)がへったことが原因《げんいん》である。
- この先(⑥ あとつぎ)や手伝《てつだ》ってくれる人がいなくなってしまう心配があり、次の世代へつなぐための取り組みを進めている。

振興会《しんこうかい》の思い

- 長崎(⑦ 伝統芸能)振興会では、くんちという伝統芸能をわかい人たちにうけついでもらうために、昔からの(⑧ しきたり)を伝えるなど、くんちを知ってもらう活動をしている。
- くんちに関《かか》わる人々は、伝統を守り、町のつながりをたいせつにしていきたいという(⑨ 願い)をもっている。

伝統を受けつぎ、守っていくためにできることはなんだろう？

選んだ言葉に✓					
	□伝統芸能《げいのう》	□願《ねが》い	□しきたり	□手作業	□長崎ししゅう
	□シンボル	□人口	□あとつぎ	□きずな	

ぴったり2

練習

学習日

49ページ

ぴたトリビア
長崎くんちは諏訪《すわ》神社など4か所にある有料《ゆうりょう》の本場所と、無料の庭先回りをまちなかで自由にみることができます。

教科書 126〜129ページ　答え 25ページ

1 次の文を読んで、問いに答えましょう。

かさぼことは、踊町の行列の先頭に立つ町の(　　)である。そのほとんどを手作業でつくるため、とてもたいへんである。しかし、できあがったかさぼこがきれいにまわるすがたは、人々を深く感動させる。

(1) 文中の下線部にあてはまるものを、㋐〜㋒から選びましょう。
(㋒)

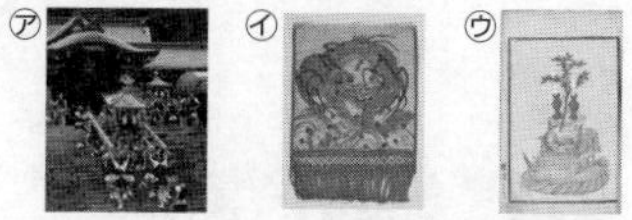

㋐　㋑　㋒

(2) 文中の(　　)にあてはまる、しるしを意味するカタカナ4文字のことばを何といいますか。　(シンボル)

2 次のインタビューを読んで、長崎くんちがかかえる課題として正しいものには○を、まちがっているものには×をつけましょう。

最近《さいきん》は、くんちに参加する町がへってきました。お金の面や、町から人口がへったことと関係《かんけい》が深いです。あとつぎはいるだろうか、くんちを手伝ってくれる人はいるだろうかなど、くんちのしょうらいがとても心配です。
振興会では、くんちという伝統芸能をわかい人たちに受けついでもらうために、毎年の話し合いで、昔からのしきたりを伝える活動をしています。われわれは、この伝統芸能をわかい人たちにもっと知ってもらうためにさまざまな取り組みをしなければならないのです。

① (○)だしものを準備《じゅんび》したり、修理《しゅうり》したりするのにはお金がかかるので、そのお金を集めることがむずかしい。
② (○)くんちにきょうみがないわかい人たちに、どうしたらきょうみをもってもらえるか、考えなければならない。
③ (○)町の人の数がへっているので、だしものの人手も足りていないのかもしれない。
④ (×)昔の伝統芸能より、今の時代に合う行事をどのようにふやしていくかを考えなければならない。
⑤ (×)くんちを次の世代《せだい》に伝えようとしている人が全くいないため、伝統がとだえてしまうおそれがある。

ヒント　❷ 伝統文化を受けついでいくうえでは、おもにお金と人の不足《ふそく》が課題となることが多いです。

練習　49ページ

❶ (1)㋐は諏訪《すわ》神社からおりてくるみこしの写真です。㋑はくんちに使われる船頭衣装《せんどういしょう》の写真です。船頭衣装は、船の上に乗る男の子が身につけます。㋒は明治《めいじ》時代のかさぼこの絵です。

❷ ①③１行目の「お金の面や、町から人口がへった…」という内容《ないよう》からわかります。②４行目「伝統芸能をわかい人たちに受けついでもらうために…」や６、７行目「さまざまな取り組みをしなければならない」という内容から、伝統的《でんとうてき》なくんちを受けついでもらうために、わかい人にくんちを伝え、きょうみをもってもらう取り組みをする必要《ひつよう》があるとわかります。④今の時代にあう行事をふやすことについては書かれていません。

できたかな？
□道具やししゅう、衣装《いしょう》をつくる人たちをふくめて、どのような人たちが長崎くんちにたずさわっているか説明《せつめい》してみよう。
□くんちをはじめとした伝統文化《でんとうぶんか》がかかえる課題《かだい》とは何か、説明してみよう。

おうちのかたへ
伝統的な長崎くんちが開催されている裏には、多くの人が携わっていることを知ることが目的です。出し物を披露する人だけでなく、道具を作る人や運営を取り仕切る人、伝統を伝えていく振興会の人など、すべての人がそれぞれの仕事を一生懸命こなすことで、伝統行事である長崎くんちが成り立ってきたのだと、お子さまと一緒に確認しましょう。

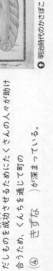

ぴったり1 じゅんび

4．地いきの伝統《でんとう》や文化と、先人のはたらき

1 わたしたちのまちに伝《つた》わるもの③

学習日 50ページ

めあて 伝統《でんとう》を伝《つた》える取り組みと、昔からある建物《たてもの》を知ろう。

教科書 130～133ページ　答え 26ページ

次の（　）に入る言葉を、下から選《えら》びましょう。

1 問題の解決《かいけつ》に向けて

教科書 130～131ページ

「諏訪《すわ》っ子くんちフェスティバル」

- 諏訪神社近くの小学校では、1年生から6年生までが、（① 地いき ）の人たちの指導《しどう》のもとでくんちのえんぎをおこなう活動がある。この取り組みのおかげで、くんちに親しみ、くんちに（② 参加する ）人もふえてきている。

諏訪っ子くんちフェスティバル

2 昔の建物《たてもの》を調べる

教科書 132～133ページ

ワンポイント 長崎《ながさき》市に残《のこ》されている建物

- 端島《はしま》…小さな島で、その形から（③ 軍艦島 ）とよばれている。かつては（④ 人口密度 ）が世界一であったが、産業《さんぎょう》の変化《へんか》を受けて無人島《むじんとう》となった。
- 崇福寺《そうふくじ》…中国人が建《た》てた（⑤ 寺院 ）で、国が指定する多くの重要文化財《じゅうようぶんかざい》がある。
- 大浦天主堂《おおうらてんしゅどう》…日本に残るなかで、もっとも古い**キリスト教**の（⑥ 教会 ）である。
→1945年に（⑦ 原子ばくだん）のひ害《がい》を受けるが、しゅうりされ今の形となった。当時の日本のキリスト教徒《きょうと》の様子を伝える「（⑧ キリシタン ）博《はく》物館《ぶつかん》」などがあり、観光客に天主堂の歴史《れきし》を伝えている。

キリスト教
世界三大宗教《しゅうきょう》の一つ。およそ480年前に日本に伝《つた》えられた。

カードにまとめる

小さな島が人口密度世界一
1960（昭和35）年に、人口密度で世界一となりました。2009（平成21）年に上陸《じょうりく》がゆるされると、たくさんの観光客が来るようになりました。島内の古い建物をほしゅうして整備するなど、軍艦島を残す取り組みがおこなわれています。

古い建物を残すための取り組みを調べて、カードにまとめよう！

選んだ言葉に☑				
	□人口密度《みつど》	□地いき	□キリシタン	□寺院
	□原子ばくだん	□参加《さんか》する	□教会	□軍艦島《ぐんかんじま》

ぴったり2 練習

学習日 51ページ

ぴたトリビア
江戸《えど》時代の長崎《ながさき》県には、禁止《きんし》されていたキリスト教を信じる「キリシタン」がたくさんいました。そのため、キリシタンに関《かん》する建物があります。

教科書 130～133ページ　答え 26ページ

1 次の文を読んで、問いに答えましょう。

「諏訪っ子くんちフェスティバル」によって、小学生のうちからくんちに親しむことができ、くんちに参加する人は①（ ふえて（○）・ へって ）きています。このように、伝統文化を受けついでいくためには、②積極的に行事に参加することがたいせつです。

(1) 文中の①について、あてはまる言葉を○でかこみましょう。

(2) 下線部②について、伝統文化を受けついでいくための行動として、正しいものを2つ選び、○をつけましょう。

㋐（ ○ ）自分たちから伝統文化についてくわしく知る。
㋑（　）伝統文化をよく知っている地いきの人たちだけで活動に取り組む。
㋒（　）多くの人に知ってもらう必要《ひつよう》はなく、情報《じょうほう》の発信《はっしん》はしない。
㋓（ ○ ）古くから残る祭りや建物をたいせつにする。

2 次の問いに答えましょう。

(1) 右のカードから読み取れることとして、正しいものを1つ選び、○をつけましょう。

㋐（　）大浦天主堂は、1862年に建てられたときのまま現在《げんざい》まで残っている。
㋑（　）大浦天主堂は教会ではなく博物館である。
㋒（　）大浦天主堂は殉教者たちが力を合わせて建てた。
㋓（ ○ ）1945年に原子ばくだんのひ害を受けた。

(2) 大浦天主堂や端島（軍艦島）は、世界的に残す価値があるとみとめられた文化財として□に指定されています。□にあてはまる言葉を書きましょう。

（ 世界遺産 ）

長崎のシンボル　大浦天主堂
大浦天主堂は1862年に26人の殉教者《じゅんきょうしゃ》たちが聖人《せいじん》になったのを受けて建てられた教会です。1945年に原子ばくだんのひ害を受けましたが、しゅうりして今の天主堂になっています。天主堂のとなりには、天主堂にまつわるてんじがされている「キリシタン博物館」もあります。

ヒント ❶(2)「諏訪っ子くんちフェスティバル」では、実さいにくんちに出ている地いきの人がえんぎの指導をします。けいけんにもとづくことで、より深く人に伝えることができます。

できたかな？
□「諏訪っ子くんちフェスティバル」によってくんちの未来にどのようないいことがあるか考えてみよう。
□歴史《れきし》のある建物《たてもの》を残《のこ》していくために、どのような取り組みがされているか説明《せつめい》してみよう。

おうちのかたへ
前ページまでで学んだ、伝統文化を伝えていく難しさをふまえたうえで、伝統文化および歴史的建造物をどのようにして保存していくのかを知ることが目的です。小学校行事で若い人たちに積極的に参加してもらう取り組みや、博物館などによって観光客に歴史を知ってもらう取り組みが、伝統の保存につながることを、お子さまと一緒に確認しましょう。

練習 51ページ

❶ (2)㋐㋓伝統的《でんとうてき》な文化を受けついでいくためには、まずは積極的《せっきょくてき》に伝統的な行事などに参加し、伝統をよく知ることがたいせつです。そして、伝統を学んだ人が、次の世代に伝統を教え伝えていくことが必要《ひつよう》です。

❷ ㋐1862年に建てられましたが、1945年に原子ばくだんのひ害を受けてしゅうりされています。㋑大浦天主堂《おおうらてんしゅどう》は教会です。㋒殉教者とは、自分が信じる教えのために命をささげた人をさします。殉教者たちが聖人になったのを受けて建てられた教会ですが、殉教者たちが建てたとは書かれていません。

ぴったり3
たしかめのテスト

52ページ

4. 地いきの伝統《でんとう》や文化と、先人のはたら

1 わたしたちのまちに伝《つた》わるもの

/100 ごうかく80点

教科書 120～133ページ　答え 27ページ

1 長崎《ながさき》市に観光《かんこう》に行ったときのメモを読んで、問いに答えましょう。　1つ5点（30点）

> 長崎市には、古くから残《のこ》る建物《たてもの》が数多くありました。とくに、国宝《こくほう》と（ あ ）のどちらにも指定されている大浦天主堂《おおうらてんしゅどう》は、とても美しい建物でした。また、ⓘ年中行事である長崎くんちもみてきました。

(1) よく出る 文中の（ あ ）にあてはまる言葉を書きましょう。（ 世界遺産 ）

(2) 下線部ⓘについて、次の問いに答えましょう。

記述 ① 次の文の（　）にあてはまる内容《ないよう》を書きましょう。　思考・判断・表現

・年中行事とは、毎年（　）行事のことである。

（ （例）決まった時期におこなわれる ）

② 次の月におこなわれるおもな年中行事としてあてはまるものを、㋐～㋓からそれぞれ一つずつ選《えら》びましょう。

3月（ ㋒ ）　6月（ ㋓ ）　9月（ ㋐ ）

㋐ 月見　㋑ 盆《ぼん》　㋒ ももの節句　㋓ 虫送り

(3) 観光に行ったのは何月ですか。次の（　）にあてはまる数字を書きましょう。

（ 10 ）月

2 くんちについての質問《しつもん》と、その質問に対する答えとして合うものを、線で結びましょう。　1つ5点（20点）

①準備《じゅんび》期間はどれくらいですか。　　㋐祭りに使う道具を見せることです。

②かさぼことは何ですか。　　㋑１年ほど前からはじめます。

③庭見《にわみ》せとは何ですか。　　㋒くんちの先頭に立つ町のシンボルです。

④けいこ期間はどれくらいですか。　　㋓4か月間、ほぼ毎日です。

52

53ページ

学習日

3 かさぼこの説明《せつめい》として正しいものには○を、まちがっているものには×をつけましょう。　1つ5点（15点）

①（ ○ ）ほとんどが手作業でつくられる。

②（ × ）船の上に乗る男の子が身につける。

③（ × ）今のかざりと昔のかざりは、大きく変《か》わっている。

4 次の文を読んで、問いに答えましょう。　1つ5点（20点）

> 長崎くんちには大きなみりょくがありますが、最近《さいきん》では、お金の面や、町の人口がへったことから、①参加する町もへってきています。また、あとつぎがいないことも課題《かだい》の一つです。振興会《しんこうかい》は、くんちのような（ ② ）芸能《げいのう》をわかい人たちに受けついでもらいたいと願《ねが》っています。

記述 (1) できたらスゴイ！ 下線部①の背景《はいけい》として読み取れることを二つ書きましょう。　技能

（ （例）お金が足りない。 ）（ （例）町の人口がへった。 ）

記述 (2) 下線部①以外《いがい》に、くんちにはどんな課題がありますか。

（ （例）あとつぎがいないこと。 ）

(3) 文中の（ ② ）にあてはまる言葉を書きましょう。

（ 伝統 ）

5 次のカードから読み取れることとして正しいものには○を、まちがっているものには×をつけましょう。　1つ3点（15点）

> **宝物《たからもの》がたくさん！**
> 中国の人たちが、航海《こうかい》の安全をいのり、長崎市に崇福寺《そうふくじ》を建《た》てました。寺には、国宝《こくほう》をふくめて、国が指定する重要文化財《じゅうようぶんかざい》が数多くあります。

> **世界一こみあった島**
> 軍艦島《ぐんかんじま》では、1869年から石炭がほられはじめました。石炭をほる仕事が島にできたことで人口がふえ続《つづ》け、1960年には世界一の人口密度《みつど》となっていましたが、今は一部をのぞいて立ち入り禁止《きんし》となっています。

①（ ○ ）崇福寺は外国人が建てた建物《たてもの》である。

②（ ○ ）軍艦島の人口密度は、今は世界一ではない。

③（ × ）崇福寺は中国に建てられている。

④（ × ）軍艦島はかつて世界で一番多くの石炭《せきたん》がとれる地いきであった。

⑤（ ○ ）崇福寺には国宝と重要文化財が数多くある。

ふりかえり 4がわからないときは、48ページの2にもどってかくにんしてみよう。

53

たしかめのテスト　52～53ページ

1 (2)②３月３日は「ももの節句」とよばれ、ひなまつりをおこなう家も多いです。６月におこなわれる虫送りは、イネに害《がい》をもたらす虫をおいはらい、豊作《ほうさく》を願《ねが》う行事です。９月は月がとてもきれいにみえるため、月見の行事がおこなわれます。盆《ぼん》はおもに８月の行事です。

(3)長崎《ながさき》くんちは毎年10月におこなわれます。

2 踊町《おどりちょう》のだしものや、家々が祭りの道具やお祝《いわ》いの品をみせる庭見《にわみ》せ、町のシンボルとなるかさぼこづくりなど、くんちの準備《じゅんび》は１年ほど前からはじまり、特《とく》にけいこは４か月間ほぼ毎日おこなわれます。

3 かさぼこのかざりは昔と変《か》わらないものもあり、ひとつひとつ手作業でつくられています。

5 ①「中国の人たちが…建《た》てました。」という内容《ないよう》からわかります。②軍艦島《ぐんかんじま》はげんざい、無人島となっています。③崇福寺《そうふくじ》は長崎市に建てられた寺院です。

記述問題のプラスワン

1 (2)① １月にはお正月、７月には七夕《たなばた》など、毎年同じ月に同じ行事がおこなわれていることから、年中行事とは、毎年の決まった時期におこなう行事であると理解《りかい》しましょう。

4 (1)「お金の面や、町の人口がへったことから…」と、文中にあげられている二つの課題《かだい》をヒントに書きましょう。

4 (2)下線部①の直後の「また、あとつぎがいないことも課題の一つです」という文にもう一つの課題が書かれています。

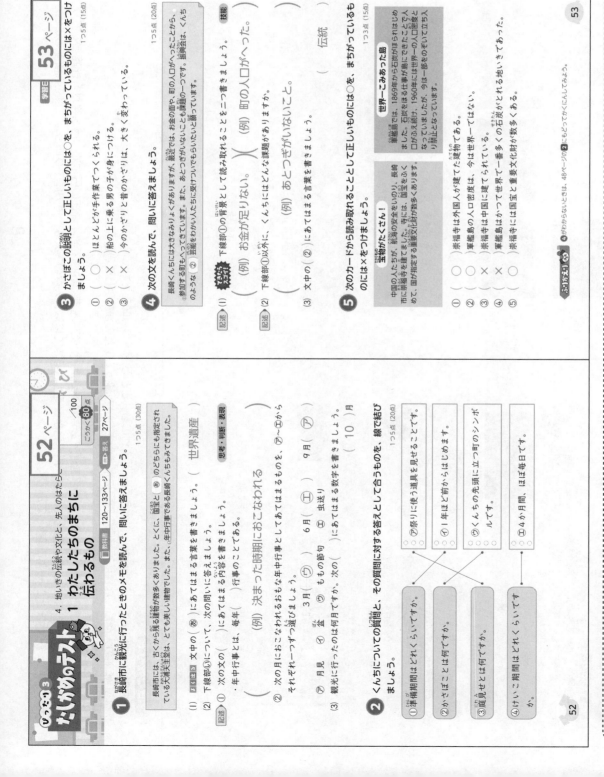

ぴったり1 じゅんび

4．地いきの伝統《でんとう》や文化と、先人のはたらき

2 原野に水を引く①

3分でまとめ

学習日 **54**ページ

◎めあて 那須野原《なすのがはら》と、その開こんのようすを知ろう。

教科書 134～137ページ　答え 28ページ

次の（　）に入る言葉を、下から選《えら》びましょう。

1 那須疏水《なすそすい》

教科書 134～135ページ

ワンポイント 那須疏水と蛇尾《さび》川

- **那須疏水**…栃木《とちぎ》県那須塩原《なすしおばら》市にある、今から約《やく》130年前につくられた（① 用水路 ）。
- 蛇尾川…水が流れておらず、石が広がるだけの（② 水無川 ）。蛇尾川の底《そこ》には（③ ふせこし ）とよばれるしせつがあり、石を使って川の底に水を通している。
- **ずい道**…トンネルのこと。

用水路は、生活や農業などで使う水を流すための水路だよ。

2 原野の開こんと水への大きな願《ねが》い

教科書 136～137ページ

昔の那須野原《なすのがはら》と人々の生活

たがやしていない野原を原野というよ。

昔…那須野原には東西に広大な原野《げんや》があった。

- 今から150年前…原野を（④ 開こん ）するため、栃木県や県外から多くの人々がうつり住んだ。

しかし、（⑤ 水もち ）の悪い土地で、田をつくるどころではなかった。

- 原野の土の下には石があり、雨がふっても水が地下にしみこんでしまう。また、川も水無川であった。
- 開こんにより取りのぞいた石を集めた（⑥ 石づか ）が今も残《のこ》っている。
- （⑦ 生活用水 ）が足りずにこまっていた人々は、遠くはなれた川に、（⑧ 荷車 ）などを使って、水をくみに行かなければならなかった。

石づか（石ぐら）

人々は、那須野原の原野に水を引きたいという願いをもっていた。

選んだ言葉に✓　□開こん　□水もち　□荷車　□ふせこし　□水無川《みずなし》　□用水路　□石づか　□生活用水

ぴったり2 練習

学習日 **55**ページ

ぴたトリビア 疏水とは、給水《きゅうすい》のために土地を切り開いて、水路をつくることです。那須疏水と安積《あさか》疏水（福島《ふくしま》県）、琵琶湖《びわこ》疏水（滋賀《しが》県・京都府《きょうとふ》）は日本三大疏水です。

教科書 134～137ページ　答え 28ページ

1 次の写真と図を見て、問いに答えましょう。

あ

い

う

え

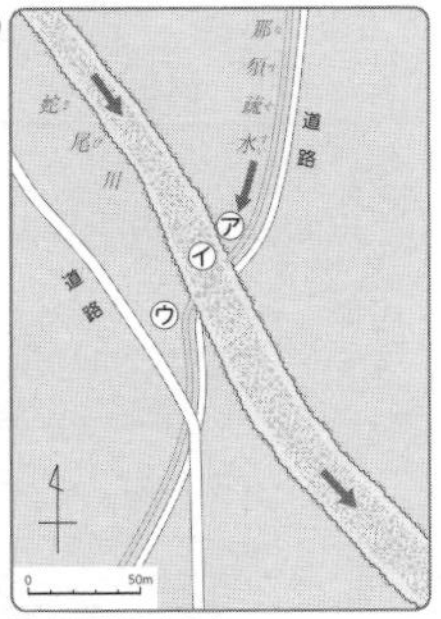

蛇尾川のようす

(1) 次の文の（　）にあてはまる言葉を、下の［　］から選びましょう。

あ～うの写真は、栃木県那須塩原市にある（① 那須疏水 ）とよばれる（② 用水路 ）である。地中に木組みや石組みのといをうめて、水を通す（③ ふせこし ）というしせつがある。

［ふせこし　用水路　那須疏水］

(2) あ～うの写真は、えの図のア～ウのどこでとられたものですか。それぞれ記号で答えましょう。　あ（ ウ ）　い（ ア ）　う（ イ ）

2 次の文を読んで、問いに答えましょう。

今から150年ほど前の那須野原には、東西に広大な（① 原野 ）があり、田畑をつくるために多くの人がうつり住んだが、（② 水もち ）が悪く、人々は生活（③ 用水 ）にこまってしまった。

(1) 文中の（　）にあてはまる言葉を書きましょう。

(2) 林やあれた土地から草木や石を取りのぞき、田や畑などにすることを何といいますか。（ 開こん ）

ヒント 1 (2) あの写真は出口、いの写真は入口のようすをあらわしています。

練習　55ページ

1 (1)用水路は、人々の生活や農業などで使う水を流すためにつくられた水路です。那須疏水《なすそすい》は、およそ130年前につくられましたが、そのあと新しくつくり直されています。

(2)蛇尾川は水が流れていない水無《みずなし》川なので、石が広がるウを選びましょう。

2 (1)①原野とは、たがやしていない野原のことです。②水もちとは、水をたくわえておく力のことです。③生活用水とは生活するなかで使う水のことです。

できたかな？

□「原野」、「開こん」、「那須疏水《なすそすい》」、「水無川《みずなしがわ》」、「ふせこし」という言葉の意味をそれぞれ説明《せつめい》してみよう。

□150年前の人々が、なぜ那須野原《なすのがはら》の原野に水を引きたいと願《ねが》っていたのか説明してみよう。

おうちのかたへ

水源のない地域に水を通すしくみや、なぜ水を通す必要があったのかを学習する範囲です。現在の日本では用水路が行き渡っており、どこでも水を確保することができていますが、用水路が整備されるまでには、人々の多大な苦労の歴史があったことを理解することが大切です。お子さまとご一緒に確認してみてください。

ぴったり1
じゅんび

4．地いきの伝統《でんとう》や文化と、先人のはたらき
2 原野に水を引く②

学習日

めあて
那須疏水《なすそすい》のしせつと、どのように工事が進められたのかを知ろう。

教科書 138～145ページ　答え 29ページ

次の(　)に入る言葉を、下から選《えら》びましょう。

1 那須疏水のしせつ見学／印南《いんなみ》や矢板《やいた》の願《ねが》いと国や県へのうったえ　教科書 138～141ページ

那須疏水にあるしせつ

- (① 取水口)…用水路へ水を取りこむ入り口。
- (② ずい道)…トンネルのこと。亀山《かめやま》ずい道はおよそ920mもある。
- 第一分水…水をえるために、もとの流れから水を分けるところ。

ワンポイント　工事の必要《ひつよう》さをうったえた人たち

- (③ 印南文作)と矢板武《たけし》は、那須野原《なすのがはら》に(④ 飲み水)用の水路をつくるため、国に工事を願い出た。
- 水田などにも利用《りよう》できる(⑤ 疏水)の計画を国にうったえ、那須疏水をつくる工事をみとめてもらった。

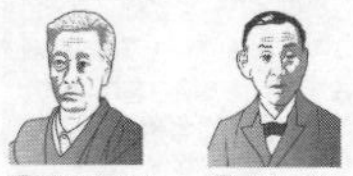
印南文作　矢板武

2 ずい道工事のくふう／川底《かわぞこ》を通すふせこしと用水路の工事　教科書 142～145ページ

ずい道の工事

- 水路工事では取水口をつくる場所、ずい道や川の下を横切るふせこしの工事が問題だった。くずれやすい場所《ばしょ》では、内部を(⑥ 五角形)の石組みにして、石と石の間を(⑦ セメント)でかためた。
- 長いずい道は三つに分け、それぞれの間に横あなをほり、(⑧ 風)の通りをよくした。

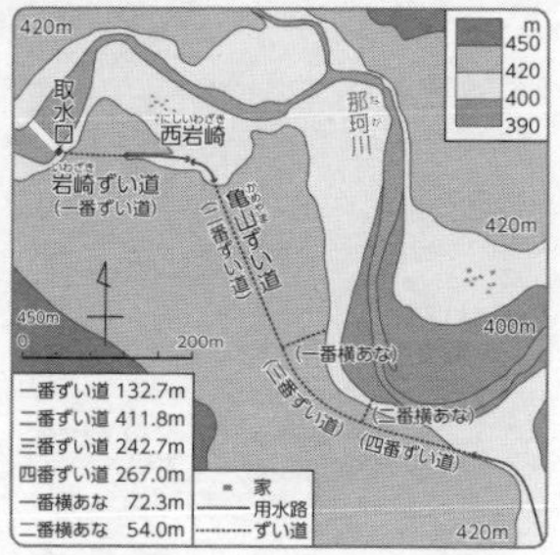

ずい道ができたころの地図

ふせこしやほりわりの工事

- ふせこし工事…川底に(⑨ 用水路)を通すため、川底をほり、木をしいた上に石組みをし、川の土石をもどす工事をおこなった。

→工事は昔からの方法《ほうほう》で、多くの人が協力して短期間で完成《かんせい》した。

選んだ言葉に✓					
	□五角形	□飲み水	□セメント	□風	□取水口
	□疏水	□ずい道	□印南文作	□用水路	

ぴったり2
練習

学習日

ぴたトリビア
開こん当時の農家の家は、かやぶきでできており、かやぶきはだん熱《ねつ》せいや通気せいなどにもすぐれていました。

教科書 138～145ページ　答え 29ページ

1 次の①～③のしせつの説明としてあてはまるものを、あとの㋐～㋒の文から選びましょう。

①ずい道 (㋒)　②取水口 (㋐)　③分水 (㋑)

㋐ 用水路へ水を取りこむ入り口。
㋑ 水をえるために、元の流れから水を分けるところ。
㋒ トンネルのこと。

2 那須野原の開こんの中心となった人物について、次の文の(　)にあてはまる人物や言葉を[　]から選びましょう。

右の人物は(① 矢板武)で、那須疏水の開こんを進めた中心人物である。かれは川から水を引くことがたいせつだと考え、(② 飲み水)用の水路をつくる計画を立てた。(③ 印南文作)とともに国に計画の実行をうったえ、工事をみとめてもらった。

印南文作　矢板武　飲み水　せんたく

3 那須疏水のずい道やふせこし、またその工事について、正しいものには○を、まちがっているものには×をつけましょう。

① (○)岩崎ずい道の工事のときには、くずれないように内部を五角形の石組みにした。
② (○)亀山ずい道はおよそ920mもあり、工事をするときには横あなをほって風の通り道をつくる必要《ひつよう》があった。
③ (×)ほりわりといわれる昔からの水路の工事は、少ない人数で、しんちょうに時間をかけておこなわれた。
④ (○)ふせこしは、川底を5～6mほったところに木わくをしき、その上に切り石を積《つ》み上げ、川原の石をもとにもどすかたちでつくられた。
⑤ (×)ずい道工事がはじまってからすべての分水路が完成するまで、10年以上《いじょう》の月日がかかった。

ヒント ❸ くずれやすいずい道や長いずい道、川の下を通す必要があるふせこしなど、大きな問題がいくつもありましたが、くふうをこらすことによって、短期間で疏水がつくられました。

練習　57ページ

1 取水口から取り入れられた水が用水路を流れていきます。元となる川から分水というかたちで用水路がわかれて、各地に水をとどけます。そのときには、水の通り道とするために、ずい道がつくられることもあります。

2 那須野原《なすのがはら》の開こんをすすめたのは印南丈作《いんなみじょうさく》と矢板武《やいたたけし》です。二人は飲み水用の水路を通す計画を国にうったえました。飲み水用の水路が完成《かんせい》したあと、水田などにも利《り》用《よう》できる大きな疏水《そすい》の計画を何度も国へうったえ続《つづ》け、国に多額《たがく》の工事費《ひ》をみとめてもらいました。

3 ③⑤ほりわりとは水路のことで、那須疏水のほりわり工事は1日に何百人もの人が集められ、短期間でおこなわれました。本線の用水路約16km《キロメートル》は、5か月ほどで完成しました。

できたかな？
□印南丈作《いんなみじょうさく》と矢板武《やいたたけし》がおこなったことを説明《せつめい》してみよう。
□那須疏水《なすそすい》の工事の課題《かだい》やくふうを説明してみよう。

おうちのかたへ
那須疏水にある施設、那須疏水がつくられるまでの経緯、実際の工事における課題や工夫について学習する範囲です。土地に合わせた施設の設置、さらに設置工事の工夫など、土地に合わせて疏水の整備が進んだことを理解することが大切です。また、工事には多額の費用がかかるため、工事を始めるのも簡単にはいかないということも、現代に通じる大事な知識です。

ぴったり1 じゅんび

4．地いきの伝統《でんとう》や文化と、先人のはたらき

2 原野に水を引く③

学習日

58ページ

めあて 疏水《そすい》の完成《かんせい》後の人々の取り組みをかくにんしよう。

教科書 146～149ページ　答え 30ページ

次の（　）に入る言葉を、下から選《えら》びましょう。

1 那須疏水《なすそすい》とくらしの変化《へんか》

教科書 146～147ページ

那須疏水が完成《かんせい》したあとのようす

- 那須野原《なすのがはら》の各地に水がいきわたるようになり、生活や（① 防火 ）などに用いられるようになった。（② 鉄道 ）（東北本線《とうほくほんせん》）が開通し、駅ができたため、（③ 人口 ）もふえた。

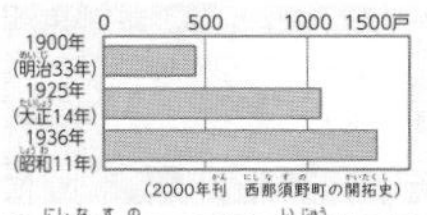

西那須野町《にしなすのまち》の農場の移住者《いじゅうしゃ》の変化

戦後のようす

- 残された原野は、疏水からはなれた土地であったため、水が引けなかった。
- 地下水の流れがわかるようになると、（④ ポンプ ）による地下水の利用《りよう》が広まり、原野の開こんが進み、（⑤ 田 ）の面積《めんせき》もふえていった。

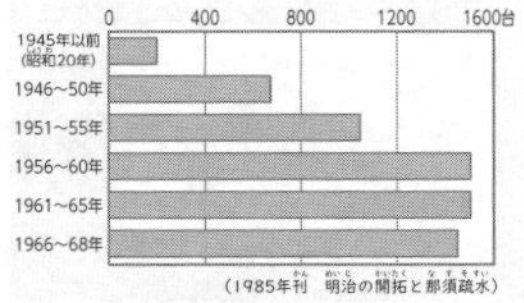

ポンプの台数の変化

2 国の総合《そうごう》開発

教科書 148～149ページ

ワンポイント 深山《みやま》ダムと調整池《ちょうせいち》

- 那須疏水の北側の地いきにつくられた深山ダムは、水をたくわえ、発電をすることを目的《もくてき》とした（⑥ 多目的 ）ダムである。
- 那須野原にある（⑦ 調整池 ）では、水をたくわえておくことができる。

発てんし続《つづ》ける那須野原

- 那須疏水の旧取水しせつは、国の重要文化財《じゅうようぶんかざい》や（⑧ 日本遺産 ）となっている。

日本遺産
地いきの歴史的《れきしてき》なみりょくや特色《とくしょく》を通じて、日本の文化や伝統《でんとう》を語るストーリーとして認定《にんてい》されたもの。

選んだ言葉に ✓
□多目的　□田　□調整池　□防火
□日本遺産《にほんいさん》　□人口　□ポンプ　□鉄道

ぴったり2 練習

学習日

59ページ

ぴたトリビア
水力発電所は、水の落ちる力を使って発電をするので、ダムの近くにつくられています。

教科書 146～149ページ　答え 30ページ

1 次の問いに答えましょう。

(1) 次の①、②のグラフはそれぞれ何をあらわしていますか。下の㋐～㋒から選びましょう。

①

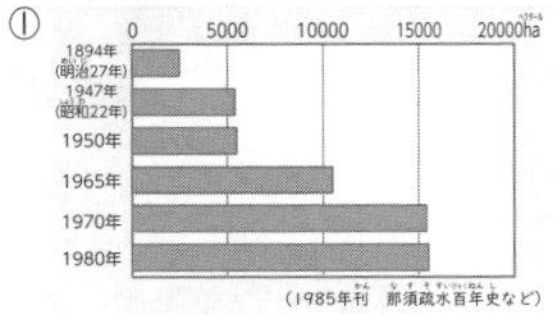

②

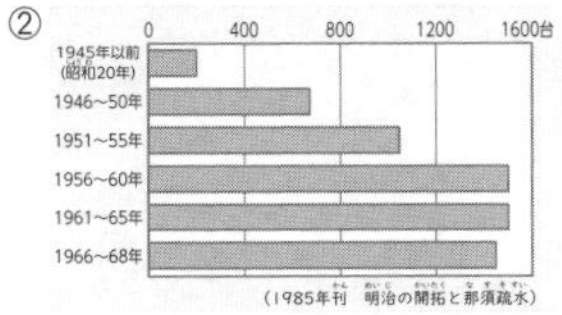

①（ ㋒ ）　②（ ㋑ ）

㋐ 家の数のうつり変わり　㋑ ポンプの数のうつり変わり
㋒ 田の面積のうつり変わり

(2) 那須野原の人々が、田を開いて米が作れるようになったのは、（　）の流れがわかり、ポンプを使ってくみ上げることができるようになったからです。（　）にあてはまる言葉を書きましょう。

（ 地下水 ）

2 次の文の（　）にあてはまる言葉を書きましょう。

日本の文化や伝統を語るものとして、那須疏水は（ 日本遺産 ）に登《とう》録《ろく》されている。

3 那須疏水完成後の那須野原のようすについて、正しいものには○を、まちがっているものには×をつけましょう。

①（ × ）4本の分水路が完成したことで、工事が終わった。
②（ × ）田畑はふえたが、工場はつくられていない。
③（ ○ ）2か所の調整池がつくられた。
④（ × ）南側の地いきに深山ダムがつくられた。
⑤（ ○ ）げんざいも那須野原の発てんは続《つづ》いている。

ヒント 1 (1) 単位《たんい》がそれぞれ①はha《ヘクタール》、②は台となっています。

練習　59ページ

1 それぞれのグラフの単位に注目すると、①の単位はha《ヘクタール》なので、㋒だとわかります。②のグラフの単位は台なので、㋑だとわかります。

2 日本遺産《いさん》とは、地いきの歴史的《れきしてき》なみりょくや特色《とくしょく》を通じて、有形・無形《むけい》を問わず、日本の伝統《でんとう》や文化を語るストーリーとして認定《にんてい》されたものです。

3 ①4本の分水路が完成したあとも原野は残《のこ》っており、開こんは続《つづ》いていました。②開こんされた後も那須野原の開発はすすみ、鉄道や工場がつくられました。④深山《みやま》ダムがつくられたのは、開発がおくれていた那須疏水の北側の地いきです。

できたかな？

□1912年ごろから1975年ごろにかけての那須野原《なすのがはら》の土地利用《りよう》のようすの変化を、土地利用図をみながら説明《せつめい》してみよう。
□那須疏水《そすい》の北側《きたがわ》につくられた深山《みやま》ダムや調整池《ちょうせいち》のやくわりを説明してみよう。

おうちのかたへ

那須疏水が完成したあとの那須野原の様子と、行政によるさらなる開発について学習する範囲です。那須疏水によって生活用水が確保できたことで人口が増え、農牧場なども広がっていったことを理解することが大事です。さらに、汲み上げポンプの普及や、ダムや調整池の設置など、十分な水を得るための大規模な工事がその後もおこなわれ、発展が続いていることを確認しましょう。

ぴったり3 たしかめのテスト

4．地いきの伝統《でんとう》や文化と、先人のはたらき

2 原野に水を引く

／100 ごうかく80点

教科書 134～149ページ　答え 31ページ

1 右の地図を見て、問いに答えましょう。　1つ5点（50点）

(1) 那須野原《なすのがはら》はどこの都道府県《とどうふけん》にありますか。㋐～㋓から選《えら》びましょう。　（ ㋒ ）

㋐ 茨城《いばらき》県　㋑ 富山《とやま》県
㋒ 栃木《とちぎ》県　㋓ 福島《ふくしま》県

(2) 次の文の（　）にあてはまる言葉を書きましょう。

明治《めいじ》時代の那須野原には、東西に広大な（①）がありました。その（①）から木や草、石などを取りのぞくことで田や畑などにする（②）を進めようとしました。

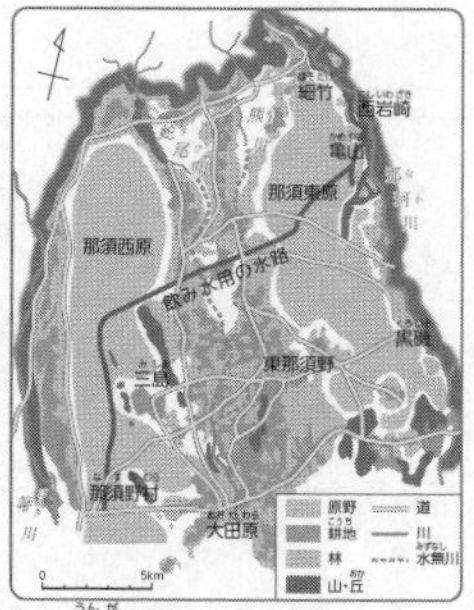

大運河《うんが》と飲み水用の水路

①（ 原野 ）
②（ 開こん ）

(3) (2)②を進めた人物であり、飲み水用の水路をつくる計画を立てた人物を、㋐～㋔から2人選《えら》びましょう。　（順不同《じゅんふどう》）（ ㋑ ）（ ㋔ ）

㋐ 田中正造《たなかしょうぞう》　㋑ 矢板武《やいたたけし》　㋒ 船田兵吾《ふなだひょうご》
㋓ 山本有三《やまもとゆうぞう》　㋔ 印南丈作《いんなみじょうさく》

(4) 那須野原の人々は、飲み水用の水路ができる前は、遠くはなれた箒《ほうき》川や那珂《なか》川まで、長い時間をかけて水をくみに行かないといけませんでした。当時、くんだ水を運ぶために使われた道具のうちの一つを書きましょう。

（いずれか一つ）（おけ・天びんぼう・荷車）

(5) 明治時代の那須野原や那須野原に住んでいた人々の生活のようすについて、正しいものには○を、まちがっているものには×をつけましょう。

① （ × ）水もちの良い土地で、たくさんの田がつくられた。
② （ ○ ）土の下から取りのぞかれた石が集められ、石づかとなった。
③ （ ○ ）人々は一てきの水もむだに使わないよう気をつけた。
④ （ × ）飲み水は少なかったが、農業に使える水はたくさんあった。

2 右の地図を見て、問いに答えましょう。　1つ5点（50点）

(1) 地図の①～④の地点でみられるしせつや建物《たてもの》を、㋐～㋓から選びましょう。　技能

①（ ㋒ ）　②（ ㋑ ）
③（ ㋓ ）　④（ ㋐ ）

㋐ 疏水記念碑《そすいきねんひ》　㋑ ずい道
㋒ 取水口　㋓ 第一分水

(2) よく出る 地図の那須疏水は、生活や農業などで使う水を流すための水路です。この水路を何といいますか。

（ 用水路 ）

(3) 地図の蛇尾《さび》川について、次の問いに答えましょう。

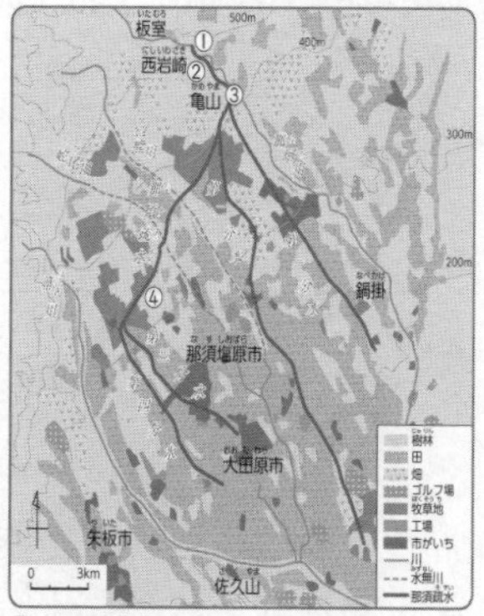

今の那須野原

① 蛇尾川には、地中に木組みや石組みのといをうめて水を通すせつびがあります。このせつびは何とよばれていますか。

（ ふせこし ）

② てきたらスゴイ！ 次の図は、①で答えたせつびの工事方法《ほうほう》の流れをあらわしています。（あ）～（う）にあてはまる言葉を、下の㋐～㋕から選びましょう。　技能

あ（ ㋑ ）　い（ ㋒ ）　う（ ㋔ ）

川底《かわぞこ》を（あ）にほる。　（い）を下にしき、（う）を積《つ》み上げる。　川原の石をもとにうめもどす。

㋐ まっすぐ　㋑ ななめ　㋒ 木わく
㋓ 石わく　㋔ 切り石　㋕ でこぼこした石

記述 (4) 右の図は、那須野原の地形の断面《だんめん》図をあらわしています。箒川は、ほかの川とくらべて、どのようなところを流れていますか。土地の高さに注目して、書きましょう。　思考・判断・表現

那須野原の地形の断面図《だんめんず》

（ (例)土地が低いところ。 ）

ふりかえり 2(3)がわからないときは、56ページの2にもどってかくにんしてみよう。

たしかめのテスト　60～61ページ

1 (3)㋐は栃木《とちぎ》県の足尾銅山《あしおどうざん》で発生した鉱毒《こうどく》問題に力をつくした人物です。㋒は栃木県に今も続《つづ》いている歴史《れきし》ある学校をつくった人物です。㋓は栃木県出身の小説家です。

(4)おけ・天びんぼう・荷車のどれか一つが書けていれば正解《せいかい》です。

(5)①明治時代の那須野原は水もちの悪い原野《げんや》が広がっており、田や畑をつくるのがむずかしい土地でした。④農業に使える水も少なく、人々は水を引きたいと願《ねが》っていました。

2 (3)ふせこしは、土の中に木組みや石組みのといをうめて、水を通すせつびです。川底《かわぞこ》のはば・深さ5～6m《メートル》をほります。そこに木わくをしき、切り石を積み上げ、川原の石をもとにもどし、つくられます。

記述問題のプラスワン

2 (4)図中にある那珂《なか》川・熊《くま》川・蛇尾《さび》川とくらべると、箒《ほうき》川の土地の高さが50～100m《メートル》ほど低《ひく》くなっていることがわかります。そのため、「土地が低いところ」あるいは「あまり土地が高くないところ」という内容《ないよう》が書けていれば正解《せいかい》です。

ぴったり1 **じゅんび**

学習資料《しりょう》／ 4. 地いきの伝統《でんとう》や文化と、先人のはたらき

学習日 **62ページ**

村の立て直しにつくす／自然《しぜん》を守る運動

めあて 村の立て直しや自然《しぜん》を守る取り組みの歴史《れきし》を知ろう。

教科書 152~159ページ　答え 32ページ

次の（　）に入る言葉を、下から選《えら》びましょう。

1 二宮金次郎《にのみやきんじろう》（尊徳《そんとく》）を知る／村の立て直し　教科書 152~155ページ

二宮金次郎(尊徳)と村の立て直し

二宮金次郎（尊徳）…神奈川《かながわ》県 ① 小田原 市に生まれ、まずしい ② 農村 の立て直しにつくした。

- 村を立て直すための（③ めあて ）を考え、各地で立て直しに成功《せいこう》した。
- 戸数《こすう》や人口、田畑の面積《めんせき》、取れ高を調べる。
- （④ 収入 ）に見合う生活と、人々の助け合いを求める。
- よくはたらく人を表彰《ひょうしょう》し、農具や米をあたえたり、（⑤ 資金 ）をかしつけたりする。

金次郎が復興《ふっこう》にかかわったおもな地いき

2 南方熊楠《みなかたくまぐす》を知る／自然を守る　教科書 156~159ページ

南方熊楠の取り組み

南方熊楠…和歌山《わかやま》県の学者で、⑥ 変形菌 という生物の研究をした。また、地いきの ⑦ 自然 を守る運動を進めた。

- 採集《さいしゅう》したものを紙にはり、絵にかいたり（⑧ 特ちょう ）をくらべたりする熊楠の研究方法は、今でも世界に取り入れられている。
- 国の命令《めいれい》によって（⑨ 神社 ）がこわされ、まわりの木が切られたときには、反対運動をおこし、人々の賛成《さんせい》を集めた。

ワンポイント 和歌山県の「郷土《きょうど》の偉人《いじん》」

華岡青洲《はなおかせいしゅう》…世界ではじめて全身ますいによる手術《しゅじゅつ》を成功させた。
川端龍子《かわばたりゅうし》…昔の日本の絵巻物《えまきもの》のえいきょうを受け、日本画をえがいた。

選んだ言葉に✓
□自然　□神社　□収入《しゅうにゅう》　□変形菌《へんけいきん》　□特《とく》ちょう
□資金《しきん》　□農村　□めあて　□小田原《おだわら》

ぴったり2 **練習**

学習日 **63ページ**

ぴたトリビア かつて、全国の多くの学校には、二宮金次郎(尊徳)の教えを手本にするため、金次郎の銅像《どうぞう》が置《お》いてありましたが、現在《げんざい》はてっ去しているところが多いです。

教科書 152~159ページ　答え 32ページ

1 二宮金次郎(尊徳)について、次の問いに答えましょう。

(1) 次の文の（　）にあてはまる言葉を書きましょう。

二宮金次郎は、今から200年ほど前に、おもに（ 関東 ）地方にある農村の立て直しをおこなった。

(2) 二宮金次郎がおこなった①~⑥の農村の立て直しについて、農地や地いきの改《かい》善《ぜん》にあてはまるものには㋐を、村人の生活の改善にあてはまるものには㋑を書きましょう。

① （㋑）よくはたらく農民を表彰し、ほうびとして農具や米をあたえた。
② （㋐）田畑の整備《せいび》や、道路・橋などを改修《かいしゅう》した。
③ （㋐）農地やあれ地などの土地をすみずみまで見回り調べた。
④ （㋑）農民の借金《しゃっきん》対さくとして資金のかしつけをおこなった。
⑤ （㋐）水を管理《かんり》するために改修工事をおこなった。
⑥ （㋐）冷《つめ》たい水を田の外に出すために、堀《ほり》をつくるように命じた。

2 地いきの発てんにつくした「郷土の偉人」について3人が会話しています。会話文の（　）にあてはまるものを、下の㋐~㋕から選びましょう。

（① ㋐ ）は、和歌山県の学者で、（② ㋕ ）という生物の研究をしました。また、地いきの（③ ㋓ ）を守る運動を進めました。

華岡青洲は、（④ ㋔ ）という塾《じゅく》と病院をかねた建物《たてもの》で、かん者の治《ち》りょうや弟子の医学の指導《しどう》にあたりました。また、世界ではじめて全身ますいによる（⑤ ㋒ ）に成功しました。

（⑥ ㋑ ）は、新聞社がおこなった絵画コンクールに入選《にゅうせん》し、本格《ほんかく》的《てき》に画家をめざすようになります。古い日本の絵巻物のえいきょうを受けて、日本画をえがくようになりました。

㋐ 南方熊楠　㋑ 川端龍子　㋒ 手術
㋓ 自然　㋔ 春林軒《しゅんりんけん》　㋕ 変形菌

ヒント ❶ (1) 二宮金次郎（尊徳）は、今の神奈川《かながわ》県や茨城《いばらき》県、栃木《とちぎ》県などの農村を立て直しました。

練習　63ページ

❶ (1)二宮金次郎《にのみやきんじろう》（尊徳《そんとく》）は今の神奈《かな》川《がわ》県や茨城《いばらき》県、栃木《とちぎ》県など、関東《かんとう》地方の農村を立て直しました。
(2)②「田畑」、③「農地やあれ地」、⑤「水を管理《かんり》する」、⑥「水を田の外に出す」などの言葉から、農地や地いきの改善《かいぜん》に関《かん》することがらであると考えましょう。

❷ ①②③南方熊楠《みなかたくまぐす》は、変形菌《へんけいきん》を研究したことで有名なほか、地いきの自然を守るために、城《しろ》の堀《ほり》をうめ立てて宅地《たくち》にする計画に反対しました。④⑤華岡青洲《はなおかせいしゅう》は京都《きょうと》で医学を学び、地元の和歌山《わかやま》県にもどったあとは医学の発てんに力をつくしました。⑥川端龍子《かわばたりゅうし》は今の和歌山市でうまれた画家です。

できたかな？
□二宮金次郎《にのみやきんじろう》（尊徳《そんとく》）がどのようにして農地や人々の生活を改善したか説明《せつめい》してみよう。
□南方熊楠《みなかたくまぐす》がどのような考えで反対運動をおこしたのか説明してみよう。

おうちのかたへ
二宮金次郎や南方熊楠を例に、生活・産業や自然を守る取り組みについて学習する範囲です。よりよく生きていくためには、問題を改善するために新たな制度などをつくる取り組みが必要な場合と、自然や研究成果、伝統文化など、後の世に伝えていきたいものを保存する取り組みが必要な場合、つまり、新しくするものと保存するものを判断する必要があると理解することが大切です。

ぴったり1 じゅんび

学習資料《しりょう》／

4．地いきの伝統《でんとう》や文化と、先人のはたらき

村を育てる教育につくす／医りょうにつくす

学習日

めあて 教育や医りょうの歴史を知ろう。

教科書 160〜167ページ　答え 33ページ

次の(　　)に入る言葉を、下から選《えら》びましょう。

1 村を育てる教育／義雄《よしお》の教えが残《のこ》されているのは

教科書 160〜163ページ

東井《とうい》義雄の村を育てる教育

東井義雄…兵庫《ひょうご》県豊岡《とよおか》市生まれの教育者で、子どもだけでなく、村人や①　先生　の生きる力（根）を育てることで、村をよくしようとした。

- 「(②　書く　)」ことをたいせつにし、子どもたちが自分の考えを書いたものをじゅぎょうで活用した。
- 『土生《はぶ》が丘《おか》』という(③　学級通信　)や教育についての本を発行し、みんなの生きる力を育てようとした。
- 豊岡市では「(④　根　)を養《やしな》えば樹《き》はおのずから育つ」という義雄の教えを受けつぎ、地いき全体を育てる取り組みがおこなわれている。

『村を育てる学力』や『培其根《ばいきこん》』という本が有名だね！

2 日本の女医第一号／北海道《ほっかいどう》でのかつやく

教科書 164〜167ページ

荻野吟子《おぎのぎんこ》(本名ぎん)のかつやく

荻野吟子…埼玉《さいたま》県熊谷《くまがや》市出身で、日本で最初に女性《じょせい》の⑤　医者　(女医)になった。

- 女医となった吟子は、今の東京《とうきょう》都文京《ぶんきょう》区湯島《ゆしま》に、(⑥　産婦人科　)の病院を開業した。
- その後、北海道せたな町にうつり、産婦人科と小児科《しょうにか》をかねた医院を開業した。まずしい人や女性もわけへだてなくしんさつするなど、地いきの(⑦　医りょう　)につくした。

女性がかつやくする場をふやした人なんだね！

ワンポイント 当時の医者

- 医者になるための(⑧　試験　)を受けられるのは男性《だんせい》のみだった。
- 吟子が国にうったえ続けたことで、女性も試験を受けられるようになった。

選んだ言葉に ✓
□医者　□書く　□試験《しけん》　□産婦人科《さんふじんか》
□先生　□医りょう　□根　□学級通信《つうしん》

ぴったり2 練習

学習日

ぴたトリビア 試験に合かくして国にみとめられた女医は荻野吟子が日本初ですが、約《やく》1200年前の本に、当時の日本にも女医がいたという記録《きろく》が残《のこ》っています。

教科書 160〜167ページ　答え 33ページ

1 東井義雄について、次の問いに答えましょう。

(1) 次の文の(　　)にあてはまる言葉を書きましょう。

東井義雄の「根を養えば、樹は(　おのず　)から育つ」という教えは、豊岡市を中心にげんざいも受けつがれています。

(2) 東井義雄と、その考えや教えに関係《かんけい》するできごとを、㋐〜㋔からすべて選びましょう。

㋐ 豊岡市で、野生のコウノトリが復帰《ふっき》した。
㋑ わかい人がどんどん都市部へ出ていくようになった。
㋒ 学級通信『土生《はぶ》が丘《おか》』が学校・子ども・ほご者のみんなでつくられた。
㋓ 『培其根《ばいきこん》』という本を通して、教員としての考えや経験《けいけん》を伝《つた》えた。
㋔ 言葉を暗記する学習が重要《じゅうよう》とされていた。

(順不同)　(㋐、㋒、㋓)

2 次の問いに答えましょう。

(1) グラフから考えられることをまとめた、次の文の(　　)にあてはまる言葉を、それぞれ選び、○でかこみましょう。

・昔は女性が医者になることは{①かんたん　・　(たいへん)}だったと考えられる。
・女性の医者の数は年々{②へって　・　(ふえて)}いて、1970年と2018年の数をくらべると約{③(6)　・　16}万人ふえている。

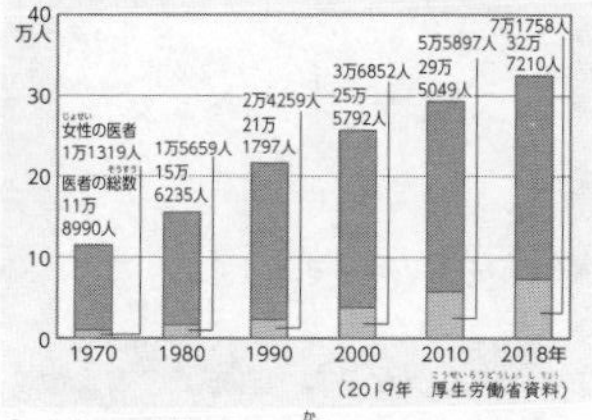

女性の医者数のうつり変《か》わり

(2) 女性が医者の試験を受けられるようにうったえ続け、日本の女医一号になった人物の名前を書きましょう。

(　荻野吟子　)

ヒント 1 (2) 義雄の教えでは「書く」ことがたいせつにされています。また、豊岡市では地いきに根ざした活動が進められています。

練習　65ページ

1 (1)「おのず」とは、「自分」を意味する言葉です。つまり、東井義《とういよし》雄《お》の言葉は「経験《けいけん》や考え方などの生きるための力を養《やしな》えば、人はみずから真っ直ぐ良い人に育っていく」ということを意味しています。
(2)㋑義雄の「村を育てる」という教えをたいせつにしている豊岡《とよおか》市では、わかい人が都市部へ行かなくてもよいように、「住み続《つづ》けられるまちづくり」の実現《じつげん》に向けた取り組みをおこなっています。㋔義雄の教えでは、暗記ではなく、自分の感じたことや考えたことを言葉にして「書く」ことがたいせつにされています。

2 荻野吟子《おぎのぎんこ》は、女性《じょせい》も医者になるための試験を受けられるようにうったえ続け、日本で初めて、試験を受けて女医となった人物です。

できたかな？

□東井義雄《とういよしお》の「村を育てる教育」とはどのようなものか、説明《せつめい》してみよう。
□荻野吟子《おぎのぎんこ》のかつやくによって、社会がどう変《か》わったか説明してみよう。

おうちのかたへ

義雄が「先生」も育てて村をよくしようとしたことから、大人でも学ぶべきことがたくさんあり、すべての人が学び続けることで社会がよくなることをお子さまに理解してもらいましょう。また、吟子のかつやくもふまえて、社会をよくするおこないに性別や年齢は関係なく、よりよくしたいと思う気持ちと、根気強く行動することが大切であるということをご一緒に確認してみてください。

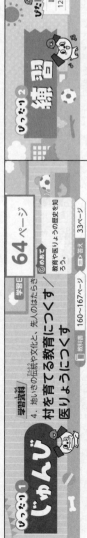

ぴったり3

たしかめのテスト

66ページ

学習資料

4．地いきの伝統《でんとう》や文化と、先人のはたらき

村の立て直しにつくす／自然《しぜん》を守る運動

村を育てる教育につくす／医りょうにつくす

ごうかく80点　/100

教科書　152～167ページ　答え　34ページ

1 次のあ～うは地いきの発てんにつくした人物です。次の問いに答えましょう。

1つ5点（25点）

あ　南方熊楠《みなかたくまぐす》　い　華岡青洲《はなおかせいしゅう》　う　川端龍子《かわばたりゅうし》

(1)　あ～うの人物が生まれた都道府県《とどうふけん》を、ア～エから選《えら》びましょう。（ イ ）

ア　北海道《ほっかいどう》　イ　和歌山県《わかやま》　ウ　兵庫県《ひょうご》　エ　神奈川県《かながわ》

(2)　よく出る　次の①～④の説明《せつめい》にあてはまる人物を、あ～うから選びましょう。ただし、同じ記号を２回選んでもよいものとします。

①（ い ）②（ あ ）③（ う ）④（ あ ）

①　世界ではじめて、全身ますいによる手術《しゅじゅつ》に成功《せいこう》した。

②　かれの家にあるかきの木で発見された変形菌《へんけいきん》は、「ミナカテルラ＝ロンギフィラ」と名づけられた。

③　洋画家をめざしていたものの、昔の日本の絵巻物《えまきもの》を見て、日本画をえがくようになった。

④　勉強が好《す》きで、小さいころから友だちの家でずかんを見ていた。

2 次の文を読んで、正しいものには○を、まちがっているものには×をつけましょう。

技能　1つ5点（25点）

・荻野吟子《おぎのぎんこ》は、男性《だんせい》しか受けることができなかった、医者になるための試験《しけん》を女性でも受けられるように国にうったえ続《つづ》けた。ようやく女性も試験を受けられるようになり、吟子は試験に合格《ごうかく》した。

・荻野吟子は、キリスト教信者《しんじゃ》の志方之善《しかたゆきよし》と二度目の結婚《けっこん》をして、北海道《ほっかいどう》にうつり住んだ。

・荻野吟子は、今のせたな町にうつり、産婦人科《さんふじんか》と小児科《しょうに》をかねた医院を開業した。

①（ ○ ）はじめ、医者の試験は男性しか受けることができなかった。

②（ × ）荻野吟子は医者の試験に合格できなかった。

③（ ○ ）荻野吟子はキリスト教信者の人と結婚した。

④（ ○ ）荻野吟子は結婚後、北海道にうつり住んだ。

⑤（ × ）荻野吟子は、今のせたな町で小児科だけの医院を開業した。

66

学習日

67ページ

3 次の文を読んで、問いに答えましょう。

1つ5点（25点）

①小田原《おだわら》の北部にある曽比《そび》村では、冷《つめ》たい地下水がわき出すことに農民たちが苦しんでいた。二宮金次郎《にのみやきんじろう》（尊徳《そんとく》）は、冷たい水を田の外に流すために、②はば約3.6m、長さ約《やく》720mの堀《ほり》をつくるように命じた。村では、③貧富《ひんぷ》の差《さ》に関係《かんけい》なく、むだを省《はぶ》き、生活にゆとりのあるものは財産《ざいさん》をこまっている人に分けた。農民たちはほかの村の人たちと助け合って、④一生けんめいに働《はたら》いた。

この堀は、わずか２日で完成《かんせい》し、今では「報徳堀《ほうとくぼり》」とよばれている。

(1)　農民たちを苦しめていたこととは何ですか。次の（　）にあてはまる６文字の言葉を文からぬき出して書きましょう。　技能

・（ 冷たい地下水 ）がわき出すこと。

(2)　下線部①について、二宮金次郎が生まれた地いきの小田原がある都道府県名を書きましょう。（ 神奈川県 ）

(3)　下線部②の堀は何とよばれるようになりましたか。文中からぬき出して書きましょう。（ 報徳堀 ）

(4)　下線部③の取り組みは、ア農地や地いきの改善《かいぜん》、イ生活の改善のどちらにあてはまりますか。（ イ ）

(5)　下線部④について、一生けんめい働いた人にほうびとしてあたえたものは農具とあと一つは何ですか。ア～ウから選びましょう。（ イ ）

ア　布《ぬの》　イ　米　ウ　土地

4 豊岡《とよおか》市について、次の問いに答えましょう。

1つ5点（25点）

(1)　「村を育てる教育」の教えを残《のこ》した人物名を書きましょう。（ 東井義雄 ）

(2)　てきたらスゴイ！　豊岡市で野生に復帰《ふっき》した鳥は何ですか。（ コウノトリ ）

(3)　『土生が丘《おか》』は学校・子ども・ほご者のみんなでつくられた（　）通信です。（　）にあてはまる言葉を書きましょう。（ 学級 ）

(4)　豊岡市がある都道府県を、ア～エから選びましょう。（ ウ ）

ア　三重県《みえ》　イ　大阪府《おおさか》　ウ　兵庫県　エ　和歌山県

記述　(5)　「根を養《やしな》えば樹《き》はおのずから育つ」という教えの「根」とは、何をたとえたものですか。「力」という言葉を使って書きましょう。　思考・判断・表現

（ （例）人々の生きる力。 ）

ふりかえり　4(5)がわからないときは、64ページの1にもどってかくにんしてみよう。

67

この本の終わりにある「冬のチャレンジテスト」をやってみよう！

たしかめのテスト　66～67ページ

1 (1)南方熊楠《みなかたくまぐす》、華岡青洲《はなおかせいしゅう》、川端龍子《かわばたりゅうし》は和歌山《わかやま》県で生まれた人物です。

(2)②④熊楠は変形菌《へんけいきん》の研究をしたことで知られています。①青洲は京都《きょうと》で医学を学び、和歌山県の春林軒《しゅんりんけん》という塾《じゅく》と病院をかねた建物《たてもの》で、医学の発てんにつくしました。

③龍子は日本画の画家です。

2 ②⑤荻野吟子《おぎのぎんこ》は日本で試験《しけん》に合格《ごうかく》して医者となった初《はじ》めての女性《じょせい》です。今のせたな町瀬棚《せたな》区で産婦人《さんふじん》科《か》と小児《しょうに》科をかねた医院を開業しました。

3 (2)二宮金次郎《にのみやきんじろう》（尊徳《そんとく》）は、今の神《か》奈川《ながわ》県小田原《おだわら》市生まれの人物です。

(3)文章の最後に「報徳堀《ほうとくぼり》」とよばれていることが書かれています。

4 (1)(4)東井義雄《とういよしお》は、今の兵庫《ひょうご》県豊岡《とよおか》市生まれの人物です。

(2)豊岡市は、一度は日本からいなくなってしまった野生のコウノトリの野生復帰《ふっき》に取り組み、見事に成功《せいこう》させています。

記述問題のプラスワン

4 (5)樹《き》とは、人そのものをさしています。そのため、義雄の教えは「根が養《やしな》われれば、人はみずから真っ直ぐ、良い人に育つ」という意味の言葉になります。この「根」とは、人の経験《けいけん》や考え方などの、「生きる力」を意味しています。つまり、「知しきや経験、考え方などの生きる力を養えば、人はみずから真っ直ぐ、良い人に育つ」という意味になります。

ぴったり1 じゅんび

5. わたしたちの住んでいる県
1 伝統的な工業がさかんな地いき①

学習日 68ページ

めあて 備前焼《びぜんやき》の特《とく》ちょうとつくり方を知ろう。

教科書 170〜175ページ　答え 35ページ

次の(　)に入る言葉を、下から選《えら》びましょう。

1 焼《や》き物がさかんな備前《びぜん》市　教科書 172〜173ページ

備前市のようす

- **備前焼《びぜんやき》**…(① 岡山)県備前市でつくられる焼《や》き物で、「土と炎《ほのお》の芸術《げいじゅつ》」とよばれる。約1000年前から焼き物づくりがおこなわれている。
- 備前焼を焼くかまがある場所には、(② えんとつ)が多く見られる。
- 岡山県は(③ 雨)が少なく、焼き物づくりにてきしている。焼き物の(④ 原料)となる鉄分を多くふくんだ土（ヒヨセ）がよくとれ、地いきが(⑤ 海)に面していて、備前焼を運ぶための交通の便もよい。

備前焼がさかんな地いき

2 備前焼ができるまで　教科書 174〜175ページ

ワンポイント 備前焼のつくり方

1 土ねり…原料をねって土のかたさをそろえ、中の空気をぬく。
2 形づくり…手や(⑥ ろくろ)で形をつくる。
3 かまづめ…炎の流れを考えながら作品をかまにならべる。
4 (⑦ かまたき)…かまの温度を少しずつ上げ、最後は約1250度で焼く。
5 かま出し…約(⑧ 1週間)かけて冷やし、作品を取り出す。

- 備前焼の作家には、**人間国宝《にんげんこくほう》**に選ばれた人がいる。
- 備前焼の作家が少なくなり、(⑨ 伝統的)な技術を受けつぐ人がいなくなることが心配されている。

人間国宝
国が重要《じゅうよう》であるとみとめたわざ（技術《ぎじゅつ》）をもつ人のこと。正しくは「重要無形文化財保《じゅうようむけいぶんかざいほ》持者《じしゃ》」という。

選んだ言葉に✓　□海　□ろくろ　□かまたき　□原料　□伝統的　□岡山《おかやま》　□1週間　□えんとつ　□雨

ぴったり2 練習

学習日 69ページ

ぴたトリビア 昭和《しょうわ》時代には、備前焼の作家が人間国宝《にんげんこくほう》に選《えら》ばれるなど、備前焼が再《ふたた》び注目をあびるようになりました。

教科書 170〜175ページ　答え 35ページ

1 右の地図から読み取れることには○を、読み取れないことには×をつけましょう。

① 伊部《いんべ》駅周辺《しゅうへん》で備前焼がつくられている。
② 伊部駅はまわりを山にかこまれている。
③ 片上湾《かたかみわん》の周辺には複数《ふくすう》の発電所がある。
④ 片上湾は伊部駅から500m以内《いない》の場所にある。

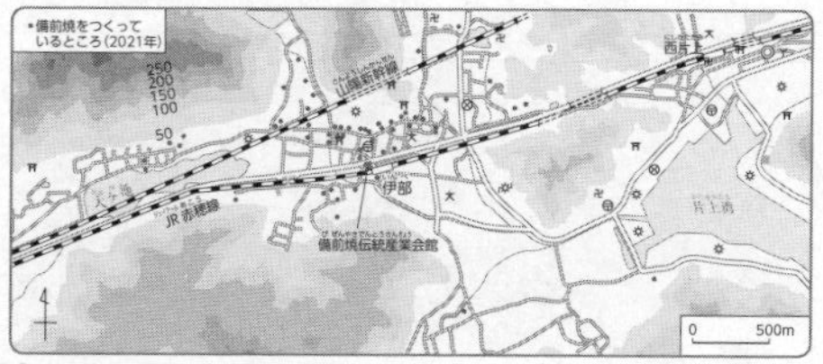

備前焼をつくっているところ

①(○)　②(○)　③(×)　④(×)

2 次の絵を見て、問いに答えましょう。

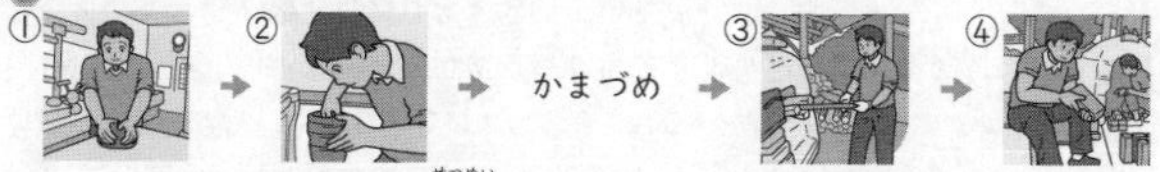

(1) ①〜④の絵にあてはまる説明《せつめい》を、㋐〜㋔からそれぞれ選びましょう。

①(㋑)　②(㋐)　③(㋓)　④(㋒)

㋐ 手やろくろを使って、形をつくっている。
㋑ 土のかたさをそろえて、中の空気をぬいている。
㋒ 約1週間かけて冷やしてから作品を取り出している。
㋓ 少しずつ温度を上げながら焼いている。
㋔ 作品をかまにならべている。

(2) 次の文の(　)にあてはまる言葉を書きましょう。

国がみとめた技術をもつ人を(人間国宝)という。

ヒント 1 地図中の50〜250の数がかかれた色分けは、土地の高さをあらわしています。

できたかな？
□備前《びぜん》市で焼《や》き物づくりがさかんにおこなわれている理由《りゆう》を説明《せつめい》してみよう。
□備前焼《びぜんやき》のつくり方を順番《じゅんばん》に説明してみよう。

おうちのかたへ
伝統的な工業はその地域の地理条件に合わせて発達していること、伝統的工芸品をつくるには多くの工程が必要であり、長年の経験と技術によって一つ一つ丁寧におこなう必要があることを理解するのが目標です。備前市が焼き物づくりに向いている理由や、人間国宝とはどのような人なのかということをお子さまとご一緒に確認してみてください。

練習 69ページ

1 ③片上湾《かたかみわん》の周辺にあるのは工場です。④右下の数直線を参考《さんこう》にして地図を見ると、片上湾《かたかみわん》は1000m《メートル》以上はなれていることが読み取れます。

2 (1)①の絵は土の中の空気をぬく「土ねり」という作業、②の絵は手やろくろを使って形をつくる「形づくり」という作業、③の絵はおよそ10日間かけて作品を焼《や》く「かまたき」という作業、④の絵は作品を冷《ひ》やして取り出す「かま出し」という作業をあらわしています。

(2)人間国宝とは、正しくは「重要無形文化財保持者」といいます。これまでに国に認められた人数は370人ほどいます。

70ページ

ぴったり1 じゅんび

5．わたしたちの住んでいる県
1 伝統的《でんとうてき》な工業がさかんな地いき②

めあて 備前焼《びぜんやき》を守り、広めていく取り組みを知ろう。

教科書 176～179ページ 答え 36ページ

次の（　）に入る言葉を、下から選《えら》びましょう。

1 備前焼《びぜんやき》を守る　教科書 176～177ページ

備前焼を広める取り組み

- 備前焼は（① 芸術品　）としても評価《ひょうか》されており、外国で（② てんらん会 ）が開かれている。
- 備前焼は、置《お》き物だけでなく、アクセサリーやマグカップなどの使い道もある。
- 「みんなで使おう備前焼（③ 条例　）」というきまりをつくって、まち全体で備前焼を広める取り組みがおこなわれている。
- 備前焼は伝統を守りながら、今の（④ 生活　）に合った新しいことも取り入れている。

伝統的な備前焼

2 備前焼をまちづくりに生かす　教科書 178～179ページ

備前市への観光客《かんこうきゃく》をふやす取り組み

- 備前焼（⑤ 陶友会　）は、「備前焼まつり」を開いたり、備前焼の作家を育てるためのしせつをつくったりしている。
→毎年（⑥ 10 ）月に「備前焼まつり」が開かれ、多くの人がおとずれる。

「備前焼まつり」のようす

ワンポイント 伊部《いんべ》地いきの取り組み

- 「伊部に年間（⑦ 100 ）万人の観光客を」という目標《もくひょう》のもと、「**いんべ100万人プロジェクト**（⑧ 委員会　）」がさまざまな取り組みをおこなっている。「備前焼風鈴《ふうりん》まつり」は、その取り組みの一つである。

- 旧閑谷学校《きゅうしずたに》の講堂《こうどう》…いっぱんの人のために建てられた日本ではじめての学校。講堂の屋根には、備前焼が用いられていて、（⑨ 日本遺産　）に認定《にんてい》されている。

選んだ言葉に✓：□陶友会《とうゆうかい》　□生活　□芸術品《げいじゅつひん》　□10　□日本遺産《いさん》　□委員会《いいんかい》　□条例《じょうれい》　□100　□てんらん会

71ページ

ぴったり2 練習

ぴたトリビア 備前焼ミュージアムは、現代《げんだい》までの備前焼の作品や資料《しりょう》をしょうかいする、市のしせつです。人間国宝の名人たちの作品もみることができます。

教科書 176～179ページ 答え 36ページ

1 次の問いに答えましょう。

(1) 備前焼を守ることにつながる取り組みとしてまちがっているものを、㋐～㋓から一つ選びましょう。

㋐ 外国でてんらん会を開くなど、日本だけでなく世界の人々にも備前焼を知ってもらう。
㋑ 備前焼の名人がわかい作家に、よい備前焼をつくる技術《ぎじゅつ》や、伝統をたいせつにする心を伝《つた》えていく。
㋒ 新しい形の備前焼をつくることをきんしして、備前焼の伝統的な形をたもつようにする。
㋓ 陶芸《とうげい》の体験《たいけん》教室を開いて、観光客にじっさいに備前焼づくりにふれてもらい、親しみをもてるようにする。　（ ㋒ ）

(2) 次の文の（　）にあてはまる言葉を書きましょう。

備前市では2017年に、食事のときや人にプレゼントをあげるときなどに備前焼を選ぶことで、備前焼を守り広めていこうという、備前市だけのきまりがつくられました。このような、その地いきだけの特《とく》べつなきまりを、（　条例　）といいます。

2 次の問いに答えましょう。

(1) ①～③について、正しいものには○を、まちがっているものには×をつけましょう。

① （ × ）いんべ100万人プロジェクト委員会は、伝統的な技術を受けつぐ備前焼の作家を育てている。
② （ ○ ）備前焼陶友会は毎年10月に「備前焼まつり」を開さいしており、多くの人がおとずれている。
③ （ ○ ）より多くの人が備前焼まつりに参加できるよう、オンラインによる備前焼まつりが開さいされた。

(2) 2017年、屋根に用いられている備前焼のかわらが、日本遺産《いさん》に認定《にんてい》された建《たて》物《もの》を□から選びましょう。　（ 旧閑谷学校 ）

JR《ジェイアール》伊部駅　陶友会陶芸センター　旧閑谷学校《きゅうしずたに》

ヒント 2 (2) 日本ではじめていっぱんの人のために建てられた学校です。

練習 71ページ

1 (1)時代に合わせて、アクセサリーやマグカップなど、新しいかたちの備前焼《びぜんやき》が生まれています。伝統《でんとう》的《てき》なかたちにこだわりすぎず、時代に合わせて変化《へんか》することで、伝統が長続《つづ》きしていきます。

2 (1)①備前焼の作家を育てているのは、備前焼陶友会《とうゆうかい》です。いんべ100万人プロジェクト委員会《いいんかい》は、「伊部《いんべ》に年間100万人の観光客《かんこうきゃく》を」という目標《もくひょう》をかかげ、「備前焼風《ふう》鈴《りん》まつり」などをおこなっています。

(2)旧閑谷《きゅうしずたに》学校は、いまからおよそ350年前に、日本《にほん》ではじめていっぱんの人のために建《た》てられた学校です。講堂《こうどう》の屋根のかわらには備前焼が使われており、建物《たてもの》全体が日本遺産《いさん》に認定《にんてい》されています。

できたかな？

□備前焼《びぜんやき》を広め、伝《つた》えていくために、どのような取り組みがおこなわれているか説明《せつめい》してみよう。
□地いきの観光客《かんこうきゃく》をふやすために、備前焼がどのように生かされているか説明してみよう。

おうちのかたへ

伝統文化を広め、守っていくための取り組みや、伝統文化の観光利用について学習する範囲です。時代に合わせて柔軟にかたちを変えることで伝統文化が存続してきたことを知り、伝統は絶えず変化するものであると理解することが大切です。また、伝統文化が観光資源として地域に良い経済効果をもたらすことも理解してもらい、伝統文化を守る気持ちを育んであげてください。

ぴったり3 たしかめのテスト

5. わたしたちの住んでいる県
1 伝統的《でんとうてき》な工業がさかんな地いき

/100 ごうかく80点

教科書 170～179ページ　答え 37ページ

1 次の文を読んで、問いに答えましょう。 1つ5点、(3)10点（55点）

（①）県備前《びぜん》市は、昔から㋐備前焼《やき》づくりがさかんであった。その背景《はいけい》の一つは、焼き物を焼くのにてきした㋑気候《きこう》にある。また、焼き物の原料《げんりょう》になる鉄分の多い（②）がほうふにとれ、燃料《ねんりょう》のまきには伊部《いんべ》のまわりの（③）にある赤松を使っていること、（④）に面して備前焼を運びやすいことも、理由としてあげられる。備前焼は、今では㋒日本遺産《いさん》に認定《にんてい》されている。

(1) ①～④にあてはまる言葉を下から選《えら》びましょう。

①（岡山）②（土）
③（山）④（海）

村　土　海　山　岡山　備前

(2) 下線部㋐について、（あ）がある場所は、備前焼を焼く（い）がある場所をあらわしています。右の写真を参考《こう》に、あといにあてはまる言葉を書きましょう。

あ（えんとつ）
い（かま）

備前焼がさかんな地いき

記述 (3) 下線部㋑の気候とは、どのような気候ですか。あとの言葉につながるように「雨」という言葉を使って、書きましょう。 思考・判断・表現

（（例）雨が少ない　気候）

(4) 下線部㋒について、日本遺産の説明《せつめい》として正しいものを選び、○をつけましょう。

（　）日本の宝《たから》としてたいせつに保護《ほご》しなければならない建物《たてもの》や絵画。
（○）日本の文化や伝統を語るストーリーとして認定されているもの。
（　）世界的《てき》に残す価値《かち》があるとみとめられた自然《しぜん》や文化財《ぶんかざい》。

(5) 次の文の（　）にあてはまる言葉を、下の［　］から選びましょう。

「土と炎《ほのお》の（①　芸術　）」とよばれる備前焼は、古くから備前市に受けつがれてきた（②　伝統　）産業として地いきの人々に親しまれている。

伝統　工業　芸術

2 次の絵を見て、問いに答えましょう。 (1)完答15点、(2)5点（20点）

(1) ㋐～㋓の絵が作業の順《じゅん》になるように、（　）にならびかえましょう。 技能

（㋑）→（㋓）→ かまづめ →（㋐）→（㋒）

(2) よくでる ㋓の作業をするときに使っている道具を何といいますか。

（ろくろ）

3 次の備前焼について説明した㋐～㋓の文のうち、まちがっているものを一つ選びましょう。 （10点）

㋐「土ねり3年、ろくろ10年」といわれるほど、備前焼づくりには長い経験《けいけん》と技術《じゅつ》が必要《ひつよう》とされる。
㋑ 作品を焼くときは、よく焼けるよう、かまに入れる前に作品をかわかす作業が必要である。
㋒ 重要《じゅうよう》であると国がみとめるほどの高い技術をもつ人は、人間国宝《にんげんこくほう》とよばれる。
㋓ 備前焼づくりの方法《ほうほう》や、つくるべき備前焼の伝統的な形はきまっており、同じものがつくり続《つづ》けられている。

（㋓）

4 次の①～③のことがらと、それに合う㋐～㋒の説明《せつめい》を、線で結《むす》びましょう。 1つ5点（15点）

① 「みんなで使おう備前焼条例《じょうれい》」
② 「備前焼風鈴《ふうりん》まつり」
③ 陶友会陶芸《とうゆうかいとうげい》センター

㋐ 備前焼陶友会が運営《うんえい》する、備前焼の作家を育てるための研修《けんしゅう》をおこなうしせつ。
㋑ みんなで備前焼を使い、「備前焼を守っていこう」「まちを元気にしていこう」という備前市だけのきまり。
㋒ 「伊部《いんべ》に年間100万人の観光客《かんこうきゃく》を」という目標《もくひょう》のもと、毎年7月におこなわれているまつり。

（①—㋑、②—㋒、③—㋐）

ふりかえり 1(3)がわからないときは、68ページの1にもどってかくにんしてみよう。

たしかめのテスト 72～73ページ

1 (1)岡山《おかやま》県備前《びぜん》市は「土と炎《ほのお》の芸術《げいじゅつ》」とよばれる備前焼《びぜんやき》の産地《さんち》です。鉄分の多い土（ヒヨセ）や燃料《ねんりょう》となる赤松がとれること、海に面していて他の地いきに備前焼を運び出しやすいことなどから、昔《むかし》から備前焼づくりがさかんです。
(4)①は国宝、③は世界遺産についての説明です。

2 (1)㋑土の中の空気をぬく「土ねり」、㋓手やろくろによる「形づくり」のあとに、炎《ほのお》の流れを考えながら作品をかまにならべる「かまづめ」をして、㋐およそ10日間かけて作品を焼《や》く「かまたき」、㋒作品を冷《ひ》やして取り出す「かま出し」の順《じゅん》で作業がおこなわれます。

3 アクセサリーなど、新しいかたちの備前焼がつくられるようになっています。

4 ①条例《じょうれい》とは、その地いきだけのルールのことです。備前市では、2017年に備前焼を積極的《せっきょくてき》に使っていこうという決まりができました。

記述問題のプラスワン

1 (3)気候《きこう》とは、その地いきの気温や雨がふる量《りょう》のことをさします。備前《びぜん》市の気温は日本《にほん》のなかでも平《へい》きん的《てき》ですが、雨が少ないことが特《とく》ちょうで、作品をかわかしたり、焼《や》いたりするのにてきしています。そのため、焼き物を焼くのにてきした「雨が少ない」気候であることを書きましょう。

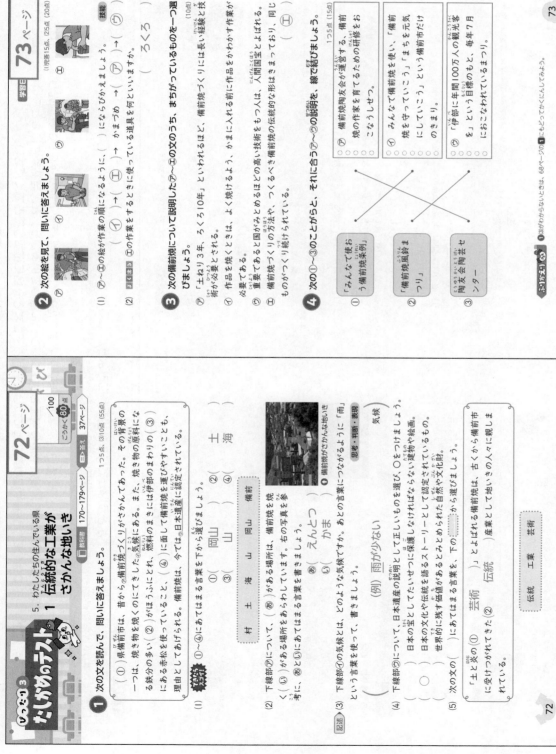

ぴったり1 じゅんび

5. わたしたちの住んでいる県

2 土地の特色《とくしょく》を生かした地いき①

学習日 **74ページ**

めあて 真庭市《まにわし》の自然の生かし方をかくにんしよう。

教科書 180〜183ページ　答え 38ページ

次の（　）に入る言葉を、下から選《えら》びましょう。

1 ゆたかな自然が広がる真庭市《まにわし》　教科書 180〜181ページ

真庭市のゆたかな自然

● 真庭市は岡山《おかやま》県の北部に位置《いち》する。真庭市の北部には蒜山《ひるぜん》高原が広がり、南部には植林された（① 森林 ）が多くある。

高原は山地にあるなだらかな土地のことだよ。

ワンポイント 蒜山高原の気候《きこう》

● 岡山市とくらべると、標高《ひょうこう》が高いため気温が（② 低く ）、夏はすずしくなり、冬は寒くて（③ 雪 ）が多くふる気候となっている。

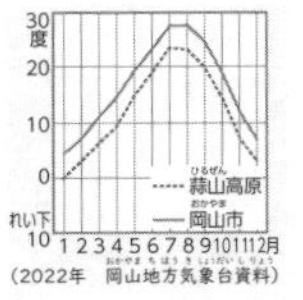

30度
20
10
0
れい下10
1 2 3 4 5 6 7 8 9 10 11 12月
蒜山高原
岡山市
（2022年　岡山地方気象台資料）

蒜山高原と岡山市の気温

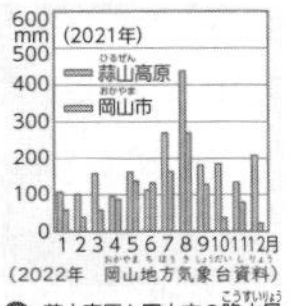

600mm
500
400
300
200
100
0
（2021年）
蒜山高原
岡山市
1 2 3 4 5 6 7 8 9 10 11 12月
（2022年　岡山地方気象台資料）

蒜山高原と岡山市の降水量《こうすいりょう》

2 自然を生かした特産物《とくさんぶつ》や観光地《かんこうち》　教科書 182〜183ページ

らく農や高原野菜《やさい》

● 高原の（④ すずしい ）気候は、牧草《ぼくそう》をさいばいするのにてきしており、日本のジャージー牛の約6分の1が蒜山高原で育てられている。

● すずしい気候を生かして、だいこんやキャベツなどの（⑤ 高原野菜 ）のさいばいもさかんである。

ジャージー牛からおいしい乳製品《にゅうせいひん》がつくられるよ。

ジャージー牛の放牧

蒜山高原の観光《かんこう》

● 夏はサイクリングやキャンプ、冬は雪がふるため（⑥ スキー ）を楽しむことができる。

● 車の運転のとちゅうで休けいできる「（⑦ 道の駅 ）」で、蒜山高原の観光情報《じょうほう》を知ることができるほか、とれたての野菜が売られている（⑧ 直売所 ）もある。

選んだ言葉に✓　□低く　□道の駅　□直売所　□高原野菜　□スキー　□森林　□雪　□すずしい

ぴったり2 練習

学習日 **75ページ**

ぴたトリビア 「乳牛」は牛乳をしぼるために育てる牛のことで、「肉牛《にくぎゅう》」は食肉を生産するために飼《か》われている牛のことをさします。

教科書 180〜183ページ　答え 38ページ

1 右の2つのグラフを見て、次の文にあてはまる言葉を○でかこみましょう。

㋐は蒜山高原と岡山市の①（ 気温 ・ 降水量 ）のグラフ、㋑は②（ 気温 ・ 降水量 ）のグラフである。蒜山高原は岡山市より気温が③（ 高く ・ 低く ）、降水量が④（ 多い ・ 少ない ）ことがわかる。

㋐
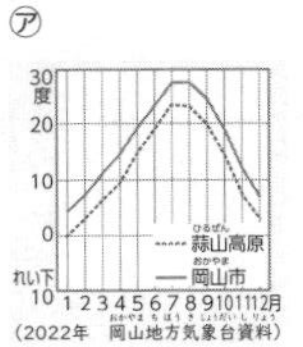

30度
20
10
0
れい下10
1 2 3 4 5 6 7 8 9 10 11 12月
蒜山高原
岡山市
（2022年　岡山地方気象台資料）

蒜山高原と岡山市の気温

㋑
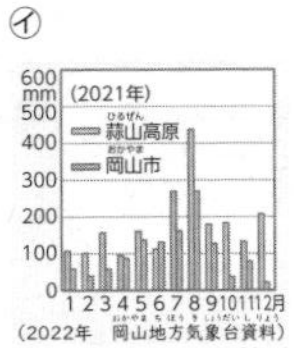

600mm
500
400
300
200
100
0
（2021年）
蒜山高原
岡山市
1 2 3 4 5 6 7 8 9 10 11 12月
（2022年　岡山地方気象台資料）

蒜山高原と岡山市の降水量《こうすいりょう》

2 次の問いに答えましょう。

(1) 右の図は、2019年の岡山県のおもな観光地をおとずれた観光客の数を示しています。これを見て、次の文にあてはまる地いきを、あとの㋐〜㋓からそれぞれ選びましょう。

① 観光客の数が最も多い地いき　（ ㋑ ）

② 岡山県の北部にあり、観光客の数が3番目に多い地いき　（ ㋐ ）

③ 岡山県の南部にあり、観光客の数が約131万人の地いき　（ ㋓ ）

④ 観光客の数が最も少ない地いき　（ ㋒ ）

㋐ 蒜山高原　㋑ 倉敷美観地区《くらしきびかんちく》

㋒ 吉備路《きびじ》・備中国分寺《びっちゅうこくぶんじ》　㋓ 児島《こじま》・鷲羽山《わしゅうざん》

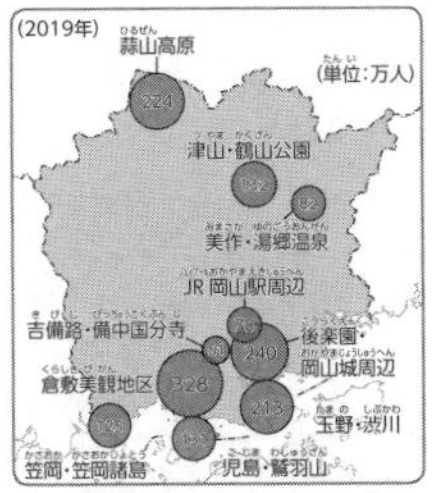

（2019年）
蒜山高原
（単位：万人）
津山・鶴山公園
美作・湯郷温泉
JR岡山駅周辺
吉備路・備中国分寺
後楽園・岡山城周辺
倉敷美観地区
玉野・渋川
笠岡・笠岡諸島
児島・鷲羽山

岡山県のおもな観光地をおとずれた観光客の数（2021年　岡山県庁資料）

(2) 蒜山高原で放牧《ほうぼく》されている、イギリス生まれの乳牛の名前を何といいますか。

（ジャージー牛）

(3) 地いきの特産物《とくさんぶつ》や観光情報を知ることができたり、車の運転の休けいにも使えたりする、右の絵のようなしせつを何といいますか。

（ 道の駅 ）

ヒント 2 (1) 地図に書かれている観光客数をあらわした数字に着目《ちゃくもく》しましょう。

練習　75ページ

1 ㋐は気温、㋑は降水量《こうすいりょう》のグラフであることに着目し、それぞれ情報《じょうほう》を読み取りましょう。

2 (1)①倉敷美観《くらしきびかん》地区は、伝統的《でんとうてき》なまちなみが残《のこ》る観光《かんこう》地です。③倉敷市児島《こじま》は、本州《ほんしゅう》から四国《しこく》につながるげんかん口となっています。④吉備路《きびじ》は、古い時代に「吉備国」とよばれていた地いきの中心地です。

(2)蒜山《ひるぜん》高原のなだらかな地形では、すずしく雨の多い気候《きこう》を生かして、栄養《えいよう》のある牧草《ぼくそう》がさいばいされています。ゆたかな牧草によって、日本のおよそ6分の1にあたる頭数のジャージー牛が育てられており、おいしい牛乳《ぎゅうにゅう》がつくられています。

(3)「道の駅」は全国にあり、運転のとちゅうで休んだり、その地いきの特産物《とくさんぶつ》を買ったりすることができます。

できたかな？

□蒜山《ひるぜん》高原の気候《きこう》や土地のようすがどうなっているか説明《せつめい》してみよう。

□気候《きこう》を生かした特産物《とくさんぶつ》や観光地《かんこうち》について説明してみよう。

おうちのかたへ

特産物や観光地が土地の特色にもとづいていることを学習する範囲です。たとえば、蒜山高原ではサイクリング観光がさかんですが、さかんな理由が「高原で見晴らしがよく、気温や道の勾配もサイクリングに適しているから」と、自然条件にもとづいていることを理解できると完璧です。その他のレジャーや農牧業などについても、お子さまと一緒に確認してみてください。

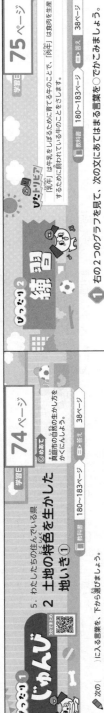

ぴったり1 じゅんび

5．わたしたちの住んでいる県

2 土地の特色《とくしょく》を生かした地いき②

学習日 76ページ

めあて
真庭市《まにわし》の森林の利用《りよう》のしかたをかくにんしよう。

教科書 184〜187ページ　答え 39ページ

次の(　)に入る言葉を、下から選《えら》びましょう。

1 森林を生かす取り組み　教科書 184〜185ページ

真庭市《まにわし》の森林利用《りよう》

- 林業…(① 杉)やひのきなどの木を植えて育てる仕事。→育てた木は(② 木材)として利用する。
- 真庭市では、(③ 100)年ほど前からはじまった。
- 木のなえを植えてから、およそ50年から(④ 60)年ほどで柱や板にできる木に育つ。木を大きく育てるためには、森林の手入れが必要《ひつよう》である。
- 加工《かこう》した木材《もくざい》は、岡山《おかやま》県内や(⑤ 近畿)地方に出荷《しゅっか》している。

ワンポイント　バイオマスのまち、真庭市

- **バイオマス**…木くずや家畜《かちく》のはいせつ物、生ごみなどをもとにつくる資源《しげん》のこと。
- 真庭市では、木を加工したときに出る木くずを丸くかためた(⑥ ペレット)を燃料《ねんりょう》にして、バイオマス発電をおこなっている。
→バイオマスを積極的《せっきょくてき》に利用する市町村をバイオマス(⑦ タウン)とよぶ。

真庭バイオマス発電所

2 自然《しぜん》を生かしたまちづくりを続《つづ》けるために　教科書 186〜187ページ

真庭市の取り組み

- 真庭市では(⑧ SDGs)の考えでまちづくりに取り組んでいる。
- 森林の資源をむだにしないよう、木材のせんいをたがいちがいになるようにはり合わせた(⑨ CLT)という新しい製品《せいひん》をつくっている。
- 森林組合の人は、森林のたいせつさを知ってもらうため、こども樹木博士認定試験《じゅもくはかせにんていしけん》をおこなっている。

自然を生かすことと、守ることはつながっているね。

選んだ言葉に ✓				
□近畿《きんき》	□CLT《シーエルティー》	□杉《すぎ》	□ペレット	□木材
□100	□SDGs《エスディージーズ》	□60	□タウン	

ぴったり2 練習

学習日 77ページ

ぴたトリビア
真庭市《まにわし》がおこなっているバイオマスツアーでは、バイオマスを利用《りよう》しているところの見学や、木を育てる仕事の体験《たいけん》ができます。

教科書 184〜187ページ　答え 39ページ

1 次の問いに答えましょう。

(1) 次の会話文の(　)にあてはまる言葉を書きましょう。

杉やひのきを植えて育てる仕事のことを(① 林業)というんだね。

そうだね。育った木は(② 木材)に加工されて、わたしたちの学校のつくえやいすにも使われているよ。

(2) 右の図は、真庭市の土地の使われ方をあらわしています。森林の面積は、真庭市の土地のどれくらいをしめていますか。㋐〜㋒から選びましょう。
㋐5分の1　㋑5分の4　㋒4分の5　(㋑)

(3) 次の文にあてはまる言葉を、下の[　]から選びましょう。
①木材を加工する工場でつくられている、木材をはり合わせた新しい木材。(CLT)
②木のけずりくずをかためてつくったもので、ストーブやボイラーの燃料としてよく利用される。(ペレット)

[丸太《まるた》　ペレット　CLT]

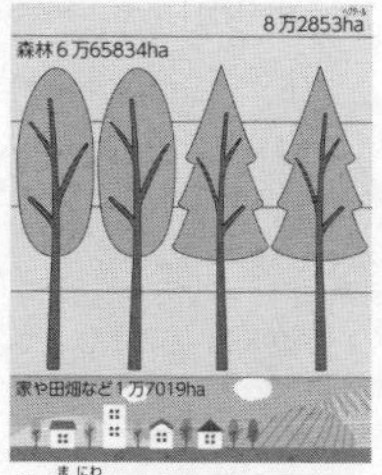

真庭《まにわ》市の土地の使われ方
(2021年　岡山県森林《おかやまけんしんりん》・林業統計《りんぎょうとうけい》)

(4) 次の文の(　)にあてはまる言葉を、それぞれ選び、○でかこみましょう。

木くずや家畜のはいせつ物、生ごみなどをもとにつくる資源のことを(① (バイオマス) ・ エネルギー)といい、かんきょうにやさしい資源として、(② (発電) ・ ガス)などに使われています。

2 真庭市がめざすくらしとして、正しいものを㋐〜㋒から選びましょう。

㋐ 人が手を入れず、自然のままに木が育つことで、ゆたかな自然が守られる。
㋑ 特産物《とくさんぶつ》やイベントは、すべて自然に合わせたものでなければいけない。
㋒ 自然を生活のなかに生かすことが、自然を守ることにもつながっていく。
(㋒)

ヒント　1 (2)図の中にある目盛りに着目して考えましょう。

練習　77ページ

1 (2)図をみると、真庭市全体の面積を5つにわけたうちの4つが森林であることから㋑が正解です。
(3)①CLT《シーエルティー》とは、木材《もくざい》のせんいがたがいちがいになるようにはり合わせた、新しい木材です。細い木や曲がった木など、1本では使いにくい木も利《り》用《よう》できます。②ペレットとは、木を木材に加工したときなどに出る木くずをかためてつくったもので、環境《かんきょう》にやさしい燃料《ねんりょう》となります。
(4)動物のはいせつ物や生ごみ、植物などからつくる資源《しげん》のことをバイオマスといいます。リサイクルでつくられた、環境にやさしい資源です。

2 ㋐森林を守り、ゆたかな自然《しぜん》をたもち続《つづ》けるためには、ほかの草や木に日が当たるように別《べつ》の木を切るなど、人が森林の手入れをする必要《ひつよう》があります。㋑かならず自然を利用しなければならないという決まりはなく、歴史《れきし》や文化を利用した特産物やイベントがある地いきもみられます。

できたかな？

□真庭市《まにわし》に広がる森林がどのように利用されているか説明《せつめい》してみよう。
□自然《しぜん》を生かしたまちづくりをめざして、真庭市がどのような取り組みをしているか説明してみよう。

おうちのかたへ

真庭市の森林を例に、地域の自然を観光や生活に活用しつつ、持続させていく取り組みについて学習する範囲です。自然資源を無駄にしないよう、余すことなく木材を利用する取り組みがなされていることに加えて、森林やバイオマス発電所の見学ツアーによって人々の関心が高まり、自然を保持していくことにつながっているということも、お子さまに理解してもらいましょう。

ぴったり1 じゅんび

学習資料《しりょう》

5．わたしたちの住んでいる県

土地の文化財《ぶんかざい》を生かした地いき

学習日 **78ページ**

めあて 「桃太郎《ももたろう》」を生かした岡山《おかやま》市の取り組みについて知ろう。

教科書 188〜191ページ　答え 40ページ

次の（　）に入る言葉を、下から選《えら》びましょう。

1 桃太郎《ももたろう》のまち　岡山《おかやま》市

教科書 188〜189ページ

ワンポイント　まちのシンボルである桃太郎

- 岡山市には、桃太郎（① 伝説 ）のもとになった「吉備津彦《きびつひこ》と温羅《うら》」の物語が伝《つた》わっている。
- 2018年には桃太郎伝説が生まれた地として、**日本遺産《にほんいさん》**に認定《にんてい》された。
- 岡山駅前に桃太郎の像があるほか、市内には桃太郎がえがかれた（② マンホール ）のふたなどもある。

岡山駅前の桃太郎像

桃太郎を守る取り組み

- 桃太郎のもととなったとされる大吉備津彦命《おおきびつひこのみこと》のおはかがある山を保全《ほぜん》するため、地いきの人々が（③ せいそう ）活動などをおこなっている。
- 日本遺産に関わる文化財《ぶんかざい》には、説明《せつめい》（④ かんばん ）を設置《せっち》し、県内外から来た人に知ってもらう取り組みをしている。

2 「桃太郎」で岡山を元気に

教科書 190〜191ページ

桃太郎を生かした観光《かんこう》

- 岡山市では観光（⑤ ガイド ）の養成講座《ようせいこうざ》が開かれており、講座を受けた地いきの人が（⑥ ボランティア）ガイドとして観光客を案内《あんない》している。
- 岡山駅構内《こうない》には（⑦ 観光センター）があり、桃太郎伝説にまつわるパンフレットが置《お》かれていたり、「桃太郎伝説を楽しむ（⑧ プログラム ）」では、クイズやスタンプラリーなど、観光のくふうがされている。
- （⑨ うらじゃ ）…「温羅」をモチーフにしたかっこうでおどる祭りが毎年行われている。
- 地いきに残《のこ》る文化財を「（⑩ 守る ）」ことと、「生かす」ことの両方への取り組みが大切である。

岡山市に行ってみたいな！

選んだ言葉に✓					
	□うらじゃ	□観光センター	□かんばん	□プログラム	□守る
	□ガイド	□せいそう	□マンホール	□ボランティア	□伝説

ぴったり2 練習

学習日 **79ページ**

ぴたトリビア

山梨県大月市《やまなしけんおおつき》や香川県高松市《かがわけんたかまつ》など、桃太郎の伝説が伝えられている地いきは、岡山県のほかにも全国各地にあります。

教科書 188〜191ページ　答え 40ページ

1 次の問いに答えましょう。

(1) 次の①〜③の説明にあてはまるものを、それぞれ線で結びましょう。

① 桃太郎のゆかりの山を保全するため、おこなわれている活動だよ。 — ㋑ せいそう活動

② 桃太郎のもととなったとされる人物をまつる神社で、国宝《こくほう》に指定されているよ。 — ㋐ 吉備津神社

③ 桃太郎伝説にちなんだものを設置することで、親しみをあらわしているよ。 — ㋒ 鬼《おに》の金ぼうをかたどったガードレールポスト

(2) 「『桃太郎伝説』の生まれたまち岡山」として、2018年に登録された遺産の名前は何ですか。下の㋐〜㋓から正しいものを選びましょう。

（ ㋑ ）

㋐ 世界遺産　㋑ 日本遺産　㋒ 国宝　㋓ 重要《じゅうよう》文化財

2 次の問いに答えましょう。

(1) 地いきのために、無料《むりょう》で地いきの建物《たてもの》や歴史《れきし》を案内してくれる人を何とよびますか。

（ボランティアガイド）

(2) 次の文の（　）にあてはまる言葉を、［　］から選びましょう。

岡山市ももたろう①（観光センター）には、「桃太郎伝説」にまつわるパンフレットがたくさん置いてあり、観光に必要な情報《じょうほう》を知ることができます。岡山市のお土産《みやげ》には、桃太郎の物語に登場する②（ きびだんご ）があります。

きびだんご　観光センター　うらじゃ

ヒント 1 (2) 国宝や重要文化財は有形《ゆうけい》のものに限り認定《にんてい》されますが、世界遺産や日本遺産は無《む》形《けい》のものも認定されます。

できたかな？

□まちのシンボルである桃太郎《ももたろう》をたいせつに守っていくための岡山《おかやま》市の取り組みを説明《せつめい》してみよう。

□桃太郎を生かした岡山市の観光《かんこう》やまちづくりの取り組みを説明してみよう。

おうちのかたへ

岡山市を例に、歴史《れきし》・文化的特色《とくしょく》にもとづいたまちづくりを学習する範囲です。地域の歴史や、それにもとづく文化を伝え守るためには地域の人の取り組みがかかせないこと、また、地域に伝わる歴史・文化は観光資源として地域に良い経済効果をもたらし、地域を活性化させてくれることを理解することが目標です。お子さまに地域の歴史・文化に関心をもつことの大切さを伝えてあげてください。

練習　79ページ

1 ①㋑大吉備津彦命《おおきびつひこのみこと》のものといわれるおはかがある吉備《きび》の中山《なかやま》を、地いきの人がせいそうしています。

②㋐国宝《こくほう》に指定されている吉備津《きびつ》神社です。③㋒鬼《おに》の金ぼうをかたどったガードレールポストは、桃太郎大通りにあります。

2 (2)①観光《かんこう》センターでは、市内のマップや、観光地に関《かん》する情報《じょうほう》がのっているパンフレットが置《お》いてあるほか、国内や海外からの観光客が観光について聞きたいことがあれば、たずねることができます。岡山《おかやま》市ももたろう観光センターでは、「桃太郎伝説《ももたろうでんせつ》」にまつわるパンフレットも置かれています。

ぴったり3
たしかめのテスト

5．わたしたちの住んでいる県
2 土地の特色《とくしょく》を生かした地いき／土地の文化財《ぶんかざい》を生かした地いき

/100 ごうかく 80 点

教科書 180〜191ページ　答え 41ページ

1 地図から読み取れることとして正しいものには○を、まちがっているものには×をつけましょう。　技能 1つ5点（20点）

① （ ○ ）真庭《まにわ》市は岡山《おかやま》県の北部にある。
② （ × ）真庭市は海に面している。
③ （ ○ ）真庭市の北部には蒜山《ひるぜん》高原が広がっている。
④ （ × ）蒜山高原は島根《しまね》県につながっている。

2 右の2つのグラフを見て、次の文にあてはまる言葉をそれぞれ書きましょう。　1つ5点（15点）

蒜山高原は、岡山市にくらべて、（①）を通して気温が（②）、降水量《こうすいりょう》が（③）ことがわかる。

①（ 年間（1年） ）
②（ 低く ）
③（ 多い ）

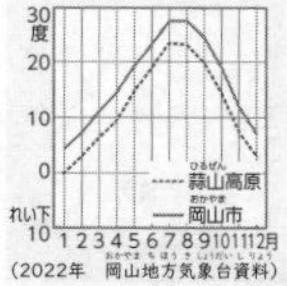

蒜山高原と岡山市の気温

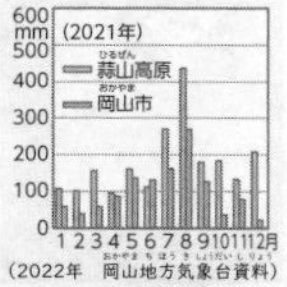

蒜山高原と岡山市の降水量

3 次の問いに答えましょう。　1つ5点（25点）

(1) 蒜山高原で日本のおよそ6分の1が育てられている写真の牛を何といいますか。　（ ジャージー牛 ）

(2) てきたらスゴイ！ (1)で答えた牛は、どのような方法《ほうほう》で育てられていますか。　（ 放牧 ）

(3) よく出る 蒜山高原でだいこんのさいばいがさかんな理由として、あてはまる言葉を、それぞれ選《えら》びましょう。

蒜山高原は、夏は①{㋐ すずしく　㋑ あたたかく}、雨が②{㋐ 多く　㋑ 少なく}ふるので、暑さに弱いだんこんがよく育つから。

①（ ㋐ ）　②（ ㋐ ）

(4) (3)のような、その地いきの特ちょうを生かしてつくられている食べ物などの製《せい》品《ひん》を何といいますか。　（ 特産物 ）

4 次の文は、木材《もくざい》を加工《かこう》する工場で働く人の話です。文を読んで、問いに答えましょう。　1つ5点（25点）

真庭市では、100年ほど前から杉《すぎ》やひのきなどを植えて育てる仕事である（①）がはじめられた。植えた木は（②）かけて柱や板にできる木に育つが、大きく育つようにするには（③）。また、木材を加工するときに出る木くずをペレットに変えて④バイオマス発電に利用していたり、1本では使いにくい木をはり合わせて（⑤）という新しい木材にしたりと、資源《しげん》をたいせつにする取り組みがなされている。

(1) 文中の①、⑤にあてはまる言葉を書きましょう。
①（ 林業 ）
⑤（ CLT ）

(2) 文中の②にあてはまるものを、㋐〜㋒から選びましょう。　（ ㋑ ）
㋐ 90年から100年　㋑ 50年から60年　㋒ 10年から20年

記述 (3) 文中の③にあてはまる内容《ないよう》を「手入れ」という言葉を使って書きましょう。　思考・判断・表現

（ （例）森林の手入れがかかせない ）

(4) 下線部④について、右上の図のようなバイオマス発電所で使われる燃料《ねんりょう》は、次のうちどれですか。正しいものを選びましょう。　（ ㋒ ）
㋐ 石油　㋑ ガス　㋒ 木くず　㋓ 火

5 岡山市は「桃太郎伝説《ももたろうでんせつ》」や文化財《ぶんかざい》を生かした観光《かんこう》やまちづくりに取り組んでいます。次の文のうち、正しいものには○を、まちがっているものには×を書きましょう。　1つ5点（15点）

① （ × ）地いきの文化財を守るのは市役所の仕事で、地いきの人やボランティアなどによる取り組みはおこなわれていない。
② （ × ）昔から伝《つた》わる話は、今の時代には合わないので、どんどん変えていく必要《ひつよう》がある。
③ （ ○ ）地いきに残《のこ》る文化財を守りながら、生かすことで、まちを発てんさせる取り組みがたいせつである。

ふりかえり 4(3)がわからないときは、76ページの1にもどってかくにんしてみよう。

たしかめのテスト 80〜81ページ

1 ①②真庭《まにわ》市は岡山《おかやま》県の北部にあり、内陸《ないりく》の地いきとなっています。
③④蒜山《ひるぜん》高原は真庭市の北部にあり、鳥取《とっとり》県とつながっています。

2 蒜山高原は、岡山市にくらべて、年間（1年）を通して、気温が低く、降水量が多いことがわかります。

3 (1)(2)蒜山高原ではジャージー牛の放牧《ほうぼく》がさかんです。放牧とは、牛などを草原に放して育てる方法です。
(3)だいこんなどの、標高《ひょうこう》が高くすずしい地いきで育てられる野菜《やさい》を高原野菜といいます。

4 (2)杉の木は50年から60年ほどで大きく育ちます。

5 ①地いきの文化財を守るために、地いきの人やボランティアの人による取り組みも行われています。
②昔から伝わる話の内容は変えずに、語りつぐことがたいせつです。昔から伝わる話を、多くの人に広める活動を進めています。

記述問題のプラスワン

4 (3)「手入れ」とは、よいじょうたいをたもつために世話をすることです。植えた木が大きく育つには、森林の手入れがかかせません。「森林の手入れが必要《ひつよう》である」「森林の手入れをしなければならない」といった書き方も正解《せいかい》です。

ぴったり1 じゅんび

5．わたしたちの住んでいる県

3 世界とつながる地いき①

3分でまとめ

学習日 **82ページ**

◎めあて 倉敷市《くらしき》ですごす外国の人のようすを知ろう。

教科書 192〜197ページ　答え 42ページ

次の(　　)に入る言葉を、下から選《えら》びましょう。

1 外国の人が多くくらす倉敷市《くらしき》／外国の人がかつやくできるまちづくり

教科書 192〜195ページ

外国の人が多いまち

- 岡山県《おかやま》には多くの外国の人が住んでいる。
- 倉敷市には、(① 観光)で来た外国の人のほかに、工場で働《はたら》いたり、(② 大学)で学んだりする外国の人がふえている。
- 大学では(③ 留学生)が日本語や芸術《げいじゅつ》、科学などを学び、卒業後は日本で働くことや、学んだ知しきを(④ 母国)で生かすことを目指《めざ》している。

書道体験のようす

国名	人数（人）
ベトナム	10368
中国《ちゅうごく》	7406
大韓民国《だいかんみんこく》	4610
フィリピン	2021
インドネシア	1398
その他	5510
合計	31313

岡山県《おかやま》に住む外国の人の数
(2020年　岡山県庁資料《おかやまけんちょうしりょう》)

2 くらしのなかでの国際《こくさい》交流

教科書 196〜197ページ

ワンポイント　さまざまな文化《ぶんか》が交流するまち

- 多文化共生《たぶんかきょうせい》…さまざまな国の人が、おたがいの文化を(⑤ 理解)しながら、いっしょにくらしていくこと。
- 倉敷市では、学校などでおこなう交流会や、日本のくらしのルールや(⑥ マナー)を知るための(⑦ 講習会)などの取り組みや、日本で多い(⑧ 災害)に対応《たいおう》できるよう(⑨ 救命救急)講習《こうしゅう》や、防災訓練《ぼうさいくんれん》もおこなわれている。
- 外国人観光客にむけて、留学生が倉敷市のよさを(⑩ インターネット)のサービスを通じて発信《はっしん》している。

→外国の人たちとくらすための活動がおこなわれている。

交流会での文化しょうかいのようす

おたがいの国の文化を理解し合うことが大切なんだね。

選んだ言葉に✓
□母国　□災害《さいがい》　□マナー　□救命救急《きゅうめいきゅうきゅう》　□理解《りかい》
□講習会《こうしゅうかい》　□大学　□留学生《りゅうがくせい》　□観光《かんこう》　□インターネット

82

ぴったり2 練習

ぴたトリビア
日本のアニメやマンガは世界中で人気を集めており、日本のアニメやマンガをきっかけに日本に興味《きょうみ》をもったという留学生もふえています。

学習日 **83ページ**

教科書 192〜197ページ　答え 42ページ

1 右のグラフから読み取れることとして、正しいものには○を、まちがっているものには×をつけましょう。

① (○)倉敷市に宿泊《しゅくはく》した外国人観光客は2018年がいちばん多い。

② (×)岡山県に住む外国の人は、中国《ちゅうごく》の人がほとんどで、韓国《かんこく》やベトナムの人は少ない。

③ (○)倉敷市に住む外国の人の数は、毎年ふえている。

④ (×)2019年は倉敷市に宿泊した外国人観光客の数より、倉敷市に住む外国の人の数のほうが多い。

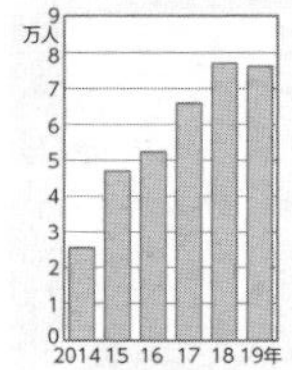
倉敷市に宿泊した外国人観光客
(2021年　倉敷市役所資料《くらしきしやくしょしりょう》)

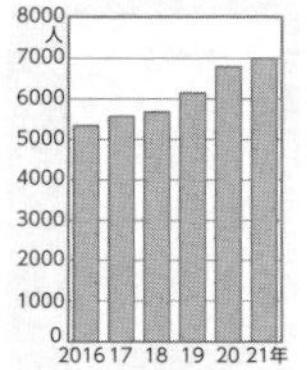
倉敷市に住む外国の人の数のうつり変《か》わり
(2021年　倉敷市役所資料《くらしきしやくしょしりょう》)

2 次の問いに答えましょう。

(1) おたがいの国の文化を理解し合いながら、いっしょにくらしていくことを何といいますか。
(多文化共生)

(2) 次の①〜③の取り組みに合う目的《もくてき》を、㋐〜㋒から選びましょう。

①(㋑)　外国の人が、救命救急講習を受けているよ。

②(㋐)　外国の人に向けた交通安全教室が開かれているよ。

③(㋒)　留学生の人たちとの文化交流会が開かれているよ。

㋐ 外国の人に日本の交通ルールを知ってもらうため。
㋑ 災害の多い日本でもこまらないようにするため。
㋒ おたがいの国の文化を理解し合うため。

ヒント　1 2つのグラフのたてじくと横じくの数字の単位に着目して考えましょう。

83

できたかな？
□外国の人がどんな目標《もくひょう》をもって日本でくらしているのか説明《せつめい》してみよう。

おうちのかたへ
日本で生活している外国の人の様子を学習する範囲です。日本と世界とのつながりは、5年生で詳しく学習しますが、この単元では「なぜ外国の人が日本でくらしているのか」という発問から、外国とのつながりに触れていきます。教科書で登場した中国やベトナムなどの国の位置を、お子さまと一緒に地図帳で確認してみましょう。

練習 83ページ

1 ②このグラフからは岡山県に住んでいる外国の人の出身国の情報は読み取れません。また、岡山県に住む外国の人は、ベトナムの人がもっとも多く、続《つづ》いて中国《ちゅうごく》、韓国《かんこく》の人が多くなっています。④2019年のグラフをくらべると、倉敷市に宿泊した外国人観光客は、およそ7.5万人で、倉敷市に住む外国の人の数はおよそ6000人です。数の単位に着目《ちゃくもく》しましょう。

2 (2)①外国の人が、急なけがや病気になった人を助けられるようにすることも、救命救急講習《きゅうめいきゅうきゅうこうしゅう》を受ける目的《もくてき》のひとつです。②国によって交通ルールがちがうので、日本ですごすには、日本の交通ルールを学ぶ必要があります。③文化交流会を通して、おたがいの国の文化をしょうかいし、理解し合うことができます。

ぴったり1 じゅんび

5．わたしたちの住んでいる県

3 世界とつながる地いき②

学習日 84ページ

めあて 倉敷《くらしき》市の国際《こくさい》交流と、岡山《おかやま》県の特色を理解しよう。

教科書 198～203ページ　答え 43ページ

次の（　）に入る言葉を、下から選《えら》びましょう。

1 市役所のはたらき

教科書 198～199ページ

外国との国際交流

- **姉妹友好都市《ゆうこう》**…歴史《れきし》やかんきょうがにていることなどから、友好の約束《やくそく》を結《むす》んだ都市のこと。（①　交流　）することでおたがいの理解を深めている。
- 倉敷《くらしき》市は、四つの外国のまちと姉妹友好都市の関係《かんけい》を結んでいる。
- 倉敷市の市役所には、外国の人が相談するための（②　まど口　）がある。

ワンポイント　岡山県や倉敷市の世界とのつながり

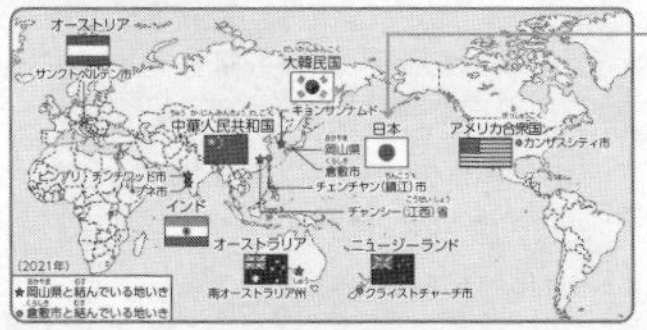

↑ 岡山県と倉敷市が姉妹友好都市の関係を結んでいる地いき

国旗《こっき》
国をあらわすしるしとして使われる旗。世界のどの国にも国旗がある。

日本の国旗は日章旗《にっしょうき》（日の丸）だよ。

- 倉敷市は外国から（③　輸入　）した原料《げんりょう》をつかって製品《せいひん》をつくり、外国へ（④　輸出　）している。

2 岡山《おかやま》県の特色《とくしょく》／高千穂郷《たかちほごう》・椎葉山《しいばやま》の産業《さんぎょう》や自然《しぜん》を未来《みらい》に残《のこ》すために

はってん　教科書 200～203ページ

岡山県の特色

- 岡山県には、伝統的《でんとうてき》な産業《さんぎょう》である（⑤　備前焼　）、バイオマスを利用する取り組み、（⑥　桃太郎　）伝説《でんせつ》などに代表される歴史や文化、世界の国々との（⑦　国際　）交流などの特色がある。
- みりょくをＰＲ《ピーアール》する方法…カルタや紙しばい、スライドショーなどにまとめる。
- **世界農業遺産《いさん》**…伝統的な農業や、それによって育まれた文化などが世界的に重要《じゅうよう》であるとして、（⑧　国際連合　）食糧農業機関《しょくりょう》《きかん》が認定《にんてい》するもの。
  →日本では、宮崎県《みやざきけん》の高千穂郷・椎葉山地いきなどが認定されている。

選んだ言葉に✓				
	□輸入《ゆにゅう》	□まど口	□国際連合《こくさいれんごう》	□国際
	□輸出《ゆしゅつ》	□交流	□備前焼《びぜんやき》	□桃太郎《ももたろう》

ぴったり2 練習

学習日 85ページ

ぴたトリビア　鉄こう石は、鉄やはがねの原料《げんりょう》になるもので、日本はおもにオーストラリアから輸入しています。

教科書 198～203ページ　答え 43ページ

1 次の問いに答えましょう。

(1) 次の文の①～④には、輸出と輸入のどちらかの言葉があてはまります。それぞれあてはまる方を書きましょう。

> 外国からものを買うことを（①　輸入　）、外国にものを売ることを（②　輸出　）という。岡山県の倉敷市は工業がさかんで、自動車、石油製品、鉄こうをつくっている。工業の原料は（③　輸入　）し、できた製品は（④　輸出　）している。

(2) それぞれの国がもつ、その国をあらわす旗《はた》を何といいますか。
（　国旗　）

(3) 右の地図で、岡山県が姉妹友好都市の関係を結んでいる地いきと、倉敷市が姉妹友好都市の関係を結んでいる地いきとがともにある国はどこですか。（　中華人民共和国（中国）　）

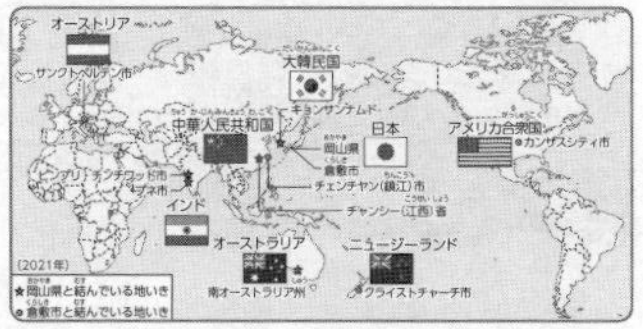

↑ 岡山県と倉敷市が姉妹友好都市の関係を結んでいる地いき

2 次の問いに答えましょう。

(1) 次の㋐～㋓のうち、岡山県の特色としてまちがっているものを一つ選びましょう。
（　㋐　）

㋐ 高千穂町でさかんな神楽《かぐら》
㋑ 備前《びぜん》市でさかんな備前焼
㋒ 真庭《まにわ》市でさかんなバイオマス発電
㋓ 倉敷市でさかんな国際交流

(2) 次の文の（　）にあてはまる言葉を書きましょう。

> 伝統的な農業や、それによって育まれた文化や土地の景色《けしき》、ゆたかな生物がみられる世界的に重要な地いきであるとして、その保全《ほぜん》と活用を目的《もくてき》に、国際連合食糧農業機関が認定するものを（世界農業遺産）という。

ヒント　1 (3) 岡山県および倉敷市は日本の都市なので、答えに日本はあてはまりません。

練習　85ページ

1 (1)倉敷《くらしき》市では、工業の原料《げんりょう》となる鉄こう石や石油を輸入《ゆにゅう》し、自動車や鉄こう、石油製品《せいひん》につくりかえて輸出しています。
(3)中華人民共和国《ちゅうかじんみんきょうわこく》をみると、チャンシー（江西《こうせい》）省《しょう》が岡山《おかやま》県と、チェンチヤン（鎮江《ちんこう》）市が倉敷市と姉《し》妹友好《まいゆうこう》都市の関係《かんけい》を結《むす》んでいます。

2 (1)㋐高千穂《たかちほ》町は宮崎《みやざき》県にある町で、古くから神話の里として有名です。神楽《かぐら》とは、神様《さま》にささげる舞《まい》のことで、高千穂町の神楽は重《じゅう》要無形民俗文化財《ようむけいみんぞくぶんかざい》に指定されています。

できたかな？

□倉敷《くらしき》市役所が国際《こくさい》交流のためにどのような取り組みをしているか説明《せつめい》してみよう。
□宮崎《みやざき》県の高千穂郷《たかちほごう》・椎葉山《しいばやま》地いきが世界農業遺産《いさん》に選《えら》ばれた理由を説明してみよう。

おうちのかたへ

日本の都市が、外国とのつながりをもっていることを知ってもらうのが目標です。現代社会では、文化や産業の面で外国との国際交流がなくてはならないものになっており、そのために各都市が外国との交流に向けた取り組みをしているのだとお子さまに理解してもらいましょう。またその際には、地域の特色や昔からの生活文化が、世界に誇れるものであることも伝えてあげてください。

たしかめのテスト

ぴったり3

5．わたしたちの住んでいる県

3 世界とつながる地いき

86ページ

／100　ごうかく80点

教科書 192～203ページ　答え 44ページ

1 次の文を読んで、問いに答えましょう。　1つ5点（25点）

①岡山県《おかやま》には、多くの外国の人がくらしています。とくに、倉敷《くらしき》市は国際《こくさい》交流がさかんな都市で、日本と外国、それぞれの文化を理解《りかい》し合い、いっしょにくらしていくという（②）のまちをめざしています。

(1) 下線部①について、岡山県に住む外国の人で、いちばん多いのはどこの国の人ですか。右の表から書きぬいて答えましょう。（ベトナム）

(2) 次の㋐～㋒の文について、岡山県で外国の人が多く住んでいる理由として正しいものには○を、まちがっているものには×をつけましょう。

㋐（○）外国の人と日本の人がいっしょに楽しめる祭りがおこなわれているから。

㋑（○）自分の国の食べ物を売る店があるから。

㋒（×）岡山県の文化は外国に伝《つた》わっていないから。

(3) よく出る 文中の（②）にあてはまる言葉を書きましょう。（多文化共生）

国名	人数（人）
ベトナム	10368
中国《ちゅうごく》	7406
大韓民国《だいかんみんこく》	4610
フィリピン	2021
インドネシア	1398
その他	5510
合　計	31313

（2020年　岡山県庁資料《おかやまけんちょうしりょう》）

岡山県《おかやまけん》に住む外国の人の数

2 右の地図をみて、次の問いに答えましょう。　1つ5点（25点）

(1) 日本の国旗は何とよばれていますか。（日の丸）（日章旗）

(2) 次の①～③の国にある都市や地いきは岡山県と倉敷市のどちらの姉妹友好《ゆうこう》都市となっていますか。岡山県なら㋐、倉敷市なら㋑、両方なら㋒と書きましょう。

① アメリカ合衆国《がっしゅうこく》（㋑）　② オーストラリア（㋐）

③ 中華人民共和国《ちゅうかじんみんきょうわこく》（㋒）

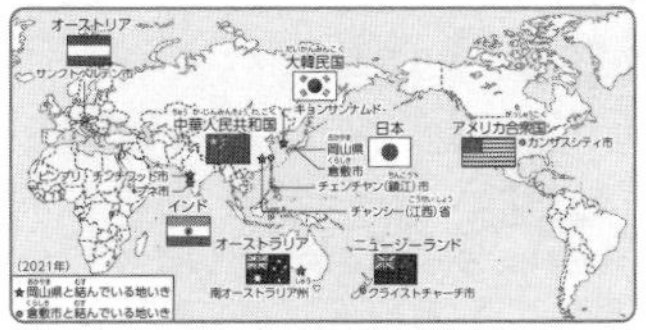

岡山県と倉敷市が姉妹友好都市の関係を結んでいる地いき

記述 (3) 姉妹友好都市とは何ですか。次の書き出しに続《つづ》くかたちで書きましょう。

（歴史《れきし》やかんきょうがにていることから、（例）友好の約束を結んだ都市。）

86

学習日

87ページ

3 次の問いに答えましょう。　思考・判断・表現　1つ5点（10点）

(1) 右の絵のように、外国の店で売られている岡山県のくだものは、日本が輸入《ゆにゅう》したものですか。それとも輸《ゆ》出《しゅつ》したものですか。輸入・輸出のどちらかの言葉で答えましょう。（輸出）

(2) 鉄こうの原料《げんりょう》となる鉄こう石は、日本が輸入するものですか。それとも輸出するものですか。輸入・輸出のどちらかの言葉で答えましょう。（輸入）

岡山県のくだものが売られている外国の店

4 次の絵の説明《せつめい》としてあてはまるものを、㋐～㋓からそれぞれ選《えら》びましょう。　技能　1つ5点（15点）

（㋒）　（㋓）　（㋐）

㋐ 外国の人が、日本での災害《さいがい》にそなえて防災訓練《ぼうさいくんれん》に参加している。

㋑ 日本の人が、交流のために外国の言葉を学んでいる。

㋒ 外国の人が、日本の伝統的《でんとうてき》な文化を体験《たいけん》している。

㋓ 外国の人が、自分の国の文化をしょうかいしている。

5 次の問いに答えましょう。　1つ5点、(3)は10点（25点）

(1) 自分の住んでいる地いきなどの良いところを、他の人によく知ってもらうためにせんでんする活動のことを何といいますか。（PR）

(2) 岡山県の地いきと特色《とくしょく》の組み合わせとして正しいものを、㋐～㋓から二つ選びましょう。

㋐ 真庭《まにわ》市－バイオマス発電　㋑ 備前《びぜん》市－桃太郎《ももたろう》

㋒ 倉敷市－国際交流　㋓ 岡山市－神楽《かぐら》

（順不同）（㋐）（㋒）

記述 (3) てきたらスゴイ！ 右の写真を参考《さんこう》にして、棚田《たなだ》とはどのようなものか書きましょう。

（（例）しゃ面につくられた田。）

この本の終わりにある「春のチャレンジテスト」をやってみよう！

この本の終わりにある「学力しんだんテスト」をやってみよう！

ふりかえり 3がわからないときは、84ページの1にもどってかくにんしてみよう。

87

たしかめのテスト　86～87ページ

1 (2)㋒備前焼《びぜんやき》などの岡山《おかやま》県の文化が、外国にも伝えられています。

2 (2)①アメリカ合衆国《がっしゅうこく》のカンザスシティ市が倉敷《くらしき》市と姉妹友好《しまいゆうこう》都市の関係《かんけい》を結《むす》んでいます。②オーストラリアの南オーストラリア州《しゅう》が岡山県と姉妹友好都市の関係《かんけい》を結《むす》んでいます。③中華人民共和国《ちゅうかじんみんきょうわこく》ではチャンシー（江西《こうせい》）省《しょう》が岡山《おかやま》県と、チェンチャン（鎮江《ちんこう》）市が倉敷市とそれぞれ姉妹友好都市の関係を結んでいます。

3 (1)外国の店で岡山県のくだものが売られているということは、日本から輸出《ゆしゅつ》したものが売られていることになります。

4 左から順《じゅん》に、外国の人が書道を体《たい》験《けん》しているようす、外国の人が交流会で自国の文化をしょうかいしているようす、外国の人が防災訓練に参加しているようすをあらわしています。

記述問題のプラスワン

2 (3)「おたがいに交流する約束《やくそく》を結《むす》んだ都市。」などの書き方も正解《せいかい》です。ただ交流をしているというだけでなく、「約束を結んだ」という言葉が入っていることが重要《じゅうよう》です。

5 (3)田は標高《ひょうこう》の低《ひく》い平地につくられることが多いですが、山がちな地いきではしゃ面に田をつくることもあります。図は、高千穂《たかちほ》町の棚田《たなだ》が広がる光景《こうけい》です。しゃ面が階段《かいだん》のかたちになっていることから、棚田とは何かを考えましょう。

夏のチャレンジテスト

教科書 8〜77ページ

名前　　　　月　　日

時間 40分

知識・技能	思考・判断・表現	ごうかく80点
/60	/40	/100

答え45ページ

知識・技能　60点

1 岡山《おかやま》県の土地のようすをあらわした地形図を見て答えましょう。　1つ6点(30点)

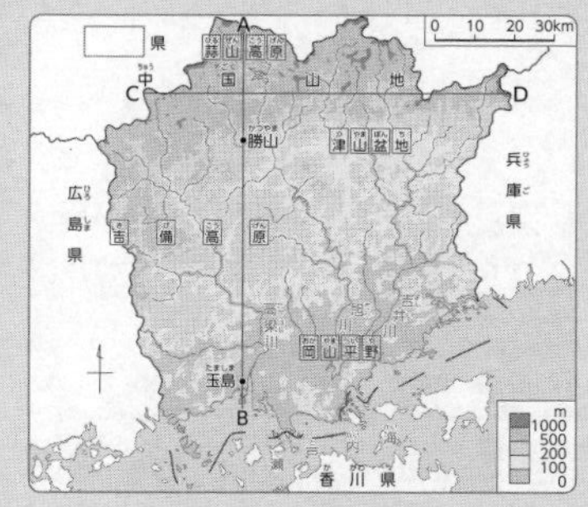

(1) 岡山県がふくまれる地方の名前を書きましょう。

（中国・四国）地方

(2) □にあてはまる県名を書きましょう。

（鳥取）県

(3) 県の北部は山地や(①)や高原《こうげん》、中央部は高原、南部には(②)が広がっています。①・②にあう言葉を□から選《えら》びましょう。

盆地《ぼんち》　平野《へいや》

①（盆地）　②（平野）

(4) 下の断面《だんめん》図は、地図の㋐A-B、㋑C-Dのどちらですか。

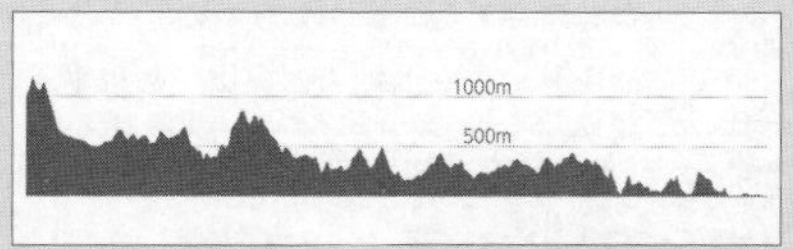

（㋐）

2 次のもえないごみのしょりの絵を見て答えましょう。　(1)5点、(2)10点(完答)(15点)

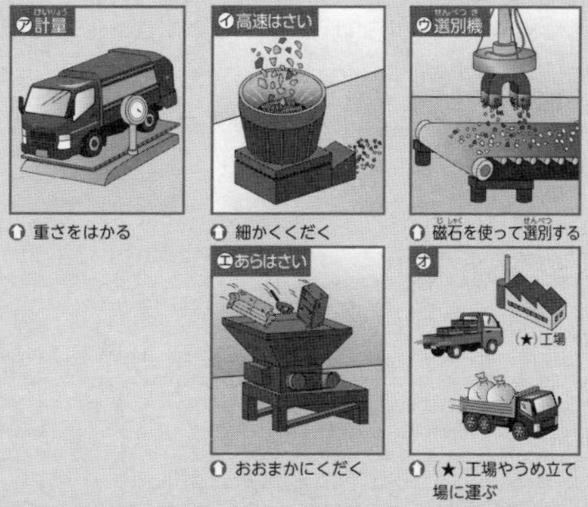

(1) ㋔の(★)に入る、「ちがうものにつくり変《か》えてふたたび使うこと」という意味の言葉をカタカナで書きましょう。

（リサイクル）

(2) もえないごみのしょりの順《じゅん》になるよう、㋐〜㋔をならべかえましょう。

㋐→（㋓）→（㋑）→（㋒）→（㋔）

3 次の問いに答えましょう。　1つ3点(15点)

(1) 家や学校で使われた水は、どこでしょりされますか。㋐、㋑から選びましょう。

㋐ ダム

㋑ 水再生《みずさいせい》センター

（㋑）

(2) (1)でしょりされた下水は、どのような水になりますか。㋐、㋑から選びましょう。

㋐ 安心して使える飲《の》み水になる。

㋑ 川や海をよごさない、きれいな水になる。

（㋑）

うらにも問題があります。

夏のチャレンジテスト　表

1 (1)地方を7つに分けるとき、岡山県は中国《ちゅうごく》・四国《しこく》地方にふくまれます。中国地方と四国地方を分ける場合もあります。

(2)岡山県は、北に鳥取《とっとり》県、東に兵庫《ひょうご》県、西に広島《ひろしま》県、南に瀬戸《せと》内海《ないかい》をはさんで香川《かがわ》県ととなり合っています。

(3)地形にはどのようなものがあるかかくにんしておきましょう。盆地は山にかこまれた平地のことで、高い土地が集まっている山地の間に位置《いち》することが多いです。一方で、平野は海に面していて、広く開けた地形になっています。

(4)地図の土地の高さを表す色分けをかくにんします。Aの近くは土地の高さが1000mをこえており、また、Bの近くは海ぞいで土地の高さが0mに近い低《ひく》さになっているため、断面図が示すのは、㋐A—Bとなります。

2 (1)ごみとして出されたもののうち、まだ使えるものをしょりして、ふたたび使えるようにすることをリサイクルといいます。ごみをへらすための「4R」の取り組みのひとつです。ほかの4Rである、リフューズ、リユース、リデュースの意味もかくにんしましょう。

(2)もえないごみは、㋐の計量のあと、㋓あらはさいでごみをおおまかにくだき、㋑高速はさいでさらにごみを細かくくだき、㋒選別機で鉄やアルミニウムに選別し、㋔リサイクルプラザやうめ立て場へと運びます。

3 (1)(2)学校や家庭などで使われた水と雨水をあわせて下水とよびます。

おうちのかたへ　1学期の学習範囲についての確認テストです。日本の各地方と都道府県を覚えていること、地図から情報を読み取れることは、今後の学習に欠かせないため、しっかり復習を行いましょう。

(3)　しょりされた下水の再利用《さいりよう》について、次の文の(　)にあう言葉を□から選《えら》びましょう。

・右の写真のように、(①)に流されたり、水洗《すいせん》(②)の水や、花の水やりなど、(③)として利用されている。

下水道管《げすいどうかん》　用水路　再生水《さいせい》　トイレ

①(用水路)　②(トイレ)

③(再生水)

思考・判断・表現　40点

4 工場や家庭に水が送られてくるまでの図を見て答えましょう。　1つ3点、(2)6点(12点)

(1)　次の文の(　)にあう言葉を、□から選びましょう。

・じょう水場は、(①)の水を取水口から取り入れ、薬品などを使ってよごれを取りのぞいている。安心して飲《の》めるようになった水は、地下にある(②)で工場や家庭へ送られる。

川　海　湾《わん》　水道管

①(川)　②(水道管)

(2)　森林が、「緑のダム」とよばれるわけを書きましょう。

(例) 雨水をたくわえ、こう水を防ぐはたらきがあるから。

5 次の問いに答えましょう。　1つ3点、(3)1つ5点(16点)

(1)　下の絵のような自然《しぜん》の力を使った発電方法《ほうほう》を、㋐～㋒から選びましょう。

㋐　原子力発電
㋑　火力発電
㋒　太陽光発電

(㋒)

(2)　(1)のように、くり返し使えるエネルギーを何といいますか。

(再生可能)エネルギー

(3)　火力発電のよいところと、よくないところを、次の言葉に続《つづ》くようにかんたんに書きましょう。

①よいところ：
・発電量《りょう》を、
(例) 調節しやすい。

②よくないところ：
・燃料《ねんりょう》をもやすときに、大量《たいりょう》の
(例) 二酸化炭素などのガスが発生する。

6 次の問いに答えましょう。　1つ3点、(3)6点(12点)

(1)　都市ガスの原料《げんりょう》となる化石燃料《かせきねんりょう》を、㋐～㋒から選びましょう。

㋐　天然《てんねん》ガス
㋑　二酸化炭素《にさんかたんそ》
㋒　石油

(㋐)

(2)　日本で使われている原料は、㋐日本でとれるものと、㋑海外から運《はこ》ばれてくるもののどちらが多いですか。

(㋑)

(3)　ガスにはもともとにおいはありませんが、ガス会社は、学校や家庭に送りとどけるときに、ガスににおいをつけています。そのわけをかんたんに書きましょう。

(例) ガスもれにすぐ気づけるようにするため。

夏のチャレンジテスト　うら

3 (3)しょりされた下水は、トイレを流すときの水や、鉄道車両をあらうための水として再利用されます。また、東京《とうきょう》都立川《たちかわ》市から埼玉《さいたま》県志木《しき》市まで流れている野火止《のびどめ》用水など、高度にしょりされた下水が流されている用水路もあります。

4 (1)川の水はそのままでは飲めないため、じょう水場に取り入れて安全な水にしています。きれいになった水は、水道管《すいどうかん》を通って家庭や工場に送られます。

(2)森林は、雨水をゆっくりときゅうしゅうして地下水としてたくわえ、少しずつ下流へ流すことでこう水を防《ふせ》いだり、大雨などによって土が下流へ一気に流れ落ちてしまう土砂《どしゃ》くずれを防いだりするやくわりがあることから、「緑のダム」とよばれます。

5 (3)火力発電は、天然《てんねん》ガスや石油などを燃料として発電します。①は、燃《も》やす燃料の量《りょう》などによって、発電量を調節《ちょうせつ》することができることが書かれていれば正解《せいかい》です。②は、燃料をもやすときに、地球温暖化《おんだんか》の原因《げんいん》となる二酸化炭素が発生することについて書かれていれば正解です。

6 (1)都市ガスは天然ガスを原料としてつくられます。また、石油を原料としてつくるガスを、LP《エルピー》ガスといいます。

(3)ガスににおいがついているのは、目にみえないガスがもれてしまったとき、すぐに気づけるようにするためです。このことについて書かれていれば正解です。ガスがもれたじょうたいで火を使ってしまうと、ガスに引火してばくはつし、火事が発生してしまいます。そのため、火を使うさいには、ガスのにおいがしないか注意する必要《ひつよう》があります。

おうちのかたへ　安全な水の供給やごみの処理は、健康で住みよいくらしを守るために欠かせないことです。事業を支える多くの人々の協力や資源の大切さを理解し、自分たちにできることを考えていきます。

冬のチャレンジテスト

教科書　80〜167ページ

名前　　月　日

時間 40分

知識・技能	思考・判断・表現	ごうかく80点
／60	／40	／100

答え47ページ

1については、学習《がくしゅう》の状況《じょうきょう》に応《おう》じてA〜Cのどれかを選《えら》んでやりましょう。

知識・技能　60点

1のA　自然災害《しぜんさいがい》について、(　)にあう言葉を㋐〜㋓から選びましょう。　1つ6点(18点)

・自然災害のひ害を予想し、地図にしたものを(①)という。

・森林がへったことや、ほそうされた道路が多くなったことも、(②)の原因《げんいん》となっている。

・災害のときに自分の命を自分で守ることを(③)という。

㋐ 自助《じじょ》　㋑ ハザードマップ　㋒ 水害《すいがい》　㋓ 共助《きょうじょ》

① ㋑　② ㋒　③ ㋐

1のB　(　)にあう言葉を㋐〜㋒から選びましょう。　1つ6点(18点)

・地震《じしん》などのひ害でおとろえたものが、またさかんになることを(①)という。

・災害《さいがい》のときは、「国や都道府県《とどうふけん》などの救助《きゅうじょ》やえん助(公助《こうじょ》)」や、「近所の人と協力《きょうりょく》し合うこと((②))」がおこなわれるが、「自分の命を自分で守ること((③))」がいちばんたいせつである。

㋐ 共助《きょうじょ》　㋑ 自助《じじょ》　㋒ 復興《ふっこう》　㋓ 修復《しゅうふく》

① ㋒　② ㋐　③ ㋑

1のC　津波《つなみ》対さくについて、正しいものには○を、まちがっているものには×をつけましょう。　1つ6点(18点)

① 津波ひなんタワーをつくることで、津波の発生を防《ふせ》ぐことができる。

② てい防《ぼう》をさらに強くする工事をおこなう。

③ 津波に注意《ちゅうい》するメールを、県内にいっせいに配《はい》信《しん》できるようにする。

① ×　② ○　③ ○

2　火山による災害《さいがい》について、正しいものには○を、まちがっているものには×をつけましょう。　1つ4点(12点)

① 火山の変化《へんか》にすぐ気づけるよう、観《かん》測体制《そくたいせい》を整えている。　○

② ふん火けいかいのレベルが最《もっと》も大きいときは、注意《ちゅうい》して入山すればよい。　×

③ 火山灰《ばい》がつもることで、農作物《のうさくもつ》が育たなくなる。　○

3　雪害《せつがい》対さくを、①〜④から3つ選びましょう。　1つ4点(12点)

① なだれを防《ふせ》ぐため、山のしゃ面にさくをつくる。

② 道路の除雪《じょせつ》のようすをインターネットで公開する。

③ 交通が止まらないよう、車道の雪を歩道にすてる。

④ 防災《ぼうさい》ヘリを使うしくみを整える。

(順不同)　①　②　④

4　長崎《ながさき》県長崎市の大浦天主堂《おおうらてんしゅどう》について説明《せつめい》した次の文の(　)にあう言葉を、□から選びましょう。　1つ4点(12点)

・大浦天主堂は「長崎のシンボル」の一つで、日本が指定する(①)でもある。日本に残《のこ》る(②)の教会のなかでいちばん古い。

・また、(③)には、世界的に残す価値《かち》があるとみとめられたものが登録《とうろく》され、大浦天主堂のほかにも長崎の軍艦《ぐんかん》島などが登録されている。

イスラム教　キリスト教
教会群情報《ぐんじょうほう》センター　世界遺産《いさん》　国宝《こくほう》

①(国宝)　②(キリスト教)　③(世界遺産)

冬のチャレンジテスト(表)　　うらにも問題があります。

冬のチャレンジテスト　表

1のA　㋑ハザードマップには、ひ害《がい》が想定される区いきのほかにも、ひなん場所などの防災関係《ぼうさいかんけい》のしせつの位置《いち》がしめされています。㋒水害がおきる原因《げんいん》としては、道路がほそうされ、水をたくわえるはたらきをする田畑や森林が少なくなったことがあげられます。

1のB　㋐㋑公助・共助・自助という言葉は、阪神《はんしん》・淡路大震災《あわじだいしんさい》のあとに全国に広まりました。「共助」は、近所や地いきの人々と助け合うことです。たとえば、地いきで災害にそなえるひなん訓練《くんれん》は、共助の取り組みにあたります。「自助」は自分の命は自分で守ること、「公助」は国や都道府県《とどうふけん》、市区町村によりおこなわれる災害時の助けのことです。

1のC　①津波ひなんタワーは、津波が発生したときに登って津波にまきこまれないようにするためのもので、津波の発生を防ぐものではありません。

2　②ふん火けいかいレベルは1から5まであり、レベル3より大きくなると入山がきせいされます。

3　③雪を歩道にすててしまうと歩行者のめいわくになってしまいます。指定されている場所以外《いがい》に雪をすててしまうことを、ルールで禁止《きんし》している地いきもあります。

4　①国宝とは、たいせつにほごしなければならない重要《じゅうよう》なものとして、国が指定する建物《たてもの》やちょうこく、絵画のことです。②③大浦天主堂は、日本に残るもっとも古いキリスト教の教会であり、2018年に世界遺産にも登録されています。

おうちのかたへ　2学期の学習範囲についての確認テストです。自然災害の多い日本では、小学校の社会科においても防災教育が重要視されています。災害発生時に国や地域をはじめ、様々な機関が連携して対応することを学習します。

5 年中行事の「長崎《ながさき》くんち」を続《つづ》けていくための課題《だい》を、㋐～㋒から２つ選《えら》びましょう。 1つ3点(6点)

㋐ 受けついでいくわかい人が少ないこと。
㋑ 重要無形民俗文化財《じゅうようむけいみんぞくぶんかざい》に指定されていないこと。
㋒ お金の負担《ふたん》が大きいことや町の人がへったために、参加《さんか》をとりやめる町がふえたこと。

（順不同）　㋐　㋒

思考・判断・表現　40点

6 1885年に工事が完成《かんせい》した那須疏水《なすそすい》について、問いに答えましょう。 (1)4点、(2)1つ2点(8点)

(1) 人々は、なぜ那須野原《なすのがはら》に水を引きましたか。「水もち」という言葉を使って書きましょう。

（（例）那須野原は水もちの悪い土地であり、水が手に入らず生活にこまっていたから。）

(2) 右のグラフを見て、疏水が完成したあとの変化《へんか》について、（　）にあう言葉を書きましょう。

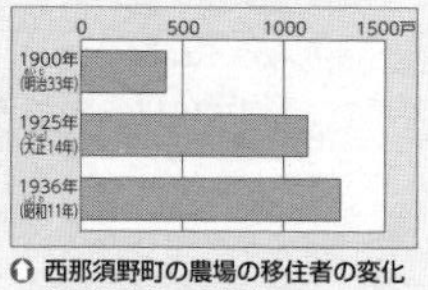

西那須野町の農場の移住者の変化
（西那須野町の開拓史）

・農場の移住《いじゅう》者の数が（ ① ）ことが、グラフからわかる。このことから、この地いきの人口が（ ② ）と考えられる。

①（ ふえた ）　②（ ふえた ）

7 東井義雄《とういよしお》について答えましょう。 (1)3点、(2)5点(8点)

(1) 義雄の教えについて、まちがっているものを㋐～㋒から選びましょう。
㋐ 今も豊岡《とよおか》市に受けつがれている。
㋑ 「書く」ことをたいせつにした。
㋒ わかい人に都市へ出ていくようにすすめた。　㋒

(2) 義雄の教育にはどのような考えがありましたか。次の文に続《つづ》くように書きましょう。
・子どもだけでなく、

（（例）村（地いき）のみんなを育てようとした。）

8 南方熊楠《みなかたくまぐす》について答えましょう。 (1)1つ2点、(2)4点(8点)

(1) 熊楠が反対したものを㋐～㋓から２つ選びましょう。　（順不同）
㋐ 神社をふやすこと　㋑ 祭りをおこなうこと
㋒ 自然《しぜん》をこわすこと
㋓ 和歌山城《わかやまじょう》の堀《ほり》のうめ立て　㋒　㋓

(2) 熊楠により守られた地いきは、げんざいどのようなじょうたいで残《のこ》っていますか。

（（例）地いきの自然が美しいすがたで残っている。）

9 二宮金次郎《にのみやきんじろう》について答えましょう。 (1)1つ2点、(2)4点(8点)

(1) 金次郎が村の立て直しに取り組んだ理由を、㋐～㋒から２つ選びましょう。　（順不同）
㋐ 村人の心がすさんでいたから。
㋑ 田畑があれていたから。
㋒ 人口がふえすぎていたから。　㋐　㋑

(2) 金次郎がおこなった取り組みについて、次の文に続くように、「改革意欲《かいかくいよく》のある農民《のうみん》」という言葉を使って書きましょう。
・村々の立て直しのために、農地や地いきの改善《かいぜん》をしたり、

（（例）改革意欲のある農民にほうびをあたえたりした。）

10 荻野吟子《おぎのぎんこ》について答えましょう。 1つ2点、(2)①4点(8点)

(1) 吟子は、どんな分野で活やくしましたか。㋐～㋒から選びましょう。
㋐ スポーツ　㋑ 芸術《げいじゅつ》
㋒ 医りょう　㋒

(2) 次の①にあう言葉を書きましょう。②は正しい方を選びましょう。
・吟子は、医者の試験《しけん》を（ ① ）も受けられるようにとうったえた人物です。貧《まず》しい人にもわけへだてなくせっし、災害《さいがい》の時の対しょ法《ほう》を教えるなど、②（ ㋐有力な・㋑地いきの ）人々のためにはたらきました。

①（ 女性 ）　②　㋑

冬のチャレンジテスト　うら

5 ㋑長崎くんちは重要無形民俗文化財に指定されているため、あてはまりません。

6 (1)石ころだらけですき間が多く、水もちが悪《わる》い那須野原では、生活用水をかくほすることがむずかしく、人々は生活にこまっていました。そのため、那須疏水をつくる計画が立てられました。

(2)水がいきわたるようになり、多くの田が開かれたことでうつり住む人がふえました。移住者の数が36年間で２倍以上にふえたことがグラフからわかります。

7 (2)東井義雄は、村のみんなを育てようと考え、自分の経験《けいけん》や考えを伝《つた》えることで、子どもだけでなく教員も育てました。このことについて書いていれば正解《せいかい》です。

8 (1)㋒神社をこわすようにという国の命令《めいれい》を聞いた南方熊楠は、神社がこわされ、まわりの木が切られてしまうことに反対しました。㋓和歌山城の堀をうめ立てて宅地《たくち》にすることに反対しました。

(2)熊楠が守った熊野古道《くまのこどう》の杉《すぎ》の木は、今でも美しいすがたのまま残っています。

9 (2)二宮金次郎は、はたらき者の農民を表彰《ひょうしょう》してほうびをあたえ、ほかの農民たちもふくめて、はたらく意欲《いよく》をわかせました。このことについて書かれていれば正解です。

10 (1)(2)荻野吟子は、日本初《はつ》の女性《じょせい》の医者です。当時、男性しか受けられなかった医者の試験を女性も受けられるように国にうったえ続《つづ》け、1885年（明治18）年、試験《しけん》に合格《ごうかく》した人物です。

おうちのかたへ 伝統的な技術を受け継ぐ産業の学習では、特色ある地域の自然環境や歴史的背景、人々の協力関係などについて考え、地域の伝統や文化への関心を深めていきます。5年生では、国の自然環境や産業など、より広い範囲について学習していきます。

春のチャレンジテスト

名前　　　　月　　日

教科書 170~201ページ

時間 40分

知識・技能	思考・判断・表現	ごうかく80点
/60	/40	/100

答え49ページ

知識・技能　60点

1 岡山《おかやま》県備前《びぜん》市の備前焼《びぜんやき》について答えましょう。

(1)6点(完答)、(2)1つ3点(15点)

(1) ㋐~㋓を、焼き物がつくられる順《じゅん》にならべかえましょう。

㋐ 土ねり　㋑ かま出し　㋒ かまたき　㋓ 形づくり

㋐→㋓→かまづめ→㋒→㋑

(2) 下の資料《しりょう》を読んで、備前焼が備前市でつくられてきた理由を3つ書きましょう。

> 岡山県は雨が少ない気候《きこう》のため、焼き物づくりにてきしています。また、備前市のあたりは鉄分を多くふくんだ土が多くとれますが、その土も焼き物の原料《げんりょう》にてきしています。
>
> 備前焼は、もえるときの温度が高く、炎《ほのお》の長さの長い松割木《まつわりき》を燃料《ねんりょう》にして焼き上げます。この木もまわりの山から運《はこ》んでいました。
>
> さらに備前市は海に面しているため、備前焼を運ぶのに便利《べんり》でした。

（例）雨が少ない気候が焼き物づくりにてきしていたから。

（例）焼き物の原料にてきした土が多くとれたから。

（例）焼き物を運ぶのに交通の便がよかったから。

2 岡山県真庭《まにわ》市について、次の問いに答えましょう。

1つ3点(15点)

(1) 地図からわかる蒜山《ひるぜん》高原の特《とく》ちょうについて、あてはまらないものを㋐~㋓から選《えら》びましょう。

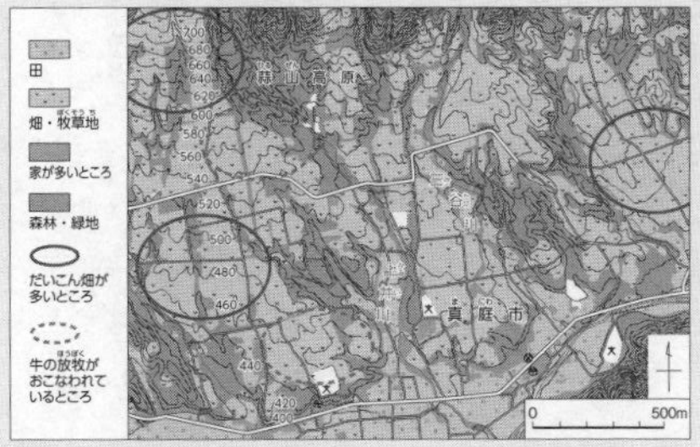

蒜山高原の土地利用のようす

㋐ だいこんがとれる。
㋑ 平らな土地が広がっている。
㋒ しゃ面で牛をかっている。
㋓ 家よりも森林が多い。

㋑

(2) 木材《もくざい》などに使う杉《すぎ》やひのきを、人が植えて育てる産業を何といいますか。

（林業）

(3) 真庭市のバイオマスの利用《りよう》に関《かん》する写真にあう説《せつ》明《めい》文を、㋐~㋒から選びましょう。

① ㋒　② ㋑　③ ㋐

㋐ 木のけずりくずをペレットにして、燃料として利用している。
㋑ 細い木や曲がった木をはり合わせて、木材製品《せいひん》をつくっている。
㋒ 木くずから発電した電気を電力会社に売っている。

うらにも問題があります。

春のチャレンジテスト　表

1 (1)備前焼づくりの流れとしては、原料の土をねって、ろくろで形を整え、かまで焼いてつくります。「かまづめ」の前後の作業を順番《じゅんばん》になるようにならべましょう。

(2)資料から読み取れる、備前市が焼き物にてきしている理由となる特ちょうが3つ書けていればよいです。伝統的《でんとうてき》な工業は、その土地でとれる原料を使って、おもに手作業で発展《はってん》してきました。伝統的なぎじゅつや工芸品《こうげいひん》のかたちを受けつぎつつ、げんだいの人びとの生活に合ったものもつくられています。

2 (1)地図中の土地利用のようすと等高線の間かくに着目《ちゃくもく》しましょう。等高線の間がせまいところが多いことから、しゃ面が広がっているとわかるため、㋑がまちがいになります。等高線は、線の間かくがせまいとかたむきが急になり、広いとかたむきがゆるやかになります。

(3)バイオマスとは、木くずや家畜《かちく》のはいせつ物、生ごみなど、動植物をもとにつくることができる資源《しげん》のことです。②木材《もくざい》のせんいが、たがいちがいになるようにはり合わせた製品で、CLT《シーエルティー》とよばれます。

おうちのかたへ　3学期の学習範囲についての確認テストです。等高線は土地の傾きを知ることができ、高学年や中学生になっても活用されます。4年生では、等高線の間隔が狭いと傾きが急、広いと緩やかであることをつかみます。

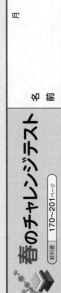

3 次の問いに答えましょう。

1つ3点(15点)

(1) 下の文にあう言葉を、㋐〜㋕から選《えら》びましょう。

・岡山《おかやま》市は、『(①)伝説《でんせつ》』の生まれたまちとして(②)に認定《にんてい》されており、『(①)伝説《でんせつ》』を伝《つた》えていくための取り組みがおこなわれている。

・市内の(②)に関《かか》わる文化財《ぶんかざい》には、説明《せつめい》(③)がせっちされている。

・市内をおとずれた観光客《かんこうきゃく》に『(①)伝説』を楽しんでもらうため、地いきの人によってさまざまな観光《かんこう》(④)がつくられている。

㋐ きびだんご　㋑ かんばん
㋒ 日本遺産《いさん》　㋓ マンホール
㋔ 桃太郎《ももたろう》　㋕ プログラム

① (㋔)　② (㋒)　③ (㋑)　④ (㋕)

(2) その地いきに住み、地いきの歴史《れきし》などを観光客にみずから案内《あんない》してくれる人を何といいますか。

((観光) ボランティアガイド)

4 次の地図を見て、問いに答えましょう。

1つ5点(15点)

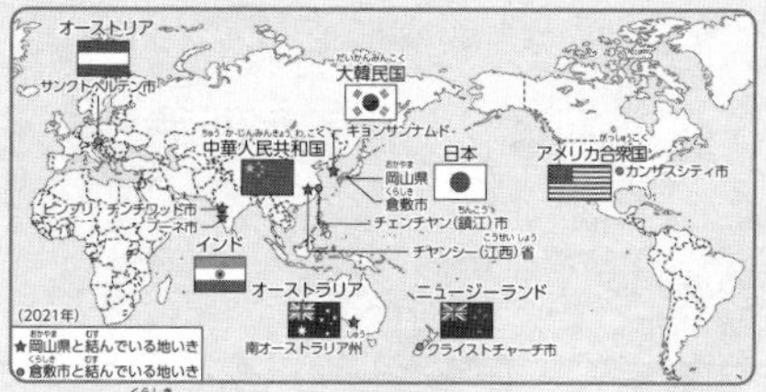

岡山県と倉敷《くらしき》市が(2)の関係を結んでいる地いき

(1) 地図中に見られる、国をあらわすしるしとして使われる旗《はた》を何といいますか。

(国旗)

(2) かんきょうや歴史《れきし》がにているなど、つながりが深いことなどから、交流を通して理解《りかい》を深め合う約束《やくそく》を結《むす》んだ都市のことを何といいますか。

(姉妹友好)都市

(3) 岡山県と倉敷市が(2)の関係を結んでいる地いきは、いくつありますか。数字で答えましょう。

(9)

思考・判断・表現　40点

5 次の問いに答えましょう。

1つ10点(40点)

(1) 岡山県に住む外国の人は、どこの国の人が一番多いですか。

国名	人数(人)
ベトナム	10368
中国《ちゅうごく》	7406
大韓民国《だいかんみんこく》	4610
フィリピン	2021
インドネシア	1398
その他	5510

岡山県に住む外国人の数(2020年　岡山県庁資料)

(ベトナム)

(2) 日本や外国が、それぞれの国ごとの文化を理解《りかい》して、いっしょにくらしていくことを何といいますか。( )にあうように書きましょう。

(多文化)共生《きょうせい》

(3) 日本にいる外国の人に向けた講習《こうしゅう》をおこなう理由を考えて、( )にあうように書きましょう。②は「災害《さいがい》」という言葉を使って、あとの文に続《つづ》くように書きましょう。

①

ごみの分別《ぶんべつ》講習

(外国と日本とでは、(例)生活の仕方がことなっているため、日本の生活になれる必要があるから。)

②

防災訓練《ぼうさいくんれん》

(日本は、(例)災害が多い国なので、)

いざという時にこまらないようにするため。

春のチャレンジテスト　うら

3 (1)㋕「プログラム」とは、「計画」という意味です。『桃太郎伝説』が生まれたまちとして、岡山市は『桃太郎伝説』を観光客や次の世代の人びとに伝《つた》え、たいせつに守っていく取り組みをおこなっています。

4 (1)国旗《こっき》は、その国をあらわすしるしとして使われる旗で、世界のどの国にもあります。国と国との交流のときには、おたがいの国の国旗をかかげてそんちょうしあうこともあります。

(3)地図中に示された地いきの数を数えましょう。岡山県が5つ、倉敷市が4つで合わせて9つです。

5 (1)表をみると、ベトナムから来ている人が一番多いことがわかります。そのほかにも、中国や大韓民国など、日本に近い国の人が多く来ていることがわかります。

(3)①「ごみの出し方がちがうから」など、外国と日本ではくらし方がちがっているという内容《ないよう》が書けていれば正解《せいかい》です。外国の人がごみの出し方や交通ルールなどでこまらないよう、市役所や大学などが、講習会を開いています。②「災害のときのひなんの仕方がちがうから」でも正解です。「災害が多い」ということを前後の言葉にあうように書きましょう。日本は災害が多くおこる国であるため、いざというときに備《そな》えて、ひなんの仕方などを知ってもらう必要《ひつよう》があります。

おうちのかたへ　さまざまな国の人が日本で暮らすようになりました。言語だけでなく、生活習慣や宗教の違いを互いに理解し、特に災害時などには力を合わせられる社会となるよう取り組んでいることを学びます。この学習をきっかけに、自分が住む地域の特色ある産業や外国との関わりを調べ、自分がくらす地域への親しみや、自分の知っているものとは異なる文化を尊重する大切さを感じることにつなげられると、より良い学習となります。

4年 社会のまとめ

学力しんだんテスト

月　日

名前

時間 40分

ごうかく70点　／100

答え51ページ

1については、学習の状況《じょうきょう》に応《おう》じてA・Bどちらかを、**2**についてはA～Cから選《えら》んでやりましょう。

1のA　**ごみのしょりについて、(　)にあう言葉を書きましょう。③はカタカナで書きましょう。**　1つ5点(15点)

・もえるごみは、(①)に運ばれてしょりされ、はいになる。はいは(②)にうめられたり、アスファルトの材料《ざいりょう》などに再利用《さいりよう》される。使わなくなったものを原料にもどして、ふたたび使えるようにすることを(③)という。

①(せいそう工場)　②((うめ立て)しょぶん場 (うめ立て場))

③(リサイクル)

1のB　**下水しょりについて、次の文にあう言葉を㋐・㋑からそれぞれ選びましょう。**　1つ5点(15点)

・下水は、①{ ㋐川 ・ ㋑下水道管《かん》 }を通って水再生センターに運ばれ、しょりされる。しょりされた水は②{ ㋐川や海に放流 ・ ㋑飲み水に }している。また、③{ ㋐トイレ ・ ㋑プール }の水などにも利用している。

① ㋑　② ㋐　③ ㋐

2のA　**水について、正しいものには○を、まちがっているものには×をつけましょう。**　1つ5点(15点)

① じょう水場は川から水を取り入れて、安全できれいな水をつくっている。　○

② 雨水をたくわえることから、湖は「緑のダム」とよばれる。　×

③ 安全な水をたくわえておくため、ダムでは毎日、水質《すいしつ》けんさをしている。　×

2のB　**次の文にあう発電方法《ほうほう》を、㋐～㋔から選びましょう。**　1つ5点(15点)

① 水不足《ぶそく》のとき、必要《ひつよう》なだけの発電ができない心配がある。　㋑

② 広い土地や家の屋根などに、パネルを置《お》いて発電する。　㋒

③ ウランを燃料《ねんりょう》とした発電で、はいき物の取りあつかいがむずかしい。　㋓

㋐ 火力発電　㋑ 水力発電　㋒ 太陽光発電
㋓ 原子力発電　㋔ 風力発電

2のC　**ガスについて、(　)にあう言葉を㋐～㋔からそれぞれ選びましょう。**　1つ5点(15点)

・家で使われるガスには、(①)からつくられる都市ガスと、プロパンガスなどからつくられる(②)がある。

・どちらも(③)とよばれるしげんで、かぎりがある。

㋐ 天然《てんねん》ガス　㋑ 化石燃料《ねんりょう》　㋒ LP《エルピー》ガス
㋓ 二酸化炭素《にさんかたんそ》　㋔ 石油

① ㋐　② ㋒　③ ㋑

3　**伝統的《でんとうてき》な産業《さんぎょう》について、正しいものには○を、まちがっているものには×をつけましょう。**　1つ2点(6点)

① 工場で機械《きかい》を使って、大量《たいりょう》に生産されている。　×

② 原料の多くは、地いきで手に入れやすいものを使っている。　○

③ 一人前の職人《しょくにん》(ぎじゅつ者)を育てるのに、長い年月がかかる。　○

4　**次の写真のように、市民《しみん》と外国人住民が共《とも》に防災《ぼうさい》活動について学ぶ理由を、かん単《たん》に書きましょう。**　1つ10点(10点)

(例) 災害時に力を合わせられるようにするため。

うらにも問題があります。

学力しんだんテスト　表

1のA　もえるごみ（もやすごみ）は、せいそう工場に運ばれてもやされます。最近《さいきん》では、もやして残《のこ》ったはいのほとんどを、アスファルトなどの材料として再利用しています。再利用できないものは、しょぶん場に運ばれてうめられます。

1のB　水再生センターでしょりされた水は、川や海に放流するほか、トイレの水に再利用したり、近くのビルの冷《れい》ぼうやだんぼうの熱源《ねつげん》にしたりしています。

2のA　②「緑のダム」とよばれるのは、湖ではなく森です。③毎日水質けんさをしているのは、じょう水場です。

2のB　①水力発電は水が流れる力を利用して発電するため、長い間雨がふらず水が不足すると、必要な量《りょう》の発電ができなくなることもあります。

2のC　都市ガスは道路の下のガス管《かん》を通じてとどけられます。LPガスは大きなボンベに入れてとどけられ、家ののき下などに置《お》かれます。化石燃料は、大昔の生物の死がいや植物などが地中に長期間うまって変化《へんか》したものです。化石燃料には、石油や石炭、天然ガスなどがあります。

3　伝統的な産業では、昔から伝わってきたぎじゅつを使って、主に地いきで手に入れやすい原料をもとに、手づくりでせい品づくりを行っています。近年、伝統的なぎじゅつを受けつぐわかい人がへってきているという課題《かだい》があります。

4　外国人住民の中には、日本語に不《ふ》なれな人や、習かんや宗教《しゅうきょう》がことなる人もいるため、災害時におたがいこまることもあります。そのため、いざというときに力を合わせられるよう、ふだんからいっしょに活動し、話し合いを行っているのです。

おうちのかたへ　4年生では、住みよいくらしをつくるために欠かせない、水道やごみの処理などについて学習しました。5年生では、くらしを支える食料生産や、工業生産などについて学んでいきます。

A

5 次の地図を見て、答えましょう。

1つ3点(24点)

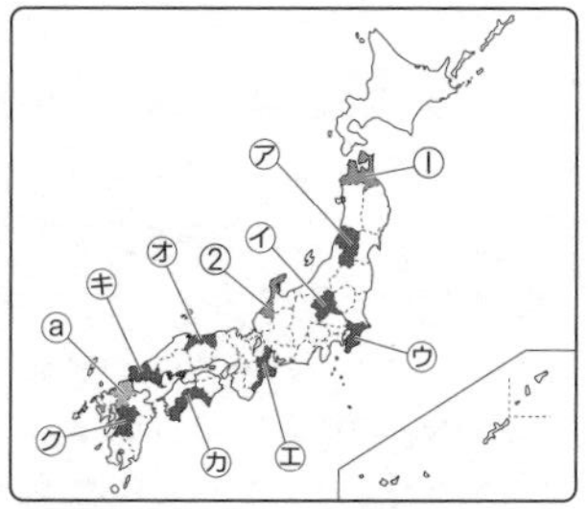

(1) 日本には、いくつの都道府県《とどうふけん》がありますか。数字で答えましょう。 （ 47 ）

(2) ⓐの県からみて北海道《ほっかいどう》はどの方位《ほうい》にありますか。八方位で書きましょう。 （ 北東 ）

(3) 次の2つの文は、ある都道府県について説明《せつめい》しています。それぞれの都道府県名を書きましょう。

① 日本一大きな湖である琵琶《びわ》湖《こ》がある。 （ 滋賀県 ）

② 日本の首都があり、名前に方位の一つがふくまれている。 （ 東京都 ）

(4) 地図中の①・②の都道府県名を、□からそれぞれ選びましょう。

栃木《とちぎ》県 石川《いしかわ》県 福井《ふくい》県 青森《あおもり》県 岩手《いわて》県

①（ 青森県 ） ②（ 石川県 ）

(5) 次の□の説明すべてにあう都道府県を、地図中の㋐〜㋗から選びましょう。また、その都道府県庁《とどうふけんちょう》所在地《しょざいち》名を書きましょう。

・海に面している。
・都道府県名に動物の名前がつかない。
・都道府県名と都道府県庁所在地名がことなる。

記号 ㋓ 都道府県庁所在地（ 津（市） ）

活用力をみる

6 次の問いに、答えましょう。

1つ6点、(3)12点(30点)

(1) Ⓐの宮城《みやぎ》県の地図から読み取れることとして正しいものを、㋐〜㋓から2つ選びましょう。

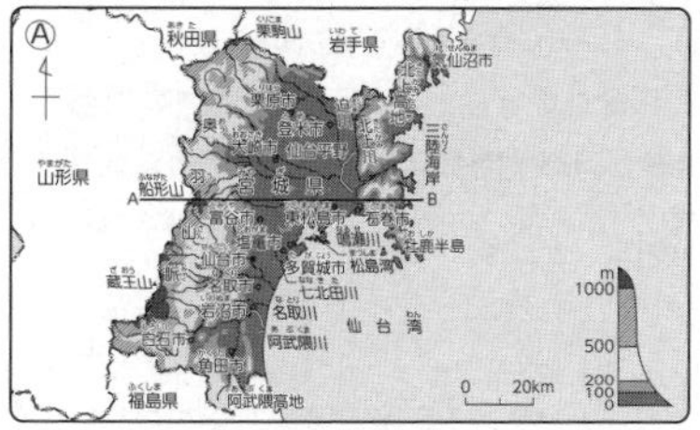

㋐ 仙台湾《せんだいわん》に面した地いきは土地が低《ひく》くなっている。
㋑ 栗原《くりはら》市は海に面している。
㋒ 県の北には、阿武隈《あぶくま》川が流れている。
㋓ 県の西の方は、山が多く見られる。

（順不同） ㋐ ㋓

(2) Ⓐの地図中のA－Bの断面《だんめん》図として正しいものを、㋐〜㋒から選びましょう。

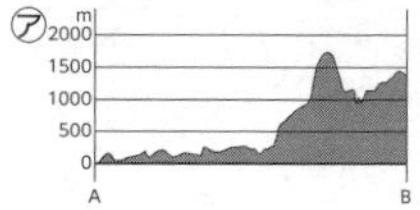

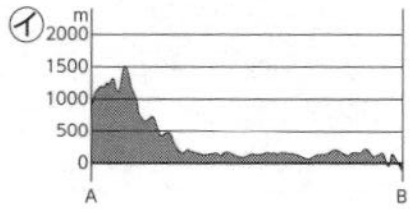

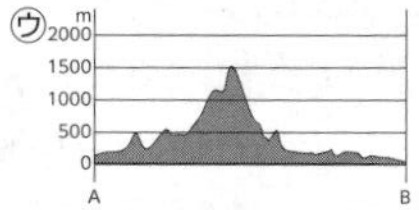

㋑

(3) Ⓑの地図は、宮城県の土地利用《りよう》図です。この地図とⒶの地図をもとに、宮城県の土地利用の特色《とくしょく》を、土地の高さに注目して1つ書きましょう。

（(例) 市街地は、土地の低いところに多く集まっている。）

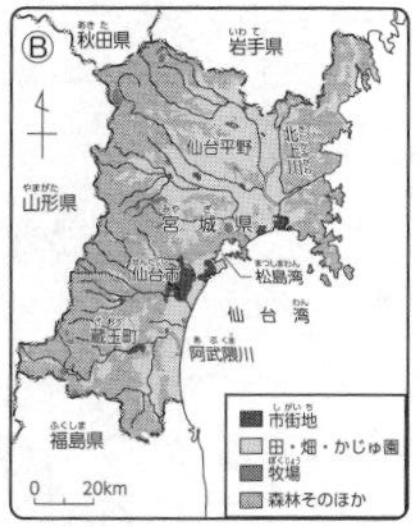

学力しんだんテスト うら

5 (1)1都、1道、2府と43県からなっています。

(2)ⓐの福岡《ふくおか》県から見て、北海道は北東に位置《いち》しています。

(4)①は東北《とうほく》地方の青森県です。りんごの生産量《せいさんりょう》が日本でいちばん多い県として知られています。

②は中部《ちゅうぶ》地方の石川県です。日本海《にほんかい》に半島がつき出し、南北に細長い形をしているのが特ちょうです。

(5)㋐は山形《やまがた》県、㋑は群馬《ぐんま》県、㋒は千葉《ちば》県、㋓は三重《みえ》県、㋔は鳥《とっ》取《とり》県、㋕は高知《こうち》県、㋖は山口《やまぐち》県、㋗は熊本《くまもと》県です。このうち、海に面しているのは、㋐、㋒、㋓、㋔、㋕、㋖、㋗。都道府県名に動物の名前がつかないのは、㋐、㋒、㋓、㋕、㋖。都道府県名と都道府県庁所在地名がことなるのは、㋑、㋓。3つの説明すべてにあうのは、㋓の三重県で、県庁所在地は津《つ》市です。

6 (1)㋐仙台湾に面した地いきは、0～100mの低い土地が広がっています。

㋑栗原市は、海からはなれたところに位置しています。

㋒阿武隈川は、県の南側《がわ》を流れています。

㋓宮城県の西には奥羽山脈《おううさんみゃく》があり、船形《ふながた》山、蔵王《ざおう》山などの山が見られます。

(2)地図を見ると、Aの近くは土地が高く、真ん中からBの近くにかけては土地が低くなっています。断面図の㋐は、Bに近いところが高くなっているため、あてはまりません。また、断面図の㋒は、真ん中が最《もっと》も高くなっているため、こちらもあてはまりません。

(3)「森林は土地の高いところに多い」「田・畑・かじゅ園は土地の低いところに多い」など、2つの地図からわかることが書けていればよいです。

おうちのかたへ 4年生では、都道府県の場所や、住んでいる県の地形や土地利用、交通などについて学習しました。5年生では、より広い範囲である国土の様子や地形、気候などについて学んでいきます。